GTB
Gütersloher Taschenbücher
723

Michael von Brück

geboren 1949, Dr. theol., ist Professor für Religionswissenschaften an der Ev.-Theologischen Fakultät der Universität München

Michael von Brück

Buddhismus

Grundlagen – Geschichte – Praxis

Gütersloher Verlagshaus

Originalausgabe

Die Deutsche Bibliothek – CIP-Einheitsaufnahme

Brück, Michael von:
Buddhismus : Grundlagen – Geschichte – Praxis /
Michael von Brück. –
Gütersloh : Gütersloher Verl.-Haus, 1998
(Gütersloher Taschenbücher ; 723)
ISBN 3-579-00723-8

ISBN 3-579-00723-8

Umschlaggestaltung: INIT, Bielefeld,
unter Verwendung einer Fotografie von Heinrich Harrer
Lektorat: Heike Neumann, Essen
Satz: Weserdruckerei Rolf Oesselmann GmbH, Stolzenau
Druck und Bindung: Clausen & Bosse, Leck
Gedruckt auf chlorfrei gebleichtem Werkdruckpapier
Printed in Germany

Inhalt

Abkürzungen

AN	Aṇguttara Nikāya
DN	Dīgha Nikāya
KN	Khuddaka Nikāya
Lv	Lalitavistara
MN	Majjhima Nikāya
MPS	Mahāparinirvāṇa Sūtra
Mv	Mahāvastu
Nk	Nidānakathā
SN	Saṃyutta-Nikāya
Vin.	Vinaya

Die indischen Begriffe werden in Sanskrit und/oder Pāli wiedergegeben, je nach dem Umfeld, in dem sie zitiert werden. Beide Versionen werden dann angegeben, wenn der Ausdruck sowohl für den frühen als auch für den Mahāyāna-Buddhismus im gleichen Sinne bedeutend ist. Sanskrit-Begriffe werden nach der üblichen wissenschaftlichen Transkription wiedergegeben, allerdings werden gutturales und cerebrales »n« nicht unterschieden und erscheinen als ṇ. Langvokale sind gekennzeichnet und demgemäß auszusprechen. Für die Aussprache gilt ferner, daß *ṣ* und *ś* wie *sch*, *c* wie *tsch*, *j* wie *dsch*, *y* wie *j* und *v* wie *w* gesprochen werden.

Die tibetischen Begriffe werden in wissenschaftlicher Transkription in Klammern angegeben, außer wenn sie bereits »eingedeutscht« sind und deshalb nicht der tibetische Lautstand, sondern die deutsche Aussprache im Schriftbild erscheint. Chinesische Begriffe werden nach dem Wade-Giles-System wiedergegeben.

Ich danke Michaela Perkounigg und Jürgen Mohn (beide München) für die Hilfe bei der Ordnung und Korrektur des Textes sowie für die Überarbeitung des Registers.

1. Einführung

»Die Lehre des Buddha ist nicht dazu gedacht, als bloßes Wissen bewahrt zu werden, nein, sie soll zur Entwicklung unseres Geistes benutzt werden.«
Tenzin Gyatso, XIV. Dalai Lama

Was ist »Buddhismus«?

Man hat gefragt, ob der Buddhismus eine Wissenschaft, eine Philosophie, eine Religion oder ein praktisches Meditationssystem sei. Er ist dies alles zugleich und mehr:

- Er ist eine *Wissenschaft* von den psychischen Prozessen und den Faktoren, die die Wahrnehmung und das Denken, sowie anderer innerer mentaler Vorgänge beeinflussen.
- Er ist eine *Philosophie*, die eine in sich konsistente Erkenntnistheorie, Kosmologie und Anthropologie entwickelt hat.
- Er ist eine *Religion*, die durch ethische Anweisungen und kultische Praxis – vor allem Verehrung des Buddha und der Gestalten seiner Ausstrahlungen – Werte für großflächige kulturelle Räume geschaffen hat.
- Er ist ein *praktisches Meditationssystem*, das durch unterschiedliche Methoden die bewußte Achtsamkeit im alltäglichen Leben, die Kontrolle der Emotionen und Gedanken sowie die Integration körperlicher und mentaler Vorgänge ermöglicht.
- Der Buddhismus ist aber vor allem ein *Lebensweg*, der, wenn er praktiziert wird, alle Lebensbereiche erfassen, durchdringen und transformieren will.

Der Buddhismus beansprucht, ein umfassendes praktisches System für den Reifungsprozeß des Menschen anzubieten. Er predigt keine weltabgewandte Jenseitigkeit, sondern will mittels innerer Erfahrung und rationaler Argumente das Leben des einzelnen wie die gesamte Gesellschaft, das Bewußtseinstraining und die Politik positiv beeinflussen.

Das westliche Interesse am Buddhismus

Der Buddhismus ist allerdings außerordentlich vielgestaltig, und diese geschichtliche Pluriformität kann verwirrend sein. Aus diesem Grunde sowie aufgrund europäischer Projektionen auf die »fremde Welt« hat sich das Bild des Buddhismus in der europäischen Wahrnehmung entsprechend den geistesgeschichtlichen Veränderungen in Europa und Amerika während der letzten 150 Jahre stark gewandelt.

Das Überlegenheitsgefühl Europas und Amerikas hat die Sicht auf die buddhistischen Kulturen Asiens wesentlich geprägt und teilweise verstellt. Die Geschichtsphilosophie Hegels ist dafür ein Beispiel: Hegel glaubte, Europa, das er auf der absoluten Religion der Vernunft gegründet sah, könne die *Vorstufen* der geistigen Entfaltung in Indien und Ostasien als *Relikte des Vergangenen* studieren, habe aber in der geistigen Evolution bereits eine höhere Stufe erreicht. Anders urteilte Schopenhauer: Für ihn war der Buddhismus das System, das die menschliche Situation rational und widerspruchsfrei beschrieb, Wege zum geistigen Frieden zeigte und die ersehnte Alternative zum Christentum anbot. Besonders die Ratlosigkeit angesichts des Zusammenbruchs der bürgerlichen Kultur im Ersten Weltkrieg führte westliche Intellektuelle ins geistige Exil nach Asien, wohin sie eigene Hoffnungen und Wünsche projizierten. Der Psychologe Carl Gustav Jung etwa kehrte Hegels Urteil um: Er glaubte, in Indien eine Ganzheitlichkeit des Denkens und Fühlens finden zu können, die der Westen mit seinem einseitigen Rationalismus und Individualismus verloren zu haben schien. Die Wahrnehmung des Buddhismus (und Indiens überhaupt) blieb auf diese Weise romantisierend-verklärt, und das ist teilweise bis heute so.[1]

Auch die Forschung war von solchen Urteilen und Vorurteilen beeinflußt:[2] Während sich die *deutsche Forschung* vornehmlich auf die meist rationalistisch interpretierten Texte des Theravāda-Buddhismus konzentrierte[3] und diesen Rationalismus einer als irratio-

1 Vgl. dazu W. Halbfass, Indien und Europa, Basel-Stuttgart: Schwabe 1981

2 J.W. de Jong, A Brief History of Buddhist Studies in Europe and America, Varanasi: Motilal Banarsidass 1976

3 Mit den bemerkenswerten Ausnahmen von Friedrich Heiler (1892-1967) und Rudolf

nal empfundenen christlichen Theologie gegenüberstellte, versuchte die *belgisch-französische Schule* der Buddhologie weltanschaulich neutral zu bleiben: die katholischen Gelehrten (z.B. Étienne Lamotte, 1903-1983) hielten christlichen Glauben und akademisches Interesse am Buddhismus auseinander. Die *Leningrader Schule*, vor allem Theodor Stcherbatsky (1866-1942), verband das marxistische Interesse am buddhistischen *Materialismus* mit Textstudien. Stcherbatsky konzentrierte sich auf die Dialektik und Logik der Buddhisten und klammerte die mystischen, trans-rationalen und magisch-okkulten Elemente aus. Erst Edward Conze (1904-1979) in England erforschte den Mahāyāna-Buddhismus als eigenständige und authentische Tradition und erzielte damit einen Durchbruch in der *anglo-amerikanischen Diskussion.* Conze beeinflußte die neuere Buddhologie in den Vereinigten Staaten. Sie wird heute von Gelehrten bestimmt, die oft selbst zum Buddhismus konvertierten (Richard Robinson, Jeffrey Hopkins, Robert Thurman, Luis Gomez, Francis Cook, Rita Gross). Der Buddhismus fasziniert seit etwa 100 Jahren immer mehr Europäer und Amerikaner, und an dieser Vermittlung haben auch Gelehrte und Meditationsmeister aus Asien (wie z.B. Daisetsu T. Suzuki, der Dalai Lama und Thich Nhat Hanh) einen wesentlichen Anteil. Die Hinwendung vieler Menschen zum Buddhismus hat ein Gegengewicht gegen die von den Missionaren vollzogene Abwertung des Buddhismus geschaffen. Der »Osten« diente, wie wir schon erwähnten, als Projektionsfläche für westliche Kritik an der eigenen Kultur, die den Rationalismus der Aufklärung überwinden wollte. Man nahm demzufolge Hinduismus und Buddhismus als Religionen der *Mystik* oder der *Weisheit* wahr, ohne sich mit den sozialen und politischen Realitäten dieser Religionen auseinanderzusetzen.

Diese Deutung des Buddhismus beruht jedoch auf einer selektiven Wahrnehmung dessen, was »Religion« ist. Sie wählt vor allem

Otto (1869-1937). Heiler (Di*e buddhistische Versenkung*, 1918) verlegte das Zentrum des Buddhismus in die trans-rationale Meditationserfahrung, Otto brachte in mehreren Schriften das Element des Mysteriums, des »Heiligen« oder »Numinosen«, im Buddhismus zur Geltung. Max Müllers (1823-1900) Editionen buddhistischer Sanskrit-Texte in England am Ende des 19. Jahrhunderts hatten die deutsche philosophisch-theologische Diskussion zunächst weniger beeinflußt.

anderen den *dharma* aus, d.h. den Bereich (so meint man) der Ideen. Von den östlichen Traditionen, die den Leser im Westen ansprechen (man unterstreiche das Wort »Leser«), sind ja vor allem diejenigen Gegenstand des Interesses geworden, die ohne weiteres in Begriffe und Ideen gefaßt werden können. Wenn man aber den *Kern* der Religionen vor allem in ihrem Schrifttum zu finden glaubt, besteht das Studium anderer Religionen vor allem darin, Schriften zu sammeln und zu interpretieren – sei es die Bibel, die Sacred Books of the East oder den Sūtren-Kanon. Dies ist zweifellos ein wichtiger Zugang zur Religion, aber nicht der einzige. Ebenso wichtig wie die Texte sind die Quellen, die uns die Archäologie zur Verfügung stellt: Einblicke in die Anordnung von Grabanlagen, Ausstattung der Kultnischen in Wohnhäusern, Votivtafeln, die über die Spendenpraxis und damit Mentalitäten Auskunft geben usw.[4] In mancher Hinsicht müssen wir unser Bild des frühen Buddhismus korrigieren, wenn wir diese Quellen mit heranziehen und uns nicht allein auf die (von Mönchen) verfaßten Texte stützen. Aber auch die lebendige Begegnung mit den Buddhisten in ihren Heimatländern und im Exil (bzw. in der Diaspora) ist ein Quelle des Wissens. Kinofilme haben darüber hinaus in den letzten Jahren *standardisierte* Bilder des Buddhismus erzeugt, die nicht immer zum Verständnis des Fremden beitragen, sondern eher Sensationsbedürfnisse befriedigen oder verdrängte Träume auf die Leinwand bringen. Genaue Studien müssen solche (oft verborgenen) Wahrnehmungen aufdecken. Das vorliegende Buch will durch Einführung in Geschichte und Gedankenwelt des Buddhismus Zusammenhänge sichtbar machen, deren Erkenntnis notwendig für ein genaueres Verstehen und damit für die Praxis ist. Es handelt sich hier also nicht um eine Anleitung zur Meditation oder zur Wahrnehmung der buddhistischen Kunst, sondern um die Aufarbeitung von geschichtlichen Voraussetzungen solcher Anleitungen und Wahrnehmungen. Dabei wird die Darstellung der wechselseitigen Beeinflussung von Ideen- und Sozialgeschichte besondere Aufmersamkeit schenken.

4 G. Schopen, Burial »ad sanctos« and the Physical Presence of the Buddha in Early Indian Buddhism. A Study in the Archeology of Religions, in: Religion 17. 1987, 193-225

Geistige Grundlagen des Buddhismus

Der Buddhismus ist eine von Siddhārtha Gautama Śākyamuni gestiftete Religion, historisch bedingt und wesentlich von der Geschichte seines Ursprungs, der Lebenswelt Indiens im 5. Jahrhundert v. Chr., geprägt. Er hat im Laufe seiner Geschichte ganz Asien erfaßt und diese Gesellschaften in allen politisch-kulturellen Dimensionen äußerst kreativ gestaltet. Er ist seit einhundert Jahren auch in Amerika, Europa und Australien heimisch geworden. Dabei ist er einem vielfachen Gestaltwandel ausgesetzt gewesen und hat in der Ethik, der Philosophie, der Kunst und der politischen Organisation äußerst unterschiedliche Formen angenommen, die in jüngster Zeit zusammenkommen und in höchst divergierender, teils auch widersprüchlicher Weise, direkt und indirekt die moderne Welt durchdringen.

Um die geschichtliche Bedingtheit einerseits und die universale Wirkkraft des Buddhismus andererseits verstehen zu können, ist es unerläßlich, seine Geschichte in der Einheit von ideen- und sozialgeschichtlichen Aspekten nachzuzeichnen. Damit soll deutlich werden, was das unverwechselbar Einzigartige und das in der geschichtlichen Dynamik sich wandelnde kulturelle Umfeld der buddhistischen Überlieferung ist.

Alle buddhistischen Schulrichtungen haben, beginnend mit den frühesten uns bekannten Formen des Buddhismus, die Tradition in drei Kategorien eingeteilt: Wer sich zum Buddhismus bekennt, nimmt Zuflucht beim Buddha, beim *dharma* und beim *saṃgha* (*śaraṇā-gamana*). Die Zufluchtsformel tönt einheitlich durch die gesamte buddhistische Welt, sie wird von jedem Menschen nachgesprochen, der sich zum Buddhismus bekehrt, von Männern wie Frauen, heute ebenso wie vor Hunderten von Jahren: Ich nehme Zuflucht beim Buddha, Dharma, Saṃgha:

Buddham śaraṇam gacchami,
dharmam śaraṇam gacchami,
saṃgham śaraṇam gacchami.

- Der *Buddha* als Lehrer und Stifter ist verehrungswürdig, ihm gebührt vorbehaltloses Vertrauen, und er gewährt in seiner geistigen Präsenz Hilfe allen, die ihn vertrauensvoll verehren.
- Der *dharma* ist die Gesetzmäßigkeit der Welt, die vom Buddha und allen anderen zur Wahrheit Erwachten erkannt worden ist, die als Richtschnur des Lebens dienen soll, damit man selbst erwachen, d.h. *buddha* werden kann.
- Der *saṃgha* ist die Gemeinschaft derer, die der buddhistischen Tradition gemäß leben und die Genauigkeit der Überlieferung hüten sowie das Erkannte in die Tat umsetzen.

Das, was es zu erkennen und zu praktizieren gilt, ist wiederum unter drei Aspekten zusammengefaßt worden:

- Lebenspraxis (*śīla*),
- Bewußtseinsschulung (*samādhi*) und
- Erkenntnis (*prajñā*).

Alle drei Aspekte bedingen einander und sind gegenseitig voneinander abhängig, wobei aber in der Praxis meistens eine Stufenfolge eingehalten wird:

- Unerläßliche Voraussetzung für jede Meditation, die den Namen verdient, ist ein angemessenes ethisches Verhalten *(śīla)*, durch das die Gefühle und Gedanken überhaupt erst in der Meditation kontrollierbar werden.
- Die Meditation (*samādhi*) als unablässige Achtsamkeit und einsichtsvolle geistige Durchdringung, in der sich das Bewußtsein seiner eigenen Dynamik und Funktionsweisen bewußt wird, ist wiederum die Voraussetzung für
- tiefere Erkenntnis (*prajñā*), die den Menschen von Verstrikkungen in die eigenen psycho-physischen Reaktionsmuster (Anhaften), von Angst und Ungewißheit befreit, so daß eine geistige Haltung entsteht, die der Buddha *nirvāṇa*, die Freiheit von jedweden ich-haften Projektionen bzw. die vollkommen geeinte Bewußtheit, genannt hat.

Die Praxis des Buddhismus ist also dreifach: sie ist ein bestimmtes Handeln, bewußte Meditation und ein System klar formulierter Anschauungen.

1. Das *Handeln* ist gekennzeichnet durch *karuṇā*, die heilende Hinwendung zu allen Wesen. Da sich menschliche Handlungsab-

läufe körperlich, sprachlich und mental vollziehen, muß diese Grundtugend, wie alle daraus abgeleiteten ethischen Normen, in der Dreiheit von Körper, Rede und Geist geübt werden. *Karuṇā*, oft auch mit »Barmherzigkeit« oder »Mitgefühl mit allen Wesen« übersetzt, drückt sich praktisch vor allem durch Gewaltfreiheit (*ahiṃsa*) aus. Das bedeutet: Leibliches Handeln, Rede und Denken müssen so geschult werden, daß kein anderes Lebewesen verletzt wird. Gewaltfreiheit ist aber mehr als die bloße Abwesenheit von Gewalt. Sie ist eine *positive* Grundhaltung, die Werte setzt. Gewaltfreiheit bzw. Barmherzigkeit ist für den Buddhismus nicht eine passive emotionale Reaktion auf das Leid in der Welt, sondern ein aktiver Impuls zum Handeln, der in direkter meditativer Erfahrung und rationaler Analyse zugleich begründet ist. Das heißt, daß *karuṇā* auf einer Erfahrung der Einheit mit allen anderen Lebewesen beruht, verbunden mit dem Wunsch, Verantwortung für das Wohlergehen von allen Menschen, Tieren, anderen Lebewesen und ihrer Lebensgrundlage (der gesamten Welt) zu übernehmen.

2. Die *Meditation* besteht vor allem in der Übung der Achtsamkeit (*satipaṭṭhāna*) bei allem, was der Mensch denkt, redet und handelt. Die grundlegende Übung besteht in der angemessenen Haltung des Körpers und der Konzentration auf den Atem. Dadurch wird das Bewußtsein stabilisiert und zur Ruhe gebracht. Es entsteht ein geistiger Frieden, der Freiheit von Angst und Ich-Behauptung bewirkt, was wiederum die unabdingbare Voraussetzung für Gewaltfreiheit im oben genannten Sinne ist. So bedingen rechtes Handeln (*śīla*) und Meditation (*samādhi*) einander. Eins setzt das andere voraus und verstärkt es. Fehlt die Meditation, wird das Handeln trotz guter Vorsätze bald egozentrisch, und alle »Werke der Barmherzigkeit« verderben zu einer egozentrischen Selbstbehauptungsstrategie. Fehlt das Handeln, wird die Meditation selbstbezogen, ich-haft und kraftlos. Wenn aber das Bewußtsein durch Meditation ruhig und klar geworden ist, kann außerdem die natürliche Intelligenz voll ausgeschöpft werden, so daß wiederum andere kreative Potentiale freigelegt werden und der Mensch zu einer integrierten Persönlichkeit reift.

3. Das *System klar formulierter Anschauungen* (Philosophie) dient der rational begründeten und kontrollierbaren Übungspraxis in der Meditation und dem ethischen Verhalten. Die Lehrsätze des Buddhismus sind kein Selbstzweck, sondern sie dienen der »Fahrkunst«, d.h. der Praxis im beschriebenen Sinn. Aus diesem Grunde haben sich in der buddhistischen Geschichte eine bemerkenswerte Fülle unterschiedlicher Anschauungen herausbilden können, ohne daß damit die buddhistische Tradition verlassen worden und die betreffenden Denker als »Häretiker« ausgeschlossen worden wären. Daß es dabei allerdings auch Grenzen gibt, die bereits im frühen Buddhismus klar gezogen wurden, werden wir später darzustellen haben.

Die Grundanschauungen des Buddhismus sind in den Vier Edlen Wahrheiten dargelegt. Wir fassen hier den Gedankengang kurz so zusammen: Alles Gewordene ist vergänglich. Wer sich an das Vergängliche hängt, unterliegt einer leidvollen Frustration (*duḥkha*), die im Selbstlauf einen immer wieder sich selbst stabilisierenden falschen Mechanismus der Wahrnehmung, des Fühlens und des Denkens erzeugt, also die grundlegende Unwissenheit des Menschen darstellt. Dieser Mechanismus kann durchbrochen werden. Die Methode zu diesem Durchbruch ist der Edle Achtfache Pfad, den wir später detailliert darstellen werden.

Aus dieser Analyse folgt eine weitere Grundeinsicht, die für das Selbstverständnis des Menschen und die angemessene Lebenspraxis von größter Bedeutung ist: die gegenseitige Abhängigkeit aller Dinge und Erscheinungen (*pratītyasamutpāda*). Alle buddhistischen Schulsysteme lehnen die Vorstellung und den Begriff einer unabhängigen Existenz von Dingen und Lebewesen ab. Nichts existiert getrennt von anderem, sondern alles ist verbunden mit und abhängig von etwas anderem. Demnach gibt es auch kein unabhängiges, aus sich selbst existierendes menschliches Ich bzw. eine Seele, was der Buddhismus mit seiner berühmten *anatta*-Lehre (Nicht-Ich) ausgedrückt hat. Eine solche Einsicht führt wiederum zu der existentiellen Grundhaltung, die Buddhisten anstreben: dem Eindämmen der Gier, durch die sich das Ich stabilisieren möchte. Dies wiederum ermöglicht Gewaltfreiheit und eine Haltung der Ehrfurcht gegenüber allen Mitwesen, die in gegenseitiger Abhängigkeit untereinander und zu einem selbst stehen. Damit ist die Angst, getrennt und bedroht zu sein, überwunden, und der ersehnte Frieden des Geistes kann sich einstellen. Erst auf dieser Grundlage, so argumentierte der Buddha, ist ein Leben und Handeln in echter *Freiheit* möglich. Ziel des Buddhismus ist also: Befreiung aus den Fesseln der selbstverursachten körperlichen, psychischen und mental wirksamen Verstrickungen (*karman*).

2. Das Studium des Buddhismus

Gegenwärtig erscheinen jährlich Hunderte von neuen Büchern zum Buddhismus, die die Quellen neu erschließen oder Einzelaspekte interpretieren. So ist es unerläßlich, eine knappe Auswahl von Arbeiten in den Blick zu nehmen, die epochemachend waren oder besonders wichtig für die Deutung einzelner religiöse Phänomene sind. Dabei müssen wir im Auge behalten, daß das Kennenlernen einer Religion nicht nur in der Lektüre von Büchern bestehen kann. Zum Studium des Buddhismus empfiehlt es sich,

- die intellektuelle Auseinandersetzung mit
- der meditativen Übung sowie
- der ästhetischen Wahrnehmung und
- der lebendigen Begegnung zu verbinden.

Intellektuelle Auseinandersetzung

Die intellektuelle Auseinandersetzung muß mit dem Studium der Quellen beginnen und gleichzeitig die historisch-kritischen Studien zum gesamten Buddhismus und den einzelnen Schulen einbeziehen, weil sonst die Quellen kaum sachgemäß interpretiert werden können. Einen Überblick über die uferlose Buddhismus-Literatur (mehr als 15000 Titel bis 1960) gibt

Shinsho Hanayama, Bibliography on Buddhism, Tōkyō: Hokuseido 1961.

Seit 1960 haben die Publikationen zum Buddhismus (vor allem in den Vereinigten Staaten und Japan) so sehr zugenommen, daß es kaum einen vollständigen Überblick geben kann. Allein zum Zen-Buddhismus werden in der Bibliographie von James Gardner fast 3 000 Titel verzeichnet:

James Gardner, Zen-Buddhism. A Classified Bibliography of Western-Language Publications Through 1990, Salt Lake City: Wings of Fire Press 1991.

Einführende Literatur zu den einzelnen Themenbereichen ist in den Buddhismus-Artikeln der *Encyclopaedia of Religion* (Hrsg. Mircea

Eliade) angegeben, erschienen bei Macmillan. Gut gegliederte Angaben finden sich auch bei *Heinz Bechert/Richard Gombrich* (Hrsg.), Die Welt des Buddhismus (1984), *Hans Wolfgang Schumann*, Buddhismus. Stifter, Schulen und Systeme ([2]1978), ders., Der historische Buddha (Neuausgabe 1988) sowie *Hans-Joachim Klimkeit*, Der Buddha (1990).

Zum Quellenstudium im Detail später mehr, hier nur einige Literaturangaben:

Die meisten frühbuddhistischen Pāli-Texte sind in englischer Übersetzung durch die *Pāli Text Society* herausgegeben worden. Bibliographische Angaben zu den deutschen Übersetzungen aus dem Pāli-Kanon gibt:

Hellmuth Hecker, Der Pāli-Kanon – ein Wegweiser durch Aufbau und deutsche Übersetzungen der heiligen Schriften des Buddhismus, (horae subsicivae philosophiae Bd. 1), Hamburg: Stoll in Komm. 1965 (Nachruck München: Deutsche Buddhistische Union 1991)

Außerdem sind in Asien zwei Einführungsbücher in den Pāli-Kanon erschienen, in denen die einzelnen Textabschnitte systematisiert, eingeführt und zusammengefaßt werden:

U Ko Lay, Guide to Tipiṭaka, (Bibliotheca Indo-Buddhica No.71), Delhi: Sri Satguru Publications 1990

Guide to the Tipiṭaka. An Introduction to the Buddhist Canon, Bangkok: White Lotos Co. 1993

Einige wenige Anthologien, die eine Auswahl von Pāli-Texten in deutscher Übersetzung bringen, seien hier genannt:

Paul Dahlke, Buddha. Die Lehre des Erhabenen (1920), Neudruck München: Goldmann 1986

Nyanatiloka, Das Wort des Buddha, Konstanz: Christiani [3]1953

Gustav Mensching (Hrsg.), Buddhistische Geisteswelt, Darmstadt: Wissenschaftliche Buchgesellschaft 1955 (Nachdruck 1975)

Edward Conze (Hrsg.), Im Zeichen Buddhas, Frankfurt: Fischer 1957

Erich Frauwallner, Die Philosophie des Buddhismus, Berlin: Akademie Verlag [2]1969

Helmuth v.Glasenapp, Der Pfad zur Erleuchtung. Grundtexte der buddhistischen Heilslehre, Düsseldorf: Diederichs [2]1974

Klaus Mylius, Die Vier Edlen Wahrheiten. Texte des ursprünglichen Buddhismus, Leipzig: Reclam 1985

Johannes Mehlig, Weisheit des alten Indien, Bd. 2: Buddhistische Texte, Leipzig: Kiepenheuer 1987 (München: Deutscher Taschenbuch Verlag 1987)

Für das Mahāyāna-Schrifttum insgesamt gibt es keine einheitliche Übersicht, wohl aber (teilweise) für die Sanskrit-Literatur:

Akira Yuyama, Systematische Übersicht über die buddhistische Sanskrit-Literatur, 1.Teil: Vinaya-Texte, Wiesbaden: Steiner 1979

Eine nützliche Hilfe bei der Auffindung von Übersetzungen in europäische Sprachen ist:

Peter Pfandt, Mahāyāna-Texts translated into Western Languages. A Bibliographical Guide, Leiden: Brill 1983.

Von den neueren Gesamtstudien, die empfohlen werden können, seien hier nur wenige (alphabetisch) aufgezählt:

Heinz Bechert/Richard Gombrich, Die Welt des Buddhismus, München: C.H.Beck 1984

Hermann Beckh, Buddha und seine Lehre, Stuttgart: Verlag Freies Geistesleben ^{5}1980

Edward Conze, Der Buddhismus, Stuttgart: Kohlhammer Urban TB 5, ^{10}1995

Erich Frauwallner, Die Philosophie des Buddhismus, Berlin: Akademie Verlag ^{2}1956

Richard Gombrich, Der Theravada-Buddhismus. Vom alten Indien bis zum modernen Sri Lanka, Stuttgart: Kohlhammer 1997

Akira Hirakawa, A History of Indian Buddhism (jap. 1974), Delhi: Motilal Banarsidass 1993

Helmuth v. Glasenapp, Der Buddhismus – eine atheistische Religion, München: Szezesny 1966

Hans-Jürgen Greschat, Die Religion der Buddhisten, München: Reinhardt 1980

Toshihiko Izutsu, Philosophie des Zen-Buddhismus, Reinbek: Rowohlt 1991

David Kalupahana, A History of Buddhist Philosophy, Honolulu: University of Hawaii Press 1992

David Kalupahana, Ethics in Early Buddhism, Honolulu: University of Hawaii Press 1995

Hans-Joachim Klimkeit, Der Buddha. Leben und Lehre, Stuttgart: Kohlhammer 1990

Étienne Lamotte, Histoire du Bouddhisme indien des origines à l'ère Śaka, Louvain: Publ. Universitaires; Inst. orientaliste 1958 (engl.: History of Indian Buddhism from the Origins to the Saka Era, Louvain: Univ. Cath. de Louvain 1988)
Hajime Nakamura, Ways of Thinking of Eastern Peoples, Honolulu: East-West Centre Press 1964
Bruno Petzold, The Classification of Buddhism Bukkyô Kyôhan. Comprising the Classification of Buddhist Doctrines in India, China and Japan, Wiesbaden: Harrassowitz 1995
Dieter Schlingloff, Die Religion des Buddhismus, 2 Bde., Berlin: Göschen 1962/63
Sangharakshita, A Survey of Buddhism, Boulder: Shambhala 1980
Yoshinori Takeuchi (Hrsg.), Buddhist Spirituality. Indian, Southeast Asian, Tibetan, Early Chinese, World Spirituality Vol. 8, New York: Crossroad 1995
Ulrich Schneider, Einführung in den Buddhismus, Darmstadt: Wissenschaftliche Buchgesellschaft 1987
Hans Wolfgang Schumann, Buddhismus. Stifter, Schulen und Systeme, Olten: Walter [2]1978 (München: Diederichs 1993)
Jikido Takasaki, An Introduction to Buddhism, Tōkyō: The Tōhō Gakkai 1987
Ernst Waldschmidt, Die Legende vom Leben des Buddha, Graz: Verlag für Sammler 1982
Volker H. Zotz, Geschichte der buddhistischen Philosophie, Reinbek: Rowohlt 1996
Erik Zürcher, Buddhism. Its Origin and Spread in Words, Maps and Pictures, Amsterdam: Djambatan 1962.

Die genannten Quellen und Studien beziehen sich fast ausschließlich auf den schriftlich niedergelegten Buddhismus der Gelehrten, wie er vor allem in den Mönchstraditionen überliefert ist. Der gelebte Buddhismus des Volkes in allen asiatischen Ländern unterscheidet sich aber nicht unerheblich von diesem »idealen Buddhismus«. Hier spielt der Glaube an höhere Wesen (Geister und Götter), die das Leben des Menschen direkt beeinflussen und durch Opfer wohlgefällig zu stimmen sind, eine wesentliche Rolle. In mündlich überlieferten Gesängen, Dramen, kultischen Prozessionen, Pilgerschaften und Hausriten ist diese Gestalt des Buddhis-

mus (vor allem in den Dörfern) lebendig. Sie muß deshalb durch ethnologische Studien erfaßt werden, wenn man das tatsächliche Leben, Wünschen und Hoffen der Menschen verstehen will, die in den vom Buddhismus geprägten Ländern Süd-, Zentral- und Ostasiens leben. Auch die im europäischen und amerikanischen Kulturraum lebenden »ethnischen Buddhisten« – ob Vietnamesen, Chinesen oder Japaner – sind meist von diesen Formen des Buddhismus geprägt, der sich allerdings unter den Bedingungen der Moderne stark verändert und neu formiert. Als Beispiel sei Sri Lanka genannt, dazu:
Gananath Obeyesekere/ Richard Gombrich, Buddhism Transformed. Religious Change in Sri Lanka, Princeton: Princeton University Press 1988.

Meditative Übung

Der *dharma* ist, wie der Buddha hervorhob, »schwer zu verstehen«. Ohne Praxis in buddhistischer Meditation bleibt die Erkenntnis der buddhistischen Heilslehre nur intellektuell, was der Buddha ausdrücklich vermeiden wollte. Buddhistische Meditation wird mittlerweile in vielen europäischen Ländern gelehrt, und zwar in allen maßgeblichen Formen des Theravāda, des Tantrayāna und des Zen. Einige buddhistische Zentren bzw. Lehrer bieten die unveränderte asiatische Lehrform an, andere haben die Methodik den europäischen Verhältnissen angepaßt. Die Achtsamkeits-Meditation (*satipaṭṭhāna*) des Theravāda wird in vielen Häusern der Deutschen Buddhistischen Union gepflegt, so beispielsweise im Buddha-Haus (Oy-Mittelberg, Allgäu), das von Ayya Khema bis zu ihrem Tod 1998 geleitet wurde. Achtsamkeitsübung, verbunden mit Zen in moderner Lebensgestaltung, wird in Plum Village in Südfrankreich (Thich Nhat Hanh) praktiziert. Die Meditationsformen des Tantrayāna werden in zahlreichen tibetischen Zentren aller Schulen gelehrt, so im Tibetischen Zentrum Hamburg (Geshe Thubten Ngawang), im Kamalashila-Institut Wachendorf, im Choedzong in Langenfeld (Dagyab Rinpoche). Das Zen wird z.B. im Buddhistischen Kreis Stuttgart (Genro Seiun Koudela), in den von Deshimaru Roshi geprägten Zen-Zentren überall in Deutschland, im Haus St. Benedikt in Würzburg (Willigis Jäger), im Lassalle-Haus Bad Schönbrunn (Schweiz), im Meditationszentrum Neumühle in Mettlach-Tünsdorf sowie in vielen anderen Klöstern und Meditationszentren gelehrt.

Ästhetische Wahrnehmung

Die buddhistische Kunst führt, wie die Kunst jeder Religion, ins Zentrum des empathischen Nachempfindens der Erfahrungen, Hoffnungen und Sehnsüchte der Menschen, die sich vom Buddhismus inspirieren ließen. Hier können wir genauer als in den begrifflichen Abstraktionen erkennen, welchen Stellenwert bestimmte Motive und Erzählungskomplexe für die Frömmigkeit der Menschen hatten und haben. Die Kunst ist gleichsam die spiegelbildliche Antwort der Menschen auf den Impuls, den der Religionsstifter ausgesandt hat. In ihr wird die tatsächliche, nicht nur die normative Struktur der Religion nachvollziehbar. Dabei vermittelt die Vielfalt und der Gestaltungsreichtum der Kunst in unterschiedlichen buddhistischen Ländern einen nachhaltigen Eindruck von der kulturellen Bandbreite des Buddhismus. Nicht nur die bildende Kunst, auch Tanz, Drama und Musik sind Ausdrucksformen des Buddhismus. Sie geben Aufschluß über seine emotionalen Dimensionen. Bildbände und Ausstellungskataloge, aber auch Tonträger etwa mit japanischer Musik – auf der Shakuhachi-Flöte geblasen – oder tibetischen Mönchsgesängen, gibt es inzwischen in großer Fülle. Als erste Einführung in Skulptur und Malerei seien erwähnt:

Dietrich Seckel, Kunst des Buddhismus, Baden-Baden: Holle 1964 (Nachdruck 1980)

Basil Gray, Buddhist Cave Paintings at Tunhuang, London: Faber and Faber 1959

Seiichi Mizuno/Toshio Nagahiro (Eds.), Un-kō sekkutsu.- Yun-Kang. The Buddhist Cave-temples of the 5th Century A.D. in North China, 16 Vols., Kyōtō: Jimbunkagaku Kenkyūsho, Kyōto University 1951-56

Erwin Rouselle, Vom Sinn der buddhistischen Bildwerke in China, Darmstadt: Gentner 1958

Detlef Ingo Lauf, Das Erbe Tibets. Wesen und Deutung der buddhistischen Kunst von Tibet, Bern: Kümmerly & Frey 1972
Giuseppe Tucci, Tibetan painted scrolls, 3 Vols., Roma: Libreria dello Stato 1949 (Nachdruck Kyōto 1980)
Marylin M. Rhie/Robert Thurman, Wisdom and Compassion. The Sacred Art of Tibet, New York: Abrams 1991 (deutsch: Weisheit und Liebe. 1000 Jahre Kunst des Tibetischen Buddhismus, Köln: Dumont 1996)
Kunst des Buddhismus entlang der Seidenstraße (Hrsg. Staatl. Museum für Völkerkunde München), München: Alois Knürr Verlag 1992
Yukio Yashiro, 2000 Years of Japanese Art, London: Thames and Hudson1958 (deutsch: Japanische Kunst, München: Droemer 1958)
Takaaki Sawa, Art in Japanese Esoteric Buddhism, Tōkyō: Heibonsha 1972
Claudius Müller (Hrsg.), Zen und die Kultur Japans. Klosteralltag in Kyōto, Berlin: Reimer 1993

Lebendige Begegnung

Begegnungen mit Buddhisten in asiatischen Ländern wie auch in Europa und Amerika werden durch interreligiöse Dialogprogramme gefördert und verantwortet. Die nord-amerikanische *Society for Buddhist Christian Studies* sowie ihre europäische Schwestergesellschaft bemühen sich um solche dialogische Begegnungen, in denen man die *Lebenspraxis der anderen Religion* kennenlernen kann. Inter-monastische Austauschprogramme haben, systematisch organisiert und ausgewertet, während der letzten 30 Jahre kontinuierlich stattgefunden. Dazu:
Michael v. Brück/Whalen Lai, Buddhismus und Christentum. Geschichte, Konfrontation, Dialog, München: C.H. Beck 1997.

3. Quellentexte

3.1 Texte des frühen Buddhismus

Die Quellentexte der buddhistischen Religion liegen heute zwar teilweise in Übersetzungen vor, aber die Vielfalt ist so erdrückend, daß der uneingeweihte Leser häufig kapituliert, bevor er einen geeigneten Zugang gefunden hat. Aus diesem Grunde will dieses Kapitel die Literatur vorstellen. Es will etwas ordnen und gleichsam durch Zusammenstellungen relativ leicht greifbarer Bücher dazu anleiten, selbständige Studien des Buddhismus treiben zu können. Denn um den Buddhismus möglichst vorurteilsfrei aus seinen Quellen zu verstehen, ist es notwendig, die Texte, Kunstwerke und die Praxis der vielen buddhistischen Schulen und Traditionslinien in den historischen Zusammenhang einzuordnen. Dies ist schwierig, denn die Fülle der für die Traditionsbildung verbindlichen (»kanonischen«) Texte ist immens, außerdem betrachten unterschiedliche Schulrichtungen je andere Texte als verbindlich. Von der gesamten Literatur, die der Buddhismus hervorgebracht hat, sind aber nur Teile erhalten. Die vollständigsten Sammlungen sind:[1]

- der Pāli-Kanon aus dem 1. Jh.v.Chr., in Ceylon entstanden;
- das chinesische Tripiṭaka, dessen ältester Katalog (518 n.Chr.) 2113 Werke auflistet, von denen nur 276 erhalten sind; die neueste japanische Ausgabe von 1924-1929 (*Taishō Issaikyō)* enthält 2184 Werke in hundert Bänden zu je etwa 1000 Seiten (eine groß ange-

[1] E. Conze, Der Buddhismus. Wesen und Entwicklung, Stuttgart: Kohlhammer, Urban TB [10]1995, 29f.
Conze macht für Kanjur und Tanjur genauere Angaben über die Verteilung der Literaturmassen: Die 100 Bände des Kanjur enthalten 13 zum Vinaya, 21 zu den Prajñāparamitā-Sūtras, 45 zu anderen Sūtras und 21 zu Tantras. Die drei Teile des Tanjur gliedern sich in: 1. 64 Hymnen (1 Band), 2. 2664 Kommentare zu den Tantras (86 Bände), 3. eine uneinheitliche Sammlung von: a) 38 Prajñāpāramitā-Kommentaren (15 Bände), b) Śāstras der Mādhyamika-Schule (18 Bände), c) weitere Sūtra-Kommentare (10 Bände), d) Śāstras der Yogācāra-Schule (18 Bände), e) Śāstra-Texte des frühen Buddhismus (30 Bände), f) Texte zur Logik, Medizin, Wirtschaft, Handwerk usw. (30 Bände, Übersetzungen aus dem Sanskrit), f) tibetische Texte über technische Gegenstände (13 Bände).

legte Übersetzung ins Englische ist durch die Gesellschaft zur Förderung des Buddhismus BDK (Bukkyō Dendō Kyōkai) in Angriff genommen worden, die ersten Bände sind in Berkeley, California, erschienen);

- der tibetische Kanjur (Sūtras, Vinaya und Tantras in 108 bzw. 100 Bänden) und Tanjur (Kommentare und andere Abhandlungen).

Bis vor wenigen Jahrzehnten galt der Pāli-Kanon als die älteste Überlieferung, was aber seit der Auffindung und Auswertung von Sanskrit-Texten in Zentralasien sowie teilweise noch älteren Prākrit-Fragmenten aus Nordwest-Indien (Gandhara) nicht mehr haltbar ist.[2] Außerdem müssen bereits beim Quellenstudium die drei großen Hauptströmungen des Buddhismus – früher Buddhismus (»Hīnayāna«), Mahāyāna und Tantrayāna – unterschieden werden, denn sie berufen sich nicht nur auf verschiedene Texte, sondern bewerten auch die Autorität von Texten unterschiedlich.

Eine wichtige Unterscheidung der buddhistischen Quellentexte ist die in *Sūtras* und *Śāstras*. Sūtras sind Texte, die dem Buddha selbst in den Mund gelegt worden sind – entweder dem historischen Buddha (Sūtras des frühen Buddhismus) oder dem transzendenten überirdischen Buddha, der sie aus »geistiger Höhe« lehrt (die meisten Sūtras des Mahāyāna). Die Sūtras des frühen Buddhismus, so der Anspruch, seien von Ānanda auf der ersten Mönchsversammlung kurz nach dem Tode des Buddha rezitiert und von der Versammlung als authentisch bestätigt worden. Sie beginnen alle mit der Einleitungsformel »So ist gehört worden...«. Die Śāstras hingegen sind kommentierende Lehrtexte späterer Autoren, die das in den Sūtras vermittelte Wissen systematisch darlegen. Die Autoren der Śāstras sind oft namentlich bekannt.

2 Dazu besonders die Forschungen von E. Waldschmidt, H.-J. Klimkeit u.a. Vgl. H.-J. Klimkeit, Der Buddha. Leben und Lehre, Stuttgart 1990, 26ff.

3.1.1 Der Pāli-Kanon

Die Textsammlung, die von (fast) allen Buddhisten als verbindlich anerkannt wird, ist der sogenannte Pāli-Kanon, der in der Pāli-Sprache im 1. Jh.v.Chr. in Ceylon verschriftlicht wurde und komplett überliefert ist.[3] Bei dieser Sammlung handelt es sich um die Texte einer bestimmten Schule des frühen Buddhismus, nämlich der Theravādins. Wir wissen aber, daß es zur Zeit des Kaisers Aśoka (Regierungszeit 268-239 v.Chr.[4]) bereits 18 Schulen gab, wobei die Kanones der Sarvāstivādins und Mūlasarvāstivādins zumindest teilweise (in der Sanskrit-Sprache) überliefert sind und erhebliche Abweichungen vom Pāli-Kanon aufweisen. Zwischen der Lebenszeit des Buddha (5. oder 4. Jh.v.Chr.), in der er seine Reden gehalten hat, und der Verschriftlichung des Pāli-Kanons waren also ca. 300 Jahre verstrichen. Selbst wenn man annehmen kann, daß die Mönche bei der mündlichen Überlieferung der Worte des Buddha äußerste Sorgfalt und Genauigkeit walten ließen, so ist doch deutlich, daß wir die *verba ipsissima* des Buddha im Pāli-Kanon nicht oder nur vereinzelt finden. Viele Gedanken, Ideen, Gleichnisse und Inspirationen gehen zwar auf den historischen Buddha zurück, doch die Ausgestaltung, die Art der Komposition der Texte und ihre Lehrintention läßt in vielen Fällen sehr deutlich die Interessen und Kontroversen späterer Lehr- und Schulbildungen erkennen. Oft kann man Schichten von Umformungen ursprünglicher Traditionsinhalte erkennen, die zumindest eine relative Datierung einzelner Überlieferungsschichten ermöglichen.

Der Pāli-Kanon ist gegliedert in drei »Körbe« (*tipiṭaka*, skt. *tripiṭaka*), nämlich

- die Regeln der Ordensdisziplin (*vinayapiṭaka*)
- die Lehrreden des Buddha (*suttapiṭaka*),
- die systematisierte Lehre (*abhidhammapiṭaka*).

3 Die ältesten uns erhaltenen Manuskripte sind wegen der Verderblichkeit des Schreibmaterials, besonders angesichts der tropischen und subtropischen Klimate, freilich nicht älter als höchstens 500 Jahre; die in Zentralasien gefundenen Sanskrit-Fragmente sind hingegen z.T. bis zu 1500 Jahre alt.

4 Nach den Forschungen von P.H.L. Eggermont, zit. nach Klimkeit, a.a.O., 23.

Vinaya-piṭaka

Das Vinaya-piṭaka (Regeln der Ordensdisziplin) besteht aus zwei Teilen: *vinaya-vibhaṇga* und *vinaya-vastu*, von denen noch historische und pädagogische Erläuterungen zu unterscheiden sind. Der Vinayavibhaṇga (»Darlegung des *vinaya*«) enthält die 150 Artikel des *Pātimokkhasutta* (Prātimokṣasūtra) mit Kommentar, d.h. die Aufzählung der Mönchsregeln sowie ihre Wort-für-Wort-Erklärung, die auch die historischen Umstände und Anlässe, bei denen der Buddha die Regel erlassen habe, erläutert. Der Vinayavastu (»Inhalt des *vinaya*«) enthält die *skandhakas*, d.h. die Grundkapitel über das Mönchtum, vor allem die Bestimmungen der Ordination, der 14tägigen Beichtzeremonie (*uposatha*), des Verhaltens während der Regenzeit (Ortsansässigkeit), der Kleidung und Nahrung sowie Bestimmungen über das Verhalten bei drohenden Spaltungen der Mönchsgemeinschaft. Besonders wichtige Texte sind hier *Mahāvagga* und *Cullavagga*. Im Vinayapiṭaka werden aber nicht nur die Mönchsregeln aufgezählt, sondern zugleich eine Fülle von Informationen über die Lebenswelt und kulturellen Prägungen des Umfeldes der frühen Buddhisten in Indien mitgeteilt. Neben dem Pālivinaya existieren heute noch weitere sechs vollständige Überlieferungen des Textes in verschiedenen Übersetzungen (Tibetisch, Chinesisch usw.), die auf Sanskrit-Versionen zurückgehen. Der Pālivinaya-Text wurde in fünf Bänden von Hermann Oldenberg 1879 in London publiziert (Reprint in der Pāli Text Society, Teilübersetzung von T.W. Rhys Davids bzw. Oldenberg in den Sacred Books of the East, Bd. 13, 17 und 20; vollständige Übersetzung in den Sacred Books of the Buddhists, Bd. 10, 11, 13, 14, 20 und 25 durch I.B. Horner).

Die Textgruppen sind im einzelnen folgendermaßen untergliedert:

Vinaya-piṭaka (der Theravādins)

A. *Suttavibhaṇga* (Erläuterungen der Gebote)

1. *Mahāvibhaṇga* (Erläuterungen der Mönchsgelübde)
   a) *Pārājika* (Verfehlungen, die Ausschluß aus dem Orden nach sich ziehen)
   b) *Pāccitiyā* (Verfehlungen, die gebeichtet werden müssen)
2. *Bhikkhunīvibhaṇga* (Erläuterungen der Nonnengelübde); ebenfalls eingeteilt in *pārājika* und *pāccitiyā*-Verfehlungen

B. *Khandhaka* (Kapitel über *kamma* [Regeln für die Ordenszusammenkünfte] und andere Themen)

1. *Mahāvagga* (Großer Weg, 10 Kapitel)
2. *Cullavagga* (Kleiner Weg, 12 Kapitel)

C. *Parivārapātha* (Anhang)

Sutta-piṭaka

Das Sutta-piṭaka (skt. *Sūtra*, »Lehrreden des Buddha«) besteht aus vier großen Sammlungen und einem Sammelwerk, die im Pāli *nikāyas*, im Sanskrit *āgamas* genannt werden:

- Dīghanikāya, die Sammlung der 34 langen Suttas,
- Majjhimanikāya, die 152 mittellangen Suttas,
- Saṃyuttanikāya, die 2875 thematisch geordneten Suttas,
- Aṇguttaranikāya, die 2198 numerisch nach Themen geordneten Suttas,
- Khuddakanikāya, eine Sammlung 15 kleinerer Werke wie:

Dhammapada (Pfad der Lehre, 423 Strophen)
Udāna (Aussprüche des Buddha)
Itivṛttaka (»so ist gesagt«)
Suttanipāta (Bruchstücke von Suttas, die z.T. sehr alt sind)
Theragāthā (Lieder der Mönche)

Therīgāthā (Lieder der Nonnen)

Jātakas (Erzählungen aus früheren Existenzen des Buddha, die im Sanskrit eigene Sammlungen bilden)[5].

Besonders wichtige Texte, die altes und wohl auf den historischen Buddha zurückgehendes Material enthalten, sind Suttanipāta, Majjhimanikāya und Dīghanikāya, während die Texte im Saṃyuttanikāya und Aṇguttaranikāya häufig (teils abgewandelte) Wiederholungen aus den ersten beiden Nikāyas sind. Als T.W. Rhys Davids 1879 die Pāli Text Society in London gründete, wurden die meisten Texte publiziert und ins Englische übersetzt. Es existieren zahlreiche Teilübersetzungen (Neumann, Dahlke, Nyanatiloka, Nyanaponika, v.Glasenapp, Mylius, Mehlig u.a.) ins Deutsche.

Eine Übersicht über die Inhalte der vier bzw. fünf Nikāyas/Āgamas ergibt:

Sutta-piṭaka
(Theravāda: eingeteilt in 5 *Nikāyas*;
andere Schulen: meist eingeteilt in 4 *Āgamas*)

- *Dīgha-nikāya* (34 lange Suttas)
- *Majjhima-nikāya* (152 mittellange Suttas, 221 Sūtras der Sarvāstivādins)
- *Saṃyutta-nikāya* (2872 kurze Suttas, geordnet nach Themen, 1362 Sūtras der Sarvāstivādins)
- *Aṇguttara-nikāya* (2198 Suttas, numerisch geordnet nach Lehrgesichtspunkten, 471 Sūtras einer nicht genannten Schule, die 384 n.Chr. ins Chinesische übersetzt wurden)
- *Khuddaka-nikāya* (15 zusätzliche Suttas, in chinesischen Übersetzungen als unabhängige Werke geführt)

5 Die Schriften des *Avadānas* erzählen von der Vorgeschichte und den früheren Leben anderer Buddhas und Bodhisattvas. Sie sind gleichsam Verlängerungen der *Jātakas,* die von den vergangenen Leben des Buddha Gautama Śākyamuni erzählen. Die Avadānas entstanden als fromme Volkslegenden etwa ab dem 2. Jh. n. Chr. Sie sind das Material, aus dem der größte Teil der mythischen Stoffe in den Mahāyāna-Sūtras gewoben ist.

Abhidhamma-piṭaka

Das Abhidhamma-piṭaka, die systematisierte Lehre (skt. *abhidharma*, wörtl. »den *dharma* betreffend«), legt die Anschauungen, wie sie im Sutta-piṭaka auftreten, systematisch, enzyklopädisch und in scholastischer Manier dar. Dies geschieht vor allem durch Definitionsreihen der wesentlichen Begriffe, durch numerische Ordnung der Themen und methodische Stringenz bei den Empfehlungen für die Geistesschulung. Das Abhidhamma-piṭaka existiert in zwei unterschiedlichen Rezensionen verschiedener Schulen: der Theravādins und der Sarvāstivādins. Beide bestehen aus je sieben »Büchern«. Die wichtigsten Texte der Theravādins sind die Schriften *Dhammasaṇgaṇī* (»Auflistung der Grundelemente«) und *Paṭṭhāna* (»Entstehung«). Der wichtigste Text im *piṭaka* der Sarvāstivādins heißt *Jñāna-prasthāna* (»Feststellung« bzw. »Quelle der Erkenntnis«).

Von den nicht-kanonischen Texten in Pāli ist der *Milindapañha* von größter Bedeutung. Es handelt sich um ein Werk aus dem 1. Jh.n.Chr., das in Nordwest-Indien verfaßt wurde. In Dialogform erläutert der buddhistische Mönch Nāgasena dem griechisch-baktrischen König Menandros (Milinda) die für den Griechen schwer durchschaubaren Lehren vom Nicht-Ich, der Reinkarnation, der Bewußtseinsformen usw. Der Text hat eine katechismusartige Klarheit und erfreut sich nicht zuletzt aus diesem Grunde in der buddhistischen Welt großer Beliebtheit und Verbreitung.

3.1.2 Sanskrit-Texte des frühen Buddhismus

Seit zu Beginn des 20. Jahrhunderts Sanskrit-Texte in Zentralasien aufgefunden sowie teilweise noch ältere Fragmente in Sanskrit und Prākrit aus Nordwest-Indien (Gandhara) bekannt wurden, wissen wir, daß frühe Texte des Buddhismus keineswegs nur in Pāli vorliegen. Teilweise werden sogar noch ältere und ursprünglichere Textstufen im Sanskrit greifbar. Von den wichtigsten Texten sind allerdings nur Bruchstücke erhalten. Dabei sind aber besonders die tibetischen Übersetzungen (seit dem 8. Jh.n.Chr.) dieser Werke verläßlich, weil sich die Tibeter sehr genau an das Sanskrit gehalten und ihre eigene tibetisch-buddhistische Terminologie überhaupt erst durch die Übersetzung dieser Sanskritwerke geschaffen haben. Die chinesischen Übersetzungen sind allerdings noch älter (seit dem 2. Jh.n.Chr.), aber wegen der völligen Unterschiedlichkeit der Sprachen (Sanskrit und Chinesisch gehören ganz verschiedenen Sprachfamilien an) ist eine Rekonstruktion der verlorengegangenen Teile des Sanskrit-Textes ungleich schwieriger bzw. unmöglich. Die Rekonstruktion der ursprünglichen Fassung aus den tibetischen Übersetzungen, mit denen sich heute Forschergruppen z.B. an der Tibetischen Universität in Sarnath (Indien) befassen, ist hingegen in vielen Fällen erstaunlich gut gelungen.

Die einzelnen frühen Schulen haben wohl ihr Schriftkorpus in jeweils unterschiedlichen Sprachen abgefaßt – die Mahāsāṇghikas in Prākrit, die Theravādins in Pāli, die Sarvāstivādins in Sanskrit usw. Der Buddha selbst hat hingegen die Dialekte seiner Heimat, der Staaten Magadha und Kosala, gesprochen. Er hatte den Mönchen ausdrücklich aufgetragen, seine Reden nicht im klassischen (von den Brahmanen als Ritualsprache gebrauchten) Sanskrit zu überliefern, sondern in den jeweiligen Lokalsprachen (*sakkāya niruttiya*) der Ausbreitungsgebiete.[6] Dies hat schließlich nicht nur die frühe buddhistische Mission gefördert, sondern auch zur Ausbildung von Lokaltraditionen geführt, die wir heute an den unterschiedlichen Texten nachvollziehen können.

Vollständig in Sanskrit erhalten ist das *Mahāparinirvāṇa-Sūtra*. Ein weiterer wichtiger, dem Vinaya der Lokottaravādins zugerechneter Text, der sich tatsächlich aber als eine legendär gestaltete und mahāyānistisch überformte Lebensgeschichte des Buddha darstellt, ist der *Mahāvastu-Avadāna*. Außerdem kommen unzählige Fragmente sowie die bedeutende Kommentarliteratur hinzu. Hier ist vor allem Vasubandhus *Abhidharmakośa* aus der Schulrichtung der Sarvāstivādins zu erwähnen.

3.2 Sanskrit-Texte des Mahāyāna

Das Mahāyāna bildete sich als neue Bewegung zunächst innerhalb einiger bereits bestehender Schulen seit dem sogenannten Konzil

6 Vinaya Pit. II.139.1ff. Zit. nach Sangharakshita, A Survey of Buddhism, Boulder: Shambhala 1980, XXXIII.

von Vaiśālī (ca. 100 Jahre nach dem Tode des Buddha) heraus. Dort spaltete sich die buddhistische Bewegung in die alten Schulen und in die Mahāsāṇghikas, die eine weitherzigere, den neuen Umständen (Entstehung einer starken Laienbewegung) angepaßte Auslegung der Disziplin befürworteten. Die Tradition der Waldmönche spielte bei der Entstehung des Mahāyāna ebenso eine Rolle wie der Buddhismus der Laien und die Einbeziehung ursprünglich nichtbuddhistischer Elemente. So ist auch das Schrifttum von den im Pāli-Kanon gesammelten Texten sehr verschieden. Die Pāli-Suttas waren relativ kurze Reden des Buddha, deren Verkündigungsort und -zeit in der (teils legendären) Lebensgeschichte des historischen Buddha verankert wurden. Die Mahāyāna-Sūtras in Sanskrit hingegen sind monumentale (teils aber auch höchst kondensierte) Werke, die von dem überhöhten transzendenten feinstofflichen Geistleib-Buddha (dem *saṃbhogakāya*) einer mythischen Schar von Wesen gepredigt werden. Auch sie sind zwar räumlich und zeitlich in der Frühgeschichte des Buddhismus in Nordindien verankert, dabei aber nicht an einer Historisierung, sondern an Mythisierung interessiert. Die Mahāyāna-Sūtras sind während einer großen Zeitspanne zwischen dem 2./1. Jh.v.Chr. und dem 5./6. Jh.n.Chr. in Süd- und Nordindien entstanden. Diese Sūtras leiten nicht nur zur Meditation und Verehrung des Buddha an, sondern sie wurden selbst Gegenstand kultischer Verehrung, weil in ihnen der Buddha in seiner geistigen Wirkkraft unmittelbar präsent geglaubt wird, wie es dem neuen Verständnis des Buddha im Mahāyāna entsprach.

Man kann die Fülle von Mahāyāna-Sūtras in fünf Gruppen einteilen:

- Prajñāpāramitā-Sūtras (drei Versionen)
- Avataṃsaka-Sūtra
- Ratnakūṭa-Sūtra
- Parinirvāṇa-Sūtra
- Wichtige Eigentraditionen wie:
  a) Saddharmapuṇḍarīka-Sūtra (Lotos-Sūtra),
  b) Laṇkāvatāra-Sūtra,
  c) Sukhāvatī-vyūha-Sūtras (ein längeres und ein kürzeres)

1. Die **Prajñāpāramitā-Literatur** umfaßt mehr als dreißig Werke, ist also umfangreich und enthält große Textgruppen wie auch kleinere Texte. Am bekanntesten sind drei Versionen des Prajñāpāramitā-Sūtra, die sich an Länge erheblich unterscheiden und voneinander abhängig sind. Der älteste Text ist das Aṣṭasāhasrikā-Prajñāpāramitā-Sūtra, das heißt das »Sūtra in 8000 Versen«, danach kommt ein Text namens Pañcaviṃśatisāhasrikā-P-S., d.h. ein Text in 25000 Versen und schließlich das monumentale Śatasāhasrikā-P-S., ein Text in 100 000 Versen.[7] Zwei weitere wichtige Texte, die vor allem in Ostasien eine große Bedeutung erlangt haben, sind das Vajracchedika (Diamant)-Sūtra[8] und das Hṛdaya (Herz)-Sūtra[9], von dem es wiederum eine längere und eine kurze, äußerst kondensierte Version gibt. Diese Weisheits-Literatur wird in den Texten mit dem Mönch Subhūti verbunden, der, wie es auch in der Pāli-Tradition heißt, den Wald liebt. Es handelt sich vermutlich um Texte von Waldeinsiedlern, deren soziologischer und religiöser Hintergrund anders ist als der der Dorf- und Stadtmönche, deren Lebenswelt sich in den Pāli-Texten spiegelt. Das große Thema dieser Sūtras ist die Leere aller Erscheinungen (*śūnyatā*), eines der wichtigsten Themen des gesamten Mahāyāna.

2. Die gesamte **Avataṃsaka-Literatur** ist nicht in Sanskrit, sondern nur in chinesischen und tibetischen Übersetzungen erhalten.[10] Ein wichtiger Teil, das *Gaṇḍavyūha*, existiert jedoch in Sanskrit und gehört zur Pilger-Literatur, denn es beschreibt, wie der junge Sudhana auf seiner Suche nach der befreienden Erfahrung zu mehr als 50 Lehrern (und Lehrerinnen) pilgert, bis er schließlich in der Begegnung mit einer transzendentalen Emanation des Buddha findet, was er gesucht hat. Auch das Daśabhūmika-Sūtra gehört dazu, denn es beschreibt die zehn

7 Dazu nur eine Angabe: E. Conze, The Large Sūtra on Perfect Wisdom with the Divisions of the Abhisamayālankāra, Berkeley: Univ. of California Press 1975.

8 E. Conze, Vajracchedikā Prajñāparamitā, Rom: ISMEO 1957; M. Walleser, Prajñāpāramitā: Die Vollkommenheit der Erkenntnis nach indischen, tibetischen und chinesischen Quellen. Göttingen: Vandenhoeck & Ruprecht 1914, 140-158

9 M.v. Brück, Weisheit der Leere. Sūtra-Texte des indischen Mahāyāna-Buddhismus, Zürich: Benziger 1989, 234ff.

10 Th. Cleary, The Flower Ornament Scripture Vols. 1-3, Boulder: Shambhala 1984-1987

Stadien des Reifungsweges eines Bodhisattva, bis er zum vollkommen erleuchteten Buddha geworden ist.

3. Die Gruppe der **Ratnakūṭa**- und **Mahāsaṃnipāta**-Sammlung enthält einige Werke, die eine bedeutende Wirkungsgeschichte haben, so vor allem das **Vimalakīrti-nirdeśa-sūtra**[11], das die Weisheit des Laienanhängers Vimalakīrti rühmt, und das längere **Sukhāvatī-vyūha**. Allerdings sind nur die Texte *Karuṇāpuṇḍarīka* und *Kāśyapaparivarta* vollständig im ursprünglichen Sanskrit erhalten, die anderen Texte kennen wir vollständig nur in chinesischer und tibetischer Übersetzung.

4. Das dem Mahāyāna zuzurechnende **Mahāparinirvāṇa-Sūtra**[12] (nicht zu verwechseln mit dem Pāli-Text *Mahaparinibbana-Sutta*) beschreibt den Eintritt des Buddha die die letztgültige Verwandlung (*nirvāṇa*) aus mahāyānistischer Sicht.

5. Das **Lotos-Sūtra**[13] ist einer der verbreitetsten buddhistischen Texte in Ostasien und als Basistext (kanonischer Text) für mehrere Schulen die verbindliche Grundlage. Hier wird die Abgrenzung vom »Hīnayāna« (Kleines Fahrzeug) vollzogen und die Verehrung des Buddha als das einigende Band aller buddhistischen Schulen empfohlen. Außerdem fördert das Sūtra durch das Konzept von *upāya* (geschicktes Mittel) die »buddhistische Ökumene«, denn verschiedene Anschauungen und Methoden können nebeneinander bestehen, weil der Buddha Unterschiedliches für Menschen mit verschiedenen Fähigkeiten und Voraussetzungen gelehrt habe.

6. Das **Laṇkāvatāra-Sūtra**[14] ist eine tiefgründige, an Bildern reiche und die Zen-Tradition mitprägende Darlegung der Bewußtseinsphilosophie der Yogācāra-Tradition. Das kürzere **Sukhāvatī-vyūha** preist den Glauben an Buddha Amitābha, der für diejeni-

11 E. Lamotte, L'Enseignement de Vimalakīrti, Louvain 1962

12 K. Yamamoto, The Mahāyāna Mahāparinirvāṇasūtra, 3 Vols., Ubeshi: Karinbunko 1973-1975

13 L. Hurvitz, Scripture of the Lotus Blossom of the Fine Dharma, New York 1976; deutsch M.v. Borsig, Lotos-Sūtra, Gerlingen: Lambert Schneider 1992

14 D.T. Suzuki, The Lankavatara Sūtra: A Mahāyāna Text, London: Routledge 1932 (repr. Boulder: Prajna Press 1978); neue deutsche Übersetzung von Karl-Heinz Golzio, Die makellose Wahrheit erschauen. Die Lehre von der höchsten Bewußtheit und absoluten Erkenntnis. Das Lankavatara-Sutra, Bern-München-Wien: O.W.Barth 1996

gen, die ihm vorbehaltlos vertrauen, das Reine Land bereitet hat, wo sie wiedergeboren und ohne Schwierigkeiten die Befreiung (*nirvāṇa*) erlangen werden. Die großen Schulen des »Reinen Landes« in China und Japan stützen sich auf diesen Text.

3.3 Quellen des tantrischen Buddhismus

Zunächst in Indien, später dann in China, Tibet, Korea und Japan hat sich etwa seit dem 3. Jh.n.Chr. der tantrische Buddhismus, die »dritte Drehung« der Lehre des Rades (nach frühem Buddhismus und Mahāyāna) ausgebreitet. Die tantrischen Strömungen basieren philosophisch auf den Entwicklungen im Mahāyāna (Mādhyamaka und Yogācāra), und sie beziehen mythische und devotionale Traditionen indischer (und später auch tibetischer) Überlieferungen ein. Es geht hier aber weniger um Theorie, als vielmehr um die Praxis: Die geistigen Zustände, die in den alten buddhistischen Schriften beschrieben wurden, sollen nicht nur systematisch eingeordnet und gedanklich vollzogen, sondern in der eigenen Erfahrung realisiert werden. Tantra bezieht alle lebensweltlichen Aspekte der Erfahrung ein, alle Emotionen, physischen und mentalen Ereignisse. Es ist ein »Pan-Sakramentalismus«, insofern alles zum Vehikel für die (schnelle) Erlangung der Buddhaschaft werden kann. Neben Farben, Formen und Klängen spielen vor allem rituelle Vergegenwärtigungen höherer Bewußtseinszustände in Form von körperlich visualisierten Gottheiten eine wichtige Rolle. Diese »Gottheiten (*devatā,* tibet. *lha*) werden durch körperliche, verbale und mentale Symbole dargestellt, also durch Formen (*maṇḍalas*) und Gesten (*mudras),* durch Silben (*mantras)* und mentale Bilder. Dabei werden zwischen den Welten der verschiedenen Sinne (Hören, Schmecken, Riechen, Sehen, Tasten, Denken) Entsprechungen hergestellt, Farben mit Klängen und Geschmäckern verbunden und die makrokosmische mit der mikrokosmischen Erfahrungswirklichkeit in Beziehung gesetzt. Denn Physisches und Geistiges sind nur verschiedene »Aggregatzustände« ein und desselben energetischen Universums. Alle äußerlich ertasteten oder innerlich visualisierten Objekte sind Wandlungsformen des Be-

wußtseins. Die leiblichen Ausdrucksformen sind das Mittel für die Erlangung höherer Bewußtseinszustände.
Da jede Handlung im Leben sakramental werden kann, muß Tantra in bezug auf die Kultivierung aller Energien und Körperkräfte, einschließlich der sexuellen, vollzogen werden. Die Einweihung in tantrische Rituale und Meditationspraxis geschieht durch einen erfahrenen Guru (tibet. Lama). Dabei sind die Texte nur äußere Hilfsmittel, die allein nicht genügen, um die Praxis sachgemäß vollziehen zu können. Denn diese ist derart komplex, daß sie sich der Verschriftlichung entzieht. Außerdem geht es um direkte Kraftübertragung vom Lehrer auf den Schüler, und die Reife des Schülers ist Voraussetzung dafür, daß die Übungen positiv wirksam werden können. Dies ist vergleichbar mit der Einführung in das Erlernen einer Kunst – auch hier bedarf es der persönlichen Anleitung, und das Studium von Lehrbüchern (z.B. für das Klavierspiel) kann nützlich sein, ist aber niemals hinreichend. Für das Studium des Tantra gilt daher noch verstärkt, was wir allgemein schon sagten: Das Studium des Buddhismus kann sich nicht im Textstudium und einem intellektuellen Erfassen von Sachverhalten erschöpfen.
Die zahlreichen tantrischen Schriften, wohl nicht vor dem 5. Jh.n.Chr. verfaßt, sind seit alters in vier große Klassen eingeteilt worden, die gleichsam unterschiedliche Grade an Reife markieren:

- *Kriyātantra* – für solche, die Rituale brauchen,
- *Caryātantra* – für solche, die den Alltag im tantrischen Sinn als Übung gestalten und Rituale sowie inneres Geistestraining praktizieren; ein wesentlicher Text ist das *Vairocanābhisaṃbodhitantra* (*Mahāvairocanasūtra)*
- *Yogatantra* – für solche, die hauptsächlich Yoga, d.h. inneres Geistestraining, bevorzugen; ein wesentlicher Text is *Tattvasaṃgraha*, und
- *Anuttarayogatantra* – das Stadium der vollkommenen Vereinigung der Gegensätze und die Realisierung von Leerheit; ein wesentlicher Text ist das *Guhyasamājatantra* (»Tantra des Geheimen Versammelns«)[15], wobei – wie in allen Tantras – dieser Be-

15 Dazu die Studie von A. Wayman, Yoga of the Guhyasamājatantra, Delhi: Motilal Banarsidass 1977.

griff exoterische und esoterische Bedeutungen hat: Es geht, äußerlich, um die Versammlung von Meister, Schüler und der höheren Bewußtseinskraft (Gottheit), mit der sich der Schüler identifiziert; es geht gleichzeitig, innerlich, um die Vereinigung aller physischen, psychischen und mentalen Kräfte, um eine Intensivierung des Bewußtseins, bei dem alle einzelnen Impulse »leer« werden, so daß sie einander durchdringen und in dem Einen Bewußtseinsstrom verschmelzen.

Diese Klassifizierung ist allerdings etwas willkürlich und auch nie allgemein akzeptiert worden, in Ostasien ist sie nicht einmal bekannt. Interessant ist, daß die Stufenfolge dieser Tantraklassen mit der Erfahrung aus der partnerschaftlichen Erotik verdeutlicht wird, denn in beiden Fällen geht es um ein allmähliches Verschmelzen der Polaritäten der Lebenskräfte: materieller wie geistiger, männlicher wie weiblicher, positiver wie negativer. Danach lächeln die polaren Gottheiten im Kriyātantra einander an, im Caryātantra blikken sie einander unverwandt an, Yogatantra repräsentiert die größere Vertrautheit des Händehaltens, Anuttarayogatantra ist die vollkommene geschlechtliche Verschmelzung. Dies ist auch ikonographisch in einer ausdrucksstarken Symbolik realistisch dargestellt worden, was zu Mißverständnissen geführt hat – es geht selbstverständlich um innere geistige Transformationsprozesse, bei denen jedoch die leibliche Erfahrung ein Aspekt der Übung ist. Ein wesentliches Prinzip der Tantras ist es, die Dualität von »heilig« und »profan« zu überwinden, denn das, wodurch ein Mensch in Unwissenheit gefesselt ist (z.B. Leidenschaften), kann zum Mittel der Transformation gemacht werden. So wird beispielsweise in der Meditation die Energie des Zornes oder der Wut zugelassen und durch Visualisation gütiger Gottheiten umgeformt in energiereiche Barmherzigkeit.

Die tantrische Praxis kann auch in Phasen der Übung eingeteilt werden, und die tantrischen Begriffe *Mantrayāna, Vajrayāna, Sahajayāna* und *Kālacakrayāna* bezeichnen gleichsam vier Hauptelemente der Entwicklung.

- Mantrayāna besagt, daß hier vor allem die Praxis der Mantra-Rezitation gepflegt wird (der Begriff kann aber auch alle vier Phasen des Tantrismus bezeichnen).

- Vajrayāna (*vajra*, Diamantzepter als Symbol für die Leerheit) ist die voll entwickelte tantrische Form der Erfahrung von Leerheit *(śūnyatā)* durch Visualisierung und darauf folgende Auflösung aller Formen, wobei die Letzte Wirklichkeit nicht getrennt von der Erfahrungswelt existiert, sondern mitten in ihr das Wirkliche ist.
- Sahajayāna sucht die Natürlichkeit aller Lebensvollzüge und wendet sich gegen übertriebenen Ritualismus und philosophische Spekulationen, denn das vollkommene Buddha-Bewußtsein ist jederzeit in jeder Situation präsent.
- Kālacakrayāna ist eine späte Weiterentwicklung, bei der besonders die Meditation mit inneren Energien (*prāṇa,* tib. *rlung*) und die Entwicklung zahlreicher yogischer Fähigkeiten eine Rolle spielen sowie astrologische Spekulationen und die mythisch-psychische Geographie des Landes Shambala hinzukommen.

Eine weitere Literaturgattung des tantrischen Buddhismus sind die wundersamen Lebensgeschichten der vollkommenen Meister, der *siddhas*, von denen gewöhnlich 84 gezählt werden.[16] Die *siddhas* verfügen über magische Kräfte, mit denen sie dem *dharma* zum Sieg verhelfen. Im Gegensatz zu den berühmten Meistern der philosophischen Lehrtraditionen des Mahāyāna (Nāgārjuna, Asaṇga, Āryadeva usw.), die meist aus den oberen Kasten stammten (Brahmins und Kśatriyas), kommen die *siddhas* nicht selten aus der Unterschicht (Weber, Händler, Schuster usw.). Als einer der bedeutendsten *siddhas* gilt Padmasambhava, der den tantrischen Buddhismus im 7. Jahrhundert nach Tibet brachte. Andere Tantra-Meister, wie z.B. Vajrabodhi (gest. 730) aus Südindien und sein Schüler Amoghavajra (gest. 774), übersetzten tantrische Schriften und einzelne Mantra-Sammlungen ins Chinesische und verbreiteten die Tantras im Reich der Mitte. Diese Übersetzungen wurden in das

16 A. Grünwedel, Die Geschichten der Vierundachtzig Zauberer (Mahāsiddhas). Aus dem Tibetischen übersetzt, in: Baessler Archiv V, Heft 4/5, Leipzig und Berlin 1916, und VI, Heft 3, Leipzig und Berlin 1917. Zwei der bedeutendsten sind Padmasambhava und Nāropa. Ihre Lebensbeschreibungen: W.Y. Evans-Wentz, The Tibetan Book of the Great Liberation, Oxford 1954, und Herbert von Guenther (Ed.), The Life and Teachings of Naropa, Oxford 1963

chinesische Tripiṭaka aufgenommen und im 9. Jh. durch Kūkai (Kōbō Daishi) nach Japan gebracht.
Von den zahlreichen Tantra-Werken sind einige in modernen Ausgaben und/oder Übersetzungen zugänglich:
P. Gäng (Hrsg.), Das Tantra der Verborgenen Vereinigung. Guhyasamāja Tantra, München: Diederichs 1988
D. Snellgrove, The Hevajra Tantra – a Critical Study, London 1959
Dalai Lama/J. Hopkins, The Kālacakra Tantra, London: Wisdom Publications 1985
Zur Literatur des Sahajayāna:
Saraha's Treasury of Songs, in: *E. Conze/I.B. Horner/D. Snellgrove/A. Waley (Eds.)*, Buddhist Texts through the Ages, Boston: Shambhala 1990, Nr. 188
Die meisten Tantra-Werke sind im Sanskrit-Original nicht erhalten, wohl aber in tibetischen Übersetzungen, die im tibetischen Kanjur gesammelt sind.

3.4 Quellen des chinesischen Buddhismus

Das Tipiṭaka des Pāli-Buddhismus, die großen Sūtras des indischen Buddhismus sowie zahlreiche Tantras wurden allmählich seit dem 2. Jh.n.Chr. in China eingeführt und übersetzt. Auch die einzelnen in China neu gebildeten Schulen (T'ien-t'ai, Hua-Yen, Ch'an) haben bedeutende Texte hervorgebracht. Einzelheiten werden in dem Kapitel über China behandelt.
Ein Werk sei hier genannt, weil es für den ostasiatischen Buddhismus herausragende Bedeutung hat, zumal man lange glaubte, daß es indischen Ursprungs und damit von hoher Autorität sei, während die Schrift in Wirklichkeit in China entstanden ist. Es handelt sich um den Text *Ta-shêng-ch'i-hsin-lun* (*Mahāyāna-śraddhotpāda-śāstra*, »Erwachen des Glaubens »), der dem Aśvaghoṣa (1./2. Jh.n.Chr.) zugeschrieben wurde, der als Bodhisattva galt. Es ist ein Werk aus der zweiten Hälfte des 6. Jh.n.Chr. Der Text ist übersetzt und kommentiert von:
Y.S. Hakeda, The Awakening of Faith. Attributed to Aśvaghosha, New York: Columbia University Press 1967.

Berühmte Texte der chinesischen Ch'an (Zen)-Tradition sind:
Hsin-hsin-ming: Seng-ts'an, Die Meißelschrift vom Glauben an den Geist. Das geistige Vermächtnis des dritten Patriarchen des Zen in China, München-Wien-Bern: O.W. Barth 1991.
Hui-neng's Hochsitz-Sūtra: Ph. Yampolsky, The Platform Sūtra of the Sixth Patriarch, New York: Columbia University Press 1967
Ma-tsu, The Recorded Sayings of Matsu (709-788), Lewsiston, NY: The Edwin Mellen Press 1987
Biyän-lu (Kōan-Sammlung): W. Gundert, Die Niederschrift von der Smaragdenen Felswand 3 Bde., München: Hanser 1967
Wumen-kuan (Kōan-Sammlung): H. Dumoulin, Mumonkan. Die Schranke ohne Tor. Meister Wu-men's Sammlung der 48 Kōan, Mainz: Grünewald 1975
Die japanischen Schulen, Autoren und Texte werden unten im 11. Kapitel behandelt.

4. Der historische Buddha: Siddhārtha Gautama Śākyamuni

Eine Biographie Siddhārtha Gautama Śākyamunis kann nicht rekonstruiert werden. Sämtliche Quellen in Pāli, Sanskrit und anderen Sprachen spiegeln spätere Entwicklungen und Ansichten über den Buddha in seine Lebenszeit zurück. Gerade diese legendären Erinnerungen ermöglichen uns freilich Einsichten in die mentalitäts- und sozialgeschichtliche Entwicklung des Buddhismus, aber sie sagen wenig über den historischen Buddha selbst aus. Allerdings können durch textkritische und historische Analysen, Vergleiche und literarkritische Studien nun doch einige wesentliche Daten über den historischen Buddha und seine Umgebung ermittelt werden, so daß wir mit einer gewissen Wahrscheinlichkeit ein Bild der frühesten buddhistischen Bewegung zeichnen können. Wie hoch diese Wahrscheinlichkeit ist und welche Ereignisse als historisch gesichert gelten können, ist in der Forschung jedoch umstritten. Um einen klaren Eindruck von der Traditions- und Legendenbildung um die Gestalt und das Bild des Buddha im frühen Buddhismus zu gewinnen, müssen wir die Quellen unterscheiden und charakterisieren, denn hinter der Art, wie die Lebensgeschichte erzählt wird, hinter jeder Legende und philosophischen Erklärung stehen Interessen, die sich in den Texten niedergeschlagen haben.

4.1 Datierung

Die Lebenszeit des Buddha kann nicht mit Gewißheit bestimmt werden. Die bisher übliche Datierung (ca. 560-480 v.Chr.) ist, wie Heinz Bechert[1] gezeigt hat, nicht mehr haltbar. Die Datierung beruht auf folgenden Überlegungen:

1 H. Bechert, Die Lebenszeit des Buddha – das älteste feststehende Datum der indischen Geschichte?, in: NAWG 1986, 4, 129-184

a) Die Zeit der Maurya-Dynastie, der Aśoka entstammt, läßt sich durch griechische Quellen genau angeben. Danach herrschte der Begründer der Dynastie, Candragupta Maurya, von 317-293 v.Chr. Aufgrund dieser festen und anderer Angaben kann Aśokas Regentschaft auf 268-239 v.Chr. datiert werden.

b) Nach den ceylonesischen Chroniken Mahāvaṃsa (5,21) und Dīpavaṃsa (6,1) soll Aśoka 218 Jahre nach dem Tod des Buddha gekrönt worden sein, wobei sich die Chroniken für das Krönungsjahr Aśokas aber um 60 Jahre verrechnen und irrtümlicherweise 326/325 v.Chr. angeben, weshalb sie für den Tod des Buddha das Jahr 544/543 v.Chr. ansetzen. Korrigiert man den Fehler, ergäbe sich 484/483 v.Chr. als Todesjahr.

c) Nach mehreren nordindischen Überlieferungen, die in der Datierungsfrage von den japanischen Historikern Ui Hakuju (1882-1963), Nakamura Hajime, Hirakawa Akira[2] und anderen als glaubwürdiger angesehen werden als die ceylonesische Pāli-Tradition, soll Aśoka aber 100 bzw. 118 Jahre nach dem Tode des Buddha gekrönt worden sein. Danach wäre der Buddha ca. 100 Jahre vor Aśokas Krönung und ca. 40 Jahre vor dem Indienfeldzug Alexanders des Großen (327-325 v.Chr.) gestorben. Da er nach mehreren Pāli- und Sanskrit-Quellen 80 Jahre alt geworden sei, könnte folglich als Lebenszeit des Buddha etwa 450-370 v.Chr. angenommen werden.

4.2 Quellen zur Lebensgeschichte des Buddha

Verschiedene Textgruppen, die das Leben Gautama Śākyamunis zum Thema haben, waren zunächst Teil der *vinaya*-Sammlungen (Disziplin des Ordens). Als diese Texte immer mehr erweitert wurden, bekamen sie einen eigenständigen Charakter und wurden entsprechend tradiert, so z.B. das *Mahāvastu*. Der Text steht der Schule der Lokottaravādins nahe, die eine Untergruppe der Mahāsāṇghikas bil-

2 A. Hirakawa, A History of Indian Buddhism, Delhi: Motilal Banarsidass 1993, 22-23. Vgl. auch H.-J. Klimkeit, Der Buddha. Leben und Lehre, Stuttgart: Kohlhammer 1990, 23.

deten, aber er geht über Schul-Identitäten (*nikāya*) hinaus. So erklärt sich, daß Teile des Mahāvastu mit dem ersten Kapitel (*Mahākhaṇḍaka*) des *Mahāvagga*-Teiles des *vinaya* übereinstimmen. Die Überlieferungen der Buddha-Leben haben innerhalb der Schulbildungen auch eine inner-buddhistisch ausgleichende, »ökumenische« Funktion gehabt.

Die wichtigsten Quellen sind mithin die Nikāyas des *Pāli-Kanon*, das *Mahāvastu* (eine legendäre Buddha-Biographie) aus dem Umfeld der Lokottaravādins (Ursprünge vom 2.Jh.v.Chr., Bearbeitungen bis ins 4. Jh.n.Chr.), der *Lalitavistara* (zwischen 1. und 4.Jh.n.Chr.), ein Text, der den Sarvāstivādins zuzurechnen ist und bereits mahāyānistische Ideen erkennen läßt, sowie die *Nidānakathā,* ein später (5. Jh.n.Chr.) Einleitungstext für die Jātakas. Freilich sind auch die *Jātakas* bzw. Avadānas (die Berichte aus den früheren Leben des Buddha) heranzuziehen.

E. Lamotte hat fünf Schichten der Entfaltung des klassischen Buddhalebens unterschieden, wobei die vollständigen legendären »Biographien« auch in der buddhistischen Kunst ganz Asiens sowie in der Visualisationspraxis der Meditation wirksam geworden sind: [3]

1) Episoden in den Pāli-Suttas des Tipiṭaka, die durch Sanskrit-Texte aus Zentralasien sowie durch chinesische und tibetische Sūtra-Übersetzungen ergänzt werden;

2) Episoden im Vinaya-Piṭaka, die einzelne Ordensregeln durch spezifische Situationen während der Lehr- und Verkündigungsjahre des Buddha erklären und rechtfertigen;

3) eigenständige Erzählungen einzelner Schulen über das Buddhaleben, die nur bestimmte Episoden enthalten und seit dem 1.Jh.v.Chr. in Umlauf kamen;

4) umfassende Buddha-Biographien, die das Material aus 1-3 zusammenstellen und (jeweils verschieden) ordnen;

5) außerindische Synthesen, die Erzählzyklen des gesamten Buddhalebens entwerfen.

Die Texte der ältesten Schicht (1) handeln von den Ereignissen, die für die buddhistische Bewegung konstitutiv waren:

[3] E. Lamotte, La légende du Buddha, in: RHR 134 (1948), 37-71, zit. nach Klimkeit, a.a.O., 35f.

- die Praxis, die zum Erwachen des Buddha führte,
- das Erwachen selbst,
- die Lehrtätigkeit des Buddha und das Wachstum der frühbuddhistischen Bewegung,
- der Tod des Buddha.

Von der Geburt und der Ursprungsfamilie, den sozialen und religiösen Umständen seiner Jugend usw. ist nur in ganz wenigen Texten andeutungsweise die Rede. Hingegen sind die Texte daran interessiert, das Leben Śākyamunis zu typisieren, indem es mit dem Leben voriger Buddhas, namentlich des früheren Buddha Vipaśyin, parallelisiert wird, will sagen: das Leben eines Buddha in allen Weltzeitaltern folgt einem bestimmtem, immer gleichen Schema.[4]

In der nächsten Schicht (2) ist, mit Ausnahme des Vinaya der Mūlasarvāstivādins, auch noch nicht von der Geburts- und Jugendgeschichte die Rede, sondern von den Ereignissen um das Erwachen unter dem Bodhi-Baum, das wiederum verschieden dargestellt wird.

In der nächsten Schicht (3) wird das Leben des Buddha legendär und keineswegs einheitlich ausgeschmückt, viele Geschichten werden mehrfach erzählt und in unterschiedlicher Reihenfolge eingeflochten. Der Buddha erscheint nun als unvergleichlicher Wundertäter. Seine Geburt entspricht bis in Details der Geburt des Buddha Dīpaṇkara, d.h. nicht der historische Buddha ist von Interesse, sondern der Mythos des überweltlichen Buddhawesens, das sich periodisch und spielerisch (*lalita*) zum Schein als Mensch inkarniert. Im Kapitel 7 des Lalitavistara bezieht ein Gespräch zwischen dem Buddha und seinem Lieblingsschüler Ānanda gegen diejenigen Stellung, die die von Wundern begleitete Geburt des Buddha nicht glauben. H.-J. Klimkeit urteilt zu Recht: »Der Glaube (*śraddhā*) an den Buddha wird als ein unabdingbarer Bestandteil der Religion gelehrt.«[5] Glaube ist hier aber nicht mehr das auch im frühen Buddhismus als unerläßlich vorausgesetzte Vertrauen in die Wahrhaftigkeit der Erkenntnis und der Lehre des

4 Mahāpadāna-Sutta (DN 34), Acchariyabhutadhamma-Sutta (MN 123), zit. Nach H.-J. Klimkeit, a.a.O., 36

5 Klimkeit, Der Buddha, a.a.O., 39

Buddha, sondern das Akzeptieren der äußerlichen Wunder bei der Geburt und im Leben des Buddha.

Schließlich kommen, relativ spät, »Gesamtbiographien« (4) des Buddha auf. Am bekanntesten ist das Werk *Buddhacarita* (»der Wandel des Buddha«) des Aśvaghoṣa, der als Hofpoet bei Kaiser Kaniṣka im 2. Jh.n.Chr. in Nordwest-Indien lebte. Nur 14 der 28 Kapitel sind in Sanskrit erhalten, die gesamte Dichtung liegt aber in chinesischer und tibetischer Übersetzung vor.

Zur Gruppe der nicht-indischen Texte (5) gehören ceylonesische, zentralasiatische, chinesische, tibetische, birmanische und thailändische Viten des Buddha, die alle spater zu datieren sind als die Texte der Schichten 1-4. Wichtig ist die ceylonesische *Nidānakathā* (»Geschichten von den Anfängen des Buddhalebens«), die wohl im 5.Jh. ins Pāli übersetzt wurde und die Einleitung zu einem Jātaka-Kommentar darstellt. Auch hier geht es nicht um die historische Rekonstruktion des Lebens Gautama Śākyamunis, sondern um die Erörterung der Voraussetzungen und Stationen des Lebensweges eines Menschen, der sich anschickt, Buddha zu werden, um die Stationen der Bodhisattvaschaft also. Ganz ähnlich gestaltet ist das Werk *Madhuratthavilāsinī* des Buddhadatta. Es ist ein Kommentar zum *Buddhavaṃsa* (eine spät-kanonische Pāli-Schrift im Khuddaka-Nikāya), das den jetzigen Buddha Śākyamuni in eine Reihe von 24 Buddhas einordnet und damit, angesichts der Theorie der aufeinanderfolgenden Weltzeitalter, den Stufenweg zur Buddhaschaft aufzeigt. Der Buddha ist demnach keine zufällige historische Erscheinung, sondern der gesetzmäßige Höhepunkt der Evolution in jedem Weltzeitalter. Dieser evolutive Prozeß läuft periodisch ab, ist also wiederholbar und darum erkennbar. Der jetzige Buddha ist die Wiederkehr vieler präexistenter Buddhas. Damit wird die Befreiung des Menschen in der Buddhaschaft zum gesetzmäßigen Vorgang, der letztlich nicht nur psychologisch, sondern auch kosmologisch begründet ist. Der Wachstumsprozeß bis zum befreienden Erwachen bedarf aber der Bodhisattvaschaft, d.h. der gezielten Anstrengung und Übung dessen, der sich auf den Weg zur Buddhaschaft macht. Die zehn Stufen bzw. moralischen und spirituellen Vollkommenheiten (*pāramitās*), die der jetzige Buddha auf dem Übungsweg über mehrere Leben hinweg erworben hat (Inhalt der Jātakas) und die jeder Mensch erwerben kann, werden vor allem im letzten Text des Khuddaka-Nikāya, dem *Cariyapiṭaka*, erläutert.

Die Reihe von Existenzen des Buddha, die weit in die Vergangenheit reicht, hört mit dem jetzigen Buddha Śākyamuni nicht auf. H.-J. Klimkeit[6] hat zentralasiatische Texte in Khotanesisch und Tocharisch sowie Fragmente in Uigurisch herangezogen, die das Leben des zukünftigen Buddha Maitreya zum Inhalt haben. In einigen Texten wird er historisierend als Zeitgenosse und Schüler des Buddha Śākyamuni dargestellt, der dessen Nachfoge antreten wird, wenn die Zeit reif ist für das »Wiederkommen« des Buddha als Maitreya (»der Liebende«). In anderen Traditionen ist Maitreya, so wie auch Śākyamuni und alle anderen Buddhas, eine Emanation des ewig transzendenten und trans-geschichtlichen Buddha-Bewußtseins. Die wichtigsten Darstellungen des Buddha-Lebens im tibetischen Kanjur, beim tibetischen Gelehrten Bu-ston (1290-1364) und in chinesischen Quellen der T'ang-Zeit sowie späterer Epochen hat wiederum H.-J. Klimkeit aufgelistet.[7]

Nicht nur die Texte, sondern auch die Kunstwerke sind für das Verständnis der Entwicklungen bei den Vorstellungen über das Buddha-Leben in der buddhistischen Frömmigkeit von Bedeutung. Erst während des 1. Jh.n.Chr. kam es in Nordwest-Indien, im griechisch beeinflußten Gandhāra, zur leiblichen Darstellung des Buddha, kurz danach auch in Mathura. Zuvor wurde der Buddha durch Symbole dargestellt, die neben ihrem Objektbezug die Präsenz des Buddha in der jeweiligen Bildgeschichte anzeigen: die Darstellung der Fußspuren des Buddha bedeutet, daß er an dieser oder jener Stelle weilte; das Rad zeigt an, daß er hier lehrte; ein Rosenapfelbaum weist auf seine Meditation hin usw.[8] D. Schlingloff hat beobachtet, daß die Entwicklung in Literatur und Kunst gegenläufig zu verlaufen scheint: In der Literatur wird die Gestalt des Buddha immer mehr abstrahiert und idealtypisch geformt; in der Kunst wird die abstrakte Symbolik allmählich vom Buddha in menschli-

6 Klimkeit, a.a.O., 42f.

7 Klimkeit, a.a.O., 43f.

8 D. Schlingloff, Die Bedeutung der Symbole in der altbuddhistischen Kunst, in: H. Falk (Hrsg.), Hinduismus und Buddhismus. Festschrift für Ulrich Schneider, Freiburg 1987, 315

cher Gestalt abgelöst.[9] Bodhisattvas, so legt ein Vinaya-Text dem Buddha in den Mund, dürfen figürlich dargestellt werden, der Buddha selbst aber nicht. Warum? Erklärungen, die das Problem auf numinose Scheu oder eine allgemein indische anikonischen Haltung bezüglich der Götter in jener Zeit zurückführen, sind historisch nicht haltbar. Auch die modernere These, der Buddha dürfe nicht abgebildet werden, weil er ins *nirvāṇa* eingegangen sei und als »Stellvertreter« die Lehre hinterlassen habe (DN XVI,6,1 und MS 41,2 (Hrsg. Waldschmidt 1951)) erklärt nichts, denn gerade dann hätte ja der Buddha vor dem *nirvāṇa* in menschlicher Gestalt während des Erdenlebens dargestellt werden können – es sei denn, er habe nur einen (doketischen) Scheinleib gehabt. Genau das aber, so Schlingloff, ist eine These, die, von der Schule der Lokottaravādins einmal abgesehen, erst allmählich an Boden gewinnt und Allgemeingut wird, als der Buddha dann doch bildlich dargestellt wird. Außerdem wird der Buddha in *vorigen* Leben als Bodhisattva durchaus dargestellt, nicht aber als Gautama in diesem Zeitalter. Schlingloff argumentiert überzeugend, daß die Symbole nicht etwa nur für die Unterweisung der Laien oder die Missionierung von Nicht-Buddhisten dienten, sondern daß sie den Mönchen für die Meditation und Visualisation zur Verfügung standen. Abstrakte Begriffe der buddhistischen Psychologie und Religionslehre wurden in Bildern und Farben visualisiert,[10] damit sich der meditierende Mönch ganz und gar mit dem Objekt identifizieren und dadurch selbst die entsprechenden Qualitäten entwickeln konnte. Und das nicht etwa erst zur Zeit der Tantras, sondern nachweisbar in frühbuddhistischer Zeit.[11] Diese Symbole waren deshalb angemessener als bildhafte Darstellungen des Leibes, weil sie präzise waren und einen ganz bestimmten Aspekt des Buddha hervorheben konnten. Auch das Leben des Buddha wurde schon sehr früh meditiert und visualisiert.[12] Entsprechende visualisierte innere Bil-

9 Schlingloff, a.a.O., 309

10 Schlingloff, a.a.O. 323, gibt einige Beispiele: Bewußtsein = Affe, der umhertollt; Wasserblasen = Empfindungen, wie den kanonischen Texten zu entnehmen ist; das Element Äther = Muschel, die weiß und hohl ist; gefüllte Ölschalen = auf den Körper gerichtete Achtsamkeit, wie wiederum kanonische Texte belegen usw.

11 Visuddhimagga 21 u.a., Texte bei Schlingloff, a.a.O..

12 DN 33,2.2.XIX, Vol.3, 250, zit. bei Schlingloff, a.a.O..

der haben dann die Kunst beeinflußt, und umgekehrt haben entsprechende Kunstwerke die Methode der Visualisierung mitgeprägt. Die spätere gestalthafte Darstellung war somit, zumindest was die Meditation betrifft, kein Bruch mit der Tradition. Die buddhistische Kunst hat in den Höhlen von Ajantā in Westindien, dem Fries von Amarāvatī in Südindien und dem Stūpa von Sanchi in Mittelindien das Leben des Buddha vielfach gestaltet und die Legenden so komponiert, daß der Weg zur Befreiung sowie die Wunder des Buddha und die großen Ereignisse der frühen Geschichte des *saṃgha* bildhaft memoriert werden konnten, für Mönche wie für Laien.

Ein weiterer Gesichtspunkt kommt hinzu. Einzelne Erzählungen aus dem Leben des Buddha sind mit bestimmten Orten verbunden. Es gab entsprechende lokale Kult-Traditionen, die sich um solche Orte rankten, die wiederum durch Legenden legitimiert wurden. Vor allem die Stätten der Geburt, der befreienden Meditationserfahrung, der ersten Predigt und des *parinirvāṇa* (des Sterbens) wurden bald zu Pilgerstätten, und sie sind es bis heute. Zwar wird im Mahāparinirvāṇa-Sūtra 41a (und seiner Pāli-Parallele 38a) davor gewarnt, den Buddha kultisch zu verehren oder an Wundern, die er vollbracht hatte, seine Bedeutung ermessen zu wollen. Vielmehr solle man ihm allein durch die Befolgung seiner Lehre und Ordensdisziplin nachfolgen. Doch kurz darauf ermuntert dasselbe Sūtra dazu, die heiligen Stätten aufzusuchen (MPS 41c). Ferner wird (z.B. MPS 25 u. 41c) das religiöse Verdienst vorgerechnet, das aus der Reliquienverehrung, der damit verbundenen Pilgerschaft zu den heiligen Stätten usw. erwächst. Es werden also gegensätzliche Strömungen sichtbar, die bereits im frühen Buddhismus wirksam waren:

- einerseits die Weisung an die Mönche, daß der Buddha allein durch seine Lehre präsent ist und ihm keine kultische Verehrung zukommen solle, da weder er, der ins *nirvāṇa* eingegangen war, ihrer bedürfe, noch der Buddhaschüler sich davon ablenken lassen solle;
- andererseits das Interesse der Mönche an den Spenden, die ihnen mit der Verehrung der heiligen Stätten zuflossen. Zwar durften die Spenden der Laien an den *saṃgha* nicht mit den Spenden an den Buddha (die Stūpas und weiteren Kultorte)

vermengt werden, aber auch die Spenden an den Buddha (den noch lebenden wie den verstorbenen) kamen letztlich dem *saṃgha*, also vor allem den Mönchen, zugute. Daß somit Kult-ort-Legenden fabriziert oder umgedeutet wurden, um lokale Traditionen mit höherer Legitimität auszustatten, ist nicht verwunderlich.

4.3 Wichtige Ereignisse im Leben des Buddha

Einzelelemente der Lebensgeschichte sind typisierte Ereignisse im Leben eines jeden Buddha. Sie tauchen in späteren Mahāyāna-Texten auf,[13] und man kann acht Schlüsselereignisse aufzählen: die Herabkunft vom Tuṣita-Himmel, der Eintritt in den Mutterleib, die Geburt, der Auszug in die Hauslosigkeit, der Sieg über Māra (der die Bewußtseinsverunreinigungen symbolisiert), das Erwachen, die erste Predigt (und alle weiteren), der Tod bzw. Eintritt ins *parinirvāṇa*.

Herkunftsfamilie und Geburt

Siddhārtha Gautama Śākyamuni, der später Buddha (»der Erwachte«) genannt wurde, entstammt einer Familie von höheren Verwaltungsbeamten. Ob es sich um eine Gruppe in der Kṣatriya-Kaste, d.h. dem Krieger- und Beamtenadel innerhalb des brahmanischen Systems handelt, wissen wir nicht genau. Im 5. Jh.v.Chr.

[13] Der Unterschied zwischen der Literatur der Buddha-Leben und den Stadien der Bodhisattvaschaft, wie sie im Mahāyāna beschrieben werden, ist vor allem dieser: Die Buddha-»Biographien« beschreiben das Leben eines Individuums, der als Buddha bereits allgemein Anerkennung gefunden hat. Der Mahāyāna-Bodhisattva war einerseits ein Individuum auf dem Weg zum Erwachen, der typisch für all jene war, die den gleichen Weg gehen wollten; andererseits wurde der Begriff aber auch für die großen Bodhisattvas gebraucht (Samantabhadra, Mañjuśri, Avalokiteśvara usw.), die bereits erwacht waren, aber im *saṃbhogakāya*-Aspekt weiter lehrten und noch nicht ins *parinirvāṇa* eingegangen waren, obwohl sie das – karmisch – hätten tun können. Die historischen Gründe für die Verwendung eines Begriffs für zwei verschiedene Vorstellungen bleiben noch unklar. Vgl. Hirakawa, a.a.O., 267.

nahm diese Kaste vor oder neben den Brahmanen die höchste Stellung ein, d.h. die Brahmanen waren noch nicht zu der Vorrangstellung gegenüber den Kṣatriyas aufgestiegen, die sie in späterer Zeit einnehmen konnten. Sein Vater Śuddhodana war der gewählte Regent (*rāja*) der Śākya-Republik von Kapilavastu, die unter der Oberhoheit des Königs von Kosala stand. Das Gebiet könnte, grob geschätzt, etwa 2000 km^2 groß gewesen sein und eine Bevölkerung von vielleicht 180 000 Menschen gehabt haben.[14] Der Rāja regierte als Vertrauter des Königs von Kosala, indem er einer Ratsversammlung aus sämtlichen männlichen Angehörigen der Oberschicht vorstand, die alle wesentlichen politischen und juristischen Entscheidungen zu treffen hatte. Dies geschah in öffentlichen Versammlungen nach dem Konsensprinzip, weil die Vorstellung, Mehrheitsentscheidungen könnten für die unterlegene Minderheit bindend sein, weder in Stammesgesellschaften noch in den sich allmählich hierarchisch ordnenden frühen »Republiken« des alten Indien denkbar war. Der Rāja hatte also durch Argumente und rhethorisches Geschick die Versammlung so lange zu moderieren, bis es zu einem Konsens kam. Diese »republikanische Struktur« sollte Siddhārtha Gautama Śākyamuni später auf den von ihm gegründeten Mönchsorden übertragen. Neben dem Ratsvorsitz oblag es dem Rāja auch, die Steuern einzutreiben und sich um die Infrastruktur des Landes (Straßenbau, Brunnenbau usw.) zu kümmern. Die Familie des Rāja gehörte zweifellos zu den angesehensten und einflußreichsten Familien des Landes und genoß einen gehobenen Wohlstand. Die Überlieferung legt dem Buddha (durchaus glaubhaft) die Selbsteinschätzung in den Mund, er sei verwöhnt aufgewachsen (AN 3,39), wenn auch der Reichtum, in dem die späteren Legenden den »Prinzen Siddhārtha« schwelgen lassen, stark übertrieben ist (so sollen ihm drei Paläste und 40 000 Geliebte zur Verfügung gestanden haben,[15] nach dem Lalitavistara vergnügt er sich gar mit 84 000 Frauen »zum Schein und nur, um sich dem Treiben der Welt anzupassen«.[16]

14 H.W. Schumann, Der historische Buddha, München: Diederichs 1988, 31

15 So ein sekundärer Kommentar zu dem bereits späten Text AN I, 145; zit. bei E.J. Thomas, The Life of Buddha as Legend and History, London 1975 (repr. der 3. Aufl.)

16 zit. nach Klimkeit, a.a.O., 67

Der Rāja Śuddhodana soll mit zwei Schwestern verheiratet gewesen sein, Māyā, der Mutter Siddhārthas, und Prajāpatī, der Mutter seines Halbbruders Nanda, der kurz nach Siddhārtha geboren wurde. Dieser Familiensituation liegen endogame Heiratsgewohnheiten zugrunde, die sich von den indoeuropäischen unterscheiden, weshalb man vermutet hat, daß der Buddha aus einer Gegend stammte, die noch nicht sehr stark von der vedisch-brahmanischen Kultur beeinflußt war. Die Mutter Māyā soll wenige Tage nach der Niederkunft gestorben sein. Siddhārtha wurde, so berichtet schon eine von Aśoka errichtete Steinsäule am Ort der Geburt, nicht in Kapilavastu, dem Wohnort der Familie, sondern auf einer Reise der Mutter Māyā in Lumbinī geboren, im heutigen indisch-nepalesischen Grenzgebiet. Wie auch immer, der Knabe wuchs jedenfalls in einem sozial und wirtschaftlich gesicherten Umfeld auf. Siddhārtha ist wohl in den für einen Kṣatriya selbstverständlichen Disziplinen (Reiten, Bogenschießen, Schwertkampf usw.) unterrichtet worden, ob er auch des Lesens und Schreibens kundig war, ist nicht bekannt.[17] (Wir wissen nicht einmal, ob in der Heimat des Buddha eine indoeuropäische Sprache gesprochen wurde und ob in diesem Gebiet eine Schrift in Gebrauch war. [18] Siddhārtha wurde im Alter von 16 Jahren mit seiner gleichaltrigen Cousine Yaśodharā verheiratet, was durchaus üblich war. Die Ehe blieb, aus welchen Gründen auch immer, 13 Jahre kinderlos. Soweit die historisch einigermaßen gesicherten Tatsachen.

Die Legende hat nun im Verlauf der Zeit die Geburtsgeschichte mythisch überhöht, um die Bedeutung und überirdische Herkunft des Kindes hervorzuheben. Dabei haben die meisten Motive und Erzählkomplexe religionsgeschichtliche Parallelen. Ein früher Text, in dem bereits ein Großteil dieser Motive auftaucht, ist das *Mahāvadāna-Sūtra* in Sanskrit mit seiner Pāli-Parallele im Dīgha Nikāya (14).

[17] Die spätere Anweisung des Ordens an die Mönche, auf das Erlernen des Schreibens zu verzichten, um sich nur auf die Befreiung zu konzentrieren (Udāna 3,9), muß keineswegs eine Erinnerung an die Bildung Siddhārthas gewesen sein, sondern entstammt einem ganz anderen Kontext. (gegen H.W. Schumann, Der historische Buddha, a.a.O., 36)

[18] R. Gombrich, Der Theravada-Buddhismus. Vom alten Indien bis zum modernen Sri Lanka, Stuttgart: Kohlhammer 1997, 58ff.

E. Waldschmidt hat in seiner vergleichenden Analyse mehrere »Vorgänge« unterschieden, die als Merkmale für die Geburt eines jeden Buddha in jedem Weltzeitalter gelten können. H.-J. Klimkeit hat diese Einteilung übernommen und hervorgehoben, daß der zentralasiatisch-türkische Text *Maitrisimit* dieses Modell auch für den zukünftigen Buddha Maitreya anwendet. [19] Die zwölf Hauptereignisse lassen sich in drei Gruppen fassen:

a) der Herabstieg vom Tuṣita-Himmel;
b) der Aufenthalt im Mutterleib;
c) die Geburt.

Die Umstände für (a) entsprechen weitgehend der allgemein-indischen Weltzeitalterlehre. Damit wird deutlich, daß sich das Selbstverständnis des frühen Buddhismus in den Rahmen der mythischen Kosmologie und Chronologie Indiens einfügt. Der Herabstieg von der Sphäre Tuṣita (»Zufriedenheit«), einer überirdischen, aber immer noch saṃsārischen höheren Sphäre, in der *devas*, d.h. göttliche Wesen (und auch zukünftige Buddhas), zeitlich begrenzt residieren, geht einher mit kosmischen Lichterscheinungen. Das bedeutet, daß der Herabstieg des Buddha Licht in die entlegensten Winkel der irdischen Bereiche und der Höllen bringt. Denn der Buddha steigt herab, wenn der Verfall des *dharma* auf Erden so stark fortgeschritten ist, daß Gesetzlosigkeit, Krankheiten und Naturkatastrophen überhand nehmen und die Lebenserwartung der Menschen auf nur ca. 100 Jahre abgesunken ist. Als Ort der Geburt wird *jambudvīpa*, der Kontinent des Rosenapfelbaumes, nämlich Indien, bestimmt. Auch das geeignete Land, die Familie und die Mutter müssen bestimmte Merkmale aufweisen und werden danach vorherbestimmt. Des Buddhas Vater wird in der Legende zu einem Weltenherrscher (*cakravartin*) überhöht, die Mutter zum Inbegriff aller Tugend, die schon über 500 Wiedergeburten hinweg Mutter des Bodhisattva gewesen ist. In der zentralasiatischen Legendenbildung wird sie immer mehr verklärt, erhält die Tugenden eines Bodhisattva und besitzt Kräfte und Merkmale, die eigentlich einen Buddha auszeichnen, ja sie wird zur Erlöserin aller leidenden Lebewesen. [20]

19 Klimkeit, a.a.O., 49
20 Klimkeit, a.a.O., 52 u. 55f.

Die Umstände für (b) kreisen um das (sehr alte) Motiv einer übernatürlichen Empfängnis und Schwangerschaft, wie bereits frühe bildliche Darstellungen aus dem 2. Jh.v.Chr. belegen (Stūpa von Bharut): Der Buddha geht in Gestalt eines weißen Elefanten in die Mutter Māyā ein, die dabei entweder hellwach ist oder träumt (beide Versionen im Lalitavistara 6). Das Ereignis wird von kosmischen Zeichen (Lichterscheinungen usw.) begleitet. Dabei ist jedoch nicht an eine Jungfrauengeburt zu denken (die Mutter Māyā war ihrem Ehemann treu, nicht aber Jungfrau), sondern an die übernatürliche Kraft und Weisheit, die mit dem Elefanten verbunden ist. Die Empfängnis ist also ein Akt in vollkommener geistiger Reinheit ohne die Befleckungen (*kleśa*) von Anhaften und Begierde, die ja für den Buddhismus die Wurzel allen Leidens sind. Im Mutterleib residiert der bereits voll entwickelte Buddha in einem Juwelenschrein (*ratnavyūha*), der von Säulen getragen wird. Nichts Irdisches darf ihn beflecken. Der Buddha wird in dieser schon sehr früh einsetzenden Legendenbildung immer überweltlicher, und bald heißt es, daß er nur einen Scheinleib als Mensch angenommen habe.

Die Geburt (c) wird in der Mythisierung ebenfalls ein übernatürliches Ereignis. Im Mahāvadāna-Sūtra ist die Geburt von unermeßlichem Lichtglanz, der sich über die Welt ergießt, begleitet, aber die Geburt geschieht noch auf natürlichem Weg. In späteren Texten, vor allem im Lalitavistara, gesellen sich nun zu der Mutter himmlische Wesen und prophezeien, daß sie einen Unsterblichen (Mv II,20) und Überwinder von Alter, Krankheit und Tod gebären wird. Ein Śāla-Baum (vatica robusta) neigt sich ihr zu, damit sie sich festhalten könne, und der Buddha tritt schmerzfrei aus der rechten Seite seiner Mutter ins irdische Leben, denn er besitzt einen »Geistleib«.[21] Der Buddha kommt also mit voll ausgebildetem Bewußtsein und vollkommener Erkenntnis in die Welt – die späteren irdischen Lernerfahrungen des Buddha sind, so die Legende, nur Schein und ein pädagogisches Mittel, um den Menschen zu zeigen, wie sie selbst die Erfahrung nachvollziehen und zur Befreiung gelangen können. Der Buddha wird zudem – anders als gewöhnliche Menschen – nach

[21] Windisch, Buddhas Geburt und die Lehre von der Seelenwanderung, Abhandlungen der Sächsischen Gesellschaft der Wissenschaften Bd.26, Nr.2, 1908, 120ff.

zehn Monaten stehend geboren, wobei er den Boden nicht berührt, sondern von *devas* aufgehoben wird (Mahāpādana Suttānta, DN 14); dann geht er sieben Schritte und spricht dabei über seine zukünftige Bestimmung. Die Legendenbildung übertrifft sich in der Aufzählung kosmischer Ereignisse und Naturwunder, die freilich den phantastischen Erzählungen Indiens über *devas* und *yogis* in anderen Zusammenhängen entsprechen.[22]

Zusammengefaßt ergibt sich folgendes Bild: Der Buddha hat nur einen Scheinleib, in Wahrheit ist er ein überweltliches Wesen. Einerseits wird die Menschlichkeit (und damit die Nachahmbarkeit des Buddha für jeden) betont, andererseits seine überirdische Größe und Bedeutung, die ihn übermenschlich erscheinen läßt. Diese beiden Tendenzen zeichnen sich offensichtlich schon im frühen Buddhismus ab; die zweite Tendenz setzte sich aber schließlich besonders im Mahāyāna immer mehr durch.

Der Tod der Mutter Māyā nach sieben Tagen wird bereits im Pāli-Kanon (Mahāpādana Suttānta, DN 14) und dann auch vom Mahāvastu (I,198 und II,3) als gesetzmäßiges Ereignis interpretiert, das allen Müttern von Buddhas widerfährt. Die Erklärungen in der Nidānakathā, im Mahāvastu und Lalitavistara sind allerdings verschieden: Weil der Mutterleib einem Tempel glich, durfte er von keinem anderen Kind bewohnt werden (Nk); außerdem habe Māyā ihre Reinheit nur erhalten können, wenn sie keusch bliebe, und das sei nur durch ihren alsbaldigen Tod möglich gewesen (Mv); schließlich habe ihr der Tod gut getan, damit sie nicht aus den Prophezeiungen erfahre, daß ihr Sohn später in die Hauslosigkeit ziehen würde, was sie unglücklich gemacht hätte (Lv).

Für die Forschung über den eventuellen Einfluß des Buddhismus auf das Christentum und umgekehrt ist die Weissagung des Sehers Asita wichtig (Suttanipāta 693ff.), die vielfach mit der Simeon-Weissagung bei Lukas (Lk 2,25-35) verglichen wird.[23] Asita,

22 H.-J. Klimkeit hat gezeigt (a.a.O., 58f.), daß bei der Übertragung des Buddhismus nach Ostasien das Element der indischen Phantastik gleichsam teil-entmythologisierend auf ein geringeres Maß zurückgeschnitten wurde.

23 Es könnte sich um ein Motiv handeln, das durch verschiedene Kulturen gewandert ist, ohne daß die christliche Geschichte unmittelbar vom Buddhismus abhängig wäre. Vgl. neuerdings R.C. Amore, Two Masters – One Message, Nashville: Abingdon

in wunderbarer Weise auf die Geburt aufmerksam geworden und durch die Lüfte fliegend nach Kapilavastu gekommen, erkennt an dem Knaben die 32 Merkmale eines »großen Mannes« (*mahāpuruṣa*) und weint, weil er nicht mehr die heilsstiftende Wirksamkeit des Kindes erleben werde. Der Rāja Śuddhodana, so die Version im *Lalitavistara*, verehrt daraufhin seinen Sohn als »Heilsbringer«. Anders die Version in der *Nidānakathā*, die anläßlich der Namensgebung des Kindes Siddhattha (der Siddhārtha des Lv, »der sein Ziel vollkommen erlangt hat«) erwähnt, daß 109 Brahmanen gekommen seien, die den späteren Auszug des Buddha in die Hauslosigkeit voraussagten, worauf der König nicht mit Verehrung, sondern mit Verdoppelung der Wachen am Palasttor reagiert habe. Die Geschichten von der Namensgebung, so urteilt H.-J. Klimkeit zu Recht,[24] projizieren einen späteren Titel des Buddha in seine Kindheit zurück. Eine andere Prophezeiung wiederum besagt, daß der Knabe einst ein Weltenherrscher (*cakravartin*) oder ein Erwachter (*buddha*) werden würde, also die höchste Stufe im weltlichen oder geistigen Universum erreichen solle.

Jugend

Die legendären Jugenderzählungen berichten Wunder aller Art und preisen die übernatürlichen geistigen und körperlichen Kräfte des jugendlichen Bodhisattva, also des zukünftigen Buddha:[25] So habe er spontan die Brahmī-Schrift schreiben können, worauf sich der Vater und 84 000 Schüler von ihm in der Schreibkunst unterweisen ließen. Er habe sich spontan in allen Wissenschaften ausgekannt und habe die Sprache der Tiere beherrscht; allein mit der Kraft einer Zehe habe er einen getöteten Elefanten über die Stadtmauer schleudern können usw. Eine Erzählung aus der Jugend soll hier

1978 und Z.P. Thundy, Buddha and Christ. Nativity Stories and Indian Traditions, Leiden: E.J.Brill 1993; hingegen hält N. Klatt den gegenseitigen Einfluß für gering: N. Klatt, Literarkritische Beiträge zum Problem christlich-buddhistischer Parallelen, (Arbeitsmaterialien zur Religionsgeschichte 8), Köln: Brill 1982.

24 Klimkeit, a.a.O., 62

25 Klimkeit, a.a.O., 64f.

erwähnt werden, weil sie von großer Bedeutung für den späteren Buddha ist und eine nicht geringe historische Glaubwürdigkeit besitzt.[26] Sie wird vom Buddha selbst erzählt (MN I,246), der sich erinnert, daß er dem Vater beim Pflügen zugeschaut habe und, unter einem schattenspendenden Rosenapfelbaum sitzend, spontan in einen tieferen meditativen Bewußtseinszustand eingetreten sei. Alle Wünsche hätten sich dabei gelegt, und in einem Zustand zufriedener Ruhe sei eine selige Heiterkeit über ihn gekommen. Er habe dabei erahnt, daß dies wohl der Weg zum befreienden Erwachen sei. Das Ereignis wird auch im Mahāvastu (II, 42ff.) und Lalitavistara berichtet, dort allerdings jeweils phantasievoll ausgeschmückt. Der Kern des Ereignisses ist nicht nur historisch glaubhaft, sondern vermutlich auch der Keim für den Entschluß des jungen Mannes, das Leben eines Wanderasketen zu wählen, den Yogaweg zu gehen sowie Meditation und Askese zu erlernen. Spontane Versenkungen treten bei Jugendlichen durchaus auf. Daß sie Initiationserlebnisse sein können, die das Leben verändern und eine systematische spirituelle Suche auslösen, wird in der indischen Religionsgeschichte vielfach berichtet. Das berühmteste Beispiel aus unserem Jahrhundert ist der südindische Hindu-Heilige Rāmaṇa Maharṣi. Der Buddha berichtet von sich selbst nüchtern, daß ihm das »bürgerliche Leben« zu eng geworden war und er – wohl in Erinnerung an die Meditation unter dem Rosenapfelbaum und vielleicht auch durch die Beobachtung von philosophischen Debatten und Wanderasketen in seiner Heimatstadt angeregt – eine tiefere Lebenserfahrung gesucht habe:[27]

> *»Als ich noch Bodhisattva war, kam mir der Gedanke: ›Eng ist das Leben in der Häuslichkeit, dieser Stätte der Unreinheit; die Samanaschaft ist der freie Himmelsraum...‹*
> *Und ich, der ich jung war, ein junger Mann mit schwarzem Haar, der ich in glücklicher Jugend lebte, im ersten Mannesalter, schor mir Haare und Bart, gegen den Willen von Vater und Mutter, die Tränen vergossen, legte die gelben Gewänder an und zog von zu Hause fort in die Hauslosigkeit hinaus.«*

26 Vgl. D. Schlingloff, Die Meditation unter dem Jambu-Baum, in: Wiener Zeitschrift für die Kunde Südasiens 31, 1987, 111-130.
27 Majjhima Nikāya, Ariyapariyesanasutta, Pāli Text Society I Nr. 26/I, 163

Natürlich spiegelt sich auch in diesem Text die Erfahrung der späteren Mönchsgemeinde, aber die Tatsache, daß der Entschluß gegen den Willen der Eltern durchgesetzt wird, geht wohl auf den historischen Buddha zurück, denn der *saṃgha* hatte diesbezüglich später (die Texte behaupten: auf Anordnung des Buddha selbst) eine gegenteilige Regel erlassen.

Die berühmte Geschichte der vier Ausfahrten Siddhārthas in die Welt des Leidens taucht hingegen erst in späteren Texten (Mahāvastu, Lalitavistara, voll ausgeschmückt in der Nidānakathā (5. Jh.n.Chr.)) auf; in der bildhaften Darstellung bereits etwas früher. Sie ist ganz und gar legendär und überträgt ein stereotypes Muster (die idealtypischen Ereignisse, die im Leben eines jeden Buddha auftreten) auf die Lebensgeschichte Siddhārthas. Neben dieser Geschichte gibt es noch eine Reihe weiterer Legenden, die den Entschluß des Buddha zum Schritt in die Hauslosigkeit begründen sollen: so habe er einen Leichenverbrennungsplatz aufgesucht und dabei die Nichtigkeit des Daseins erkannt, oder er habe halbentblößte Frauen im Schlafgemach wahrgenommen, die wie nackte Leichen aussahen, was ihm wiederum das Leid der Vergänglichkeit deutlich machte.[28] Die Legende von den vier Ausfahrten ist eine späte Komposition aus bereits vorliegenden Einzeltraditionen im Pāli-Kanon, die zunächst auf den vorigen Buddha Vipaśyin (Mahāvadāna-Sūtra 8), dann auch auf Śākyamuni bezogen wurde. Nichtsdestoweniger hat sie die religiöse Imagination ungezählter Generationen und die buddhistische Kunst unvergleichlich stark inspiriert. Sie ist zum idealtypischen Modell für jene geworden, die sich als Mönche und Nonnen der Praxis des Buddha-dharma unterziehen wollen, und sie ist spätestens seit dem 3. Jh.n.Chr. bis heute Gegenstand buddhistischer Meditation und Visualisation gewesen.

Siddhārtha sei, so heißt es, bei einem Ausflug mit seinem prächtigen vierspännigen Wagen einem Greis begegnet, der gebeugt und mit ausgefallenen Zähnen seinen Weg kreuzte. Schockiert

[28] Diese Episode, anschaulich und detailliert erzählt im Lalitavistara (E. Waldschmidt, Die Legende vom Leben des Buddha, Graz 1982, 102), ist sehr markant von den Übungen der späteren Mönche gekennzeichnet, die durch entsprechende »Ekelmeditationen« der sinnlichen Begierde einen Riegel vorschieben wollten. Nichts spricht dafür, daß das »Ereignis« den historischen Gautama Śākyamuni beträfe.

fragte der ahnungslose Prinz seinen Wagenlenker, was dieser unerfreuliche Anblick bedeute. Die Antwort, daß es das Schicksal eines jeden Menschen sei, im Alter hinfällig zu werden und dann zu sterben, beunruhigte den Prinzen, von dem bisher derartige Probleme ferngehalten worden waren. Bei den beiden nächsten Ausfahrten habe er einen Kranken und einen Toten erblickt. Jedesmal kehrte er verwirrt heim. Bei der vierten Ausfahrt sei er schließlich einem Wandermönch begegnet, der – ruhig, bezähmt, selbstbeherrscht, züchtig – nach der Wahrheit des Lebens jenseits von Geburt und Tod suchte. Würdevoll und in edler Haltung habe er Siddhārtha tief beeindruckt, der sogleich den Entschluß faßte, ebenfalls Wandermönch zu werden. Als er nach Hause zurückgekehrt war, traf er die Vorbereitungen für den heimlichen Aufbruch. Just in dieser Nacht gebar ihm seine Gemahlin Yaśodharā (eine Reihe von anderen Namen ist ebenfalls überliefert) einen Sohn, der Rāhula genannt wurde. Unbeirrt habe er dennoch um Mitternacht auf seinem Pferd Kaṇṭhaka, nur von seinem Diener Channa (bzw. Caṇḍaka) begleitet, das Haus und die Stadt verlassen. Am anderen Ufer des Anoma-Flusses angekommen, habe er sich Kopf und Bart geschoren und das Gewand eines Wandermönches angelegt, Pferd und Schmuck dem Channa anvertraut und sich allein auf Wanderschaft begeben.

Die Erzählung wird in den verschiedenen Rezensionen durch Nebenereignisse und unterschiedliche wunderbare Erscheinungen angereichert. So eilen z.B. die *devas* herbei, um für den Prinzen das nachts verschlossene Stadttor zu öffnen. Im Lalitavistara zieht der Bodhisattva nach den Ausfahrten nicht sofort in die Hauslosigkeit, sondern bleibt noch im Palast und wird vom Vater zunächst ausgesandt, um die Bestellung der Felder durch die Landarbeiter zu kontrollieren. Hier widerfährt ihm dann das Meditationserlebnis unter dem Rosenapfelbaum, d.h. der Lalitavistara datiert dieses Ereignis relativ spät im Leben des Buddha. Nach Schlingloff und Klimkeit ist dies der wahrscheinlichste Zeitpunkt für dieses Erlebnis, und der Pāli-Kanon habe das Meditationserlebnis in die frühe Jugend zurückprojiziert, zumal auch die künstlerischen Darstellungen erkennen ließen, daß man einen engen Zusammenhang zwischen diesem Meditationserlebnis und dem Erwachen bzw. dem ersten Schritt dahin herstellen wollte.[29] Das ist vielleicht richtig, heißt aber nicht, daß Siddhārtha nicht doch das Meditationserlebnis unter dem Rosenapfelbaum in früherer Jungend widerfahren ist und er sich kurz vor dem Entschluß, in die Hauslosigkeit zu gehen, wieder daran erinnert.[30] Denn die spontane Meditationserfahrung in der Jugend, die sich mehrfach wiederholt haben könnte, ergibt im Zusammenhang mit den Reflektionen eines jungen Mannes (»Weltschmerz«) angesichts des Leidens und Alters ein viel wahrscheinlicheres Psychogramm für den schwerwiegenden Entschluß, das Haus zu verlassen, als ein nur einmaliges Erlebnis.

In der Nidānakathā verläßt der zukünftige Buddha das Haus sofort nach den vier Ausfahrten; nach dem Lalitavistara hingegen bleibt er noch einige Zeit im Palast, worauf die *devas* ungeduldig werden und darauf warten, daß er endlich in die Hauslosigkeit ziehen und damit die Voraussetzung für das große Erwachen schaffen werde. H.-J. Klimkeit weist mit Recht darauf hin,[31] daß hier in der Legendenbildung – beiläufig – die Grundfrage nach Vorherbestimmung und Freiheit des Schicksals aufgeworfen wird. Denn hat nun der Mensch Siddhārtha in freier Entscheidung einen Entschluß gefaßt und den Weg zur Buddhaschaft angetreten, oder geschieht nur das, was vorherbestimmt ist und gesetzmäßig abläuft, ohne daß sich der Mensch (bzw. Bodhisattva) dem Gang der Dinge entziehen könnte? Der Text ist eindeutig:[32]

So war, was geschah, nur die Erfüllung dessen, was bei einem Bodhisattva, der seine letzte Existenz durchläuft, zu geschehen hat.

Dies fügt sich ein in die schon mehrfach erwähnte Typisierung des Buddhalebens, der alle Buddhas zu allen Zeiten unterworfen sind (Mahāpādana Suttānta, DN 14). In dem Maße, in dem der Buddha kosmische und universale Dimensionen gewinnt, verliert er seine

[29] Schlingloff, Die Meditation unter dem Jambu-Baum, a.a.O., 123

[30] Im Mahāsaccaka Sutta (MN 36) ist die Erinnerung an des Ereignis verknüpft mit der Ahnung, daß die rechte Meditation und Einsicht damals schon angeklungen seien, während die totale Askese zu nichts geführt hat.

[31] Klimkeit, Der Buddha, a.a.O., 75

[32] zit. nach E. Waldschmidt, Die Legende vom Leben des Buddha, Graz 1982, 96

menschliche Kontingenz und Freiheit. Alles Geschehen *ist* die dharmische Ordnung. H.-J. Klimkeit urteilt: »Die Autonomie des Bodhisattva liegt also darin, daß er sich gleichsam wie ein Schauspieler das Stichwort zu weiterem Handeln von den Überirdischen geben läßt, um dann eigenständig den vorgezeichneten Weg, um den er bereits weiß, zu gehen.«[33] Ob die »Überirdischen« die im Mythos auftretenden personifizierten göttlichen Wesenheiten (*devas*) sind oder der angehende Buddha nur das unpersönliche und ewig feststehende Gesetz (*dharma*) vollzieht, ist demgegenüber zweitrangig. Die gesamte buddhistische Buddhologie und Anthropologie ist von dieser Fragestellung gekennzeichnet.

Wanderaskese

Der Buddha nimmt nun das Leben eines Wanderasketen auf. Er erhält – je nach Textfassung entweder von dem Gott Indra oder einem Freund aus vorigen Leben – die acht Gegenstände, die ein Mönch besitzen darf: drei Gewänder, Almosenschale, Rasiermesser, Nadel, Gürtel und ein Wassersieb.[34] Auch dies ist, wie gewohnt, eine Rückprojizierung der Praxis des *saṃgha* in das Leben Siddhārtha Gautamas. Gautama sucht nun, der allgemeinen Praxis entsprechend, verschiedene spirituelle Lehrer auf.

Hier muß man bedenken, daß sich Indien zur Lebenszeit des Buddha in einem erheblichen sozialen, ökonomischen und religiösen Umbruch befand.[35] Obwohl die vedische Religion und ihre wesentliche soziale Trägergruppe, die Brahmanen (*brāhmaṇas*), in Nordindien erheblichen Einfluß hatten, gelangte deren Lebensform und Weltanschauung erst allmählich nach Zentral-Nordindien. Im Verlaufe der Wanderbewegungen der Indogermanen und aufgrund des Drucks, den sie damit auf andere Bevölkerungsgruppen ausübten, bildeten sich aus losen Stammesverbänden überregionale Monarchien. Magadha mit seinen reichen und fruchtbaren Ländereien und

33 Klimkeit, a.a.O., 75
34 Klimkeit, a.a.O., 78
35 Zum folgenden Hirakawa, A History of Indian Buddhism, a.a.O., 15ff.

»Kornkammern« entwickelte sich allmählich zur dominierenden Macht. Aus Nomaden wurden Seßhafte, und neben dem Ackerbau entwickelten sich Stadtkulturen mit Händler- und Handwerkerkasten. Neue soziale Gruppen machten den Brahmanen auch die geistige Führung streitig, Menschen wurden entwurzelt, und es ergaben sich soziale und religiöse Neugruppierungen. In diesem Zusammenhang gewannen die *śramaṇas* (Wanderasketen) neben den *brāhmaṇas* (Opferpriester) als zweite tragende Säule des religiösen Lebens an Bedeutung. Anders als nach dem klassischen Ideal der vier *āśramas* (Lebenszeitalter), da man zuerst ein Leben als Schüler im Haushalt des Guru (*brahmacārya*), dann das einer eigenen Haushaltsgründung (*gṛhastha*), danach das Leben in einer klösterlichen Waldgemeinschaft (*vānaprastha*) und schließlich das einsame Wanderasketentum (*saṃnyāsa*) pflegen sollte, zogen diese *śramaṇas* bereits in jungen Jahren in die Hauslosigkeit, um sich religiösen Übungen zu widmen und philosophische Erkenntnis zu suchen. Sechs bedeutende Lehrer (*ganin*) und ihre Schülergruppen sind aus dem Pāli-Kanon bekannt. Sie gelten als die sechs nicht-orthodoxen Lehrer: Pūraṇa Kāśyapa, Maskarin Gośālīputra, Ajita Keśakambala, Kakuda Kātyāyana, Sañjayin Vairaṭṭīputra, Nirgrantha Jñātīputra. Pūraṇa Kāśyapa leugnete das *karman*-Gesetz und damit die Grundlage der Moralität. Gośālīputra und seine Anhänger, die Ājīvikas, leugneten jede Kausalität. Sie behaupteten, daß alles schicksalhaft vorherbestimmt sei, und unterzogen sich strenger Askese. Ajita repräsentierte den Materialismus, insofern für ihn alles auf die vier Grundelemente Erde, Wasser, Feuer und Wind reduzierbar war und moralische Erwägungen bedeutungslos seien. Kakuda nahm sieben Elemente an, nämlich zu den vier Grundelementen zusätzlich noch Lust, Leid und Leben, die alle unwandelbar seien, weshalb es auch kein Ende des Lebens geben könne. Sañjayin vertrat die Position des Skeptikers, nach der die grundlegenden philosophischen Fragen nicht beantwortet werden können (zwei der wichtigsten Anhänger des Buddha, Śāriputra und Mahāmaudgalyāyana, zählten ursprünglich zu seinen Schülern). Nirgrantha Jñātīputra, besser bekannt als Mahāvīra, war der Begründer bzw. Erneuerer der Religion der Jainas, die neben dem Buddhismus sehr einflußreich war und in Indien bis heute eine wichtige Rolle spielt. Die Lehre der Jainas beruht auf einer strikten Trennung von Körper und Geist, die durch Askese sowie Besitz- und Gewaltlosigkeit (*ahiṃsa*) vollzogen werden kann. Die Praxis der Reinheit durch körperliche Askese und Geistesschulung sowie die Fragen nach der moralischen Vergeltung und Kausalität (*karman*) waren also vor oder zur Zeit des Buddha schon bekannt und weit verbreitet.

Siddhārtha Gautama hatte aber darüber hinaus unmittelbare Lehrer, denen er konkrete Einsichten in die Meditationspraxis verdankte: Zuerst suchte der zukünftige Buddha den Ārāḍa Kālāma (Pāli: Āḷāra Kālāma) auf, einen Meditationslehrer, der uns nur aus buddhistischen Quellen bekannt ist (MN (26) I, 163ff.). Dieser lehrte Achtsamkeitsmeditation, durch die der junge Gautama eine Erfahrung vom »Bereich der Nichtsheit« erlangte, also offensichtlich ein das Objektbewußtsein übersteigendes Erlebnis geistiger Ruhe. Doch damit, so erkannte Siddhārtha, war er noch nicht am Ziel. Rückblickend urteilt der Buddha, daß er »Abkehr, Leidenschaftslosigkeit, Aufhören, Beruhigung, Erkenntnis, Erwachen, *nirvāṇa*« noch nicht erlangt hatte. Er zog weiter und gelangte zu Udraka Rāmaputra (Pāli: Uddaka Rāmaputta), dessen Lehre ihn zur Erfahrung eines Bereichs von »weder Wahrnehmung noch Nichtwahrnehmung« führte. Damit wurde bereits eine Einungsstufe des Bewußtseins erreicht, das hier in aktiver Passivität bzw. passiver Aktivität ruht und jede Eigenstimulation durch aktive Steuerung der Meditation hinter sich gelassen hat – eine subtilere Meditationsstufe also. H.W. Schumann mutmaßt, daß Udraka ein Vedānta-Lehrer gewesen sei, weil er ein Gleichnis gebraucht habe, das dem berühmten Gespräch zwischen dem Philosophen Uddālaka Aruṇi und seinem Sohn Śvetaketu in der Chāndogya Upaniṣad verwandt sei.[36] (Uddālaka läßt seinen Sohn einen Feigenkern spalten, um ihm die unsichtbare Essenz und Subtilität der Wirklichkeit hinter den Erscheinungen zu verdeutlichen; Udraka verweist darauf, daß die oberflächliche Erkenntnis nur das Messer, nicht aber die Feinheit der Schneide wahrnehme.) Doch dieser Hinweis ist zu vage, als daß man die wichtige Frage, ob der Buddha mit den Upaniṣaden vertraut gewesen sei, damit bejahen könnte. Die Frage muß bislang unbeant-

[36] Vgl. MN 26 und 36 mit Chāndogya Upaniṣad 6,12.

wortet bleiben. Jedenfalls hat der Buddha bei Lehrern gelernt, deren Lehren für ihn ungenügend waren, die er aber dennoch nicht völlig ablehnte. Die beiden genannten Meditationsstufen erscheinen nämlich als »Durchgangsstadien« in der voll entfalteten vierstufigen Meditationspraxis wieder, wie sie der Buddha später lehrte (z.B. im Sāmaññaphala Sutta, DN 2). Die beiden Meditationsformen, die Śākyamuni hier gelernt hatte, wurden später als die ersten Stufen der Vier Formlosen Trancen verstanden. Sie sind notwendig, um das Bewußtsein vollkommen zur Ruhe zu bringen, was aber noch nicht die vollständige buddhistische Meditation ausmacht. Denn wenn man aus der Trance auftaucht, wird das Bewußtsein doch wieder von den ewigen unbeantworteten Fragen des Menschen gequält. Deshalb waren diese Meditationsformen ungenügend, und es mußte noch etwas Wesentliches hinzukommen: Weisheit, die der Buddha erst später erlangen sollte (und die in der allgemeinen Aufzählung von *śīla-samādhi-prajñā* [Tugend, Meditation, Weisheit] noch über der Meditation steht). Obwohl also die Religionssysteme, die Siddhārtha Gautama kennengelernt hatte, eine gewisse Wahrheit enthielten, bemerkte er, daß alle diese Positionen relativ waren. Da der Buddha durch sein Erwachen erkannte, daß jedes Anhaften an jedweder Position in die Irre führt, bekommt die Erkenntnis der Relativität, die das Anhaften als Illusion erkennen läßt, heilspragmatische Bedeutung. Diese Einsicht wird durch eine alte Geschichte illustriert:[37] Mehrere Blinde betasten einen Elefanten. Ihre Beschreibungen, was ein Elefant sei, fallen unterschiedlich aus, je nachdem, welchen Teil sie berührt haben. Ihre Aussagen sind dabei nicht falsch, sondern relativ und nicht vom »Gesamt-System« Elefant her gedacht.

Nach diesen Begegnungen mit spirituellen Lehrern unterzog sich Siddhārtha Gautama Śākyamuni im Selbstversuch strengster Askese. Die Texte (und Abbildungen in der Kunst) überbieten sich in der Darstellung der Strenge, die alles in den Schatten stellen sollte, was in Indien an kaum mehr vorstellbaren und teilweise ekelerregenden Askesetechniken üblich war (und ist). Offensichtlich will die Tradition verdeutlichen, daß der Buddha alles, aber auch alles versucht und selbst geübt hat, was auf diesem Gebiet möglich war – und dennoch

37 Udāna 6,4

die vollkommene Befreiung auf diesem Weg nicht erlangte. Damit werden die Heilswege der Askeseschulen als ungenügend erklärt. Im einzelnen lassen sich die Praktiken, denen sich der Buddha unterzog, in drei Gruppen fassen:[38]

- *Konzentrationsübungen* durch Fixierung des Körpers, vor allem der Zunge am oberen Gaumen, bis ihm der Schweiß ausbrach – wodurch aber das Bewußtsein nicht beruhigt werden konnte;
- *Atemübungen* durch immer längeres Anhalten des Atems, was zu Ohrensausen führte, nicht aber zur Beruhigung des Geistes;
- extreme *Hungeraskese* bis zur blauschwarzen Färbung der Haut, so daß Bauchdecke und Rückgrat einander fast berührten, ein Fasten beinahe bis zum Hungertod, das alle körperlichen Prozesse auf ein Minimum reduziert, aber gerade dadurch nicht das Bewußtsein in heller Klarheit einen kann.

Die »Versuchungen« und das Erwachen

Als dies alles zu nichts führt, *erinnert* sich Siddhārtha der schon erwähnten *spontanen* Meditationserfahrung aus der Jugend unter dem Rosenapfelbaum[39] und stellt fest, daß dies der geeignete Weg zum Erwachen ist.[40] Er nimmt nun wieder Speise zu sich – äußerst moderat: gekochten Reis und Grütze. Daraufhin verlassen ihn die anderen Asketen, die ihn wegen seiner rigorosen Praxis bewundert hatten. Er knüpft offensichtlich an die Meditationspraxis an, die er bei Ārāḍa Kālāma und Udraka Rāmaputra gelernt hatte, setzt sich unter einen Baum, sammelt seinen Geist und meditiert. Die ganz genaue Form der Übung kennen wir nicht, aber die später systematisierte vierstufige Versenkungsübung dürfte ein Hinweis sein. Sie wird im Kanon mehrfach erläutert, worauf wir später eingehen werden.

[38] Der Buddha beschreibt diese drei Formen im Rückblick selbst mit sehr genauen Beobachtungen der Details der Askese und ihrer Wirkungen. Vgl. Mahāsaccaka Sutta, MN 36.

[39] MN 36, I, 246: *abhijānāmi sītāya jambucchāyāya*

[40] MN 36, I, 246: *eso va maggo bodhāyāti*

Interessant ist die legendäre Ausschmückung der Erzählung: Der Bodhisattva Siddhārtha Gautama läßt sich unter dem Pipal-Baum nieder und beschließt, nicht eher aufzustehen, bis er den vollen Durchbruch zur Erkenntnis gefunden habe. Im Lalitavistara heißt es dazu, daß ihm nicht nur die *devas* geholfen hätten, den rechten Ort zu finden und vorzubereiten, sondern daß auch der Schlangenkönig Kālika zusammen mit seiner Gemahlin Suvarṇaprabhāsā (»Goldglanz«) und unzähligen Schlangenmädchen einen »Triumphzug« angeführt hätten, um ihn zu dem prächtig geschmückten »Baum der Erleuchtung« zu geleiten.[41] Einerseits wird dadurch die universale Bedeutung des Erwachens hervorgehoben: alle Lebewesen aller Lebensbereiche gewinnen durch das befreiende Erwachen des Buddha, der seine Weisheit und Liebe bis in die tiefsten Höllenbereiche ausstrahlt, neue Hoffnung zur Reifung und Überwindung des Leidenskreislaufs. Das Erwachen ist also alles andere als eine bloß individuelle akosmische Erlösung. Andererseits repräsentiert Kālika als Schlangenkönig im indischen Mythos den Bereich der Naturkräfte. So wie der Buddha die Spitze der Evolution im geistigen Bereich ist, so ist der Schlangenkönig das machtvollste Wesen im materiell-vorbewußten Bereich. Beide Bereiche kommen im Erwachen des Buddha zusammen, das heißt, das Materiell-Vorbewußte wird integriert in das spirituelle Erwachen. Die ganze Bedeutung dieses Mythos ist im frühen Buddhismus freilich noch nicht zutage getreten (man denke nur an die »Ekelmeditationen« der frühen Mönche, die damit die Bindung an das Materielle und das sinnliche Verlangen überwinden wollten), wohl aber später im Mahāyāna, und hier besonders im tantrischen Buddhismus.

Ein beliebtes Thema der Kunst und der Mönchs- und Laienfrömmigkeit überhaupt – besonders im Mahāyāna – sind die »Versuchungen« Māras.[42] Māra, im Mythos die Personifikation aller Hindernisse bei der Überwindung des Leidenskreislaufs (*saṃsāra*) und

41 Klimkeit, a.a.O., 83

42 Die Erzählung kommt im Pāli-Kanon nur andeutungsweise vor (als Versuch Māras, dem Bodhisattva das Streben nach Befreiung aus- und den Verdienst durch rituelle Opfer einzureden, Padhāna-Sutta, Suttanipāta III,2,2-5), ist aber besonders im Lalitavistara in allen Details geschildert.

ursprünglich ein Totendämon, stellt sich dem Erwachen des meditierenden Siddhārtha machtvoll in den Weg. Das Thema unterteilt sich in drei Szenen:

1. Māra attackiert den Bodhisattva zunächst mit der *Versuchung der Macht*. Er geht mit einem Heer von Kämpfern gegen den Meditierenden vor und will ihn durch Stürme, Flut, Stein- und Kohleregen sowie durch eine fürchterliche Finsternis ängstigen. Die Finsternis ist das Gegenteil zur Lichtsymbolik, mit der der Buddha verbunden ist. So spielt sich im Motiv dieses Kampfes zwischen Māra und dem Bodhisattva der kosmische Kampf zwischen Licht und Finsternis ab. Hier ist nun wichtig, daß Māra mehrfach durch die Strahlkraft des Buddha zurückgeschlagen, nicht aber völlig vernichtet wird. Vielmehr werden seine Wurfgeschosse und Machtmittel der Finsternis *verwandelt* – in Blumen, Girlanden, Sandelholzsalben usw. So wie die zerstreuten Energien des Bewußtseins und negativen Emotionen gebündelt, verwandelt und dann selbst zum Vehikel der Transformation des Bewußtseins gemacht werden, so werden die Kräfte des Bösen nicht vernichtet, sondern *integriert*. Andernfalls würde das Negative verdrängt und in noch destruktiverer Form an anderer Stelle wieder auftauchen. Die Polaritäten (Licht und Dunkel) sind voneinander abhängig und werden füreinander fruchtbar gemacht, ohne daß der eine Aspekt den anderen eliminieren würde. Dies ist eine charakteristische Einsicht in den Umgang mit dem Negativen, die der Buddhismus mit dem Hinduismus (z.B. Śivas Tanz auf dem Dämon) gemeinsam hat.

2. In einem Redekampf versucht Māra nun, dem Buddha *Selbstzweifel* einzureden, indem er argumentiert, daß er durch sein *karman* ohnehin für das Anhaften an der Welt und ihren Genuß bestimmt sei. Der Bodhisattva ruft daraufhin die Erde als Zeugin an, indem er die Fingerspitzen der rechten Hand zur Erde hinstreckt. Sie bezeugt ihm ehrfürchtig, daß sein *karman* in früheren Existenzen so gereift sei, daß er nun zum Erwachen gelangen werde und daß sein Zeugnis wahr sei. Diese in der buddhistischen Kunst Süd- und Ostasiens außerordentlich beliebte Geste heißt *bhumīsparśamudrā* (»Erdberührungshaltung«).

3. Māra schickt schließlich seine schönen Töchter zur *Versuchung durch den Eros* ins Feld. Sie exerzieren die »32 Verführungskünste der Frauen«, die – nicht ohne Liebe fürs Detail – genüßlich geschildert werden. In der buddhistischen Kunst hat dieses Sujet verständlicherweise große Wirkungen gezeitigt. Dabei spielt das Halbnackte (der Brüste, Schenkel usw.) eine besondere Rolle, was wiederum altindischen Vorstellungen von Erotik entspricht. Doch auch hier bleiben die Sinne des Bodhisattva »gebändigt wie bei einem zahmen Elefanten«.[43] Die Sinneslust ist allerdings nicht deshalb ein Problem, weil Sexualität als solche schlecht wäre (sie ist für den Buddhismus ein ganz natürlicher Vorgang im Daseinskreislauf), sondern weil sie Erfüllung vorgaukelt, wo doch gerade an dieser Stelle die Vergänglichkeit, die Projektionskraft des Ich und damit das verzweifelte Anhaften an Ich-Strukturen die geistige Reifung des Loslassens besonders erschweren.

Wie aber wird die Meditationserfahrung als solche geschildert? Wie schon erwähnt, berichtet das Mahāsaccaka-Sutta (MN 36) rückblikkend von den einzelnen Stufen des Erwachens. Sie werden in die »drei Nachtwachen« eingeteilt und reflektieren damit schon eine (spätere) Systematisierung der stilisierten Ereignisse:

1. Nachtwache: Die Einsamkeit genießend, habe er, Gautama, ein wohliges Glücksgefühl verspürt, das den Geist jedoch nicht gefangengehalten habe. Das gesammelte und anhaftungsfreie Bewußtsein richtete er sodann auf seine hunderttausend vergangenen Geburten in mehreren Weltzeitaltern und erkannte alle Details des Kommens und Gehens.

2. Nachtwache: Diese Rückerinnerung wird auf alle Wesen ausgedehnt zu einer Erkenntnis der Vergänglichkeit überhaupt, die er wie ein Auftauchen von Licht und als angenehmes Gefühl empfindet:[44]

»So sah ich mit dem himmlischen Auge, dem reinen, menschliche Fähigkeiten übersteigenden, die Wesen, wie sie verschwinden und wieder auftau-

43 Waldschmidt, a.a.O., 160f.

44 MN 36 (Übersetzung P. Dahlke, Buddha. Die Lehre des Erhabenen, München: Goldmann 1986, 57f.)

chen, gemeine und edle, schöne und häßliche, glückliche und unglückliche; ich erkannte die Wesen, wie sie gemäß dem Wirken (kamma) ins Leben treten...
vernichtet war Dunkelheit, aufgegangen Licht, wie ich da wachsam, eifrig, zielbewußt weilte...
und auch das derart mir entstandene wohlige Gefühl hielt den Geist nicht gefangen.«

3. Nachtwache: Er erkennt, was das Leiden (*dukkha*, *duḥkha*), die Leidensentstehung und die Leidensüberwindung sowie der Weg zur Leidensüberwindung ist, nämlich, daß das Verschwinden des Durstes nach Dasein (*tanha*, *tṛṣṇā*) das Ende des Leidens bedeutet. Dieser Trieb oder Durst wird dreifach unterteilt: als Sinnlichkeitstrieb, Werdetrieb und Nichtwissenstrieb. Dies sind die berühmten Vier Edlen Wahrheiten, deren Erkenntnis ebenfalls ein »wohliges Gefühl« auslöste, ohne daß der nun Erwachte (»Buddha«) noch irgend etwas anderes hätte erkennen müssen oder wollen. Im Text heißt es:[45]

»Im Befreiten war das Wissen vom Befreitsein.«

Selbst der Lalitavistara, der ansonsten von Legenden und Wundern überbordende Erzählungen enthält, berichtet nüchtern über die Befreiungserfahrung. Sie ist das Wesentliche des Buddhismus und letztlich unaussprechlich, weshalb man sich diesem Thema seit alters nur mit einer angemessenen Zurückhaltung und Scheu nähern konnte.

Nach dem hier zitierten Text, dem Mahāvadāna Sūtra und dem Lalitavistara ist die Einsicht in die karmische Struktur der Wirklichkeit und damit in die gegenseitige Abhängigkeit aller Wesen (Kausalnexus, *paticcasamuppada/pratītyasamutpāda*) der Inhalt der Befreiungserfahrung des Buddha, denn diese Einsicht ist die Voraussetzung für die Analyse von *duḥkha*, also für das Erwachen zur Befreiung. Nach anderen Texten (z.B. Catuṣpariṣat-Sūtra) ist die Erkenntnis des Kausalnexus eine nachträgliche Erkenntnis. Weil die Lehre vom Kausalnexus komplex ist und ein hohes Maß an gedank-

[45] MN 36, I, 249: *vimuttasmiṃ vimuttam – iti ñāṇaṃ ahosi*

licher Abstraktion voraussetzt, haben auch Frauwallner, Waldschmidt und Klimkeit gemeint, daß sie gegenüber der einfacheren Einsicht in die Vier Edlen Wahrheiten sekundär sei.[46] Es scheint, daß in der Tat das Erlebnis des Buddha ursprünglich um die meditative Erkenntnis von *duḥkha* zentriert und durch die meditative Erfahrung der Einheit aller Wesen begleitet gewesen sein könnte. Die Einheit beider Erfahrungen wäre dann die Voraussetzung für die rationale Vertiefung zur Lehre vom Entstehen in gegenseitiger Abhängigkeit (*paticcasamuppada/pratītyasamutpāda*) gewesen.

Verkündigung und Ordensbildung

Etwa fünfzig Jahre lang ist der Buddha, vermutlich in der Magadhī-Sprache predigend, durch Nordindien gewandert und hat dabei zahlreiche Schüler in den von ihm gegründeten Orden aufgenommen sowie Laien in die buddhistische Bewegung integriert. Allerdings soll er zunächst gezögert haben, seine Erkenntnis anderen mitzuteilen, um Mißverständnisse zu vermeiden. Der Legende nach bedurfte es der Intervention des Gottes Brahmā, um den Buddha dazu zu bewegen, im Wildpark Iṣipatana in Sarnath (bei Benares) »das Rad der Lehre in Gang« zu setzen. Während seiner Jahre als Wanderprediger setzte er sich wieder und wieder mit den Brahmanen und ihrer Opfer-Religion auseinander. Diese Opfer hielt er für nutzlos. Außerdem stand er in ständigem Kontakt mit der Bevölkerung der Dörfer und Städte, mit Menschen aller sozialer Schichten und auch mit Herrschern höheren Ranges. So ist überliefert, daß er vor oder kurz nach seinem Erwachen (*bodhi*) mit dem jungen König Bimbisāra von Magadha in Rājagṛha (wo sich der Buddha mehrmals während der Regenzeit aufhielt[47])

46 E. Frauwallner, Die Philosophie des Buddhismus, Berlin 21958, 27ff. und E. Waldschmidt, Von Ceylon bis Turfan (Gesammelte Aufsätze), Göttingen 1967, Nr. XVIII, beide zit. bei Klimkeit, a.a.O., 91

47 Den Mönchen war während der Regenzeit das Wandern untersagt, um Insekten und Kleintiere zu schonen, die zu dieser Zeit aus dem feuchten Boden hervorkriechen. Sie hielten sich darum zeitweilig an vorher bestimmten Orten auf (stabilitas loci), um Belehrungen zu empfangen.

zusammengetroffen sei. Zwischen beiden habe sich eine engere Beziehung, vielleicht sogar Freundschaft, entwickelt, und der König soll bald zur buddhistischen Gemeinde konvertiert sein. Dies scheint glaubhaft und ist wohl nicht spätere Erfindung des *saṃgha*, um sich der Gunst der Könige zu versichern, denn als Kṣatriya standen dem Buddha die Tore zu Rājas im eigenen Lande, aber auch andernorts, offen. Außerdem ließ es der Buddha nicht an praktischer Klugheit fehlen: Er organisierte seinen Orden nach dem Vorbild anderer Wandermönchsgemeinden (die Wanderasketen der Jainas z.B. waren älter). Möglicher Eifersucht anderer Asketengemeinschaften (die es dennoch gab) begegnete er, indem er seine Konvertiten ermahnte, die Mönche der Schule, die sie verlassen hatten, weiterhin mit Almosen zu versorgen (Mv 6,31,10f.). Die republikanische Verfassung seiner Heimatstadt übertrug er auf die Struktur des Ordens (Ratsversammlung, Abstimmungen mit Konsensprinzip, keine zentrale Organisation) und erteilte mehrfach politischen Rat an Könige, die ihn darum gebeten hatten. Mehr noch, er soll auch einen Streit zwischen zwei Staaten um die Wasserverteilung, der militärisch zu eskalieren drohte, selbst beigelegt haben.[48] Damit kann die Behauptung, die H.W. Schumann aufstellt, durchaus eine gewisse Wahrscheinlichkeit für sich beanspruchen: »Der Buddha wußte sehr wohl, daß es für die Ausbreitung seiner Lehre von entscheidender Bedeutung war, wie sich die Könige zu ihr stellen würden.«[49] Die Konversion Bimbisāras könnte somit der entscheidende Anstoß für das schnelle Wachstum der Bewegung gewesen sein. Allerdings kam es gegen Ende des Lebens des Buddha zu Rivalitäten und Krieg zwischen verschiedenen politischen Gruppierungen, denen der Buddha nahestand, was ihn außerordentlich schmerzte.

Als der Buddha seine Heimatstadt besuchte, nahm er – gegen den Willen des eigenen Vaters und seiner ehemaligen Gemahlin Yaśodharā – seinen Sohn Rāhula in den Orden auf. Er versprach dem Vater aber, in Zukunft junge Leute nur dann zum Noviziat zuzulassen, wenn die Eltern zuvor ihre Zustimmung gegeben hät-

48 H.W. Schumann, Der historische Buddha, a.a.O., 136
49 H.W. Schumann, a.a.O., 107

ten.[50] Auf Drängen seiner verwitweten Pflegemutter und seines Lieblingsschülers Ānanda hat er schließlich widerstrebend auch einen Nonnenorden zugelassen, nicht ohne die Prophezeiung, daß dadurch die Blütezeit des *saṃgha* um die Hälfte (auf 500 Jahre) verkürzt würde.[51]

Gegen Ende seines Lebens, als er schon schwächlich geworden war, soll des Buddhas eigener Vetter, Devadatta, eine Intrige gegen den Meister angezettelt haben, um die Leitung des Ordens übernehmen zu können. Diese Geschichte ist mehrfach überliefert (kommt aber im DN nicht vor), allerdings mit jeweils kleinen Abweichungen. Anlaß könnte ein Streit über die Ordensregel gewesen sein, die Devadatta verschärfen wollte, indem er z.B. absoluten Vegetarismus empfahl. Im Vinaya (Vin. 2,196 und Cullavagga 7) wird berichtet, Devadatta habe den Orden (durch Abhaltung einer eigenen Beichtzeremonie) gespalten. Im Komplott mit dem König Ajātaśatru (der selbst die politische Macht durch Mord an seinem Vater König Bimbisāra erreichen wollte) soll er sogar mehrere Mordanschläge auf den Buddha verübt haben. Ein späterer Text berichtet, Devadatta sei schließlich in die schrecklichste aller Höllen gefallen. Doch der Buddha prophezeite, daß er nach 100 000 Zeitaltern als *pratyekabuddha* (ein Alleinverwirklicher, der zur Befreiung ohne Vermittlung des *saṃgha* gelangt) wiedergeboren würde. Klimkeit, Thomas[52] und andere vermuten, daß dem Themenkomplex ein nicht mehr rekonstruierbarer historischer Kern zugrunde liegt, der jedenfalls den Anlaß zur Erlassung der 5 Verbote für Mönche bot, deren Mißachtung den unmittelbaren Ausschluß aus dem Orden nach sich zog, nämlich: 1. Muttermord, 2. Erschlagen eines Arhat, 3. Vatermord, 4. Ordensspaltung, 5. das Blut eines Tathāgata (Buddha) in boshafter Gesinnung vergießen.

50 Mv 1,54, zit. nach Schumann, a.a.O., 119

51 Cullavagga, Vin. 10,1,2

52 E.J. Thomas, The Life of the Buddha as Legend and History, London ^{3}1975; Klimkeit, a.a.O., 127

Tod bzw. Parinirvāṇa

Die Ereignisse vor dem Tod des Buddha und der Eintritt in das *parinirvāṇa* selbst sind mehrfach und in komponierten Erzählungs-Zusammenhängen überliefert. Am wichtigsten sind die Parallel-Sūtras in Pāli und Sanskrit, so das *Mahāparinibbāna-Sutta* in Pāli, das im Dīgha-nikāya als Nr. 16 eingereiht ist, und das *Mahāparinirvāṇa-Sūtra* (der Mūlasarvāstivādins) in Sanskrit, das in Zentralasien aufgefunden wurde und auch in mehreren chinesischen Übersetzungen (die früheste um 300 n.Chr.) sowie im Vinaya-Teil des tibetischen Kanjur überliefert ist. Der Sanskrit-Text bietet inhaltlich an vielen Stellen höchstwahrscheinlich eine getreuere Überlieferung der Ereignisse als der Pāli-Text, wie E. Waldschmidt, H.-J. Klimkeit u.a. aufgrund vergleichender Studien feststellen.[53] Den folgenden Ausführungen liegt der Pāli-Text zugrunde, bei einigen Details stützte ich mich jedoch auf die Sanskrit-Überlieferung, was aber jeweils vermerkt wird.

Eine erste schwere Erkrankung während der Monsunperiode überwindet der Buddha durch seine Tatkraft bzw. psychische Energie (*vīrya*). Er sagt von sich, er sei jetzt

> *»zermürbt, alt, betagt, zum Lebensziel gelangt, Greis geworden, achtzig Jahre habe ich vollendet... Daher, Ānanda, selber seid euch Schutz, selber Zuflucht. Nicht seien andere eure Zuflucht; die Lehre sei euch Schutz, die Lehre Zuflucht, nicht seien andere eure Zuflucht«.*[54]

Er erklärt gegenüber Ānanda, der noch besondere Instruktionen erwartet, daß er alles gelehrt und gesagt habe, was notwendig sei. (Ist dies eine Abwehr aus späterer Zeit gegen den Anspruch einiger Mönche, Geheimoffenbarungen zu besitzen, die der Buddha nur ihnen mitgeteilt habe?) Es sei Zeit, daß die Schüler nicht an seiner Person hafteten, denn der Körper bedeute wenig, wie er schon immer gelehrt habe. Statt bei ihm solle man nach seinem Tode *allein beim dharma* Zuflucht nehmen und »sich selbst ein Licht« sein.

53 Klimkeit, a.a.O., 131
54 MPS, DN 16, (Pāli-Text), Übersetzung Dahlke, Buddha. Die Lehre des Erhabenen, a.a.O., 106f.

Nach einem Almosengang in Vaiśālī sagt er zu Ānanda: »Der Vollendete, Ānanda, wenn er wünschte, könnte das Weltalter hindurch bestehen bleiben oder den Rest des Weltalters.«[55] Doch Ānanda bittet ihn nicht, genau dies zu tun, wie der Text bedauernd hervorhebt, »weil sein Sinn von Māra besessen war«. Das mögliche Bleiben des Buddha wird also als wünschenswert betrachtet, doch die Möglichkeit wird von Māra durchkreuzt. Māra nähert sich dem Buddha und fordert ihn auf, nun endlich ins *parinirvāṇa* einzugehen, denn er selbst habe gesagt, daß er erst dann verlöschen werde, wenn er den *śrāvakas* (Hörern, gemeint sind Mönche wie Laien beiderlei Geschlechts) alles Notwendige gepredigt habe. Diese Voraussetzung sei nun erfüllt. Der Buddha antwortet: »Freue dich, du Böser, denn in drei Monaten wird der Erhabene ins *nirvāṇa* eingehen.« Es heißt:

> *»Da nun... verzichtete der Erhabene vollbewußt und besonnen auf die Weiterbildung des Lebens (ayusaṇkhāra).«* [56]

Das Sterben des Buddha wird also in den »Plan« des karmisch-kosmischen Ablaufs eingeordnet. Māra »bekommt sein Teil«, aber nur oberflächlich, denn der *dharma* ist geblieben. Aber auch dieser *dharma* wird vergehen, so daß ein neuer Buddha kommen wird und das kosmisch-menschliche Drama weitergeht, was noch durch ein Erdbeben nach diesen Worten unterstrichen wird.

In einer weiteren Rede betont der Buddha, daß tugendhaftes Verhalten (*śīla*), Meditation (*samādhi*) und Weisheit (*prajñā*) vonnöten seien und große Frucht bringen würden. Sodann wird ihm eine Konkretisierung der Ermahnungen in den Mund gelegt, die sich auf mögliche Streitigkeiten um die Authentizität der Lehren bezieht:

> *»Da könnte, ihr Mönche, ein Mönch so sprechen: ›Aus dem Munde des Erhabenen, Freunde, habe ich es gehört, habe ich es aufgenommen: Das ist die Lehre, das ist die Ordnung, das ist die Unterweisung des Lehrers.‹ Eines solchen Mönches Rede, ihr Mönche, darf weder gelobt noch getadelt werden. Ohne gelobt oder getadelt zu haben, sollt ihr euch das nach Worten und*

[55] MPS (Pāli), Übers. Dahlke, a.a.O., 108

[56] MPS (Pāli), Übers. Dahlke, a.a.O., 109. Der Buddha löste die *saṇkhāras (saṃskāras)* auf, die zu neuem Werden hätten führen können, das heißt er verfügt als Buddha über den karmischen Nexus und steht in Freiheit über ihm.

> *Silben wohl merken und auf die Lehrreden zurückbeziehen und in der Lehrordnung nachweisen.«* [57]

Hier wird also die Existenz des kanonisierten Buddhawortes (der Pāli-Kanon) vorausgesetzt, und alle Lehren wie Satzungen der Ordensdisziplin haben sich an ihrer »Schriftgemäßheit« zu legitimieren.

Der Buddha begibt sich schließlich mit seinen Schülern nach Pāvā zum Mangohain des Schmiedes Cuṇḍa, der ihn zu einem Mahl einlädt. Der Buddha weist ihn an, die für ihn zubereitete Speise (*sūkaramaddava*, entweder ein zartes Schweinefleisch oder ein Pilzgericht,[58] nicht den Mönchen zu reichen und den Rest zu vergraben, denn niemand außer ihm könne sie verdauen. Nach dem Mahl befallen den Buddha heftige, lebensbedrohende blutige Durchfälle, die er »vollbewußt, besonnen, unverstörten Denkens« erträgt. Er weist Ānanda an, daß auf Cuṇḍa kein Verdacht fallen und ihn keine Schuld treffen solle (ein späterer Freisprechungsversuch?). In einem Śala-Hain bei Kuśinagara läßt er sich das Sterbelager bereiten, den Kopf nach Norden gerichtet (dies wird übereinstimmend im Sanskrit- und Pāli-Text berichtet). Waldschmidt weist darauf hin, daß der Norden die Richtung der Götter, der Süden die Richtung der Totengeister sei. Der Buddha wäre also zur Zeit der Abfassung des Sūtra schon mehr als Gott denn als Mensch gesehen worden. [59] Diese Deutung ist möglich, aber nicht zwingend. Denn wenn der Kopf nach Norden liegt, schaut das Gesicht nach Süden. Der Süden ist die Richtung der Sonnenbahn. Also schaut der sterbende Buddha zum Licht, was mit der Licht-Symbolik der Buddha-Gestalt bereits bei der Geburt, sowie mit der Metaphorik des Erwachens übereinstimmt. Auch in späteren Mahāyāna-Sūtras spielt der Süden eine entsprechende Rolle, beispielsweise im Gaṇḍavyūha (Avataṃsaka-Sūtra) bei Sudhanas Reise zu den verschiedenen Meistern. Diese Deutung scheint mir im buddhistischen Kontext näherzuliegen.

57 MPS (Pāli), Übers. Dahlke, a.a.O., 116
58 Vgl. Hirakawa, A History of Indian Buddhism, a.a.O., 36
59 E. Waldschmidt, Die Überlieferung vom Lebensende des Buddha, Göttingen 1948, 190, von Klimkeit, a.a.O., 142f., zustimmend zitiert.

Ein Wunder, nach dem »zum Zeichen der Verehrung des Vollendeten« die Śala-Bäume plötzlich zur Unzeit zu blühen beginnen, überirdisches Sandelholz-Pulver aus der Luft herabschwebt und himmlische Musikinstrumente ertönen, gibt dem Buddha Gelegenheit, Ānanda gegenüber zu erklären:

> *»Nicht aber, Ānanda, insofern ist der Vollendete geehrt, gewürdigt, geachtet, verehrt, hochgehalten. Der Mönch, Ānanda, oder die Nonne oder der Anhänger oder die Anhängerin, die ganz der Lehre entsprechend leben, in der rechten Weise leben, der Lehre gemäß wandeln, die ehren, würdigen, achten, verehren den Vollendeten mit der höchsten Verehrung.«* [60]

Diese Anweisung gilt für Mönche und Laien beiderlei Geschlechts in gleicher Weise. Wenig später aber erklärt der Buddha, daß die vier Stätten seines Wirkens (der Geburt, des Erwachens, der ersten Predigt, des *parinirvāṇa*) »sehenswerte und ergreifende Stätten« seien, die Pilgerschaften von Mönchen und Nonnen wie Laien und Laienanhängerinnen verdienten. Auch der Stūpa-Kult wird gutgeheißen. Hier wird also der Kult um den Buddha bzw. seine Reliquien gerechtfertigt. Wir haben es offensichtlich mit zwei einander widerstreitenden Richtungen in der frühbuddhistischen Bewegung zu tun.

In einer seltsamen, dazwischenliegenden, weiteren Episode, in der der Buddha einen Mönch namens Upavāna zurechtweist, weil er sich vor ihn stellt und ihm Luft zufächelt, so daß er die Sicht auf den Buddha für die herzugeeilten Götter aus allen Himmelsbereichen verdeckt, wird deutlich, daß der Buddha (bzw. die Träger dieser Überlieferung im Sūtra) sehr real an die Kosmologie der *devas* geglaubt und sie ernst genommen hat.

Ānanda fragt schließlich, wie man mit dem Leichnam des Buddha zu verfahren habe, und er erhält zur Antwort: wie mit der Leiche eines *cakravartin*, eines weltlichen Herrschers. Auch hier also wieder die Parallele beider Herrschaftsbereiche, des weltlichen und des geistlichen, des *cakravartin* und des Buddha, wie schon in der Geburtsgeschichte.

Interessant ist eine im Pāli-Text überlieferte Episode, in der sich der Wanderasket Subhadda von Ānanda dreimal nicht abweisen läßt,

60 MPS (Pāli), Übers. Dahlke, a.a.O., 121

weil er den Buddha sehen will. Der Buddha selbst hört ihn und lädt ihn zum Gespräch. Der Asket fragt, ob in den anderen nicht-buddhistischen Asketenschulen (Religionen) Wahrheit zu finden sei. Der Buddha antwortet:

> *»In welcher Lehrordnung, Subhadda, der edle achtgliedrige Pfad sich nicht findet, da findet sich auch der echte Mönch nicht...*
> *In welcher Lehrordnung aber, Subhadda, der edle achtgliedrige Pfad sich findet, da findet sich auch der echte Mönch...«* [61]

Da nur im buddhistischen *saṃgha* der Achtgliedrige Pfad begangen würde, gebe es also nur dort echte Mönche. Auch dieser Text dürfte auf spätere Auseinandersetzungen mit anderen Lehrtraditionen anspielen, und er findet eine eindeutige Antwort. Die inklusivistische Position der *upāya*-Theorie des Mahāyāna (nach der der [transzendente] Buddha viele unterschiedliche geschickte Mittel anwende, um unterschiedliche Wesen durch ganz verschiedene Lehren zu befreien), klingt hier noch nicht an.

Als letztes Wort des Buddha wird folgender Satz überliefert:

> *»Vergänglich ist alles Wesen. Strebet im Ernst.«*

Danach geht er (meditativ) zuerst in die vier Versenkungsstufen ein, sodann in die nächste Stufe der Raumunendlichkeit, dann in die der Bewußtseinsunendlichkeit, der Nichtsheit, der Weder-Wahrnehmung-noch-Nicht-Wahrnehmung, und schließlich in die des Wahrnehmungs-Empfindungs-Aufhörens; er durchläuft also nacheinander alle meditativen Versenkungsstufen.[62] Damit ist auf die Parallele von Meditations- und Sterbeprozeß verwiesen! Aber das heißt nicht, daß der Buddha nun schon ins *nirvāṇa* eingetreten wäre. Er geht danach nämlich wieder alle Meditationsstufen zurück bis zur ersten, dann wieder bis zur vierten, und aus dieser vierten Stufe geht er letztlich ins *parinirvāṇa* ein. Dies ist interessant und hängt mit der Bedeutung der vierten Stufe zusammen, wie wir noch im 5. Kapitel erörtern werden.

61 MPS (Pāli), Übers. Dahlke, a.a.O., 129
62 Diese Stufen werden z.B. im Samaññaphala Sutta (DN 2) beschrieben.

Es folgt wieder ein Erdbeben und noch eine Rede des Gottes Brahmā. Die Mönche, die noch nicht frei von Anhaften sind, weinen. Erst nach sieben Tagen wird der Leichnam verbrannt, was vermutlich damit zusammenhängt, daß Mahākāśyapa mit einigen anderen Mönchen noch nicht zugegen war. Er aber mußte den Holzstoß (als der »älteste Sohn«) für die Leichenverbrennung entzünden. (Dies wiederum ist wohl eine (spätere) Legitimierung der besonderen Stellung Mahākāśyapas im Orden.) Als dieser die drei Umrundungen um den Verbrennungsplatz vollzogen hatte, entzündete sich der Holzstoß wunderbarerweise von selbst. Wieder geschehen Wunder, die das Feuer nach der Verbrennung löschen. Die Reliquien sollen aufgeteilt werden an die Kṣatriyas der vier heiligen Stätten, das heißt die Orte der Geburt des Buddha, des Erwachens, der ersten Predigt und des Sterbens. Die Bewohner von Kuśinagara aber, wo der Buddha gestorben ist, verweigern die Herausgabe. Ein Brahmane (!) ermahnt zur Geduld und beendet den Streit durch friedliche Aufteilung.

Im Sanskrit-Text des Sūtra freilich kündigt sich schon der erste Schritt zur verherrlichenden Buddhologie an: In der Pāli-Version enthüllte Kassapa (Mahākāśyapa) von den Füßen her den Leichnam des Buddha, in vielen anderen Texten streckt der (gestorbene) Buddha selbst seine Füße hervor, was der Anfang einer post-irdischen Existenz ist. Im späteren Lotos-Sūtra werden dann dem Buddha die Worte in den Mund gelegt:[63]

> *»Aber in Wahrheit bin ich nicht erloschen und hinübergegangen,*
> *beständig bin ich hier und predige den dharma.«*

Die Frage nach dem, was bedingt und was unbedingt ist, nach dem Wesen des *nirvāṇa* und des buddhistischen *dharma* war ein Grundproblem der buddhistischen Philosophie (wie unten im Kapitel 5 über die Lehre gezeigt wird). Eng damit verbunden war die Frage, ob der Buddha (bzw. sein Leib) ewig sei oder nicht. Für die Theravādins und die Sarvāstivādins war der Buddha in Kuśinagara im Alter von 80 Jahren ins *parinirvāṇa* eingegangen, und damit war

63 Vgl. Klimkeit, a.a.O., 160.

sein Leib wie auch die Weisheit, die er angesammelt hatte, nicht ewig. Der Buddha war, wie alles Zusammengesetzte und Vergängliche, bedingt. Die Mahāsāṇghikas sollen aber, wie der Text *Samayabhedoparacanacakra* des nördlichen Buddhismus behauptet, anderer Ansicht gewesen sein:[64] Für sie waren die Buddhas überweltliche Wesen und ihre physischen Körper (*nirmāṇakāya*) galten als unendlich vielfältig. Bereits im physischen Körper habe der Buddha alle Erkenntnisse gemeistert und sei somit vollkommen und nicht an zeitliche Bedingtheit gebunden gewesen. Folgerichtig sei der Buddha mit seinem Tod in Kuśinagara auch nicht erloschen. Wenn auch hier die Lehre von den drei Körpern des Buddha (*trikāya*) noch nicht so ausgeprägt ist wie im Mahāyāna, deutet sich doch bereits an, daß der Buddha und der Pfad zur Befreiung, den er verkörpert, als *unbedingt* betrachtet werden.

64 Hirakawa, a.a.O., 146ff.

5. Die Lehre des frühen Buddhismus

5.1 Der Buddhismus auf dem Hintergrund der indischen Religionsgeschichte

Die vorbuddhistische brahmanische Religion im vedischen Indien (1500-500 v.Chr.) war geprägt von einem priesterlichen Kult, der durch Opfer (und Askese) die Kontrolle des Schicksals ermöglichen sollte. Die Ritualisierung der Religion in der Periode der Brāhmaṇas (etwa 1000 v. Chr.) ging so weit, daß selbst die Götter, die einstmals als sich selbst genügende Wesen verehrt worden waren, nun unter der Macht des opfernden Priesters standen, indem sie von seinem Opfer abhängig wurden. Das rituelle Handeln (*karman*) konnte alles bewirken, auch die Götter manipulieren. Als der Begriff des *karman* später (ab ca. 800 v.Chr.) nicht mehr nur das rituelle Handeln, sondern jedes Handeln bezeichnete, wurde *karman* zur alles bestimmenden Kraft im Universum. Während der vedischen Zeit, deren Interesse primär dem Wohlergehen im Diesseits galt, war der Begriff des *saṃsāra* (der endlose Kreislauf der Wiedergeburten) als Kategorie unbekannt. Erst gegen Ende dieser Epoche (seit ca. 600 v. Chr.) tauchte die Angst vor dem Tod und dem Gericht des Totengottes Yāma auf. Spätestens seit der Zeit der ältesten Upaniṣaden wurde der Tod nicht mehr als ein einmaliges Ereignis verstanden, sondern die Menschen erwarteten »Wiedertode« und dementsprechende Wiedergeburten, zunächst in einer jenseitigen Welt, dann auch im irdischen Bereich. Das bedeutete, daß die Macht, die dem rituellen Handeln (*karman*) innewohnte, auch zurückwirken konnte. Jedes Handeln zog nun eine Reaktionskette nach sich, die sich über Vergangenheit, Gegenwart und Zukunft erstreckte. Dies ist die Kette des Ausgleichs von *karman* bzw. der Vergeltung alles Handelns, die sich über viele Leben erstreckt. Die *karman*-Lehre nimmt also dem Schicksal das Zufällige, denn alles, was sich ereignet, hat eine Ursache. Alles, was dem Menschen widerfährt, ist Resultat seines vorigen Handelns. Schicksal ist demnach nicht blind, sondern es erscheint nur demjenigen als blind, der die wirkenden Ursachen und Bedingungen nicht kennt. Erkennt er sie und handelt entsprechend, wird er frei. Genau dies ist das Anliegen des Buddhismus: eine radikale Ethisierung des *karman*-Gedankens, wodurch Freiheit gegenüber dem Schicksal in spiritueller Praxis möglich wird.

Eine solche Philosophie wertet die Götter (*devas*) ab, denn sie stehen nicht über dem *karman*, sondern genießen nur die zeitlich begrenzten Wirkungen ihrer karmischen Vergangenheit. Auch das Opfer wird nutzlos – denn die Summe *aller* Handlungen bestimmt im karmischen Kausalgeflecht die eigenen und die allgemeinen Lebensbedingungen. Es kommt hinzu, daß die vedische Religion von der Zeit der Brāhmaṇas (um 900 v.Chr.) bis zu den Upaniṣaden und auch der Buddhismus von einer grundsätzlichen Entsprechung der mikrokosmischen und makrokosmischen Prozessen ausgehen: Die Kräfte und Gesetze, die das Universum lenken, bestimmen auch den menschlichen Organismus und das Bewußtsein. Das bedeutet, daß das *karman* die Lebensmuster der Menschen über viele Geburten und Wiedergeburten hinweg ebenso steuert wie die Zyklen der kosmischen Evolution.

Dies waren wesentliche geistige Voraussetzungen, die der Buddha in Indien vorgefunden hatte. Seine Erkenntnis ging aber darüber hinaus, weil er die Analyse des Leidens radikal vollzog. Seine Botschaft mahnt zur *Entscheidung*, damit der Mensch augenblicklich mit der Praxis des *dharma* beginnt. Daraus folgt auch, daß im Buddhismus das Geschick des einzelnen individuell betrachtet wird. Zwar ist das individuelle Schicksal (die eigene karmische Verstrikkung) in ein umfassendes Ganzes verflochten, aber es entsteht dadurch keine Vorherbestimmung. Der Mensch hat die Freiheit, sein Geschick zu gestalten. Die Beurteilung von Zeit und Geschichte folgt im Buddhismus daher im wesentlichen zwei unterschiedlichen Mustern, die meist miteinander verbunden werden. Wir wollen sie wie folgt unterscheiden:

1. Die *Dekadenztheorie*, nach welcher der *dharma* allmählich abnimmt, das heißt die geistigen und sozialen Verhältnisse immer korrupter werden, bis schließlich wieder ein Buddha kommt, um erneut Ordnung zu schaffen.

2. Eine *partielle Progressionstheorie*, nach der die Bodhisattvas in der Welt so wirken, daß auch unter widrigen politischen und sozialen Umständen durch das karmische Netz, das durch die Barmherzigkeit der praktizierenden Bodhisattvas positiv beeinflußt wird, immer mehr Menschen dem buddhistischen Ziel entgegenstreben und es verwirklichen können.

Wie auch immer die Geschichte insgesamt beurteilt wird – der Beginn der buddhistischen Zeitrechnung (»der Buddha setzt das Rad der Lehre in Bewegung«) ist ein Ereignis, das die Welt verändert und die Möglichkeit geschaffen hat, daß sich alle Lebewesen in Zukunft weiter zu ihrer Befreiung hin verändern können. Anders ausgedrückt: Der Buddhismus beginnt mit der außerordentlichen Befreiungserfahrung des Menschen Gautama Śākyamuni. Diese Befreiungserfahrung besagt, daß der *Buddha* den *dharma* der Befreiung erkannte und das Wissen über den Weg zur Befreiung dem *saṃgha* anvertraute. Die buddhistische Tradition erinnert daran

1. durch die Lehre und
2. durch die Erzählung der Lebensgeschichte des Buddha.

Trotz der späteren »Erhöhung des Buddha« in den Legenden und der Entwicklung einer Buddhologie ist der Buddha in der buddhistischen Erinnerung immer auch ein historisch wahrnehmbarer Mensch geblieben, der Leiden fühlen konnte, der in der Suche nach Wahrheit kompromißlos war und der, als er die Wahrheit gefunden hatte, aus Barmherzigkeit seine Erkenntnis mit allen Menschen teilte. Er tat dies, so scheint historisch erkennbar zu sein, im Geist der Demut, mit nur wenigen Dogmen und unter großer Rücksicht auf seine Hörerschaft.

Analysiert man die *frühbuddhistische Lehre*, so sind es zwei Gedanken, die häufiger als jede andere Idee auftauchen: die Vorstellung vom Nicht-Selbst (*anatta/anātman*) und die Kritik an der Kastengesellschaft. Beide hängen miteinander zusammen: Nicht-Selbst bedeutet, die Einbildung einer Ich-Substanz, den damit verbundenen Stolz, die Gier sowie die Abgrenzung von anderen Erscheinungen (geistigen Kräften, Menschen usw.) zu überwinden, und diese neue Haltung spiegelt sich in der Ablehnung der Kastengesellschaft. Das *narrative Erbe* der Tradition, das wir im Kapitel über den historischen Buddha dargestellt haben, hat die Buddhisten (Mönche,

Nonnen und Laien) in allen buddhistischen Ländern und zu allen Zeiten geprägt: Sie folgen dem Buddha nach, indem sie sich in der Ethik der Vollkommenheit, im meditativen Geistestraining und im selbstlosen Dienst an anderen Wesen üben.

Für die Brahmanen hingegen war und ist der Buddha ein *nāstika* (»Häretiker«), weil er die *Offenbarungsautorität der Vedas nicht anerkannte* und die Notwendigkeit des Opferrituals leugnete. Zwar hat sich nach brahmanischem Verständnis der höchste Gott Viṣṇu in Buddha Śākyamuni inkarniert, aber nur, um durch falsche Anweisungen die Dämonen zu täuschen, indem er sie lehrte, die Opfer nicht zu beachten. Daraufhin verloren die Dämonen (*asūras*) ihre magische Kraft und wurden von den Göttern (*devas*) besiegt.

Der Buddha forderte die brahmanische Priesterschaft heraus, die beanspruchte, durch ihr Opferwissen und den Vollzug des Opfers als alleiniger Mittler zwischen der Ordnung der Menschen und der kosmischen Ordnung auftreten zu können. Der buddhistische *dharma* war dagegen nicht an Geburt und Status gebunden, sondern erwies sich als universal. Deshalb konnte sich der Buddhismus auch außerhalb Indiens ausbreiten – und den späteren »Hinduismus« wesentlich beeinflussen und umformen. Weil der Buddhismus jede unveränderliche Struktur der Wirklichkeit leugnete und statt dessen von der gegenseitigen Beziehung sich immer verändernder Aspekte und Teile der Dinge sprach, untergrub er auch die sozialen Hierarchien und förderte vielmehr gegenseitige Beziehungen und wechselwirkende Verpflichtungen.

5.2 Die Vier Edlen Wahrheiten vom Leiden und seiner Überwindung

Bereits in der frühesten buddhistischen Überlieferung, in der ersten Predigt von Benares[1], erscheint als Kern der Verkündigung des Buddha die Rede von den *Vier Edlen Wahrheiten* (*āryasatya*):

1. die Erkenntnis, daß alles Anhaften an vergänglichen Dingen zur *Frustration* führt – die »Wahrheit vom Leiden«,

[1] Vin I,10 u.a.

2. die Aufdeckung der *Ursache* dieses Sachverhaltes – die »Wahrheit von der Entstehung des Leidens«,
3. die Einsicht in die Möglichkeit, diesen leidvollen Zustand zu *beenden* – die »Wahrheit von der Überwindung des Leidens«,
4. die Darlegung des *Weges* zur Befreiung – die »Wahrheit vom Weg zur Überwindung des Leidens«.

Dieses Schema ist bewußt konstruiert nach dem Muster einer medizinischen Diagnose und Präskription, wie es in Indien allgemein üblich war: 1. Es wird festgestellt, daß alles Dasein *duḥkha* ist (Feststellung der Krankheit), 2. daß die Ursache von *duḥkha* (*duḥkhasamudaya*) das Begehren (*tṛṣṇā*) ist, 3. daß dieser Zusammenhang erkannt und aufgelöst (*duḥkhanirodha*) werden kann (Möglichkeit der Therapie) und nun 4. der Weg zur Überwindung gezeigt wird (Mittel der Therapie), der darin besteht, die fundamentale *avidyā* (Unwissenheit) des Menschen über sich selbst aufzuheben. Dieser Weg wird im »Edlen Achtfachen Pfad« (*āryāṣṭāṅgamārga*) zur Überwindung des Leidens genau beschrieben.

Diese frühe Systematisierung der Erkenntnis des Buddha dient der Belehrung anderer, das heißt sie ist sekundär gegenüber dem »Erwachen« des Buddha unter dem Bodhi-Baum. Was aber war dann der »Inhalt« der Erfahrung des Erwachens? Es muß mehr gewesen sein als bloße Bewußtseinsruhe. Weisheit (*prajñā*) kommt zur Ruhe hinzu, sonst ginge es nur um eine Form von Trance. Aber den »Inhalt« des Erwachens zu beschreiben, ist nicht leicht. Es handelt sich höchstwahrscheinlich um eine Erfahrung, in der dem Buddha das Entstehen aller Dinge und Erscheinungen in gegenseitiger Abhängigkeit (*pratītyasamutpāda*) klar geworden ist, und zwar eher intuitiv, während die rationale Ausformulierung dieser Erfahrung später in den Vier Edlen Wahrheiten, dem Achtfachen Pfad und der zwölfgliedrigen *nidāna*-Kette erfolgte. Die gegenseitige Abhängigkeit aller Erscheinungen wahrzunehmen heißt, die Dinge zu sehen, wie sie wirklich sind, ohne Ego-Projektionen und Begehren, ohne die Welt der Objekte einem daraus isolierten Subjekt gegenüberzustellen.

Was aber ist das Leiden, was ist seine Ursache? Der Buddha lehnte spekulative Fragen nach der ersten Ursache der Welt, auch nach dem metaphysischen Grund des Bösen, ab. Der Kreislauf der Wiedergeburten wird im Buddhismus anfangslos gedacht, mithin hat auch das Übel keinen Anfang, wohl aber ein Ende.

Ein Problem besteht in der Übersetzung des Begriffs *duḥkha* (Pāli *dukkha*), der meist mit »Leiden« wiedergegeben wird, was aber nicht unproblematisch ist. Der Buddha analysiert:

1. Alles, was als Wirklichkeit erscheint, ist zusammengesetzt (*saṃskṛta*).
2. Alles Zusammengesetzte löst sich wieder auf, ist also vergänglich (*antiya*).
3. Die Strukturmuster, nach denen sich Zusammensetzung und Auflösung vollziehen, sind sich selbst erzeugende reziproke Kausalitätsketten (*karman*).
4. Das *karman* bewirkt, daß alle vergänglichen Dinge in gegenseitiger Abhängigkeit entstehen und vergehen (*pratītyasamutpāda*).
5. Alles Vergängliche (*anitya*) aber ist »leidvoll« (*duḥkha*).

Alles Vergängliche ist leidvoll, und diese Leidhaftigkeit wird unterteilt in drei Grundformen des Leidens:[2]

- Leiden als solches (*duḥkhaduḥkhatā*)
- das aus dem Fluß der Ereignisse entstehende Leiden (*saṃskṛta-duḥkhatā*)
- das aus der Vergänglichkeit entstehende Leiden (*vipariṇāma-duḥkhatā*).

An dieser Stelle muß einem Mißverständnis gewehrt werden: Die Vergänglichkeit als solche ist nicht das Leiden, sie ist ein wertneutrales Naturgesetz. Leidvoll ist vielmehr der Versuch des Menschen, dem Augenblick Dauer zu verleihen, um sich selbst Stabilität und Identität *(ātman)* zu geben. Da der Mensch genauso zusammengesetzt und bedingt ist wie alle anderen Erscheinungen, hat er keine ewige und unzerstörbare Identität. Er ist vielmehr ein System, das sich aus Grundelementen (*skandhas*) nach den Strukturmustern des *karman* dauernd zusammensetzt, auflöst, wieder zusammensetzt usw. Aus egozentrischer Selbstbehauptung verkennt der Mensch diese Tatsache und schafft sich die Illusion, beständig zu sein. Um diese Illusion aufrecht zu erhalten, giert er in einem unstillbaren Durst (*tṛṣṇā*) nach Dasein, wobei ihm alles zum

2 DN III, 216 u.a.

Objekt dieser Gier werden kann. Die Gier gaukelt nämlich eine stabile Identität vor, die aber nur Schein ist. Weil die egozentrische Selbstbehauptung auf einer falschen Grundannahme beruht und dem Weltgesetz widerspricht, muß sie mißlingen und immer wieder zu Frustration führen. Diese Frustration ist *duḥkha*. *Duḥkha* – der Einfachheit halber nun doch mit »Leiden« übersetzt – ist also weniger ein ethischer und gleich gar nicht ein ontologischer, sondern ein *psychologischer* Begriff.

Der Buddhismus glaubt nicht an einen allmächtig-allgütigen Schöpfergott, denn die Welt ist ein sich selbst organisierendes System, das dem karmischen (transpersonalen) Weltgesetz (*dharma*) gehorcht. Die vielen höheren Wesen wohltätiger und zerstörerischer Art, die dem Menschen an Macht überlegen sind (*devas* und *asuras*), residieren in anderen Sphären des Kreislaufs der Geburten, und sie sind für den Buddha durchaus real. Doch auch sie unterliegen dem *karman* und steuern es nicht. Sie genießen die Früchte ihres *karman*, bis dieses verbraucht ist und sie in anderen Sphären wiedergeboren werden.

Um nun die frühbuddhistische Lehre genauer zu erfassen, müssen folgende Grundbegriffe geklärt werden:

- die Vorstellung von *dharma*
- die einzelnen Glieder des Achtfachen Pfades
- die Theorie der *skandhas*
- die zwölfgliedrige *nidāna*-Kette
- die Unterscheidung von zwei Wahrheitsebenen (*satyadvaya*).

5.3 Dharma

Der Begriff *dharma* (Pāli *dhamma*) kommt von der Wurzel *dhṛ*, die »tragen«, »stützen«, »aufrechterhalten« bedeutet. *Dharma* findet sich bereits in vorbuddhistischen Texten, der Begriff wird aber im Buddhismus in neuer Weise gebraucht und ist hier von zentraler Bedeutung.[3] *Dharma* ist das Unwandelbare, und das bezog

[3] Zum folgenden vgl. A. Hirakawa, A History of Indian Buddhism, Delhi: Motilal Banarsidass 1993, 45ff.

sich im vorbuddhistischen Sprachgebrauch vor allem auf die soziale Ordnung, die als *dharma* aufrechterhalten werden mußte. Die Frage nach dem *svadharma* war die Frage nach der je spezifischen Pflicht des Menschen, die er nicht als Individuum, sondern aufgrund seiner Kastenzugehörigkeit zu erfüllen hatte, um die unveränderliche Sozialordnung aufrechtzuerhalten. Insofern diese Ordnung in kosmische Ordnungen eingebettet ist und durch das angemessene Verhalten des einzelnen wie sozialer Gruppen gestützt wird, drückt sie individual-ethisch wie auch kollektiv das Gebotene und Wahre aus. Ein Beispiel dafür ist der Hinweis des Dhammapada, daß die »ewige Wahrheitsordnung« (*dhamma sanantano*) darin besteht, Feindschaft nicht durch Feindschaft, sondern durch Überwindung von Feindschaft zu besiegen.[4] Soweit besagt der Begriff *dharma* nichts anderes als der *sanātana dharma* der Hindus auch. Im Buddhismus kommen nun allerdings weitere Bedeutungen hinzu, ja, der Buddhismus interpretiert *dharma* insofern grundlegend anders als die brahmanische Philosophie, da der Begriff nun nicht mehr nur als die gute Seite des Gegensatzpaares von Gut und Böse (*dharma* und *adharma*) interpretiert wird, sondern *alle* Faktoren und Grundbausteine der Wirklichkeit (auch die »negativen« Faktoren) als *dharmas* aufgefaßt werden.[5] *Dharma* wurde somit zum Begriff für »Daseinsfaktor« im allgemeinsten Sinne. Ein erheblicher Teil der buddhistischen Philosophie bestand darin, solche Faktoren zu unterscheiden und zu klassifizieren.

Die allgemeinste Verwendung des Begriffs *dharma* findet sich im buddhistischen Kontext bei der Aufzählung der »Drei Juwelen« (*triratna*: *Buddha, Dharma, Saṃgha*): Hier bedeutet *dharma* die erkennbare und lehrmäßig zu erkennende Struktur der Wirklichkeit sowie die Wahrheit, die mit dem Begriff *nirvāṇa* bezeichnet wird. Wie aber eben gezeigt, hat *dharma* als philosophischer Begriff im Buddhismus noch weitere Bedeutungen erhalten, die von Buddhaghoṣa, dem südindischen »Scholastiker« des

4 Dhammapada I,5. Der Hinweis findet sich bei Hirakawa, a.a.O..

5 So z.B. die Bewußtseinsverunreinigungen (*kleśa*) Unwissenheit (*moha*), Gier (*lobha*) und Haß (*dveṣa*).

Theravāda im 5. Jh.n.Chr., schließlich unter vier Kategorien zusammengefaßt wurden:

- *guṇa* (Eigenschaft)
- *desanā* (eine Lehre)
- *pariyatti* (Schrift)
- *nissatta* (Ding bzw. Daseinsfaktor)

Erstens bezeichnet *dharma* also eine Ursache (*hetu*), die bestimmte Eigenschaften (*guṇa*) hat, die karmisch entstanden sind und nun im Zusammenhang mit anderen Ursachen bestimmte Wirkungen hervorbringen. In diesem Sinne werden die achtzehn Eigenschaften eines Buddha als *dharmas* bezeichnet. Zweitens wird die Lehre (*desanā)* des Buddha als *dharma* bezeichnet, das heißt der Begriff steht für das, was wir *Erkenntnis* über das Wesen der *Wirklichkeit* nennen können. Drittens werden auch die Unterteilungen der Lehrtraditionen (der *Āgamas*) als *dharma* bezeichnet, und in diesem Sinne bedeutet der Begriff »Schrift«. Die vierte Bedeutung von *dharma* als »Ding« oder »Daseinsfaktor« (*nissatta* bzw. *nijjīva*) ist , wie gesagt, typisch für die buddhistische Philosophie: Die Erfahrung der Vergänglichkeit, die sich aus der Zusammengesetztheit aller Erscheinungen ergibt, ließ die Buddhisten nach den Bausteinen der Wirklichkeit fragen, damit sie die negativen Faktoren analysieren und eliminieren konnten. Sogleich diskutierte man dann aber die Frage, welchen Status denn das *nirvāṇa* habe – ist es ein *dharma*, obwohl es doch nicht bedingt und vergänglich ist?[6] Die buddhistischen Philosophen argumentierten, daß nicht die Erscheinungen, sondern die zugrundeliegenden Komponenten der Erscheinungen die *dharmas* sind. Ein Beispiel für diesen Sprachgebrauch ist die Theorie der fünf *skandhas*, die als *dharmas* verstanden werden.[7] Die *skandhas* werden aber in noch weitere *dharmas* untergliedert, insofern sich z.B. *rūpa* (materieller Körper) auf die menschlichen Körper und jedes andere materielle

[6] Insofern der Buddha das *nirvāṇa* erkannt hatte, existierte es auch als ein *dharma*. *Dharma* bezieht sich also auf die (relativ) dauerhaften Charakteristika der Dinge: Wer ein Ding erkennt, wie es in sich ist, erkennt den *dharma*. Das Ich wird als veränderliche Zusammensetzung von nicht-dauerhaften Faktoren beschrieben, aber wer diese unveränderliche Wahrheit der Impermanenz durchschaut, erkennt den *dharma*.

[7] Diese Theorie wird unten unter 5.5 erörtert.

Objekt beziehen kann, deren Unterscheidung wiederum durch unterschiedliche *dharmas* entsteht – in bezug auf den Körper sind dies die fünf Sinne (Auge, Ohr, Nase, Zunge, Körper), wobei der Körper nochmals als Grundlage des Tastsinnes erscheint. Die Objekte der äußeren Welt werden dann analog aufgrund der unterschiedlichen Sinneswahrnehmungen klassifiziert: Formen, Gerüche, Geschmäcker, berührbare Objekte usw. Schließlich werden die Erscheinungen (*dharmas*), die sich auf den Denk-Sinn (*manas*) beziehen, unter der Kategorie mentaler Formationen (*saṃskāra*) erfaßt, wie etwa Aufmerksamkeit auf ein Objekt (*manaskāra*), Intellekt (*mati*), die grundlegende Bewußtseinsprägung der Achtsamkeit (*smṛti*), Vertrauen (*sraddhā)* und unablässiges Streben (*vīrya*). Sie sind grundlegende Qualitäten, die das Bewußtsein durchdringen und verändern können; sie zu entwickeln, ist eine unerläßliche Voraussetzung für das Begehen des buddhistischen Pfades.

In der frühesten buddhistischen Literatur ist die Anzahl der Daseinsfaktoren (*dharmas*) noch nicht festgelegt. Spätere Systematisierungen versuchten solche Festlegungen, und darin zeigten sich wiederum Schulunterschiede. In jedem Falle aber wurden die Erscheinungen der Wirklichkeit systematisiert, analysiert und durch eine Reduktion auf physische und mentale *dharmas* erklärt. »Reduktion« bedeutet aber nicht, daß die *dharmas* unabhängig voneinander existieren würden, sie sind vielmehr gegenseitig voneinander abhängig. Die Wirklichkeit entsteht ja überhaupt erst auf der Grundlage von »Elementen«, die einander gegenseitig bedingen und in wechselseitiger Kausalität miteinander wirken. Dies *ist* das grundlegende Charakteristikum der Wirklichkeit (*dhātu*). Das ungeheuer weitverzweigte Netz der Kausalitäten über Raum und Zeit hinweg bewirkt, daß letztlich alle *dharmas* miteinander korrespondieren, sich verändern und neu formieren, ohne doch ihre jeweilige Besonderheit zu verlieren. Jeder *dharma* hat also einerseits eine spezifische individuelle Existenz, andererseits ist er bezogen auf andere, und nur in dieser Beziehung *ist* er. Er ist in gewissem Sinne »permanent« und »impermanent« zugleich. Erst die spätere Mahāyāna-Theorie der Leerheit *(śūnyatā)* entkleidete die *dharmas* ihrer realistisch verstandenen Eigenexistenz, denn *dharmas*, so betonte man nun, verändern sich und können daher weder dauerhaft sein noch begrifflich fixiert werden.

Insofern im Begriff *dharma* aber auch noch das Gute oder die Wahrheit mitschwingt, wurde eine Hierarchisierung der *dharmas* unumgänglich: *nirvāṇa* galt als der höchste *dharma*. Aber was ist »nirvāṇa« (wörtl.: das »Ausblasen« der Ich-Verblendung)? Ist es ein »etwas«, ein Ort, oder eine bestimmte Art des Bewußtseins, die Wirklichkeit zu erfassen? Und wenn letzteres, ist dieser »Zustand« ein »etwas«? Diese Fragen wurden von den buddhistischen Philosophen jahrhundertelang erörtert und verschieden beantwortet, was zu der Herausbildung unterschiedlicher Schulen beitrug. Für die Theravādins war schließlich *nirvāṇa* der einzige nicht-bedingte *dharma*, weil *nirvāṇa* nicht impermanent ist. Die Sarvāstivādins hingegen zählten nicht nur diesen einen, sondern drei unbedingte *dharmas*:

- analytische Beendigung der Bewußtseinsbewegungen (*pratisaṇkhyānirodha*)
- nicht-analytische Beendigung der Bewußtseinsbewegungen (*apratisaṇkhyānirodha*)
- Raum (*ākāśa*).

Andere Schulen (vgl. die Tabelle S. 151) wie die Mahāsāṇghikas und Lokottaravādins fügten als unbedingte *dharmas* noch den Bereich der Unendlichkeit des Bewußtseins (*vijñānānantyāyatana*), den Bereich der Nichtsheit (*akiṃcanyāyatana*), das Gesetz der Entstehung in wechselseitiger Abhängigkeit (*pratītyasamutpāda*) usw. hinzu, so daß sie insgesamt neun unbedingte *dharmas* zählten. Die Mahīśāsakas betrachteten auch den Pfad zum *nirvāṇa* als unbedingten *dharma*, während die Sarvāstivādins dagegenhielten und meinten, daß zwar *nirvāṇa* unbedingt sei, nicht aber die Weisheit des Buddha, die geschichtlich gewachsen und somit bedingt, also auch nicht ewig sei.[8]

8 Hirakawa, a.a.O., 147

5.4 Der Edle Achtfache Pfad

Die dritte der Vier Edlen Wahrheiten stellt fest, daß der Kreislauf des Leidens beendet werden kann. Als Therapie empfiehlt die vierte der Vier Edlen Wahrheiten den Achtfachen Pfad. Er beruht auf der Erkenntnis, daß sich die leidverursachenden Faktoren (vor allem Unwissenheit, Begierde und Haß) verändern. Was sich aber verändert, ist nicht notwendigerweise mit dem Bewußtsein verbunden. Daraus folgt, daß die leidverursachenden Faktoren vom Bewußtsein abgelöst werden können und müssen. (Hier zeigt sich erneut: Die Veränderlichkeit der Welt ist nicht als solche ein Übel, sondern sie erweist sich an dieser Stelle sogar als die Möglichkeitsbedingung für die Befreiung.) Die leidverursachenden Faktoren entstehen aufgrund von Bedingungen, und eine Auflösung derselben bedeutet die Reinigung des Bewußtseins. Ist das Bewußtsein gereinigt, tritt seine wahre Natur zum Vorschein, die man zuvor noch nicht hatte wahrnehmen können. Die Methode der Reinigung ist nun der Edle Achtfache Pfad (*ārya-aṣṭaṅga-mārga*), der zum Urgestein der buddhistischen Praxis gehört und demzufolge in allen Schulen und zu allen Zeiten mit Intensität begangen und gepflegt wurde.

Jedes Glied des Achtfachen Pfades enthält den Begriff *samyak*, was meist mit »recht« übersetzt wird. Gemeint ist dabei eine Haltung, die jeweils alle Aspekte und Folgen einer Handlung berücksichtigt, also nicht nur kurzfristigen oder einseitigen Gewinn im Auge hat. Insofern ist die Übersetzung »ganzheitlich« nicht nur gerechtfertigt, sondern präziser. Die einzelnen Glieder sind:

1. *samyak-dṛṣṭi* (ganzheitliche Anschauung), bei der in vollkommen nicht-dualistischer Weise die Einheit von Motivationen, Handlungen und Wirkungen als wahre Natur der Wirklichkeit (»die Dinge, wie sie wirklich sind«) betrachtet wird;
2. *samyak-saṃkalpa* (ungeteilter Entschluß), die Einsicht in die ganzheitliche Anschauung zu vertiefen und im ganzen Leben zu verwirklichen;
3. *samyak-vāc* (untadelige Rede), die keine ich-bezogenen Werturteile auf die Wirklichkeit projiziert und weder falsche Verherrlichung noch Verleumdung zuläßt, sondern gleich-gültig den Dingen und Menschen begegnet;

4. *samyak-karmānta* (vollkommenes Handeln), in dem der ungeteilte Entschluß und die untadelige Rede individuell wie in der Gemeinschaft mit allen Lebewesen konkret Gestalt gewinnen;
5. *samyak-ājīva* (ganzheitliche Lebensführung), in der keine äußerlichen Unterschiede zwischen guten und schlechten, heiligen und unheiligen, religiösen und profanen Lebensbereichen auftreten, denn *alles* Handeln wird bestimmt von der Motivation, die karmische Wirkungen hervorbringt; das heißt vor allem, daß der Lebensunterhalt auf eine Art und Weise verdient wird, der mit den anderen Gliedern des Pfades verträglich ist;
6. *samyak-vyāyāma* (gleichgewichtige Anstrengung), die sich in Geduld übt und im Gleichgewicht von Anspannung und Entspannung den Bewußtseinsstrom ausgeglichen lenkt, um in der Meditation sowie bei allen alltäglichen Verrichtungen heitere Gelassenheit zu erreichen;
7. *samyak-smṛti* (unablässige Achtsamkeit), durch die alle physischen, psychischen und geistigen Vorgänge bewußt und somit kontrollierbar werden;
8. *samyak-samādhi* (ganzheitliche Einswerdung) aller Bewußtseinsvorgänge im Geistgrund, aus welcher die unbeschreibliche Seligkeit der Einheit im Ganzen erwächst, in der das Ich sich völlig losgelassen hat.

Alle acht Glieder sind nicht Stufen, die nacheinander praktiziert würden, sondern Aspekte, die gegenseitig aufeinander einwirken und gleichzeitig geübt werden. Die Ethik des Buddhismus ist eine Konkretisierung dieser acht Gesichtspunkte. Sie wird geprägt von einer Grundhaltung der liebevollen Güte (*maitrī)* und der heilenden Hinwendung (*karuṇā)* zu allen Lebewesen. Die Ethik ist dabei keine abgeleitete praktische Philosophie, sondern sie ist selbst Bewußtseinsschulung. Damit gehört sie zum Kernbereich des Buddhismus.

Einen vorzüglichen Einblick in die buddhistische Grundhaltung gibt das von Mönchen, Nonnen, Laienanhängern und Laienanhängerinnen in der gesamten buddhistischen Welt häufig rezitierte *Mettāsutta*:[9]

9 Suttanipāta I,8 (143ff.) und Khuddakapātha 9, zit. nach der Übersetzung von Nyanaponika, Sutta-Nipāta, Konstanz 1955, 58f.

Dies soll erwirken, wer des Heiles kundig
Und wer die Friedens-Stätte zu verstehen wünscht:
Stark soll er sein und aufrecht, aufrecht voll und ganz.
Zugänglich sei er, sanft und ohne Hochmut.

Genügsam sei er und sei leicht befriedigt,
Nicht viel geschäftig und bedürfnislos.
Die Sinne still, klar der Verstand,
Nicht dreist, nicht gierig, geht er unter Menschen.

Auch nicht im Kleinsten soll er sich vergehen,
Wofür ihn Andere, Verständige, tadeln möchten.
Sie mögen glücklich und voll Frieden sein,
Die Wesen alle! Glück erfüll' ihr Herz!

Was auch an Lebewesen es hier gibt,
Die schwachen und die starken, restlos alle;
Mit langgestrecktem Wuchs und groß an Körper,
Die mittelgroß und klein, die zart sind oder grob gebaut.

Die sichtbar sind und auch die unsichtbaren,
Die ferne weilen und die nahe sind,
Entstandene und die zum Dasein drängen, –
Die Wesen alle: Glück erfüll' ihr Herz!

Keiner soll den anderen hintergehen;
Weshalb auch immer, keinen möge man verachten!
Aus Ärger und aus feindlicher Gesinnung
Soll Übles man einander nimmer wünschen!

Wie eine Mutter ihren eigenen Sohn,
Ihr einzig Kind mit ihrem Leben schützt,
So möge man zu allen Lebewesen
Entfalten ohne Schranken seinen Geist!

Voll Güte zu der ganzen Welt
Entfalte ohne Schranken man den Geist:
Nach oben hin, nach unten, quer inmitten,
Von Herzens-Enge, Haß und Feindschaft frei!

Ob stehend, gehend, sitzend oder liegend,
Wie immer man von Schlaffheit frei,
Auf diese Achtsamkeit soll man sich gründen.
Als göttlich Weilen gilt dies schon hienieden.

In Ansicht nicht mehr sich ergehend,
Ein Tugendhafter, dem Erkenntnis eignet,
Die Gier nach Lüsten hat er überwunden
Und geht nicht ein mehr in den Mutterschoß.

Wer also durch liebende Güte vollkommen gereinigt ist, hat das Ziel der Befreiung erreicht. Er verweilt unablässig in Achtsamkeit, hat den Streit über philosophische Ansichten hinter sich gelassen und ist dem Kreislauf der Wiedergeburten enthoben.

5.5 Skandhas

Die frühbuddhistische Philosophie unterscheidet fünf Gruppen oder Wirklichkeitsbereiche, die zusammenwirken, wenn eine menschliche Person entsteht.[10] Im Theravāda werden diese »Grundbausteine« substanzartig vorgestellt, im Mahāyāna vermeidet man mittels der Lehre von der Leerheit *(śūnyatā)* jede Verdinglichung (jedes *Ding* ist leer in bezug auf eine ihm inhärente Existenz). Die *skandhas* sind dann eher vorübergehende Zustände eines fließenden Prozesses, gleichsam vorübergehend auskristallisierte »Punkte«. Im Theravāda jedenfalls werden sie als bedingte Grundbausteine (*dharmas*) verstanden. (Über die Zahl der unbedingten Grundbausteine gibt es, wie wir oben sahen, einen Streit der Schulen: *nirvāṇa* gilt in jedem Fall als unbedingt, ebenso der Raum, und in einigen Schulen kommen noch weitere Faktoren hinzu.) Die fünf Gruppen oder »Aggregate« sind:

1. *Rūpa-skandha*, die Ebene sinnlich-wahrnehmbarer Formen, die relativ stabil ist und als materielle Wirklichkeit erscheint. Diese Gruppe ist zusammengesetzt aus den vier Elementen Erde, Wasser, Feuer und Wind sowie der feinstofflichen Realität, die daraus abgeleitet wird.
2. *Vedanā-skandha*, die Ebene der Empfindungen und Gefühle, die als Reaktion auf äußere Sinneseindrücke oder innere Gemütsbewegungen entsteht. Sie ist wesentlich flexibler als die Ebene der materiellen Formen, bleibt aber an die Dualität von Lust und

[10] Mahāpuṇṇamasutta, MN 109 u.a.

Leid, Gut und Schlecht gebunden, die der Mensch unablässig auf die Personen und Dinge (einschließlich seiner selbst) wertend projiziert. Die Empfindungen ergeben sich aus dem Kontakt der inneren Organe (*indriya*) mit den entsprechenden Objekten, die zusammen die zwölf Grundlagen des Bewußtseins (*āyatana*) darstellen:

12 Grundlagen des Bewußtseins

INNERE ORGANE	ÄUSSERE OBJEKTE
Auge	Aussehen
Ohr	Geräusch
Nase	Geruch
Zunge	Geschmack
Tastorgane	Berührung
Denkorgan (*manas*)	geistige Objekte

Der *manas* unterscheidet sich von den anderen fünf Sinnesorganen dadurch, daß er nicht nur seine eigene Gruppe von Objekten hat (*dharma*), sondern die Wahrnehmungen der fünf anderen Organe koordiniert.

Den zwölf Grundlagen werden sechs Arten von Bewußtsein hinzugefügt, die zu den Elementen (*dhātu*) gezählt werden, nämlich:

Sehbewußtsein
Hörbewußtsein
Riechbewußtsein
Schmeckbewußtsein
taktiles Bewußtsein
Denkbewußtsein

Daran wird ersichtlich, daß Wahrnehmung nicht einfach die Abbildung von etwas Gegebenem, sondern eine *aktive* Konstruktion des Bewußtseins ist. Die Wahrnehmung bildet also die Wirklichkeit nicht ab, sondern erschafft sie als inneres Bild, und zwar mittels der dem Bewußtsein vorgegebenen Strukturen, die wiederum karmisch bedingt sind.

3. *Saṃjñā-skandha*, die Ebene unterscheidender Wahrnehmung von äußeren Objekten, die durch die Herausbildung von Vorstellungen wirksam wird. Sie umfaßt sowohl das intuitive als auch das analytisch-rationale Urteilsvermögen.
4. *Saṃskāra-skandha*, die Ebene der Reaktion des Willens auf die Wahrnehmung von Objekten, woraus sich Bewußtseinsimpulse ergeben, aus denen wiederum karmische Bildekräfte entstehen. Dieselben prägen das Bewußtsein des Individuums, formen seine Gewohnheiten und ergeben somit das, was wir den »Charakter« eines Menschen nennen.
5. *Vijñāna-skandha*, die Ebene der reinen Bewußtseinskraft, die alle anderen Ebenen koordiniert und zu einer zielgerichteten Gesamtheit zusammenfaßt.

Die *skandhas* sind nicht als *Teile* eines Ganzen zu verstehen, die man voneinander isolieren könnte, sondern sie bezeichnen fünf Phasen, die jedem Bewußtseinsakt zugrunde liegen, nämlich:

1. Kontakt mit dem Sinnesobjekt,
2. Empfindung,
3. bewußte Wahrnehmung,
4. Wille, der die Einordnung der Wahrnehmung in gespeicherte Muster ermöglicht,
5. das Ins-Bewußtsein-Treten des Vorgangs als deutliches Sehen, Hören usw.

Jedes »Ding«, das wir in der Erfahrung wahrzunehmen meinen, ist also kein Ding, sondern ein Eindruck, der sich aus dem Zusammenspiel verschiedener energetischer Impulse ergibt. Diese Impulse haben in sich keine Substanz, sondern sie sind, was sie sind, nur im Zusammenwirken mit den anderen Impulsen und Faktoren. Sie sind folglich *abhängig* von den anderen Phasen, und dies ist das »Entstehen in gegenseitiger Abhängigkeit«.

5.6 Entstehen in gegenseitiger Abhängigkeit[11]

Das Entstehen in gegenseitiger Abhängigkeit (*pratītyasamutpāda*) ist die Lehre von der organischen Verbundenheit aller Erscheinungen. Es handelt sich um eine dynamische Kausalität, nicht um eine einlinig-statische. Alles ist Wechselwirkung. Alles steht mit allem in Verbindung, und deshalb ist alles Ursache für bestimmte Wirkungen, die wiederum zur Ursache aller Erscheinungen werden. Jedes Glied in der Kette des Entstehens enthält alle anderen und trägt deshalb alle Möglichkeit und Wirklichkeit in Vergangenheit, Gegenwart und Zukunft in sich.
Die zwölf Glieder sind:
avidyā – saṃskārakarma – vijñāna – nāmarūpa – ṣadāyatana – sparśa – vedanā – tṛṣṇā – upādāna – bhava – jāti – jarāmaraṇa

In bezug auf das Lebenskontinuum des Menschen gilt: Das geistig-körperliche Kontinuum wird von

1. der Unwissenheit (*avidyā*) bestimmt, die ein autonomes Subjektzentrum bzw. Ich wahrzunehmen glaubt. Dies führt
2. zu karmischen Bildungen (*saṃskārakarma*), weil jeder geistige Impuls (völlig unabhängig davon, ob er fehlerhaft ist) Wirkungen hat und »Einprägungen« schafft, das heißt es entstehen Motivationen für Handlungen, die
3. einen spezifischen Bewußtseinszustand (*vijñāna*) erzeugen.

Aus diesen drei Aspekten ergeben sich die Existenzbedingungen für die materielle Manifestation derselben, das heißt für die Geburt als Mensch im Lebenskreislauf, so daß sich

4. ein Zusammenwirken der *skandhas* (*nāmarūpa*) ereignet. Der Embryo entwickelt
5. die sechs Sinneskräfte (*ṣadāyatana*: Sehen, Hören, Reichen, Schmecken, Tasten, Denken). Wenn diese Sinneskräfte unter dem Antrieb von Bewußtseinsenergie mit Objekten zusammentreffen, ergibt sich
6. eine Berührung (*sparśa*), die als angenehm, unangenehm oder neutral empfunden werden kann. Diese bewertende Qualität schlägt sich

[11] Vgl. z.B. SN II, 2-4 (fünfbändige Ausgabe von L. Feer, London 1884-98)

7. als entsprechendes Gefühl (*vedanā*) nieder.
8. Darauf reagiert der Mensch mit Anhaften (*tṛṣṇā*), das angenehmen Gefühlen Dauer verleihen und unangenehme Empfindungen abschütteln möchte. Dieses Anhaften steigert sich
9. zum begehrenden Ergreifen (*upādāna*), das sich auf vierfache Weise auswirkt:

a) als das unstillbare Verlangen nach Lustgewinn durch angenehme Formen, Klänge, Düfte, Geschmäcker und berührbare Objekte;
b) als das Sich-Ausrichten auf (irrtümliche) Vorstellungen, die dem Ich unabhängige Existenz und Macht vorspiegeln;
c) als das Verlangen nach Haltungen und Verhaltensweisen, die dem eingebildeten Existenz- und Machtanspruch des Ich Ausdruck verleihen und diesen Anspruch stärken;
d) als das Verlangen nach »Ich« und »mein«, das nun vollständig alle Bewußtseinsimpulse begleitet und bestimmt.

10. Werden (*bhava*) ist Resultat des zweiten Gliedes (*saṃskārakarma*) und aller seiner Konsequenzen, die in den Gliedern drei bis neun benannt sind.
11. Geburt (*jāti*) sowie
12. Altern und Tod (*jarāmaraṇa*) schließen den Kreislauf, der nun wieder von vorn beginnt.

Diese Kette beschreibt ein wechselseitiges Sich-Bedingen: jede Erscheinung ist Bedingung der anderen, und alle Erscheinungen der Wirklichkeit sind wechselseitig voneinander abhängig. Einsicht in diese Struktur ist Voraussetzung für die Befreiung aus dem Gefangensein in ihr. Denn im Bewußtsein entstehen die karmischen Bildekräfte, die sich auf dem Weg zur Befreiung entweder förderlich oder hinderlich auswirken können.

Der Buddha erklärt, daß das *nirvāṇa* das Ende aller bedingten Bewußtseinszustände ist und damit das Ende von *duḥkha*. Das *nirvāṇa* ist folglich nicht-bedingt (*asaṃskṛta*), es ist höchstes Glück (*paramasukha*), insofern es frei von Geburt, Krankheit, Alter und Tod ist. [12] In ihm gibt es keine unterscheidenden Empfindungen. Demzufolge kann es nicht versprachlicht werden, weil Sprache an

[12] MN I, 508 (dreibändige Ausgabe von Trenckner, London 1888-99)

unterscheidende Abgrenzungen und somit bedingte Begriffskonstruktionen gebunden ist. Man kann darum nur sagen, was das *nirvāṇa* nicht ist, nicht aber beschreiben, *was* es ist. *Daß* es ist, ist gleichwohl die Voraussetzung für den ganzen analytischen Ansatz des Buddhismus. Dieser Sachverhalt ist gemeint mit dem berühmten Ausspruch in Itivuttaka 37:

»Es gibt ein Nicht-Geborenes, Nicht-Entstandenes, Nicht-Geschaffenes, Nicht-Bedingtes. Gäbe es kein Nicht-Geborenes, so gäbe es keine Befreiung für das, was geboren, entstanden, geschaffen, bedingt ist.«

Die *nidāna*-Kette wird im Lebensrad (*bhavacakra*) bildlich dargestellt, wie wir es von zahlreichen tibetischen Thangka-Malereien kennen. Dieses Lebensrad soll, so heißt es im Vinaya, im Eingangsbereich eines jeden buddhistischen Klosters angebracht werden (s. Abbildung auf S. 102).

In der Nabe des Rades drehen sich Hahn, Schlange und Schwein, ineinander verknotet, als die Symbole für Begierde, Haß und Unwissenheit, die das Rad des *saṃsāra* am Laufen halten. Um dieses Zentrum befindet sich ein Ring mit einer aufstrebenden und abstrebenden Bewegung: der Weg in die besseren Wiedergeburten führt über das mönchische Dasein; der Weg in die drei üblen Bereiche (Tierwelt, Hungergeister, Höllen) ist die Folge eines Lebens, das dem *dharma* nicht entspricht. Sodann werden in sechs Segmenten (*gati*) in drastischen Bildern diese drei guten (*sugati*) und die drei üblen (*durgati*) Wiedergeburtsbereiche des *kāmaloka*, also der unteren Welt im System der drei buddhistischen Welten (*kāmaloka, rūpaloka, arūpaloka*), dargestellt, nämlich

1. der Bereich der Götter (*deva*), die in sinnlicher Freude leben, aber zeitlich begrenzt und darum leidvoll ihr entsprechendes *karman* ausleben,
2. der Bereich der Dämonen (*asura*), die aus lauter Gier eifersüchtig sind und kämpfend den *devas* ihr Glück streitig machen wollen,
3. der Bereich der Menschen (*manuṣya*), in dem die Entscheidungsfreiheit zur Praxis des *dharma* herrscht,

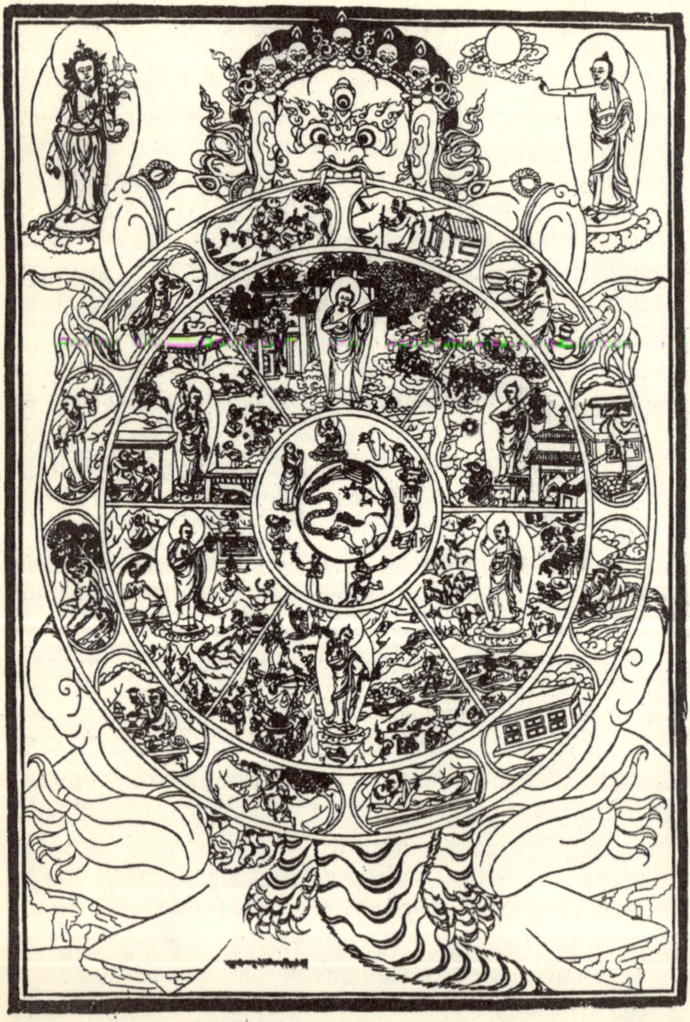

Abbildung: bhavacakra

4. der Bereich der Tiere (*tiryañc*), der beklagenswert ist, weil die Tiere unter großer Knechtschaft leiden,
5. der Bereich der Hungergeister (*preta*), die an einem extrem kleinen Schlund und einem übermäßig großen Bauch leiden, so daß ihre Gier nie gestillt wird,
6. der Bereich der Höllenwesen (*naraka*), die unter schrecklichen Qualen ihr *karman* ausleben müssen, bis es ausgeglichen ist und sie in besseren Bereichen wiedergeboren werden.

Bezeichnenderweise befindet sich in jedem Bereich ein predigender Buddha. Damit wird sinnfällig dargestellt, daß der *dharma* überall wirkt und die Wesen nirgends völlig verloren sind.

Der Radkranz des *bhavacakra* besteht aus zwölf Feldern, die symbolisch die *nidāna*-Kette, also die wechselseitige Abhängigkeit der Erscheinungen, darstellen, und zwar so, daß die Bilder vorwärts und rückwärts gelesen werden können, weil es sich um hochkomplexe reziproke Kausalitätsverhältnisse handelt: Die Unwissenheit (*avidyā*) wird durch eine blinde Frau symbolisiert; die karmischen Bildekräfte (*saṃskāras*) sind ein Töpfer, der ein Gefäß aus Ton formt; das Bewußtsein (*vijñāna*), das Denken (*manas*) und Sinnesbewußtseine umfaßt, wird als umherspringender Affe versinnbildlicht; Name und Form (*nāmarūpa*) erscheinen als Boot, das einen Fluß überquert; die sechs Sinne (*ṣadāyatana*) sind ein Haus mit Fenstern; die Berührung (*sparśa*) erscheint als Umarmung eines Liebespaares; die Empfindung (*vedanā*) ist ein Pfeil, der in das Auge eindringt; die Begierde (*tṛṣṇā*) erscheint als ein Mensch, der den Durst zu stillen versucht; das Ergreifen (*upādāna*) ist das Pflücken einer Frucht vom Baum; das Werden (*bhava*) wird durch eine Schwangere symbolisiert; Geburt (*jāti*) wird mit einer Gebärenden versinnbildlicht; Alter und Tod (*jarāmaraṇa*) schließlich sind ein Alter am Krückstock und/oder ein Leichnam.

Das Rad wird vom Herrn der Vergänglichkeit (*anityatā*), von *Mahākāla*, dem Inbegriff der Zeit und des Vergehens-Entstehens umklammert. Oben rechts und links befinden sich ein predigender Bodhisattva und ein meditierender Buddha, die den Weg zum *nirvāṇa* zeigen, ergänzt durch die entsprechende Sonnen- und Mondsymbolik.

Nur in der Geburt als Mensch besitzen die Lebewesen Freiheit, um die Strukturen des Kreislaufs, seine Bedingungen und die Möglichkeit zur Überwindung zu erkennen, das heißt die Vier Edlen Wahrheiten zu praktizieren. Der Buddha hat den Wirkungsmechanismus der drei grundlegenden leidhaften Bewußtseinsverunreinigungen (*kleśa*), nämlich Unwissenheit (*moha* bzw. *avidyā*), Gier (*rāga* bzw. *lobha*) und Haß (*dveṣa)* analysiert, aber jeder Mensch muß sein Bewußtsein selbst reinigen. Dem Buddha geht es einzig und allein darum, den Weg zur Überwindung des Leidens zu lehren. Nur zu diesem Zweck fragt er auch nach der Ursache des Leidens, nicht aber um eine metaphysische Antwort zu geben. Das Leiden ist demnach verursacht durch die Einbildung eines in sich existierenden Ich. Weil dieses Ich eine Illusion (*avidyā* bzw. *moha*) ist, die nur durch ständige Selbst-Stabilisierung aufrechterhalten werden kann, entsteht ein unablässiges Begehren (*tṛṣṇā* bzw. *rāga*) und Anhaften, das diese Illusion eines stabilen Ich kurzzeitig aufrechterhält. Das Ich schafft sich also gleichsam selbst eine (Schein-) Existenz, indem es Dinge und Vorstellungen begehrend auf sich bezieht und daran anhaftet. Weil aber alle Dinge in Veränderung begriffen sind (*anitya*), gelingt diese Stabilisierung nicht wirklich. Dadurch wird das (eingebildete) Ich bedroht und reagiert wegen des frustrierten Begehrens mit Haß (*dveṣa*) gegenüber den Dingen oder Personen, die es nicht besitzen kann. Die Dinge und Personen werden demzufolge nicht wahrgenommen als das, was sie sind, sondern unter der egozentrischen Projektion des Begehrens bzw. des Hasses. Überwindung des Leidens bedeutet deshalb, diese falsche Wahrnehmung des Ich zu überwinden. Die Überwindung des Leidens muß jetzt, in der Gegenwart, beginnen, weshalb die spekulativen Fragen nach seinem Ursprung und nach zukünftigen Existenzen müßig sind. Man kann zwar die Ursache des gegenwärtigen Leidens im früheren *karman* finden, das heißt in den Handlungen, die in einem vergangenen Leben begangen wurden. Aber letztlich erklärt auch *karman* den ersten Ursprung des Leidens nicht, denn woher würde das erste karmische Anhaften kommen? *Karman* und *saṃsāra* selbst *sind* Leiden. Aus diesem Grund vermeidet die Zweite Edle Wahrheit einen *regressus ad infinitum* bei der Frage nach der letzten Ursache und sagt einfach: Weil es Begehren gibt, gibt es Leiden. Beide entstehen in gegenseitiger Abhängigkeit gleichzeitig. Die Einzelheiten vergangener Ursachen sind weniger von Belang, und die Tatsache, daß alle Wesen leiden, genügt zur Diagnose.

Der Buddha lehnt die Spekulation ab, die nach der ersten metaphysischen Ursache des Leidens fragt: Wer von einem vergifteten Pfeil getroffen sei, frage auch nicht nach den weiteren Umständen, sondern ziehe den Pfeil schleunigst heraus und versorge die Wunde. So lehrt auch der Buddha die Überwindung des Leidens durch die Analyse der unmittelbaren mentalen und psychologischen Ursachen der leidhaften Verstrickungen.

Wessen Bewußtsein völlig gereinigt ist, so daß das ich-hafte Begehren vollständig erloschen ist, wer also die vollkommene Projektionsfreiheit verwirklicht hat, der ist im Bewußtseinszustand des *nirvāṇa*. Er ist jetzt schon in diesem Leben ein Buddha geworden. Der Buddha (und jeder Buddhist) erzeugt kein *karman* mehr, nachdem er den Bewußtseinszustand des *nirvāṇa* erlangt hat, aber noch nicht ins *parinirvāṇa* eingegangen (gestorben) ist. In der Zeitspanne zwischen dem jetzt schon erlangten Eintritt ins *nirvāṇa* und dem Sterben des Körpers wirkt sich gleichsam nur noch die »verbleibende Energie« des vorigen *karman* aus, ohne daß neues *karman*, das zu erneuter Verleiblichung führen würde, erzeugt wird. Mit Eintritt ins *nirvāṇa* bzw. mit der Buddhaschaft ist also die religiöse Dimension des Leidens aufgehoben, während auch ein Buddha durchaus noch physisch leiden kann.

Obwohl das *nirvāṇa* von jedem Lebewesen erlangt werden kann, werden vollkommen Erwachte in der frühbuddhistischen Literatur doch nicht als Buddhas, sondern als Arhats bezeichnet. Man will also an einem Unterschied festhalten.[13] Denn die Weisheit des Buddha übertrifft die seiner Schüler, weil er in zahlreichen Leben die karmischen Voraussetzungen erlangt hat, den *dharma* vollkommen zu erfassen und zu lehren, während alle Schüler von seinem Erwachen abhängig sind.

Der Weg des Buddha wird von Anfang an (bereits in der Predigt von Benares) als der »Mittlere Pfad« (*madhyamā pratipad*) bezeichnet. Diese Bezeichnung hat zwei verschiedene Konnotationen: sie bezieht sich erstens auf die religiöse Praxis und zweitens auf die

13 Hirakawa, a.a.O., 32

Mitte zwischen extremen philosophischen Positionen. Hinsichtlich der Praxis ist die Mitte zwischen einem Leben in sinnlichem Genuß und radikaler Askese bzw. zwischen Vergnügen und selbstgesuchtem Leiden gemeint,[14] denn physische Selbstquälung ist nutzlos, weil sie nichts an der Motivation des Begehrens ändert. Philosophisch wird die Mitte zwischen Nihilismus und Eternalismus gesucht. Die spezifisch buddhistische Lehre vom Nicht-Selbst (*anatta/anātman*), die wir später behandeln werden, muß vor diesem Hintergrund interpretiert werden.

5.7 Zwei Wahrheitsebenen

Bereits im *Abhidharmakośa*[15] werden zwei Existenzweisen der Welt bzw. zwei Wahrheitsebenen unterschieden: die letztgültige Existenzweise (*paramārthasat*) und die konventionelle Existenzweise (*saṃvṛtisat*).[16] Die logische Argumentation ist etwas kompliziert, und wir wollen versuchen, das Argument in aller Kürze ein wenig durchsichtig zu machen: Die zusammengesetzten Erscheinungen sind bedingt, vergänglich und zusammengesetzt, das heißt sie existieren als bezeichnetes »Ding« nur konventionell; die diesen Zusammensetzungen zugrunde liegenden *dharmas* hingegen gelten als letztgültig existierend. Um ein Beispiel zu geben: Wird ein Tonkrug, der zerbrochen ist, als »Tonkrug« bezeichnet, so ist klar, daß er nur konventionell als Tonkrug existiert bzw. die Bezeichnung »Tonkrug« nur auf eine bestimmte, von vielen Ursachen bedingte und zeitlich begrenzt existierende Wirklichkeit aufgetragen ist. Einzelne Eigenschaften machen also in bestimmter Zusammensetzung das aus, was wir »Tonkrug« nennen. Eine dieser Eigenschaften kann zum Beispiel die Farbe sein. Nehmen wir an, der Krug sei rot gewesen, so existiert das Rot auch dann noch, wenn der Krug in Scherben liegt. Selbst wenn man die Einzelteile noch weiter zerkleinern und schließlich zu Atomen (*pa-*

14 Vgl. Vin I,10.
15 Abhidharmakośabhāṣya II, 2.1, 334
16 Hierzu auch Hirakawa, a.a.O., 143f.

ramāṇu) zertrümmern würde, so bliebe – nach der Abhidharma-Logik – die Qualität »rot« erhalten. Damit wäre »rot« eine Realität, die nicht von weiteren Umständen abhing, das heißt »rot« würde aus sich selbst heraus (*svabhāva*) existieren, und solch eine Wirklichkeit wird *dharma* genannt, sie existiert im letztgültigen Sinn. Wie wir sahen, ist auch der »Mensch« bzw. die »Person« eine Zusammensetzung aus den fünf *skandhas* und existiert daher nur im konventionellen Sinn. Ein permanentes, aus sich selbst existentes »Ich« gibt es in diesem Sinne nicht. Mentale Faktoren hingegen, wie zum Beispiel »Begierde« oder »vollkommene Ruhe«, werden als *dharmas* betrachtet, weil sie nicht auf weitere Elemente zurückgeführt werden können. Ein *dharma* »Begierde« bewirkt im Bewußtsein nichts anderes, als daß er »Begierde« erweckt usw. Ein *dharma*, das heißt ein im letztgültigen Sinn Existierendes, hat seine eigene charakteristische Eigenschaft (*svalakṣaṇa*). Während nun – in unserem Beispiel die *Farbe* Rot des *dharma* der »Rotheit« als das charakteristische Zeichen (*svalakṣaṇa*) bezeichnet wird, gilt das, was existiert und rot genannt wird, als die Selbstnatur (*svabhāva*), und dieses »Etwas« ist aus Atomen zusammengesetzt. Während also *svabhāva* äquivalent mit *dharma*-Sein ist, ist nicht automatisch, was Selbstnatur ist, schon ein *dharma*. Etwas, das Selbstnatur hat und aus *dharmas* besteht, ist zusammengesetzt und hat nur konventionelle Existenz. Aber Selbstnatur (*svabhāva*, also das, was ein unterscheidendes Kennzeichen darstellt) als solche gilt als ein *dharma*.

Diese Theorie von den *dharmas*, die aus sich selbst existieren würden, hat aber keineswegs alle buddhistischen Philosophen überzeugt. Und so wurde die Auffassung der zwei Wahrheiten im Mahāyāna weiterentwickelt und neu interpretiert. Diese philosophische Umorientierung ist wichtig für das Verständnis der Philosophie der Leerheit (*śūnyatā*) bei Nāgārjuna (2. Jh.n.Chr.). Dort wird die »konventionelle Wahrheit« von der »absoluten Wahrheit« so unterschieden, daß die begrifflich unterscheidende Sichtweise als konventionelle (*saṃvṛti*) Wahrheit erscheint, während die absolute (*paramārtha*) Wahrheit die gegenseitige Abhängigkeit aller Erscheinungen bzw. ihre Leerheit (*śūnyatā*) ausmacht. Dabei erweisen sich alle Begriffskonstruktionen (*prapañca*) als nur konventionell oder relativ gültig. Diese relative Gültigkeit hat aber im praktischen Leben große Bedeutung. Denn aufgrund ihrer Analysen und Wertungen kann das Schlechtere vom Besseren geschieden und somit eine Ethik begründet werden! Wer sich, um ethische Normen zu umgehen, auf Nicht-Dualität (*paramārtha*) stützen wollte und dabei von einer Motivation geleitet würde, die egozentrisch ist (und damit gerade in dualistischer *saṃvṛti*-Weise das Interesse des Subjekts vom Objekt trennt), würde seine völlige Unwissenheit kundtun und schwere karmische Last auf sich laden. Man muß also wissen, auf welcher Ebene und unter welcher Betrachtungsweise eine Aussage gemeint ist. Das geistige Erwachen zur Nicht-Dualität wirkt zwar gerade auch im Alltag, zumal hier »Alltags- und Erleuchtungsbewußtsein« logischerweise gar nicht getrennt werden können, aber es »ersetzt« nicht einfach die konventionelle unterscheidende Wahrnehmung. Wir werden darauf noch unter 5.9 näher eingehen.

5.8 Sittliches Verhalten und Meditation

Der buddhistische Weg wird häufig unter drei Aspekten erläutert, und zwar gültig für Mönche und Nonnen wie für Laien und Laienanhängerinnen:

- *śīla* (sittliches Verhalten und Ethik),
- *samādhi* (Versenkung bzw. Bewußtseinsschulung und Meditation),
- *prajñā* (Weisheit).

Wir wollen nun, diesem Schema entsprechend, einige Grundaspekte der buddhistischen Lebenspraxis behandeln. Sie werden an vielen Stellen des Pāli-Kanons dargelegt, wir wollen hier aber vor allem die Ausführungen des *Sāmaññaphala-Sutta*[17] genauer betrachten.

17 DN, Nr. 2

Śīla

Ethik der Laien

Liebevolle Freundlichkeit (*maitrī*), Güte, Milde, und barmherzige Hinwendung zu allen Wesen (*karuṇā*) sind das Leitmotiv der gesamten buddhistischen Ethik. Diese Ethik wird für Laien-Buddhisten in den fünf grundlegenden moralischen Regeln (*pañcaśīla*) zusammengefaßt, die ohne Einschränkung gelten. Sie sind abgeleitet aus zwei Grundeinsichten:

- aus dem Gebot der Geistesschulung, nach der solche Faktoren ausgeschaltet werden müssen, die Unwissenheit, Begehren und Haß als mentale Verunreinigungen (*kleśa*) erzeugen und somit stets negatives *karman* erzeugen,
- aus der Einsicht in die gegenseitige Abhängigkeit aller Wesen.

Eine beliebte Meditationsformel lautet: »Im Kreislauf der Geburten sind alle Wesen einander Mutter und Vater gewesen, so will ich sie entsprechend behandeln.«

Die ethischen Verhaltensregeln sind nicht nur Anweisungen für das körperliche Handeln, sondern sie sind jeweils in dreifacher Weise bezogen auf Körper, Rede und Geist. Dabei geht es immer darum, solche Einstellungen und Handlungen zu *überwinden*, die negatives *karman* erzeugen, und deshalb gleichzeitig Einstellungen und Verhaltensweisen zu *kultivieren*, die dem buddhistischen Weg zur Befreiung dienlich sind. Die fünf grundsätzlichen Tugenden (*pañcaśīla*) der Laienethik sind:

1. *Nicht-Verletzen* von Lebewesen (*ahiṃsā*); eine Haltung, die bereits vor der Zeit des Buddha im Jainismus bekannt war. Diese Tugend bedeutet nicht nur, auf physische Gewaltanwendung zu verzichten, sondern zum Beispiel auf der Ebene der Rede keine unfreundlichen oder verletzenden Worte zu gebrauchen. Positiv gesprochen wird diese Tugend durch die vier *brahmavihāras* oder *apramāṇas* (die Unermeßlichkeiten) erfüllt, die jeder Buddhist im täglichen Leben bewußt in alle Situationen ausstrahlen soll:[18]

[18] Tevijja Sutta, DN 13,76ff.

- liebende Freundlichkeit zu allen Wesen (*maitrī*)
- heilende Hinwendung zu allen Wesen (*karuṇā*)
- Mit-Freude über geistiges Aufwärtsstreben (*muditā*)
- nicht-wertende Gesinnung von Gleichmut (*upekṣa*)

2. *Nicht-Nehmen (asteya)* dessen, was nicht gegeben wird. Dies bedeutet, jede Form von *Begehrlichkeit* zu überwinden. Positiv ist dies die Empfehlung der Freigebigkeit (*dāna*), die häufig als der Königsweg zur Reinigung für die Laien betrachtet wird. [19]
3. *Keine unheilsamen* (von Begierde geprägten) *sexuellen Beziehungen* pflegen (*brahmacārya*), was nur für die Mönche und Nonnen völlige Enthaltsamkeit bedeutet. Positiv bedeutet dies, alle Beziehungen aus gegenseitigem Respekt heraus zu gestalten, denn man hat ja erkannt, daß Partner gegenseitig voneinander abhängig sind.
4. *Wahrhaftigkeit* (*satya*), die vor allem auch sprachliche Zurückhaltung meint und unnützes Reden vermeidet. Positiv bedeutet dies, milde und freundliche Rede zu pflegen.
5. *Vermeidung von Rauschmitteln* (*surāmeraya*), weil sonst geistige Konzentration, die auch für Laien wichtig ist, unmöglich würde. Positiv bedeutet dies, durch unablässige Übung die Klarheit des Bewußtseins zu kultuvieren.

Nicht allein die *Enthaltung* von negativen Gedanken, Worten und Handlungen, sondern auch die *Kultivierung* heilsamen Denkens, gütiger Sprache und positiver Taten macht die buddhistische Ethik aus. Entscheidend ist die Motivation und auch die sprachliche Kommunikationsform – sie darf weder aggressiv noch verletzend sein, angebracht sind vornehme Zurückhaltung und milde Ermahnung. So bezieht sich Gewaltfreiheit (*ahiṃsā*) auf *alle* Lebewesen und bedarf der positiven Füllung, der heilenden Hinwendung zu allen Wesen (*karuṇā).* Auch das Gelübde des Bodhisattva im Mahāyāna, alle Wesen vom Leidenskreislauf zu befreien, ist eine Folge dieser Tugend. Die genannte Praxis der »Vier Unermeßlichkeiten« (liebevolle Freundlichkeit, Barmherzigkeit, Freude, Gleichmut) ist »Liebe ohne Anhaften«. Der Begriff des »Gleichmutes« (*upekṣa*), gelegentlich auch als »Gleichgültigkeit« übersetzt (und in der späteren

[19] Vinaya, Mahāvagga 19

Theravāda-Orthodoxie, etwa bei Buddhaghoṣa, auch so gemeint), hat in europäischen Übersetzungen zu Mißverständnissen geführt. Gleichmut bedeutet nicht Gleichgültigkeit, sondern Gleich-Gültigkeit, das heißt es geht darum, gegenüber allen Wesen und Personen die gleiche wohlwollend-liebevolle und nicht-wertende Einstellung zu entwickeln, völlig ungeachtet der subjektiven Empfindung, ob ein Ereignis als angenehm, unangenehm oder neutral erlebt wird. Es ist die Tugend des »Nicht-Bewertens«.

Auch diese »Vier Unermeßlichkeiten« sind mit Geist, Rede und Körper zu üben. Zuerst wird man also ein entsprechendes Denken und Empfinden kultivieren, um diese Gedanken dann in die ganze Welt auszustrahlen, gerade auch in Situationen des Unfriedens hinein. Man stellt sich diese Situationen genau vor und »durchstrahlt« sie. Die Erzählungen aus den Jātakas und aus dem Leben des Buddha sind voller Berichte, die von der Wirkungskraft dieser Übung erzählen. Sodann ist diese Haltung in der direkten Kommunikation mit anderen zu üben, in der Sprache, dem Tonfall, dem Vermeiden harscher Worte. Und schließlich leitet der Buddhismus auch zu entsprechendem Handeln an, legt aber das Schwergewicht eher auf die Kultivierung der Gedanken und Empfindungen.

Die buddhistische Psychologie hat Methoden erarbeitet, um beim Auftreten eines negativen Gefühls durch die Kultivierung eines positiven Gedankens, durch das genau entsprechende »Gegenmittel« also, das Bewußtsein in die gewünschte Bahn und Stabilität zu lenken. Im Rahmen dieser Darstellung können wir jedoch auf Einzelheiten nicht eingehen.

Zwei Texte, die die Bedeutung und den besonderen Charakter der buddhistischen »Liebe ohne Anhaften« eindrucksvoll zur Geltung bringen, seien hier (auszugsweise) zitiert, ein Text aus dem frühen Buddhismus (*Itivuttaka)* und das »Hohelied der Liebe« im Mahāyāna-Buddhismus (*Vimalakīrtinirdeśa-Sūtra*).

> *»Was es auch immer, o Mönche, für Dinge gibt, die im Rahmen des Geburtenkreislaufs Verdienst an Tugend bewirken – alle diese haben nicht den Wert eines Sechzehntels der Liebe, der Gemütserlösung; die Liebe, die Gemütserlösung eben umfaßt diese, leuchtet und flammt und strahlt. Wie nun so, o Mönche, aller Sternenglanz nicht den Wert eines Sechzehntels des Mondscheins hat, der Mondschein eben diese umfaßt, leuchtet und flammt*

und strahlt – ebenso nun, o Mönche,gilt: Was es auch immer, o Mönche, für Dinge gibt, die im Rahmen des Geburtenkreislaufs Verdienst an Tugend bewirken – alle diese haben nicht den Wert eines Sechzehntels der Liebe, der Gemütserlösung...

Wer Liebe entstehen läßt,
unermeßliche, mit Bedacht –
dünn werden die Bande ihm,
der das Versiegen des Anhaftens schaut.
Nur einem *Lebewesen mit argloser Gesinnung*
Liebe erweisend, wird er dadurch tugendhaft
Mit allen Wesen im Geist mitleidig,
erwirkt der Edle reichen Verdienst.
Die nach der Ersiegung der Erde
mit ihren Menschenscharen
als königliche Weise,
als Opferveranstalter, umherzogen
gegenüber einem liebevollen, wohlgefügten Gemüt
haben sie nicht ein Sechzehntel des Wertes.
Wer nicht tötet, nicht töten läßt,
nicht unterdrückt, nicht unterdrücken läßt,
Liebe erzeigt allen Wesen,
Feindschaft (droht) ihm von niemandem.
(Itivuttaka 27)[20]

Und der Text aus dem Mahāyāna-Buddhismus:

»Der Bodhisattva Mañjuśrī sprach zu dem Licchavi Vimalakīrti: ›Ehrenwerter Herr, wie sollte ein Bodhisattva über alle Lebewesen denken?‹
Vimalakīrti antwortete: ›Mañjuśrī, ein Bodhisattva sollte alle Lebewesen betrachten wie ein weiser Mann die Spiegelung des Mondes im Wasser betrachtet oder wie Magier Menschen, die durch Magie entstanden sind, betrachten. Er sollte sie betrachten wie ein Spiegelbild im Spiegel, wie das Wasser einer Fata Morgana, wie den Klang des Echos, wie einen Wolkenhaufen am Himmel, wie den Anfangspunkt einer Seifenblase, wie die Erscheinung und Auflösung einer Wasserblase...‹
*Daraufhin fragte Mañjuśrī weiter: ›Edler Herr, wenn ein Bodhisattva alle Wesen auf solche Weise betrachtet, wie kann er dann große Liebe (*mahāmaitrī*) zu ihnen entwickeln?‹*
Vimalakīrti antwortete: ›Mañjuśrī, wenn ein Bodhisattva alle Lebewesen so betrachtet, denkt er: ›So wie ich den Dharma in mir verwirklicht habe, so

20 Übersetzung von K. Mylius, Die Vier Edlen Wahrheiten, Leipzig: Reclam 1985, 214ff.

möchte ich ihn auch alle Wesen lehren.‹ Damit erzeugt er Liebe, die wahrlich eine Zuflucht für alle Lebewesen ist; eine Liebe, die frei ist vom Besitzergreifen; Liebe, die nicht fieberhaft ist, weil sie frei von unreinen Motivationen ist; Liebe, die mit der Wirklichkeit übereinstimmt, weil sie in allen drei Zeiten (Gegenwart, Vergangenheit und Zukunft) gleichbleibend ist; Liebe, die konfliktfrei ist, denn sie ist frei von Gewalt, die mit Leidenschaften verbunden ist; Liebe, die in sich nicht-zwei ist, denn sie ist weder in das Äußere noch in das Innere verstrickt; Liebe, die unerschütterlich ist, weil sie unbedingt ist.

Damit erzeugt er Liebe, die fest und von unzerbrechlicher Entschlossenheit ist wie ein Diamant; eine Liebe, die rein ist, gereinigt in ihrem innersten Wesen; eine Liebe, die gleich ist, weil ihr Bestreben gleich ist; die Liebe des Heiligen, die den Gegner überwunden hat; die Liebe des Bodhisattva, der beständig daran arbeitet, die (geistige) Entwicklung anderer zu fördern; die Liebe des Tathagata, die die Wirklichkeit versteht; die Liebe des Buddha, die Lebewesen aus ihrem Schlaf erwachen läßt; Liebe, die spontan ist, denn sie ist spontan vollkommen erleuchtet; Liebe, die Erleuchtung ist, denn sie ist die Einheit der Erfahrung; Liebe, die keine Bestätigung sucht, denn sie hat Gier und Abneigung überwunden; Liebe, die große heilende Hinwendung (mahākaruṇā) ist, denn sie verleiht dem Mahāyāna Strahlkraft; Liebe, die sich niemals erschöpft, denn sie erkennt die Leere und das Nicht-Selbst; Liebe, die Geben (dāna) ist, denn sie lehrt den Dharma frei und ohne Geiz; Liebe, die Tugend (śīla) ist, denn sie macht die Lebewesen besser; Liebe, die Geduld (kṣānti) ist, denn sie schützt einen selbst wie die andern; Liebe, die Tatkraft (vīrya) ist, denn sie übernimmt Verantwortung für alle lebenden Wesen, Liebe, die Meditation (dhyāna) ist, denn sie enthält sich der Zügellosigkeit des Genusses; Liebe, die Weisheit (prajñā) ist, denn sie erlangt (Weisheit) zur geeigneten Zeit; Liebe, die Methode zur Befreiung (upāya) ist, denn sie weist den Weg überall; Liebe, die ohne Selbstruhm (dambha) ist, denn sie ist in der Motivation rein; Liebe, die ohne Arglist ist, denn sie handelt aus entschiedener Motivation; Liebe, die von hoher Entschlußkraft ist, denn sie ist ohne Leidenschaften; Liebe, die ohne Illusion (māyā) ist, denn sie ist nicht künstlich; Liebe, die Glück (sukha) ist, denn sie führt die Lebewesen zum Glück des Buddha. So, Mañjuśrī, ist die große Liebe eines Bodhisattva.«

(Vimalakīrtinirdeśa-Sūtra , Kap.6)[21]

21 zit. nach der Übersetzung von: M. v.Brück, Vimalakīrtinirdeśa-Sūtra, in: Weisheit der Leere. Sūtra-Texte des indischen Mahāyāna-Buddhismus, Zürich: Benziger 1989, 257ff.

Ethik der Mönche und Nonnen

Die Regeln für Mönche und Nonnen gehen wesentlich über die fünf Grundregeln für Laien hinaus. Sie sind zusätzlich motiviert von der Rigorosität der Praxis, von dem Wunsch, eine herrschaftsfreie, nichtzentral gelenkte Gemeinschaft aufzubauen sowie von dem Bedürfnis, Vorbild für die Laien zu sein, das heißt die im alten Indien allgemein für Asketen gültigen Standards teilweise noch zu übetreffen, um die Glaubwürdigkeit der Lehre des Buddha zusätzlich unter Beweis zu stellen. Mönche und Nonnen enthalten sich strikt aller sexueller Aktivitäten, meiden Vergnügungen jeder Art (Tanz, Musik, Schmuck usw.), sind mäßig beim Speisen (nur eine Mahlzeit pro Tag) und zufrieden mit dem, was man ihnen gibt. Die zahlreichen Vorschriften für Mönche und Nonnen im Vinaya regeln diesbezüglich jedes denkbare Detail.

Die 227 Regeln für die Mönche, festgehalten anhand der Strafbestimmungen bei Übertretung im *Prātimokṣasūtra* des Vinaya, und die 311 Gebote für die Nonnen regeln alle Details des Alltags, von den Speisegewohnheiten über Kleidervorschriften bis zum Umgang mit Ordensbrüdern- und Schwestern. Alle äußerlichen Enthaltungen dienen der geistigen Selbstzucht, der Kontrolle von Gedanken und Emotionen. Die Ordensregeln werden in einem »Beichtformular« (*prātimokṣa*) vierzehntägig in der versammelten Gemeinschaft (*saṃgha*) rezitiert, wodurch sie erinnert und neu eingeprägt werden. Dabei wird denen, die eine oder mehrere Regeln übertreten haben, die Gelegenheit zum öffentlichen Bekennen ihrer Verfehlungen gegeben. Tut ein Übertreter dies nicht, ist er unwahrhaftig und zieht noch größere Verfehlung, also karmische Verstrickung, auf sich. Bei den meisten Verfehlungen genügt das öffentliche Bekenntnis, um den Ausgleich wiederherzustellen. Die Regeln variieren in den Kanones der verschiedenen Schulen nur geringfügig, die Grundregeln hingegen sind gleich. Daraus kann man schließen, daß diese Regeln tatsächlich auf die früheste Zeit der buddhistischen Bewegung zurückgehen.

Die Gewichtung der Regeln und die Schwere ihrer Übertretung wird durch eine dreifache Einteilung vollzogen:

1. Solche Vergehen, die in der allgemeinen »Beichtzeremonie« öffentlich bekannt gemacht werden und durch diesen Akt der Buße

als gesühnt gelten (*pācittiyā dhammā*). Das sind beispielsweise: wissentlich eine Unwahrheit sagen, einem Mönch (auch spaßeshalber) die Gewänder verstecken, es an Ehrerbietung einem Älteren gegenüber fehlen lassen, einen anderen Mönch erschrekken, Alkohol zu sich nehmen.

2. Solche Vergehen, die auf einer besonderen Versammlung des Ordenskapitels beraten werden müssen (*saṃghadisesā dhammā*). Das sind beispielsweise: sich selbst absichtlich einen Samenerguß herbeiführen, eine Frau streicheln, Kuppelei treiben, jemanden verleumden.

3. Solche Vergehen, die jegliches Erlösungsstreben vereiteln und den sofortigen Ausschluß aus dem Orden nach sich ziehen (*pārājikā dhammā*). Dies sind vier Vergehen, deren Wortlaut hier vollständig zitiert werden soll:[22]

»1. Welcher Mönch auch, der die Übung und die Lebensweise der Mönche auf sich genommen hat und der sich von dieser Übung nicht zurückgezogen und sein Unvermögen kundgetan hat, (obwohl) er sich dem Geschlechtsverkehr, auch sogar mit einem Tier, hingibt, (dessen Erlösungsstreben) ist vereitelt; er ist ausgestoßen.

2. Welcher Mönch auch, der aus dem Dorf oder aus dem Wald etwas Nichtgegebenes nimmt, was man als Diebstahl bezeichnet, indem der König für solcherart Nehmen von Nichtgegebenem den Dieb, wenn ergriffen, töten, fesseln oder verbannen lassen würde, (indem er sagte) ›Du bist ein Dieb, du bist ein Narr, du bist verrückt, du bist ein Stehler!‹ – ein Mönch, der in dieser Weise Nichtgegebenes nimmt, auch dessen (Erlösungsstreben) ist vereitelt; er ist ausgestoßen.

3. Welcher Mönch auch absichtlich ein Menschenwesen des Lebens beraubt oder einen gedungenen Mörder dafür aussucht oder den Tod verherrlicht oder (jemand) zum Sterben aufstachelt, (indem er sagt:) ›Hallo, Mensch, was ist dir mit diesem sündhaften, üblen Leben (gedient); der Tod ist für dich besser als das Leben!‹ – wer so denkend, mit einem so gefaßten Entschluß, auf verschiedene Arten (des Vorgehens) den Tod verherrlicht oder zum Sterben aufstachelt, auch dessen (Erlösungsstreben) ist vereitelt; er ist ausgestoßen.

4. Welcher Mönch auch ohne Kenntnis übermenschlicher Fähigkeit in bezug auf sich selbst Einsicht in das echte heilige Wissen vorgäbe (indem er sagt:) ›Solches weiß ich, solches erkenne ich!‹, und der dann zu späterer

22 Vinaya, Pātimokkha, übersetzt in: K. Mylius, Die Vier Edlen Wahrheiten, a.a.O., 315f.

Zeit, sei es gezwungenermaßen oder ohne Zwang, erfaßt von der Erwartung auf Reinigung, so spräche: ›Nicht solches wissend, Brüder, sprach ich: ›Ich weiß!‹; nicht erkennend, (sprach ich) ›Ich erkenne!‹, leeren Unsinn plappernd‹ – wenn es Selbstbetrug durch Hochmut war, ist auch dessen (Erlösungsstreben) vereitelt; er ist ausgestoßen.

Rezitiert werden nun, o Ehrwürdige, die Regeln über die vier (Vergehen), die (jegliches Erlösungsstreben) vereiteln. Wenn der Mönch sich des einen oder anderen von ihnen schuldig gemacht haben sollte, erhält er nicht (länger das Recht) zum Zusammenwohnen mit den Mönchen... Diesbezüglich frage ich: Seid ihr rein in dieser Hinsicht? Auch ein zweites Mal frage ich: Seid ihr rein in dieser Hinsicht? Auch ein drittes Mal frage ich: Seid ihr rein in dieser Hinsicht? Rein sind in dieser Hinsicht die Ehrwürdigen; darum (herrscht) Schweigen. So fasse ich es auf.«

Die eben zitierte Abschlußformel wird auch bei den anderen Vergehensklassen gesprochen, und wer schuldig geworden ist, hat dies zu bekennen.

Die ersten drei der hier genannten Kapitalvergehen bedürfen keiner Interpretation. Bezeichnend ist die Strenge, mit der der angebliche Besitz von und das Prahlen mit besonderen (parapsychischen) geistigen Fähigkeiten geahndet wird.

Samādhi

Durch die Praxis von *śīla* schaffen Mönche, Nonnen und Laien beiderlei Geschlechts die Voraussetzungen dafür, Meditation zu praktizieren. Allerdings ist die systematische Meditationspraxis meistens eher Aufgabe der Mönche und Nonnen gewesen. Buddhistische Meditation ist Versenkung (*samādhi*) des Bewußtseins, was bedeutet, daß die oberflächlichen disparaten und einander widerstrebenden Bewußtseinsbewegungen zu einem ruhigen Strom des Bewußtseins vereinheitlicht werden. Die notwendigen Voraussetzungen betreffen einerseits die physische Gesundheit, die durch Mäßigung erreicht werden soll, sowie andererseits die rechte Motivation zur Praxis, die durch das Hören und Memorieren der Lehren des Buddha entstehen soll. Die Motivation zur Ausdauer in der Übung entwickelt sich einerseits vor allem durch die *Analyse* der Vergänglichkeit und Leidhaftigkeit des Daseins, andererseits durch die Erkenntnis, daß die Wiedergeburt als Mensch selten und kostbar ist und darum keine Zeit vertan werden darf. Angesichts der Grundeinsicht in die gegenseitige Abhängigkeit aller Erscheinungen gibt es daher neben der *analytischen Meditation* eine *synthetische Bewußtseinsschulung,* bei der beispielsweise positive Gedanken und Empfindungen zunächst zu den Freunden, dann zu entfernteren Wesen, schließlich zu den Gegnern und dann in das ganze unermeßliche Universum (die »Vier Unermeßlichkeiten«) ausgestrahlt werden sollen.

Die Praxis der Meditationsübung hat in der Geschichte des Buddhismus, vor allem in Zentral- und Ostasien, erhebliche Veränderungen erfahren. Die frühbuddhistische Meditation ist vor allem eine Achtsamkeits-Meditation (*satipaṭṭhāna*) gewesen, und die damit verbundenen Übungen sind, leicht abgewandelt und ergänzt, die Grundlage für alle Meditationssysteme im Buddhismus geblieben. So verschieden im einzelnen die Meditationstechniken sich auch entwickelt haben, *Achtsamkeit* ist und bleibt die wesentliche Übung.[23] Verschiedene allgemeine Übungen sollten zur Kultivierung des Geistes in diesem Sinne führen, so etwa

- die Beobachtung des Atemflusses,
- das Zählen des Atems,
- die Betrachtung der Unreinheiten des Leibes (bis hin zur Visualisation von Leichen).

Darüber hinaus werden die sogenannten vier Bereiche der Achtsamkeit (*catvāri-smṛtyupasthāna*) unterschieden, die in ihrer Gesamtheit die vollkommene Achtsamkeit in bezug auf alle psychophysischen Vorgänge ermöglichen:

- Achtsamkeit des Körpers (*kāya)*, nämlich die Vergegenwärtigung, daß der Leib unrein ist,
- Achtsamkeit der Empfindungen (*vedanā*), nämlich die Vergegenwärtigung, daß diese leidvoll bzw. die mit Empfindungen verbundenen Erwartungen frustrierend sind,
- Achtsamkeit des Bewußtseins (*citta*), nämlich die Vergegenwärtigung, daß dieses fluktuierend ist,

[23] Satipaṭṭhāna Sutta, MN 10 und DN 22

- Achtsamkeit der äußeren Objekte (*dharma*), nämlich die Vergegenwärtigung, daß diese ohne substantielle Realität und vergänglich sind.

Hier geht es darum, die Analysen der buddhistischen Philosophie existentiell nachzuvollziehen, also eine klare Einsicht in die Vergänglichkeit aller Erscheinungen zu gewinnen. So wird der Körper in der Visualisation in seine Einzelteile zerlegt, bis kein »Körper« oder »Ich« mehr wahrgenommen wird. Die äußeren Voraussetzungen bzw. Begleitumstände von angenehmen oder unangenehmen Empfindungen, von Lust und Leid, werden in ihrer Fluktuation visualisiert: Nichts bleibt, wie es ist, und so gibt es auch keinen Anlaß zum Anhaften.

Von Anfang an haben Buddhisten in der Meditation aber auch die positiven Geisteshaltungen kultiviert, und dies in sehr konkreten Visualisationen. Das betrifft alle »Vier Unermeßlichkeiten« (Liebe, heilende Hinwendung zu allen Wesen, Freude und Gleichmut), vor allem aber Liebe (*maitrī*) und heilende Hinwendung bzw. Barmherzigkeit (*karuṇā*). Die buddhistische Meditation ist, wenn wir die frühesten uns verfügbaren Texte betrachten, keineswegs nur bildlos und abstrakt gewesen, sondern hatte auch immer visionären Charakter.[24] Es geht darum, alle Himmelsrichtungen mit liebender Güte zu durchdringen und für alle Wesen Barmherzigkeit auszustrahlen. Dies geschieht so, daß man sich zunächst an einem Punkt innerhalb des eigenen Körpers (Herz, Bauch, Kehlkopf, Kopf usw.) die betreffende Energie bildhaft und mit Farbvorstellungen gekoppelt so lebendig wie möglich vorstellt. Dann wird diese innere Empfindung ausgedehnt, wobei sich das begrenzte Ich-Gefühl mit auflöst. Diese Ausstrahlungen werden entweder als rein geistig verstanden oder mit einem subtilen Körper verbunden, der sich raum-zeitlich unbegrenzt ausdehnt. So ist diese Bewußtseinsstrahlung als solche aktiv und in der Welt wirksam. Darüber hinaus jedoch wird das in der Meditation Imaginierte allmählich zur charakterlichen Grundhaltung des Übenden, der nun auch auf dieser Grundlage anders in der Welt handeln kann. Weltflüchtig

[24] Dazu D. Schlingloff, Die Religion des Buddhismus II, Berlin: de Gruyter (Göschen), 1962, 86ff.

ist diese Meditation keineswegs! Sie hat im Mahāyāna zu der Konsequenz geführt, daß der Bodhisattva nicht eher die Früchte seiner geistigen Reifung, nämlich das *nirvāṇa*, genießen wird, bevor er sich nicht aktiv um die Befreiung aller Wesen in der Welt gekümmert hat und alle Wesen tatsächlich »erlöst« sind.

Die Meditationspraxis betrifft vor allem die vier meditativen Zustände (*catur-dhyāna*), die einen Stufenweg der Versenkung bezeichnen und durch noch weitere Versenkungszustände ergänzt werden. Beschreibungen hierzu tauchen an vielen Stellen auf,[25] variieren etwas und lassen doch eine klare einheitliche Grundstruktur erkennen. Wir wollen hier den Meditationsprozeß beschreiben, wie er im *Sāmaññaphala-Sutta* (DN 2) dargestellt wird:

Der Buddha spricht auch in diesem Text zunächst von verschiedenen Vorstufen des angemessenen Verhaltens *(śīla)*, wie wir es bereits beschrieben hatten. Als die fünf Haupthindernisse (*nīvarṇa*) des spirituellen Weges werden dabei diagnostiziert:

- sinnliche Begierde,
- Haß,
- Trägheit,
- Ichhaftigkeit und Geringschätzung anderer,
- Zweifel am rechten Weg.

Alle fünf wurzeln in der egozentrischen Verkapselung des Menschen, die durch positive Gegenmittel wie Achtsamkeit, Ruhe und Barmherzigkeit aufgebrochen werden kann. Werden diese Hindernisse nicht ernst genommen und durch *śīla* ausgeglichen, kann Meditation gefährlich werden, das heißt man kann sich im Gelände des Geistes versteigen wie eine Gebirgsziege in den Bergen, die nicht ortskundig ist.[26] Diese Hindernisse treten auf, weil man dem eingebildeten Ich Sicherheit und Gewicht, also Identität geben möchte. Das Problem zeigt sich dabei in vielen Spielarten: Anhaften an anderen Menschen, die man zum eigenen Identitätsgewinn instrumentalisiert, sexuelle Erlebnisse, die zur rauschhaften Ich-Stabilisierung benutzt werden, unmäßiger Genuß von Nahrung und Getränken sowie Rauschmitteln, durch die man sich selbst »spüren« möchte. Aber

25 z.B. im Mahāsaccaka-Sutta des MN, Nr. 36, und im Sāmaññaphala-Sutta des DN 2
26 AN IV, 418

selbst Ansehen und Würde, ganz besonders auch spirituelle Praxis, können dazu benutzt werden, das Ich aufzublähen und Identität vorzuspiegeln.

Es kommt also darauf an, Freiheit von diesem Anhaften zu gewinnen – eine Freiheit von den Formen, eine Freiheit von den einmal feststehenden Identitäten. Denn, so fährt das *Sāmaññaphala-Sutta* fort:

- aus Freiheit entsteht Ruhe,
- aus Ruhe erwächst Freude,
- auf der Grundlage der Freude wird die rechte Konzentration möglich.

Das ist, in dieser Reihenfolge, eine hoch interessante Vierheit. Freiheit erzeugt Ruhe. Nur ein freier Mensch, ein freies Bewußtsein, ein angstfreies Bewußtsein kommt zu der Ruhe, die notwendig ist, damit Freude entsteht. Und erst auf der Grundlage dieser selbstvergessenen Freude kann Konzentration erwachsen. Die hier angegebene Reihenfolge der geistigen Zustände ist ein Erfahrungswissen.

Nun folgt die Beschreibung der vier Phasen der Versenkung oder der vier Meditationszustände.

Ich möchte sie hier etwas frei wiedergeben als:

- Abgeschiedenheit von Begierden,
- Abgeschiedenheit von Objekten,
- Abgeschiedenheit vom inneren Objekt der Freude,
- Abgeschiedenheit von der Abgeschiedenheit.

Die erste Stufe ist die *Abgeschiedenheit von Begierden.* In dieser Abgeschiedenheit gibt es, so der Buddha, kein Anhaften mehr, wohl aber noch begriffliches Denken und damit die Vorstellung von Objekten. Das heißt, die Dualität von Subjekt und Objekt, von einem, der etwas wahrnimmt, und von etwas, das wahrgenommen wird, bestimmt noch das Bewußtsein. Es gibt noch die Empfindung von Freude und Glück, aber die Begierde hört auf. Die Übung besteht in der Achtsamkeit auf den momentanen Augenblick. Das bedeutet, wenn der Übende einatmet, weiß er in gesammelter Wahrnehmung: »Ich atme ein.« Ebenso bei der Ausatmung. Man ist gleichsam ganz und gar in dem Vorgang, ohne von außen zu urteilen, abzuwägen und zu »begehren«. Überwindung von Begierde – nicht nur im Atem, sondern in Beziehung zu Menschen und Dingen – besagt dann auch, daß man sich mit dem Gegenstand der Aufmerksamkeit wirklich identifiziert, mit ihm in eine empathische Beziehung tritt. Wie ist das möglich? Durch liebende Güte (*maitrī*).

Die zweite Stufe ist die *Abgeschiedenheit von Objekten*. Hier hört nun auch jede Gegenständlichkeit auf, und man tritt in ein Bewußtsein der Nicht-Dualität ein. Praktisch bedeutet dies eine Integration, ein Einswerden der unterschiedlichen und widersprüchlichen Empfindungen. In jedem Meditationsprozeß durchlaufen wir diese Nicht-Dualität von Empfindungen. Normalerweise haben wir eine freudvolle Empfindung, eine leidvolle Empfindung, eine Empfindung, die uns Glück beschert, eine Empfindung, die uns Trauer bereitet usw. Je nachdem, worauf sich das Bewußtsein richtet, wechseln die Empfindungen, manchmal sogar sehr schnell. Das Bewußtsein kann sich nun aber darin üben, den unterschiedlichen Objekten gegenüber neutral zu bleiben und in seiner eigenen Stabilität zu verweilen, gleichsam als Zuschauer eines inneren Films die *innere Ruhe* wahrzunehmen. Dann erkennt man: Es liegt nicht an den Objekten, es liegt nicht an den Dingen, es liegt nicht an der Welt, es liegt an unserem Bewußtsein, am Fokus, den wir einstellen. Der Fokus erzeugt die Unterschiedenheit der Objektwelt, die auf dieser Stufe aufhört, das heißt die Empfindungen werden eins. Es ist kein diskursives Denken mehr da, sondern nur das Gewahrsein als eine Art Plateau von Freude und Glück. Das *Sāmaññaphala-Sutta* zieht einen Vergleich, der deutlich machen kann, worum es geht: Der hier gemeinte Bewußtseinszustand wird verglichen mit einem See, der sich aus seinem eigenen Quellwasser speist und erneuert. Solcher Art ist das Bewußtsein des Menschen, der diese psychische Integration vollzogen hat. Das Glück, die Freude, die Stabilität – alles kommt aus der eigenen stabilen Bewußtseinskraft. Und alle Objekte, alle Ereignisse, denen wir begegnen, fallen in diese Ruhe, in dieses Glück, in diese Freude hinein. Wir benutzen sie nicht, sondern wir sind in unserer Ausstrahlung allen Objekten gegenüber gleichförmig geöffnet.

Diese Erfahrung wird nun auf der dritten Stufe, die ich die *Abgeschiedenheit vom inneren Objekt der Freude* nenne, zu einer spirituellen Transformationserfahrung vertieft. An dieser Stelle führt der Text den Begriff *upekkhā* (Sanskrit *upekṣā*) ein. Dieser Gleichmut ist die völlig gleiche, nicht vorurteilsgeprägte, nicht von eigenen Interessen oder egozentrischen Motivationen gelenkte Annahme dessen, was einem begegnet. Das, was begegnet, kann von außen oder von innen kommen. Auf dieser Stufe gibt es kein inneres Wünschen, auch keinen Wunsch nach spiritueller Erfahrung mehr. Der Buddha gebraucht dafür wieder einen Vergleich: Dieser Bewußtseinszustand ist wie ein Lotos im Wasser, bei dem sich die Blüte noch unter der Oberfläche befindet, so daß der Lotos völlig vom Wasser durchtränkt ist. Der Lotos wächst zunächst unter der Oberfläche und streckt sich dann über das Wasser hinaus, das heißt die Blüte ist unter der Oberfläche schon da, wenn auch noch zusammengefaltet. Und gerade so ist sie völlig durchtränkt vom Wasser. Will sagen: Jede einzelne Empfindung, jede einzelne Wahrnehmung im alltäglichen Leben wird durchtränkt von dieser ununterschiedenen Glückseligkeit. Der Mensch verweilt nun ruhig in sich selbst, er ist völlig abgeschieden.

Die vierte Stufe ist die *Abgeschiedenheit von der Abgeschiedenheit*. Dies ist eine Haltung von vollkommenem Gleichmut, wo selbst der Gleichmut noch losgelassen wird. Diese Abgeschiedenheit ist ganz und gar selbstvergessen, denn auch die Abgeschiedenheit, die spirituelle Übung, die Meditation, die Religion werden losgelassen. Am ehesten kann man diesen Zustand als spontane Seligkeit bezeichnen, die voll bewußt ist. Im *Sāmaññaphala-Sutta* heißt es dazu: »Der (in diesem Geisteszustand Verweilende) sitzt dann da, diesen Körper mit dem gereinigten, dem geklärten Geist durchdringend; vom ganzen Körper bleibt ihm nichts undurchdrungen, von dem gereinigten, dem geklärten Geist.«[27] Auch hier handelt es sich um die Einheit aller Empfindungen und aller Gedanken. Da nun aber auch eine Abgeschiedenheit von der Abgeschiedenheit erreicht ist, fällt der Unterschied von meditativer Ruhe und nach außen engagierter Aktivität weg. Alles Handeln und Nicht-Handeln ist eins. Das ist die vollkommene Integration des spirituell transformierten Menschen.

Diese vier Stufen sind die Voraussetzung für den Eintritt in noch weitere Versenkungsstufen, nämlich die

27 DN 2, 81: »*so imam eva kāyaṃ parisuddhena cetasā pariyodātena pharitvā nisinno hoti, nāssa kiñci sabbāvato kāyassa parisuddhena cetasā pariyodātena apphutaṃ hoti*«

- Raumunendlichkeit
- Bewußtseinsunendlichkeit
- das Nichts
- den Zustand von Weder-Wahrnehmung-noch-Nichtwahrnehmung.

Es geht hier um Zustände, die nicht ganz einheitlich beschrieben werden. Nicht selten werden sie mit konkreten Visualisationen verbunden, die anzeigen, daß es sich nicht um rein abstrakte und kaum nachvollziehbare Übungen handelt (so weisen Namen wie »Edelsteinkreis«, »Raumunendlichkeitsdurchdringung«, »Blitzleuchte«, »Mondeshelle« usw. vermutlich auf konkrete Übungen hin).[28] Mit der Raumunendlichkeit (*ākāśa*) verbunden ist die Einsicht, daß alle Bewußtseinsimpulse wie ein roter Faden durch die Perlenkette der unterschiedlichen körperlichen Zustände laufen. Die Bewußtseinsunendlichkeit (*vijñāna*) ist verbunden mit der Visualisierung, daß sich ein Geistkörper vom physischen Körper löst und/oder Emanationen des eigenen Bewußtseins als »Energie der Barmherzigkeit« in Situationen des Leidens ausstrahlt. Eine verbreitete Übung besteht darin, auf diese Weise den in der Hölle leidenden Wesen Linderung zuteil werden zu lassen. Das Nichts und die »Weder-Wahrnehmung-noch-Nichtwahrnehmung« entziehen sich dem sprachlichen Ausdruck. Diese Zustände sind verbunden mit höchster Bewußtheit und vollkommenem Geistesfrieden.

Diese geistigen Zustände werden nun in Entsprechung zu den Ebenen der kosmischen Entfaltung gedacht. Im Buddhismus unterscheidet man generell drei Ebenen oder »Welten« im Kreislauf der Wiedergeburten, die sich durch zunehmende Subtilität auszeichnen, jeweils aber noch bedingt und vergänglich sind:

- *kāmadhātu* (die grobstoffliche Welt der Begierde),
- *rūpadhātu* (die feinstoffliche Welt der Formen),
- *arūpadhātu* (die aus feinsten Formen gebildete Welt noch subtilerer Art).

Diese kosmischen Ebenen sind wiederum mit Wesen von feinstofflicher und immer subtiler werdender Qualität bevölkert, das

[28] Schlingloff, a.a.O., 88.

heißt mit den sogenannten »Göttern« (*deva*). Meditative Zustände sind damit nicht »nur« innere geistige oder gar subjektive Empfindungen, sondern sie berühren Ebenen unterschiedlicher Subtilität, die so auch im kosmischen Geschehen aufgelistet werden. Dabei sind alle bisher genannten Versenkungsstufen noch der Welt im Kreislauf der Wiedergeburten (*saṃsāra*) zuzurechenen. Der Eintritt in das *nirvāṇa* hingegen bezeichnet eine völlig transzendente und unvergleichliche Realität. Damit ist aber auch gesagt: *Nirvāṇa* ist nicht nur ein innerer Bewußtseinszustand, sondern zugleich auch das »Ziel« der Welt, das ganz »jenseitig« ist. Allerdings hüten sich Buddhisten, hier etwas zu benennen, und auch diese Aussage ist letztlich falsch: Denn die Vorstellung von einem »Jenseitigen« ist nur sinnvoll gegenüber dem »Diesseitigen«, somit ist sie an eine Dualität gebunden und deshalb bedingt. Doch genau das ist das *nirvāṇa* nicht! Es ist vielmehr leer (*śūnya*) von jeder möglichen Bestimmung, selbstverständlich auch leer von der Bestimmung »Nichts«.

Die genannten Entsprechungsverhältnisse können wie folgt schematisiert werden:

Versenkungsstufe	**kosmologischer Bereich** (*dhātu*)		**Deva-Welt**
1. sinnlich-gegenständlich	*kāmadhātu,*	grobstofflich	elementare göttliche Wesen
2. geistig-gegenständlich	*rūpadhātu,*	feinstofflich	33 Götter, Brahma-Himmel, *tuṣita*-Götter, 9 Sphären
3. ungegenständlich	*arūpadhātu,*	feinst«formal«	göttliche Wesen, die Geistqualitäten darstellen
4. darüber die transzendente Sphäre	*nirvāṇadhātu,*	unaussprechlich	alle Substrate von Körper und Form überwunden

Eine weitere allgemein übliche Einteilung der Meditationsformen unterscheidet

1. *śamatha* (Geistesberuhigung),
2. *vipaṣyanā* (Einsicht) und
3. *prajñā* (Weisheit)

Śamatha ist die Konzentration, die sich einstellt, wenn der Atem beruhigt und die Bewußtseinsfluktuationen kontrolliert sind, *vipaṣyanā* ist die Einsicht in die nicht-inhärente Existenz aller Wesen und Erscheinungen, also in die gegenseitige Abhängigkeit und Nicht-Substantialität. Sie führt bereits hin zum dritten Aspekt des buddhistischen Weges, *prajñā,* dem Ziel aller Übung. Dies ist die Weisheit, die vor allem in der Erkenntnis des Entstehens in gegenseitiger Abhängigkeit besteht. Durch sie werden die Geistesverunreinigungen (*kleśa*), vor allem das Anhaften am Ich, überwunden. Die Weisheit drückt sich aus in den Vier Edlen Wahrheiten, der Lehre von den fünf *skandhas*, dem Entstehen in gegenseitiger Abhängigkeit, dem Achtfachen Pfad, den Vier Unermeßlichkeiten, der Lehre von der Leerheit *(śūnyatā)* aller Erscheinungen. Ist diese Weisheit vollkommen erlangt, ist Befreiung erreicht. Die Erfahrung der Befreiung ist bewußt, das heißt es ist eine Erfahrung, in der der Befreite weiß, daß er befreit ist (*vimukti-jñāna*).[29] Im Mahāyāna wird die Bedeutung der Weisheit (*prajñā)* weiter entfaltet. Sie wird hier als weibliche Gottheit visualisiert und zum wichtigsten Symbol alles geistigen Strebens. Als maskuline Ergänzung zur Weisheit wird im Mahāyāna die Vorstellung von *upāya* verstanden; dies sind die geschickten Mittel, die Methode oder der Weg, der zur Weisheit führt, wobei *das* Mittel schlechthin die Barmherzigkeit bzw. die heilende Hinwendung zu allen Wesen (*karuṇā)* ist. Weisheit und Methode sind eine unzerstörbare Einheit.

Allerdings werden bereits im frühen Buddhismus die Aspekte der Weisheit und die Übungen, die zu ihr führen, in verschiedenen Listen aufgeführt. So gibt es eine Liste von 37 Übungen *(bodhipakṣya-dharma*), in der praktisch die gesamte Praxis zusammengefaßt wird, die das Erwachen (*bodhi*) ermöglichen soll:[30]

29 MN 36, I, 249: *vimuttasmiṃ vimuttam – iti ñāṇaṃ ahosi*
30 Hirakawa, a.a.O., 57

1-4 die vier Bereiche der Achtsamkeit (*smṛty-upasthāna*): des Körpers (*kāya*), der Empfindungen (*vedanā*), des Bewußtseins (*citta*), der Objekte (*dharma*);

5-8 die vier vollkommenen Anstrengungen (*samyak-prahāṇa*), die dem sechsten Glied des Achtfachen Pfades (*samyag-vyāyāma*) entsprechen: Verhinderung des Aufkommens übler Gedanken, die noch nicht vorhanden sind; Beseitigung übler Gedanken, die bereits vorhanden sind; Entwicklung positiver Gedanken, die noch nicht vorhanden sind; Bewahrung guter Gedanken, die bereits vorhanden sind;

9-12 die vier Übungen zur Erlangung übernatürlicher Kräfte (*ṛddhipāda*): Kultivierung von unerschütterlicher Motivation (*chanda*), unbeirrtes Streben (*vīrya*), geistige Durchdringung (*citta*), genaue Prüfung (*mīmāṃsā*);

13-17 die fünf wesentlichen spirituellen Haltungen (*indriya*): Vertrauen (*śraddhā*), unbeirrtes Streben (*vīrya*), Achtsamkeit (*sati*), Versenkung (*samādhi*), Weisheit (*prajñā*);

18-22 die fünf Kräfte (*bāla*), identisch mit den fünf wesentlichen Haltungen, allerdings noch unerschütterlicher und stärker;

23-29 die sieben Glieder, die zum Erwachen führen (*saṃbodhyaṅga*): Achtsamkeit (*sati*), unterscheidendes Urteilen in bezug auf den *dharma* (*dharma-vicara*), unbeirrtes Streben (*vīrya*), Freude (*prīti*), geistige Ruhe (*prasrabdhi*), Versenkung (*samādhi*) und Gleichmut (*upekṣā*);

30-37 der Achtfache Pfad (*āryāṣṭāṅga-mārga*).

Man sieht an der Wiederholung einzelner Elemente, daß ursprünglich getrennt überlieferte und leicht voneinander abweichende Listen zusammengefaßt worden sind und die Systematisierung nicht in jedem Fall völlig schlüssig ist. Dennoch ist hier die Praxis von *samādhi* bestens erfaßt: *Es geht in der buddhistischen Meditation nicht um außergewöhnliche Trancen, sondern um eine gezielte Transformation des Bewußtseins, damit der Mensch zu einem Gewahrsein aller inneren und äußeren Erscheinungen gelangt, die in jedem Augenblick integriert werden, so daß in jeder Situation ein projektionsfreies Verhalten möglich wird.*

5.9 Die Lehre vom Nicht-Selbst (anatta) und die Reinkarnation

Der Buddha hat die brahmanische Idee eines ewigen *ātman*, der vom *karman* der Welt unberührt bleibt, ausdrücklich abgelehnt. Seine *anātman* (Pāli *anatta*) -Lehre hat eine metaphysische und eine ethische Komponente: metaphysisch geht sie den »mittleren Weg« zwischen den Extremen von Eternalismus (*sassatavāda*) und Nihilismus (*ucchedavāda*); ethisch geht sie den »mittleren Weg« zwischen Weltgenuß und völliger Askese. Denn wenn alles »substanzlos« ist, haben die Wesen keine individuell-getrennte Existenz, sondern sie sind zutiefst miteinander verwoben. Nur durch dieses primäre Netz der Beziehungen ist jedes Wesen, was es ist. Daraus ergibt sich folgerichtig, daß auch alle Lebewesen aufeinander angewiesen sind, und das ist das ethische Grundmotiv der *anātman*-Lehre. *Anātman* bedeutet auch, daß *alles* der Veränderung unterworfen ist, die durch *karman* gesteuert wird. Der Mensch und alle anderen Lebewesen sind Produkte des sich immer wandelnden *karman*, weshalb sich ein Leben niemals in völlig gleicher Weise wiederholen kann. Die Jātakas dokumentieren dies dadurch, daß keines der vergangenen Leben des Buddha dem anderen gleicht.

Wie aber kann die Lehre vom Nicht-Selbst Sinn ergeben, wo wir doch selbstverständlich das Gefühl eines Ich haben? Und wenn es kein Ich oder Selbst gibt, was wird dann eigentlich wiedergeboren? Diese Fragen sind im Buddhismus ständig neu gestellt worden, und sie sind immer eine treibende Kraft für die Kreativität in der Geschichte der buddhistischen Philosophie gewesen. Zunächst allerdings fällt auf, daß sich die erste Predigt des Buddha von Benares kaum um die Frage nach dem Nicht-Ich (*anātman*) kümmert, sondern um die Analyse von *duḥkha* kreist.Wir hatten den Begriff mit »Frustration« übersetzt und fassen die Bedeutung nochmals kurz zusammen:

> *Der Mensch leidet, weil er etwas begehrt, das er nicht haben kann, da es nicht so ist, wie er es sich wünscht.*

Die Erfahrung, daß Leben voller Frustration sei, war in der indischen Religionsgeschichte nicht neu. Das Besondere der Lehre des Buddha besteht darin, daß er auch die Augenblicke eines kurzen Vergnügens für nicht weniger leidvoll hält als den unmittelbaren Schmerz bzw. das Mißvergnügen. Kein philosophisches System des Hinduismus stellt alle Aspekte des Lebens unter solch ein universales Verständnis von *duḥkha.*

Dennoch ist die Lehre vom Nicht-Selbst (*anātman*) das auffälligste Merkmal, durch das sich die buddhistische Sicht des Menschen von der übrigen indischen Religions- und Geistesgeschichte abhebt. Freilich müssen wir fragen, was hier eigentlich verneint wird. Und das ist ein komplexes Problem. In den indischen Philosophien kann man im wesentlichen zwei grundlegend verschiedene Anschauungen über die »Seele« oder das »Selbst« unterscheiden, und beide scheinen von Anfang an als strukturierende Faktoren auf die späteren psychologischen und metaphysischen Systeme, einschließlich des Buddhismus, eingewirkt zu haben:[31]

1. Es gibt ein Selbst, das als reine Bewußtheit oder reines Bewußtsein betrachtet wird. Es ist die Instanz des Erkennens, eine Wesenheit, die aus sich selbst leuchtet, ohne jedes begrenzende Attribut oder einen spezifischen Inhalt und jeder tatsächlichen Wahrnehmung absolut transzendent. Es ist statisch und jenseits jeder Veränderung und allen Wandels.
2. Es gibt ein Selbst, das durch spezifische Inhalte charakterisiert ist. Es ist ein gestaltetes individuelles Selbst, ja es ist eine Wesenheit, die als Kristallisationspunkt von Individualität gelten kann. Es ist und bleibt unterschieden von ähnlichen anderen Wesen und impliziert damit einen weltanschaulichen realistischen Pluralismus. Dies ist offensichtlich die Grundannahme im Jainismus, allerdings hat dieses zweite Selbst auch beträchtliche Einflüsse und Spuren im hinduistischen und buddhistischen Denken hinterlassen.

Der buddhistische Bewußtseinsbegriff stellt eine spezifische Kombination dieser beiden Anschauungen des Selbst dar und bietet damit die Grundlage für die buddhistische Reinkarnationstheorie, wie ich später erläutern werde.

[31] Pratap Chandra, Metaphysics of Perpetual Change. The Concept of Self in Early Buddhism, Bombay-New Delhi: Somaiya 1978, 190f.

Für den Buddhismus ist der Glaube an die Reinkarnation über jeden Zweifel erhaben. Denn Reinkarnation ist heilsnotwendig, insofern die geistige Reinigung des Bewußtseins die Voraussetzung für den Eintritt ins *nirvāṇa* ist und nur über viele Leben hinweg verwirklicht werden kann. Die eigene Vorgeschichte des Buddha, von der die Jātaka-Erzählungen handeln, ist das archetypische Modell für diesen Zusammenhang.

Die Frage ist aber auch hier, *was* eigentlich wiedergeboren wird, da ja ein Selbst (*ātman*), das von Körper zu Körper wandern könnte, abgelehnt wird. Eines der schwer lösbaren Grundprobleme des gesamten buddhistischen Denkens ist genau dieser Widerspruch zwischen *anātman* auf der einen und Reinkarnation auf der anderen Seite.[32] Dieser mögliche, scheinbare oder auch reale Widerspruch – je nachdem, wie man *anātman* versteht – ist die treibende Kraft bei der Entwicklung des Verständnisses von *vijñāna* (Bewußtsein) gewesen. Somit dient die Theorie des Bewußtseins der Lösung dieses Widerspruchs auf einer höheren Ebene, und genau dies ist der Versuch des philosophischen Denkens in den Entwicklungen zum Mahāyāna-Buddhismus, und zwar sowohl im System der Mādhyamikas wie auch im Vijñānavāda (Yogācāra).

Wie schon erwähnt, stellt der buddhistische Bewußtseinsbegriff den Versuch dar, die Anschauungen vom Selbst als

a) reinem Bewußtsein (identisch mit sich selbst jenseits konkreter Wahrnehmungen) und

b) einem individuierten Selbst, das durch spezifische Inhalte geprägt ist,

zu verbinden. Das geschieht dadurch, daß man das Bewußtsein als Energie begreift, die jenseits der gewöhnlichen begrifflichen Faktoren eine bloße Kapazität oder Möglichkeit darstellt, welche wiederum von anderen Faktoren abhängt, nämlich den Sinnesorganen und den Sinnesobjekten auf der einen Seite, und einem Prinzip von Kontinuität im Wandel auf der anderen Seite – denn nur durch dieses letztere Prinzip wird ja die Fortsetzung der karmischen Kette

32 Dieses Problem hatte bereits die frühere Buddhologie im Westen erkannt, vgl. E. Wolff, Zur Lehre vom Bewußtsein (Vijñānavāda) bei den späteren Buddhisten. Unter besonderer Berücksichtigung des Laṇkāvatārasūtra, Heidelberg: Winter 1930, 9f.

möglich, die folgerichtig zur nächsten Inkarnation, mithin also zur Reinkarnation gemäß karmischen Bedingungen, führt.[33] Bereits im frühen Buddhismus wird diese wichtige Funktion des Bewußtseins in vielen Suttas erwähnt,[34] und in späteren Mahāyāna-Entwicklungen – keineswegs nur in der Vijñānavāda-Schule – entwickelt sich diese Funktion zu einer Art letztgültigem Prinzip.[35] Im folgenden möchte ich versuchen, einige Gesichtspunkte zu formulieren, die sich aus dem eben Gesagten für das Reinkarnationsverständnis ergeben.

Der Buddha erklärte, daß alles impermanent, leidvoll und ohne »Selbst« ist (*anicca- dukkha- anatta*). Die Verbindung von Impermanenz (*anitya/anicca*) und Leidhaftigkeit (*duḥkha/dukkha*) liegt in der Natur des Bewußtseins und in der Wahrnehmung dessen, was man *śūnyatā* (Leere) nannte. *Śūnyata wurde erst viel später zu einem Schlüsselbegriff, aber die Einsicht selbst war erfahrungsmäßig bereits im frühesten buddhistischen Denken spürbar*, insofern die Impermanenz aller Erscheinungen den radikalen Bruch mit einem Denken bedeutete, das hinter den flüchtigen Erscheinungen des Alltags ewige Substanzen auffinden wollte.

Die Grundfrage lautet darum: Gibt es ein permanentes Prinzip in der menschlichen Person oder nicht? Bei einer möglichen Antwort sind die Buddhologen genauso gespalten wie die Buddhisten selbst, und die gesamte Geschichte der 18 Schulen des frühen Buddhismus ist ein Kommentar zu diesem ungelösten Problem. Die frühe buddhistische Philosophie zählte die Frage der Existenz oder Nicht-Existenz einer Seele (die dann auch wiedergeboren werden könnte oder nicht) zu den letztlich unentscheidbaren (*avyakṛta*) Problemen.[36] Wir hatten gesehen, wie die Lehre von den *skandhas* darauf ausgerichtet ist, eine »permanente Seelensubstanz« zu umgehen und statt dessen den

[33] Es sei nur am Rande vermerkt, daß hier das Bewußtsein die Funktion übernimmt, die der *jīva* im Jainismus innehat.

[34] z.B. *Mahāvedallasutta*, MN 43

[35] Dieses »Prinzip« muß allerdings im Mahāyāna immer im Zusammenhang mit der grundlegenden Erfahrung der Leere (*śūnyatā*) gesehen und interpretiert werden. Das heißt, es handelt sich um eine nicht-dualistische und radikalisierte Interpretation der früheren Anschauungen von *anitya* (Impermanenz) und *anātman* (Nicht-Selbst) in ihrer wechselseitigen Beziehung.

[36] *Cūḷamālunkyāsutta*, MN 63

Menschen als dynamische Selbstorganisation von energetischen Prozessen zu begreifen.

Aber immer wieder kam die Frage auf, was denn nun wiedergeboren würde. In der Schrift *Milindapañha* (2./1. Jh. v.Chr.)[37] beantwortet der Mönch Nāgasena die Frage mit einem alten buddhistischen Bildwort: es ist wie das Entzünden eines Feuers an einer anderen Flamme. Ein Energieimpuls wird weitergegeben, und in gewisser Hinsicht sind beide Feuer dieselbe Energie, in anderer Hinsicht sind sie aber auch verschieden. Um die Kontinuität über die Wiedergeburten hinweg zu verdeutlichen, führten die Pudgalavādins eine »Person« (*pudgala*) ein, was von anderen Schulen als nichtbuddhistisch zurückgewiesen wurde. Aber nicht nur die Pudgalavādins versuchten, ein Prinzip der Kontinuität einzuführen, sondern auch die Sautrāntikas. Sie argumentierten sogar, daß es die *skandhas* (Pāli *khandhas*) seien, die von einem Leben zum anderen weitergehen würden. Sie schlugen vor, von einem »Samen des Guten« zu sprechen, der eine Art unzerstörbare Natur des Menschen darstellen würde. Und dies wäre dann die Basis für das »Wesen«, das *nirvāṇa* erlangt. Die späteren Yogācārins entwickelten diesen Ansatz zu einer Theorie der unzerstörbaren *dharmas* fort, die als Samen in einem unaufhörlichen Strom gelten sollten. Wir könnten hier weitere verschiedene Vorschläge aufzählen, doch es genügt, Edward Conze zu zitieren:[38]

> »Diese Pseudo-Selbste sind nicht leicht studierbar, teilweise weil es zu wenig präzise Information darüber gibt, teilweise auch weil die Begriffe deutlich unbestimmt sind.«

Mit Blick auf die westliche Religionswissenschaft und auch auf neuere Studien in Indien ist es interessant zu vergleichen, wie unterschiedliche ideologische oder religiöse Interessen die Interpretation oder Fehlinterpretation der buddhistischen Texte bestimmt haben – von Schopenhauer bis zu Rhys Davids in der Kontroverse mit Kern und Stcherbatsky, oder bei Georg Grimm gegen Hein-

37 Vgl. die Übersetzung von J. Mehlig, Weisheit des Alten Indien,Bd. 2. Buddhistische Texte, Leipzig: Kiepenheuer 1987, 374ff.

38 E. Conze, Buddhist Thought in India, London: Allen & Unwin 1962, 132

rich von Glasenapp.[39] Oft werden dabei die Begriffe Bewußtsein, Selbst, Person usw. in unkritischer und meist verschwommener Weise gebraucht, so daß sie mehr über die Anschauungen des Interpreten als über den Buddhismus sagen. Heute gibt es eine Tendenz anzunehmen, daß der Buddha ein »Selbst« in einem mehr umfassenden und vollkommen transzendenten Sinn nicht geleugnet habe, obwohl er mit Sicherheit das »Ich« als Zentrum des Anhaftens abgelehnt hat.[40]

Es gibt genügend Evidenz im Pāli-Kanon, wo von einer koordinierenden Instanz der karmischen Eindrücke gesprochen wird, obwohl damit zweifellos nicht ein *unabhängiges* Selbst gemeint ist. Um nur ein Beispiel zu geben, möchte ich die berühmte Geschichte vom Lastträger anführen:[41] Der Buddha vergleicht hier den Menschen mit einem Wesen, das eine Last trägt (*bhāra*), wobei es sich um eine Kombination der verschiedenen Faktoren des Anhaften-Wollens handelt. Aber es gibt einen Träger der Last (*bhārahara*) außerhalb der fünf Aggregate, und dies ist eine Art von »Person« (*pudgala/puggalo*) mit einem unverwechselbaren Namen und einer unwiederholbaren Familiengeschichte. Die Begierde ergreift die Last (*bhāradana*), und das Ende des Begehrens besteht im Ablegen der Last (*bhāranikkhepan*). Offensichtlich beschreibt der Buddha hier den spirituellen Pfad der Befreiung, und dieser Befreiungsprozeß hat ein Subjekt.

Was aber ist denn nun das, was den Körper nach dem Tod verläßt und entweder in einen neuen Körper eintritt oder ins *nirvāṇa* eingeht? Der Buddhismus vergleicht den Vorgang bekanntlich mit einer Flamme, die letztlich ausgeblasen wird (*nir-vāṇa*). Besonders in westlichen Interpretationen wird dies gern als eine Auslöschung der Existenz dieses »etwas« gedeutet. Das aber ist höchst proble-

39 Pratap Chandra, a.a.O., 112ff.

40 H. Nakamura, Die Grundlehren des Buddhismus, ihre Wurzeln in Geschichte und Tradition, in: H. Dumoulin (Hg.), Buddhismus der Gegenwart, Freiburg: Herder 1970, 18ff.; vgl. dazu auch M. Shimizu, Das »Selbst« im Mahāyāna-Buddhismus in japanischer Sicht und die »Person« im Christentum im Licht des Neuen Testaments, Leiden: Brill 1981, 15.

41 Bhārahara-Sutta, SN III. Vgl. die Interpretationsgeschichte dieses Textes bei Pratap Chandra, a.a.O., 120f.

matisch.[42] Auf die Frage nach dem Schicksal des Erleuchteten nach dem Tode antwortet der Buddha mit einer Gegenfrage:[43] Was widerfährt der Flamme, wenn sie ausgeblasen wird? Dies ist eine bemerkenswerte Frage, denn die Flamme ist Energie, die in einen Status der Potentialität oder in eine subtilere Wirklichkeitsebene zurückkehrt. Das ist nun keineswegs allein buddhistische Anschauung, sondern entspricht allgemein-indischer Wirklichkeitsdeutung.[44] Auch im Vedānta wandert nicht eine grobstoffliche Substanz von Leben zu Leben, sondern Energie, zumal bereits in der Kausalitätstheorie der hinduistischen Sāṃkhya-Schule (*satkaryavāda*) gilt, daß die Wirkung bereits in der Ursache vorhanden sei. Diese innere Verknüpfung gilt mithin auch für das Verhältnis von einer Potenz zum Brennen und der Aktualität der Flamme. Nicht die grobstoffliche Manifestationsform des Lebens also, sondern die Flamme oder Energie des Lebens auf einer subtileren Realitätsebene wandert nach dem Tod in eine andere Existenz.

Weiterhin entwickelten die Buddhisten auf dem Hintergrund des bereits erwähnten *Milindapañha* die Theorie von *bhāvaṇga*, die ihren Weg in das Abhidharma-System fand und von Buddhaghoṣa übernommen wurde. Darunter verstand man einen kausalen Faktor der Existenz, eine Art »Lebens-Kontinuum«[45] zwischen zwei Geburten. In diesem Sinne entwickelten auch die Sautrāntikas ihre Lehre von der Kontinuität (*saṃtāna*). Hierbei gelten die *vāsanas* (karmische Eindrücke) als Eingravierungen in das Bewußtseinskontinuum, die relativ dauerhafte Strukturen erzeugen. Dies ist die Grundlage für die späteren Entwicklungen im Yogācāra-System mit seiner berühmten Lehre vom Speicherbewußtsein (*ālayavijñāna*). Die Sammitīyas sprachen sogar von einer gewissen Unabhängigkeit der Person, und die Pudgalavādins schließlich waren mindestens bis zum 7. Jh.n.Chr. eine einflußreiche Schule in Nordwest-Indien,[46] was wohl kaum möglich ge-

42 Pratap Chandra, a.a.O., 125, weist hin auf den Artikel von O. Schrader hin: On the Problem of Nirvana, in: J.P.T.S 1904, 163.

43 MN I,487ff.

44 Vgl. Muṇḍaka Upaniṣad III, 2 und andere Texte.

45 Conze, a.a.O., 132

46 N. Dutt, Mahāyāna Buddhism, Delhi: Motilal Banarsidass 1977

wesen wäre, wenn man sie der glatten Irrlehre hätte zeihen können (was freilich das Urteil der späteren, überdauernden Schulen war) und die Frage nach »Selbst« oder »Nicht-Selbst« ganz eindeutig aus dem Kanon beantwortbar wäre.

Ganz offensichtlich gelten jedenfalls die Eindrücke (*saṃskāras*) in das Bewußtsein (*vijñāna)* als Faktoren, die die Kette der Wiedergeburten weiterführen.[47] Die *saṃskāras* (Pāli *saṇkhāras*) sind psychische Formkräfte, das heißt karmische Willensakte oder mentale Faktoren, die den Charakter einer Person ausmachen. Wie ist das zu verstehen? Aufgrund der Körperlichkeit (*kāya-viññatti*) entstehen infolge der Willensaktualisierung (*kāya-sañcetanā*) heilsame oder unheilsame karmische Eindrücke, die dem Bewußtseinsstrom Form geben. *Sañcetanā* ist hier der Wille, der sich in körperlichen, sprachlichen oder mentalen Akten (*kamma*) manifestiert, denn der Willensimpuls ist Ursache für die Tat. Da *sañcetanā* und *cetanā* gleichbedeutend sind und der Begriff analog zu *saṇkhāra*[48] gebraucht wird, und da weiterhin beide Begriffe mit den entsprechenden Gliedern in der Kette des gegenseitig bedingten Entstehens (*paṭicasamuppāda*) identisch sind, ist hier bereits ein spezifisches Bewußtseinsverständnis angedeutet, das bei aller momentanen Augenblicklichkeit auch eine Basis für Kontinuität in der Ursache-Wirkungs-Verknüpfung aufweist.

Im frühen Buddhismus übernimmt *viññāṇa khandha* die Funktion, die andere Traditionen mit einem Selbst oder der Person verbinden. Diese These wird unterstützt durch einen Blick in Rhys Davids' Pāli-English Dictionary, wo das Spektrum des Begriffs klar ersichtlich wird: Der Begriff *viññāṇa* kommt in fünf verschiedenen Zusammenhängen vor – es ist eines der Aggregate (*khandha*); es wird als eines der Elemente (*dhātu*) betrachtet; ist eines der Glieder in *paṭiccasamuppāda*; es ist eine Art Lebensgrundlage (*ahārā*) und es ist schließlich bezogen auf den Körper (*kāya*). Dem scheinen zwei unterschiedliche Konzepte zugrunde zu liegen: das eine wäre *viññāṇa* als empirisches Bewußtsein, das von den Sinneseindrücken, dem

47 Im Mahātaṇhasāṅkhaya-Sutta (MN 38) beginnt die *nidāna*-Kette, anders als im Nidāna-Sutta (SN XII,2) mit *viññana*.

48 AN I, 122 (Dreier Buch, 3.Kapitel)

Sinnesorgan und dem Objekt der Sinneswahrnehmung abhängig ist; das andere wäre *viññāṇa* als ein in sich selbst individuiertes Kraftfeld, das einem sehr subtilen Körper vergleichbar wäre.

Der erste Vorstellungskomplex ist die allgemein akzeptierte Basis für die buddhistische Wahrnehmungstheorie. Der zweite Begriff, *viññāṇa* als individuierter subtiler Körper, hat direkt mit der karmischen Verbindung zwischen zwei Geburten zu tun. Man nimmt an,[49] daß *viññāṇa* im Moment der Zeugung in die Gebärmutter von außen eingeht. Diese Herabkunft von *viññāṇa* (*okkamissatha*) wird als Voraussetzung für die Formation des nächsten Gliedes im Prozeß des Entstehens in gegenseitiger Abhängigkeit, nämlich *nāmarūpa* (Name und Gestalt), betrachtet. Diese Verbindung wird weiter erläutert:[50] Wenn *viññāṇa* nicht in den Mutterleib eingehen würde, könnte sich *nāmarūpa* nicht bilden; und wenn *viññāṇa* den Fötus vor der Geburt wieder verlassen würde, wäre *nāmarūpa* bei der Geburt auch nicht vorhanden. Das bedeutet, daß *viññāṇa* eine relativ unabhängige Voraussetzung und Kondition für das neue Leben ist. *Nāmarūpa* stellt nun auch umgekehrt einen »Ankergrund« für *viññāṇa* dar.[51] Abhängig von den sechs Elementen also gibt es eine Herabkunft des Bewußtseins in die Gebärmutter (*gabbhassavakkanti*).[52] Interessant ist hier der Unterschied zwischen *nāma* als Funktion mentaler Faktoren in einer Person, die in Beziehung zu den anderen Aggregaten steht und von diesen abhängig ist, und *viññāṇa*, das hier als Voraussetzung für die ganze Kette erscheint und von ihr darum noch einmal unterschieden sein muß. Könnte man nicht sagen, daß *viññāṇa* hier als abhängiger Faktor in einer subtileren Ordnung von Wirklichkeit erscheint? Dann aber wandert nicht nur *kamma* von Geburt zu Geburt, sondern eben auch *viññāṇa*.

Um sicherzugehen, sei angemerkt: *Viññāṇa* ist auch hier nicht ein unabhängiges Wesen, sondern eine Funktion oder Kapazität, vielleicht eine alldurchdringende latente Energie, die unter bestimmten Bedingungen und in Abhängigkeit von anderen Faktoren aktuali-

49 Mahānidāna-Suttānta, DN 15,63
50 DN 15, 21
51 Pratap Chandra, a.a.O., 192
52 AN I,176

siert wird, wie wir sowohl aufgrund der Wahrnehmungstheorie als auch mittels der Vorstellung vom Herabkommen dieser Energie in den Mutterschoß gesehen haben. So vergleicht das Sāmaññaphala-Sutta[53] *viññāṇa* mit einer Schnur, die durch einen Edelstein gezogen worden ist, wobei der Edelstein hier mit dem Körper verglichen wird, der aus den vier Elementen zusammengesetzt ist. *Viññāṇa* ist also nicht ein unabhängiges Selbst, sondern leer (*śūnya*) hinsichtlich substantieller Selbst-Natur (*vabhāva*). Es ist eine strukturierende Kraft, die formt und geformt wird im Prozeß des Entstehens und Vergehens. Aus diesem Grunde kann *viññāṇa* karmische Samen »tragen« und damit die notwendige Kontinuität in der Kette der Wiedergeburten sichern. Da es sich nicht um ein statisches Selbst, sondern um eine Kraft in Beziehung zu allen anderen Faktoren handelt, erscheint *viññāṇa* einerseits von Individuum zu Individuum verschieden, denn es trägt verschiedene karmische »Samen«, andererseits ist es ein Kontinuum, das nicht Substanz, sondern Prozeß ist. Unter dieser Voraussetzung können wir zusammenfassend sagen: *Es ist das Bewußtsein, das die Kontinuität der Lebewesen von einem Augenblick zum anderern, aber auch von einer Geburt zur nächsten ermöglicht.*

53 DN 15 (II, 83ff.)

6. Ausbreitung, Organisation und Schulbildungen im frühen Buddhismus

Der Buddha wandte sich an Menschen verschiedener Schichten, die unterschiedliche Sprachen gebrauchten und ein divergierendes Bildungsniveau mitbrachten. Man ordnete diejenigen, die seinem Weg folgen wollten, in vier Gruppen ein, den vierfachen *saṃgha*: 1. Mönche (*bhikṣu*), 2. Nonnen (*bhikṣunī*), 3. Laienanhänger (*upāsaka*), 4. Laienanhängerinnen (*upāsikā*). Zwar war der zweifache Orden das Rückgrat des Buddhismus, insofern er die Überlieferung unverfälscht zu bewahren und weiterzugeben hatte. Doch kommt dem Laienelement ebenfalls eine große Bedeutung zu, denn die Laien entwickelten eine höchst dynamische Buddha-Frömmigkeit und ernährten die Mönche und Nonnen durch Almosengaben, womit sie gutes *karman* erwerben und so einer besseren Wiedergeburt (als Mönche) entgegensehen konnten. Außerdem trugen sie die buddhistischen ethischen Ideale in die Gesellschaft und schufen damit die Voraussetzung für die kulturelle Gestaltungskraft des Buddhismus.

6.1 Frühe Ausbreitung

Die Gründung einer in festen Regeln lebenden Mönchsgesellschaft ist die große Neuerung, die der Buddha in die indische Religionsgeschichte eingeführt hat. Anfangs war diese Bewegung zwar noch an der traditionellen Form von Gruppen wandernder Bettelmönche (*bhikṣu* heißt »Bettelasket«) orientiert, dann nahm sie aber sehr schnell die Gestalt klösterlicher Kommunitäten an, die sich eine Regel gaben, eine zeitlich begrenzte Seßhaftigkeit (während der Monsunzeit) pflegten und von Laien unterstützt wurden. Wenigstens vier Mönche oder Nonnen bildeten eine *saṃgha*-Gruppe (*saṃmukhībhūta-saṃgha*), die sich durch ihre Zahl und die Einhaltung der Ordensgebote konstituierte und relativ autonom gegenüber anderen *saṃgha*-Gruppen war.[1] Die Mönche zogen wohl meist zu fünft (fünf Mönche mußten mindestens versammelt sein, um eine gültige Ordination vollziehen zu können) durch Zentral- und Westindien, bald auch in den Nordwesten und den Süden Indiens. Wichtige Zentren lassen sich noch heute durch Stūpas genau lokalisieren, etwa Bhārut und Sāñcī (Sanchi) in Zentralindien, später auch Mathurā östlich von Delhi. Bereits einhundert Jahre nach dem Tod des Buddha kam der Buddhismus in das Kashmir-Tal. Er soll dort von Madhyāntika, einem Schüler Ānandas, des Lieblingsschülers des Buddha, verkündet worden sein. Seine missionarischen Aktivitäten beschränkten sich aber nicht auf das Predigen der Lehre, sondern es wird erzählt, daß er an lokale Kulte anknüpfte und diese in den Buddhismus integrierte, indem er beispielsweise auch Schlangen-Dämonen (*nāgas*) bezwang. Außerdem leistete er wirtschaftliche Entwicklungshilfe, indem er dafür sorgte, daß die Kashmiris durch Tulpenzucht ihr Auskommen verbessern konnten.[2] Diese geistlich wie weltlich revolutionäre Form der »Mission« dürfte typisch sein für alle Gebiete, in denen der organisierte *saṃgha* auf tribal geprägte Gesellschaften traf.

Die Laienfrömmigkeit der guten Werke und der Verehrung des Buddha war der Praxis der Mönche und Nonnen keineswegs fremd. Wie wir von Votivtafeln wissen, waren auch Mönche und Nonnen an der Verehrung der Reliquien des Buddha in Stūpas beteiligt. Das gelegentlich gezeichnete Bild eines mönchisch-asketischen und bildlosen, rein rational sich gebenden Buddhismus der Mönche, ist nicht zutreffend. Der Buddhismus verbreitete sich außerordentlich rasch, und dafür gibt es viele Gründe: Indien befand sich in einer sozialen Umbruchsituation. Wandernde Gruppen wurden seßhaft, Städte entstanden, Handwerkerkasten wurden wohlhabend, und der Handel erblühte. Besonders die oberen Beamten- und Händlerkasten (*kṣatriyas* und *vaiśyas*) gewannen an Mobilität. Für sie muß der Buddhismus, der die strengen Reinheitsvorschriften nicht kennt, nach denen sich ein hochkastiger Brahmane kultisch verunreinigt, wenn er einem Fremden begeg-

1 A. Hirakawa, A History of Indian Buddhism, Delhi: Motilal 1993, 63
2 Hirakawa, a.a.O., 87

net, hohe Attraktivität besessen haben.[3] Außerdem faßte der Buddha mit der Gründung des *saṃgha* umherwandernde und vom Staat daher nur schwer kontrollierbare Asketengruppen zusammen, lehrte eine hohe Moralität auf rationaler Basis und hatte überhaupt eine äußerst ansprechende Ausstrahlung auf die Menschen in Dörfern und Städten, wie alle Quellen übereinstimmend berichten. Die in den Sūtras des Pāli-Kanon erzählten Begleitumstände der Reden des Buddha zeigen deutlich, daß die Buddhisten bei den Herrschenden (König Bimbisāra steht für viele) und den Händlern in den Städten auf kein geringes Echo stießen. All dies ist aber keine hinreichende Erklärung für den Erfolg. Die Ausstrahlungskraft des Buddha und seiner Lehre muß beeindruckend und einzigartig gewesen sein, sonst hätte sich der frühe Buddhismus, trotz aller günstigen sozialen und politischen Bedingungen, nicht so erfolgreich entwickeln können.

Die rasche Ausbreitung und der hohe Organisationsgrad des frühen Buddhismus sind an den *saṃgha* geknüpft, die diszipliniert lebende Mönchs- und Nonnengemeinschaft.[4] Mehr noch als die philosophischen Unterschiede zur brahmanischen Tradition (die Abgrenzung zur brahmanischen Philosophie wurde erst später ausformuliert,[5] bedeutete diese Gründung das Gegenstück zu einer auf dem Status bei der Geburt beruhenden *Kastengesellschaft*, denn der *saṃgha* war ein Orden von Bettelmönchen, der im Prinzip jedem Menschen offenstand. Nach statistischen Untersuchungen, die aufgrund von Namensangaben in bestimmten Textgruppen durchgeführt werden konnten, entstammten zwei Drittel der Mönche und Nonnen dem städtischen Milieu; davon waren etwa 40 % Brahmanen, 20 % Kṣatriyas, 30 % Vaiśyas, 5 % waren Śūdras und 5% Kastenlose.[6] Eine Bewegung der sozial Unterdrückten war der Buddhismus also mit Sicherheit nicht. Der ursprüngliche *saṃgha*

3 Hirakawa, a.a.O., 107

4 Der Buddhismus spricht zwar vom »vierfachen *saṃgha*«, d.h. den Mönchen (*bhikṣu*), Nonnen (*bhikṣunī*), Laienanhängern (*upāsaka*) und Laienanhängerinnen (*upāsikā*). In der Geschichte aber haben die Mönche markant dominiert.

5 In der systematischen Philosophie des Abhidharma, entstanden zwischen dem 3. Jh. v.Chr. und dem 3. Jh. n.Chr., endgültig kodifiziert im 5. Jh.n.Chr.

6 R. Gombrich, Der Theravada-Buddhismus, Stuttgart: Kohlhammer 1997, 64

war »demokratisch« organisiert und auf dem Senioritätsprinzip aufgebaut: Mönche, die schon länger dem *saṃgha* angehörten, hatten höheres Ansehen und Gewicht als die Jüngeren. Grundsätzlich aber war diese Gesellschaft auf Gleichheit bedacht, sie enthielt sogar Elemente eines kommunistischen Lebensstils (das Eigentum war allen gemeinsam). Die Mönche waren für Maßhalten und Freundlichkeit bekannt. Der besondere mönchische Lebensstil hatte jedoch zur Folge, daß eine »zweistöckige« Lebenswelt aus Mönchen und Laien entstand: Während die Mönche ein Leben der Entsagung führten, führten die Laien ein Leben *in* der Welt, das von einer Ethik der Gewaltlosigkeit und Milde geprägt war. Trotz aller philosophischen Modifikationen dieser Unterscheidung im Mahāyāna und Tantrayāna blieb diese Situation fast unverändert, bis im 13. Jahrhundert in Japan große buddhistische Laienbewegungen die Bühne der Geschichte betraten.

Die buddhistische Bewegung war vermutlich von Anfang an vielgestaltig. Diese Differenziertheit drückt sich in der Sprachgestalt des Pāli-Kanons wie auch der Sanskrit-Texte eindrucksvoll aus: Neben anschaulichen Gleichnissen stehen abstrakt zusammenfassende Begriffsreihen, neben phantastischen Wundergeschichten finden sich rationale Argumente und Analysen. Man kann annehmen, daß die Reden des Buddha tatsächlich je nach Gelegenheit in unterschiedlicher sprachlicher Gestalt erfolgten, und zwar entsprechend den Voraussetzungen, die von den Hörern mitgebracht wurden. Dies allein zeigt schon an, daß die frühbuddhistische Bewegung keineswegs homogen war. Gemeinsam war allen, durch Disziplin und Übung dem Heilsziel, also der Befreiung vom Anhaften und dem Eintritt ins *nirvāṇa*, näherzukommen.

Eine Klassifikation, die sich durch die gesamte buddhistische Geschichte erhalten hat, teilt die Aspiranten, entsprechend ihren karmischen Voraussetzungen, in folgende Stadien ein:[7]

1. solche, die in den Strom (des *dharma*) eingetreten sind (*srotāpatti*),
2. diejenigen, die noch einmal wiedergeboren werden müssen (*sakadāgāmi*),

[7] AN III, 87 u.a.

3. diejenigen, die nicht wiedergeboren werden müssen (*anāgāmi*),
4. die *arhats*, die in diesem Leben zur vollkommenen Befreiung gelangt sind.

Später sollten im Mahāyāna daraus die zehn Stadien der Bodhisattvaschaft (*bodhisattvabhūmi*) werden, die mit dieser alten Klassifikation verbunden wurden.[8] Dabei wird das Heiligkeitsideal des *arhat* ersetzt durch den *bodhisattva*, der, wenn er die vollkommene Befreiung erlangt hat, die Früchte der Befreiung nicht für sich allein genießt, sondern *in Freiheit* in der Welt des *saṃsāra* wiedergeboren wird, um daran zu wirken, alle lebenden Wesen aus dem *saṃsāra* zu befreien. Der Begriff *bodhisattva* (»Wesen des Erwachens«) wurde auch schon im frühen Buddhismus gebraucht: dort aber bezeichnete er ein Wesen, das auf dem Weg zur Befreiung ist; im Mahāyāna wurde dies ergänzt durch die Bedeutung, die wir soeben angedeutet haben: ein Mahāyāna-Bodhisattva gelobt, aufgrund eines Entschlusses (*bodhicitta*, Erwachensgeist) alle Lebewesen zur Befreiung zu führen, gerade auch dann, wenn er schon befreit ist.

6.2 Schulbildungen

Schon aus diesen wenigen Andeutungen wird die innere Differenzierung der buddhistischen Bewegung ersichtlich. Sehr früh bildeten sich einzelne Schulen (*nikāya*), die sich teils in der philosophischen Lehre, vor allem aber in bezug auf die Interpretation der Ordensregel unterschieden. Verschiedene Lehrmeinungen wurden disputiert, und unterschiedliche Meinungen konnten durchaus unter einem Dach toleriert werden. Das Wort »*vāda*« heißt nicht nur Schulrichtung, sondern auch Debatte. Philosophische Debatten in den Klöstern konnten oft sehr zugespitzte Positionen hervorbringen, die weiter systematisiert oder verworfen wurden. Die Debatte, die strittige Positionen zuließ und ihre logischen Konsequenzen erörterte – wie sie heute noch in tibetischen Klöstern gepflegt wird –, war in

[8] Vgl. das Mahāyāna-Daśabhūmika-sūtra. Die Verknüpfung wird schematisiert dargestellt bei Sangharakshita, A Survy of Buddhism, Boulder: Shambhala 1980, 443f.

allen indischen Klöstern üblich. Eine Differenz in der Interpretation und Praxis der Mönchsregel jedoch bedeutete, daß ein je eigenes Beichtformular (*prātimokṣa*) – vierzehntägig rezitiert – eingeführt wurde, und das hat eine je spezifische rituelle Praxis und eben die Bildung einer eigenen Schule (*nikāya*) zur Folge. Selbstverständlich grenzten sich die Schulen auch lehrmäßig voneinander ab. Gelegentlich (aber selten) sprach man sogar dem jeweiligen Gegner die Kompetenz ab, einen gültigen Pfad zur Befreiung zu weisen. Es kam jedoch zu solch scharfen Rivalitäten meist nur dann, wenn es auch um wirtschaftliche oder politische Interessen, das heißt um Einfluß und Macht ging.[9]

Wir kennen die Geschichte der einzelnen Abspaltungen nicht genau, und schriftliche Zeugnisse sind nur von einigen Schulen überliefert. Die erste größere Abspaltung ereignete sich auf dem sogenannten Zweiten Konzil von Vaiśālī, 100 Jahre nach dem Tod des Buddha (die Datierung ist abhängig vom Todesdatum), nach alter Datierung also 383 v.Chr., nach neuer Datierung ca. 270 v.Chr., also kurz vor Aśokas Regierungsantritt. Die Spaltung betraf Meinungsverschiedenheiten bei der Interpretation der Mönchsregel:

- die Schule, die an der strengeren (alten) Auffassung festhielt, waren die *Sthaviravādins* (»die Lehre der Beharrenden«),
- diejenigen, die die Regel großzügiger auslegten und damit an neue Verhältnisse (die große Anzahl neuer Mitglieder des *saṃgha* in klimatisch und kulturell unterschiedlichen Gebieten) anpaßten, waren die *Mahāsāṇghikas* (»diejenigen, die den großen Orden repräsentieren«).

Letztere waren in der Mehrheit. Sie betrachteten den *dharma*, wie der Buddha gelehrt hatte, als ein Floß, das man zurückläßt, wenn man es benutzt hat.[10] Sie hingen nicht so sehr am Wort, wohl aber am Geist der Mönchsregel, die für sie auch der Vergänglichkeit in der Zeit unterworfen war. Selbstverständlich veränderten sie keine zentralen Regeln oder Lehren des Buddha. Eine wichtige inhaltliche Differenz war aber die Frage nach dem Status des *arhat*: die *Sthaviras* behaupteten, daß ein Arhat vollkommen sei, während die

9 Klimkeit, Der Buddha, a.a.O., 29
10 Alagaddūpama Sutta, MN 22

Mahāsāṇghikas eine realistische Haltung erkennen ließen (aus entsprechenden Erfahrungen?), wenn sie erklärten, daß auch ein Arhat noch nicht frei von sehr subtilen Bewußtseinsverunreinigungen (*kleśa*) sei.

Im einzelnen kann man an Hand der Berichte über die trennenden Ansichten auf dem Konzil von Vaiśālī einen guten Einblick in die frühbuddhistische Geisteswelt gewinnen. Es ging hauptsächlich um zehn Kontroverspunkte und um weitere fünf Gesichtspunkte des Mönches Mahādeva, die, wie schon erwähnt, den Status des *arhat* betrafen. Die zehn Kontroverspunkte waren: [11]

1. Aufbewahrung von Salz in einem Büffelhorn – verletzt die Regel über die Nahrungsaufbewahrung;
2. Speisen, nachdem die Sonnenuhr zwei Finger breit jenseits des Mittags steht – verletzt die Regel, nach Mittag keine Nahrung mehr aufzunehmen;
3. Nach dem Mahl in ein anderes Dorf wandern, um nochmals zu speisen – verletzt die Regel gegen Völlerei;
4. Mehrere aufeinander folgende vierzehntägige Beichtzeremonien im selben umgrenzten Gebiet (*sīmā*) abhalten – verletzt die Regel, daß alle Mönche einer *sīmā* dieselbe Versammlung besuchen mußten;
5. Beschlüsse auf einer unvollständig besuchten Versammlung fassen und die Zustimmung der Abwesenden später einholen – verletzt die Präsenz- und Abstimmungsregeln;
6. Sich auf Gewohnheitsrecht für die Übertretung der strengen monastischen Regeln berufen – verletzt das Rechtsverfahren im *saṃgha*;
7. nach den Mahlzeiten Molke trinken – verletzt die Regel, besondere Nahrung ausschließlich im Krankheitsfall aufzunehmen;
8. Unfermentierten Wein trinken – verletzt die Regel, auf berauschende Substanzen zu verzichten;
9. eine Matte mit Fransen benutzen – verletzt die Regel bezüglich der erlaubten Größe einer Matte;
10. Gold und Silber als Geschenke annehmen – verletzt die Regel, die Mönchen verbietet, Luxusgüter zu akzeptieren.

[11] Hirakawa, a.a.O., 80

Ob die fünf Streitpunkte des Mahādeva auf dieser Versammlung bereits diskutiert wurden oder erst später zu einem Schisma führten, ist historisch ungewiß. Sie werden aber in den Schriften der Sarvāstivādins und der Theravādins erwähnt[12] und weisen so vermutlich auf eine typische Kontroverse im frühen Buddhismus hin:

1. Arhats können sexuell versucht werden,
2. Arhats haben noch Spuren von Unwissenheit,
3. Arhats können Zweifel haben,
4. Arhats können zum Erwachen mit Hilfe anderer gelangen,
5. das Erwachen geht mit einem entsprechenden Ausruf des Erwachten einher.

Die Schulen spalteten sich im Lauf der Zeit immer weiter auf. Zur Zeit Aśokas (Regentschaft 268-239 v.Chr.) hat es möglicherweise bereits 18 Schulen gegeben. Das sogenannte Dritte Konzil soll von Aśoka einberufen worden sein, weil – wie die Chroniken von Sri Lanka (*Mahāvaṃsa* und *Dīpavaṃsa*) berichten – bittere Richtungskämpfe zwischen den Schulen in Zentralindien ausgebrochen waren. Der Mönch Moggaliputta Tissa wurde beauftragt, nach Pāṭaliputra zu kommen und Lösungen zu suchen. Solche Richtungskämpfe sind historisch wahrscheinlich, da auch Aśokas Edikte von Kauśāmbī, Sāñcī und Sārnāth vor Spaltungen im Orden warnen und bei Zuwiderhandlung Strafen ankündigen: Mönche, die Spaltungen verursachen, sollen aus dem Orden ausgeschlossen werden. Daß die entsprechenden Warnungen in Stein gehauen sind, läßt vermuten, daß es sich um ein Dauerproblem handelte (mindestens seit dem sogenannten Zweiten Konzil) und Aśoka nicht damit rechnete, die Spaltungen in absehbarer Zeit zu überwinden. [13] Moggaliputta Tissa jedenfalls soll die Abweichler aus dem Orden ausgeschlossen und den gesamten Orden auf die Vibhajyavāda-Lehre (»Lehre der Unterscheidung«, Theravāda) eingeschworen haben. Danach – ungefähr im 18. Jahr der Regierungszeit Aśokas – soll er eintausend Mönche versammelt und ein Drittes Konzil abgehalten haben, auf dem die Schrift *Kathāvatthu* (»kontroverse Gesichtspunkte«) zusammengestellt wurde. Wenn sich zu diesem Zeitpunkt jedoch be-

[12] Hirakawa, a.a.O., 82
[13] Hirakawa, a.a.O., 90

reits unabhängige Schulen herausgebildet haben sollten, ist es ganz unwahrscheinlich, daß sie sich dem Druck gebeugt hätten, eine bestimmte Lehrmeinung, die von der ihren abwich, anzunehmen. Und vermutlich wären Mönche von anderen Schulen gar nicht zu einem »Konzil«, auf dem sie verurteilt werden sollten, erschienen. Daraus folgt, so Hirakawa, daß dieses sogenannte »Dritte Konzil« vermutlich gar nicht alle buddhistischen Schulen umfaßt hat, sondern ein Ereignis innerhalb der Theravāda-Schule war. Da der *Kathāvattu*-Text ein Theravāda-Text ist, der andere Positionen kritisiert und somit die ausformulierten Schulmeinungen anderer Gruppen voraussetzt, muß der Text später, etwa in der zweiten Hälfte des 2. Jh.v.Chr., verfaßt worden sein. Wenn also das »Konzil« überhaupt historisch sein sollte, so hat es nicht zur Zeit Aśokas, sondern später stattgefunden.

Die ständige Debatte unterschiedlicher Lehrmeinungen führte trotz Aśokas Warnungen zur weiteren Aufsplitterung des *saṃgha* und zur Herausbildung immer neuer voneinander unabhängiger Schulen. Von den Mahāsaṇghikas leiten sich die *Lokottaravādins* her, die eine doketische Buddhologie entwickelten (der Buddha hat nur einen menschlichen Scheinleib und ist in Wirklichkeit ein überirdisches Wesen, das sich multiplizieren kann und keinerlei Grenzen in bezug auf Macht und Dauer hat), wie wir schon erwähnt haben. Von den Sthaviras spalteten sich wohl zu Beginn des 3. Jh. v.Chr. die sogenannten *Pudgalavādins* (»die eine Personbegriff-Lehre vertreten«) ab. Sie versuchten, die Identität der »Person« in der karmischen Kette, die durch die *anātman*-Lehre gefährdet war, dadurch zu retten, daß sie eine personale Instanz (*pudgala*) einführten, die von den fünf *skandhas* weder verschieden noch mit ihnen identisch sei. Entsprechende Formulierungen im Pāli-Kanon[14] schienen in diese Richtung zu deuten. Weil diese Lehre aber in gefährlicher Nähe zum brahmanischen *ātman*-Begriff zu kommen schien und damit das buddhistische Vergänglichkeitsprinzip gefährdete, wurde sie allgemein verworfen. Wir haben im 5. Kapitel darauf hingewiesen und werden im 8. Kapitel das Problem erneut aufgreifen.

14 Khandavagga, SN 3

Etwa in der Mitte des 3. Jh. v.Chr. spalteten sich die *Sthaviras* in zwei Gruppen: 1. die *Sarvāstivādins* und 2. die *Vibhajyavādins*.

1. Die *Sarvāstivādins* vertraten die Auffassung, daß alle Daseinsfaktoren (*dharmas*) real existierten, das heißt sie vertraten einen pluralistischen Realismus. Auch zukünftige und vergangene Ereignisse existierten in der Gegenwart real als Daseinsfaktoren (wenn auch latent), weshalb es keiner »Person« bedürfe, die eine Identität des Menschen über die Zeit hinweg begründen könne. Für diese Schule existieren die *dharmas* also nicht nur kurzlebig, sondern sie existieren ewig und verändern nur ihren Status von Möglichkeit zu Wirklichkeit und umgekehrt. Die Sarvāstivādins arbeiteten auch das Ideal des *bodhisattva* detaillierter aus, indem sie die Erzählungen über die Bodhisattvaschaft des Buddha in den Jātakas nicht nur auf diesen hin interpretierten, sondern als erstrebenswertes Ideal für *jeden* Buddhisten – sie waren es, die bereits die Sechs Vollkommenheiten (*pāramitās*[15]) systematisierten, welche dann im Mahāyāna eine große Rolle spielen sollten. Die Sarvāstivādins konnten sich allerdings auf dem Konzil von Pāṭaliputra zu Aśokas Zeit nicht durchsetzen, so daß viele von ihnen nach Norden und Westen auswanderten und vor allem in Kashmir und Gandhāra sowie in den Städten entlang der Seidenstraße bis hin nach China Einfluß ausübten. Auch in Indien wurden sie allmählich zur einflußreichsten und geographisch am weitesten verbreiteten Schule. Ihr Einfluß auf das spätere Mahāyāna ist unübersehbar. *Vasubandhu's* berühmte Kommentar-Schrift *Abhidharmakośa* (5. Jh.n.Chr.) ist aus dieser Tradition hervorgegangen, die wir ansonsten nur aus chinesischen und tibetischen Übersetzungen kennen. Weil sie diesen großen Kommentar besaßen, wurden sie auch *Vaibhāṣikas* genannt.

2. Die *Vibhajyavādins* (Unterscheidungslehrer) wiesen den pluralistischen Realismus der Sarvāstivādins zurück und arbeiteten die Lehre der Sthaviras weiter aus. Ihre Untergruppen (Mahīśāsakas und Dharmaguptakas) stritten darum, ob man direkte Spenden an den Buddha (oder nur an den *saṃgha*) geben

15 *dāna* (Geben), *śīla* (Moralität), *kṣānti* (Geduld), *vīrya* (Tatkraft), *dhyāna* (Meditation), *prajñā* (Weisheit)

dürfe oder nicht, da ja der Buddha ins *nirvāṇa* eingegangen war. Dahinter stand ein handfestes wirtschaftliches Interesse: die Laien spendeten (im Zusammenhang mit dem Stūpa-Kult) kräftig an den verehrten Buddha, und die Mönche fragten sich, ob ihnen (dem *saṃgha*) diese Spenden problemlos direkt zufließen könnten oder getrennt verbucht werden müßten.

Von den Sarvāstivādins spalteten sich wiederum mehrere Gruppen ab: 1. die *Mūlasarvāstivādins* aus Gründen, die wir nicht kennen. Sie erstellten einen Kanon in Sanskrit, und der entsprechende *vinaya* ist vollständig in tibetischer Übersetzung erhalten. 2. die *Vātsīputrīya-Schule*, die sich wiederum in *Dharmottarīya*, *Sammitīya* und andere Schulen spaltete. 3. Später entwickelten sich aus weiteren Spaltungen die *Sautrāntikas* (»die nur den Sūtras folgen«, seit etwa dem 1. Jh.v.Chr.), die – wiederum an der Frage der Kontinuität der »Person« über die Wiedergeburten hinweg interessiert – ein feinstoffliches Bewußtsein als Träger des Gedächtnisses und der Einheit der menschlichen verantwortlichen »Person« annahmen. Dieser Träger (*āśraya*) wurde nicht als permanente Substanz gedacht, sondern als eine Matrix, ein Kontinuum (*saṃtāna*) für Bewußtseinsimpulse jenseits des Flusses der *dharmas*. Auf dieser Anschauung baute die spätere *Yogācāra*-Schule des Mahāyāna auf, die mit ihrer Idee vom Speicherbewußtsein (*ālaya-vijñāna*) und ihrer Vorstellung, daß nur Bewußtsein existiert, großen Einfluß auf die späteren Entwicklungen des Mahāyāna in China, Korea und Japan hatte. Die Sautrāntikas akzeptierten nicht das gesamte *tripiṭaka*, sondern nur den Sūtra-Teil als Autorität.

Die *Vibhajyavādins* schließlich ließen sich in Mittel- und Südindien nieder, nahmen das Pāli als kanonische Sprache an und hielten ihre Tradition für die ursprüngliche und allein gültige. Deshalb nannten sie sich *Theravādins* (die Pāli-Form von Sthaviravādins, »die Älteren«). Eine Gruppe von ihnen gelangte um 230 v.Chr. nach Ceylon und gründete das Kloster von Anuradhapura. Dort konnten sie ihre Form des Buddhismus zum klassischen Theravāda ausbauen. H.W. Schumann weist zurecht darauf hin,[16] daß sich in der Syste-

16 H.W. Schumann, Buddhismus. Stifter, Schulen und Systeme, Olten/Freiburg: Walter ^{2}1978, 109f.

matisierung der *dharmas* angesichts der Auseinandersetzung mit den Sarvāstivādins eine Neuinterpretation des *nirvāṇa* einschlich: Im frühen Buddhismus war *nirvāṇa* der Bewußtseinszustand der vollkommenen, begierdefreien Ruhe, in der es keinerlei Objekt mehr gibt. Jetzt aber unterschied man bedingte und nicht bedingte *dharmas*. Bedingt seien alle Erscheinungen der Wirklichkeit. Sie seien kurzlebig wie Töne einer Melodie, die im momentanen Zusammenspiel mit anderen *dharmas* ein impermanentes »etwas« erzeugen: die Erscheinungen, die wir Wirklichkeit nennen. Nicht-bedingt sei nur das *nirvāṇa*. Wenn man nun dieses zu einem nicht-bedingten Daseinsfaktor (*dharma*) macht, der dem karmischen Nexus entzogen ist, also gleichsam doch einen »substantialisierten« Bereich *nirvāṇa* einführt, wird *nirvāṇa* zu einem »ewigen Bereich«, in den man eintritt.

Die Schulen spalteten sich schließlich noch weiter auf. So hat wohl die Mahāsaṇghika-Schule bereits ca. 200 Jahre nach dem Tod des Buddha nicht weniger als acht unterschiedliche Schulen hervorgebracht, und auch die ursprüngliche Sthavira-Linie spaltete sich immer weiter auf, so daß es zu den »18 klassischen Schulen« kam. Möglicherweise haben aber noch viel mehr Schulen oder Untergruppierungen derselben existiert, lokal oder auch großflächig, mit unterschiedlichen Lehren oder kaum unterscheidbaren Differenzen, wegen der Interpretation der Mönchsregel zerstritten oder aus administrativen Gründen gespalten – wir wissen es nicht, denn die Zeugnisse über diese Entwicklungen sind spärlich. Die Aufspaltung der Schulen kann in etwa nach folgenden Schemata verdeutlicht werden: [17]

17 Schemata nach Hirakawa, A History of Indian Buddhism, a.a.O., 112

(Schema 1)
Schulen des Nikāya-Buddhismus
nach den Theravāda-Quellen

Mahāsaṇghika-Schulen

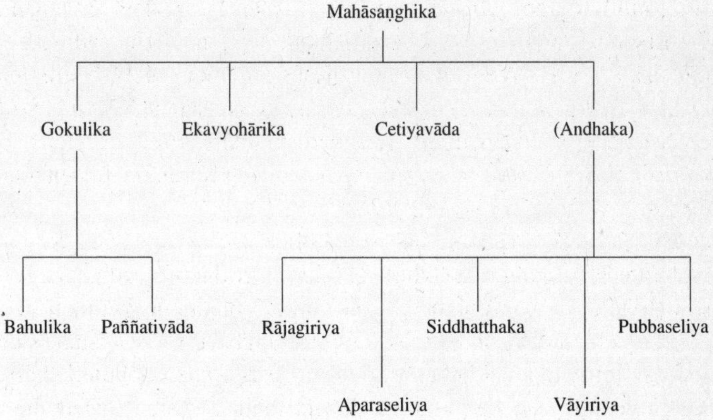

Theravāda-Schulen

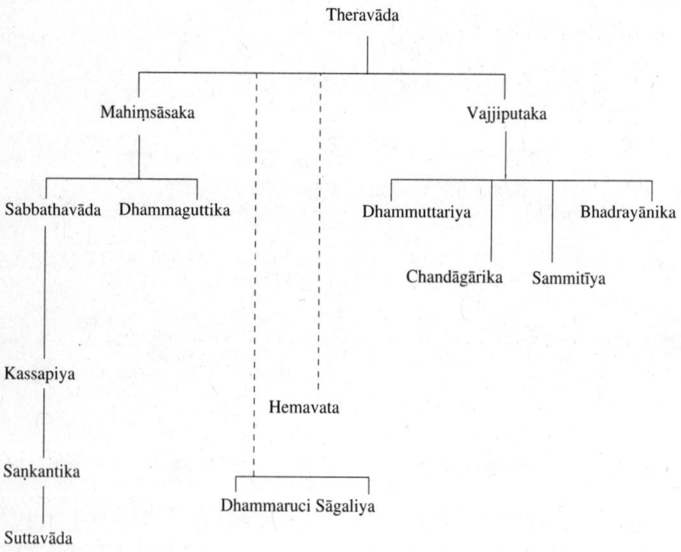

(Schema 2)
Schulen des Nikāya-Buddhismus nach dem Samayabhedoparacanacakra
(nördlicher Buddhismus)

Sthavira-Schulen (7 Schismen)

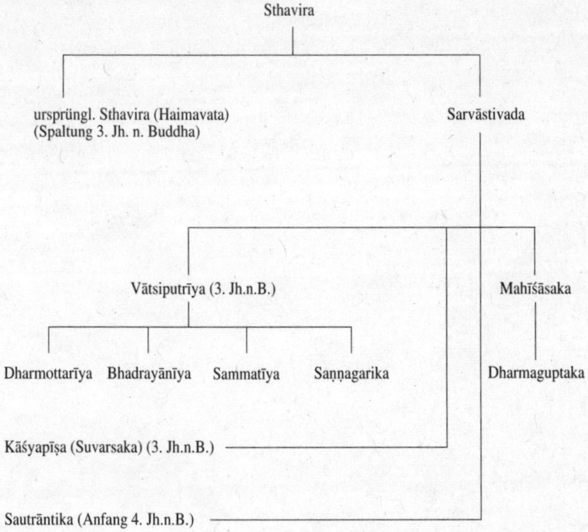

Mahāsaṇghika-Schulen (4 Schismen)

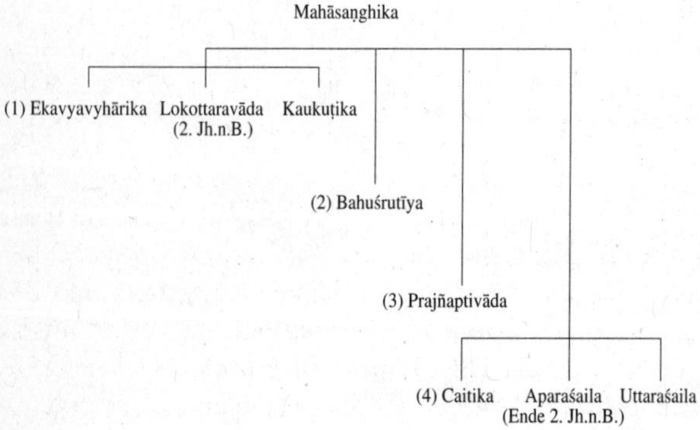

7. Staat und Religion im frühen Buddhismus – König Aśoka – Buddhismus in Sri Lanka und Südostasien

Die frühbuddhistische Bewegung breitete sich rasch über Nordindien aus und erfaßte dabei verschiedene Bevölkerungsschichten. In diesem Prozeß bildeten sich zwei Institutionen heraus: der *saṃgha*, das heißt die Mönchs- und Nonnengemeinde, und die *Laienanhänger*, die die Mönche wirtschaftlich und ideell unterstützten. Politisch gesehen hatte diese Institutionalisierung eine Disziplinierung des altindischen Wander-Asketentums zur Folge, und nicht wenige Könige nutzten diese Wirkung des Buddhismus, um ihre Staaten zu konsolidieren und zu zentralisieren.[1] Für Jahrhunderte waren die buddhistischen Staatsgebilde durch die Institution des buddhistischen Königtums geprägt, das im Verlauf der Zeit verschiedene Formen und Begründungen durchlaufen hat.

7.1 Mönche und Laien

Eine heute übliche, doch letztlich nur schwer beweisbare Hypothese[2] über die frühbuddhistische Geschichte ist die Konstruktion

1 S.J. Tambiah, World Conqueror and World Renouncer, Cambridge: University Press 1976. Der Buddhismus in Sri Lanka und Südostasien kann hier relativ knapp behandelt werden, weil eine kürzlich ins Deutsche übersetzte Einführung in das Thema alle notwendigen Informationen enthält und übersichtlich präsentiert: R. Gombrich, Der Theravāda Buddhismus. Vom alten Indien bis zum modernen Sri Lanka, Stuttgart: Kohlhammer 1997. Vgl. auch M.E. Spiro, Buddhism and Society: A Great Tradition and its Burmese Vicissitudes, New York: Harper & Row 1970, 2. Aufl., Berkeley: Univ. of California Press 1982.

2 M. Spiro, Buddhism and Society, a.a.O.. Der These von einem frühen Buddhismus der Laien (karmisch), der sich von den Anforderungen an die Mönche (nirvanisch) grundsätzlich unterscheiden würde, ist widersprochen worden von H. Bechert, in: H. Küng u.a., Christentum und Weltreligionen, München: Piper 1984, 475f. Für die folgende historische Darstellung stütze ich mich vor allem auf: G. Obeyesekere/F. Reynolds/B.S. Smith (eds.), The Two Wheels of Dhamma: Essays on the Theravada Tradition in India and Ceylon, The American Academy of Religion. Studies in Religion, Monograph Series No. 3, Chambersbury, Penn. 1972.

eines zweistöckigen Paradigmas. Sie spiegelt jedoch das spätere und in jedem Fall das heutige Verständnis des südlichen Buddhismus wider. Danach befinden sich Mönche und Laien auf einer Stufenleiter zum buddhistischen Heilsziel, wobei die Mönche auf einer höheren Sprosse stehen. Das Mönchsleben definiert sich durch den *vinaya* (Mönchsregel), der vor der Zeit Aśokas standardisiert wurde.[3] Die Rezitation dieser Regeln bei der vierzehntägigen Beichtfeier im Kloster wird vor den Laien geheim gehalten, wodurch eine Hierarchie zwischen Mönchen und Laien entsteht. Der *vinaya* gibt dem *saṃgha* so viel rechtliche Autonomie, daß auch ein »irrender Mönch« immer noch den Respekt der Laien verdient, solange er nicht von der Gemeinschaft der Mönche ausgeschlossen worden ist. Dadurch entstand eine zweistöckige Gesellschaft:

Mönche
erfüllen Gelübde,
streben durch Weisheit direkt zum *nirvāṇa*
reflektierende Tradition der Philosophie (*abhidharma)*

- -

Laien
tun gute Werke,
streben zunächst nach gutem *karman* für bessere Wiedergeburt,
aus der sie zum *nirvāṇa* gelangen
narrative Tradition der Erzählungen (*jātaka, Buddhalegende*)

Diese Unterscheidung bedeutet nicht, daß die Lehre des Buddha (*dharma*) als Weg zum *nirvāṇa* nicht für alle Menschen gleich wäre. Menschen bringen aber, karmisch bedingt, unterschiedliche Voraussetzungen mit in ihr Leben, und deshalb muß der *eine dharma* verschieden angewendet werden: die Mönche sind – aufgrund ihrer

3 Wir können die sehr frühe Kodifizierung aus der Tatsache erschließen, daß einhundert Jahre nach dem Tod des Buddha ein Schisma zwischen den liberalen Mahāsāṇghikas und den konservativen Theravādins angesichts der Verhaltensweise einiger liberaler Mönche in Vaiśālī aufbrach. Der Maßstab für diese Debatte, in der die Liberalen nachgaben, war ein bereits existierendes monastisches Regelwerk.

Anstrengungen in früheren Leben – dem *nirvāṇa* bereits näher als die Laien.

Nach frühbuddhistischer Anschauung war der Buddha zwar physisch nach dem Tod nicht mehr gegenwärtig, aber er hinterließ seine Lehre (*dharma*) in Gestalt seiner Lehrreden (*sūtras*) und der Mönchsregeln (*vinaya*), um die Gemeinschaft zu leiten. Der *saṃgha* wiederum, dem der *dharma* anvertraut ist, leitet die Laien. Die Mönche und Nonnen strebten durch Erkenntnis und Meditation nach Weisheit, die im *abhidharma* niedergelegt war und nun immer neu kommentiert wurde. Die Laien hingegen strebten durch gute Werke nach Verdienst (*puṇya*). Weisheit führt zum *nirvāṇa*, Verdienst durch gute Werke führt zur besseren *Wiedergeburt* als ein Mensch, der schließlich in den Mönchsorden eintreten kann. Freilich pflegten auch die Mönche ihr *karman* durch die Ansammlung von Verdienst, und Mönche wie Laien beiderlei Geschlechts verehrten den Buddha mit Hingabe.

Mönche und Laien waren aufeinander angewiesen und kooperierten, besonders in den Dorfgemeinschaften, wo die meisten Menschen lebten: Die Laien spendeten, damit die Mönche leben konnten, die Mönche belehrten die Laien und gaben den *dharma* weiter. Das Gelübde der Armut sorgte dafür, daß die Mönche die Laien nicht ausbeuteten, und anders als der spätere Buddhismus Sri Lankas, Südostasiens, Zentral- und Ostasiens konnte es der frühe *saṃgha* weitgehend vermeiden, sich in wirtschaftliche Eigeninteressen zu verstricken.

Freilich ist diese zweistöckige Theorie eher die Anschauung der Mönche als der Laien. Die traditionellen Bauern in Süd- und Südostasien lebten und leben noch heute in einer Welt, die voller vorbuddhistischer Götter und lokaler Erdgeister ist. Für die gebildeten Mönche sind solche Geister- und Göttervorstellungen irrelevant, für die meisten Menschen hingegen ist das die Realität. Für sie lebt der Buddha in höheren Sphären, und man betet zu ihm um Gesundheit, Kindersegen und Wohlstand. Der Buddha ist zwar kein allmächtiger Schöpfergott – das wissen auch die meisten Laien auf dem Lande –, aber er gilt als höheres Wesen, dem man in Liebe und mit höchster Verehrung begegnet, weil er den Weg gewiesen hat und mit seinen übernatürlichen Kräften helfen kann.

7.2 Mönchsorden und Staat

Wohl schon die frühe buddhistische Bewegung und jedenfalls der spätere südliche (Theravāda)-Buddhismus hielten sich an die Regel einer Balance der »zwei Räder des *dharma*«: das Rad der weltlichen Herrschaft und das Rad der geistigen Befreiung, die zwar getrennt sind, aber miteinander kooperieren wie die zwei Räder an einer Achse. Wie wir aus der Lebensgeschichte des Buddha bereits vernahmen, suchten die weltlichen Herrscher von Anfang an Rat bei den Mönchen, und der *saṃgha* wurde im Gegenzug mit Schenkungen (von Land für die Errichtung der *vihāras*, Klöster) und Privilegien belohnt. Zwar mußten einzelne Mönche nach der Ordensregel besitzlos bleiben, der *saṃgha* konnte aber Spenden empfangen, und diese Spenden nahmen im Verlaufe der Zeit erheblich zu. Vor allem der ständig wachsende Grundbesitz bescherte dem *saṃgha* eine Machtbasis, und um 1200 sollen die Klöster die größten Großgrundbesitzer in Sri Lanka gewesen sein. Da den Mönchen ganze Dörfer gehörten, mußten sie sich als Verwalter betätigen und hatten einen nicht unerheblichen politischen Einfluß, zumal sie als Prediger und »Volkserzieher« die öffentliche Meinung prägten. Aufgrund dieser Entwicklungen entstand spätestens im 12. Jahrhundert in Sri Lanka eine beispielgebende und stabile Ordnung: An der Spitze des Staates und des Ordens standen jeweils König (*rāja*) und Ordens-Oberhaupt (*saṃgharāja*), die einer weltlichen und einer religiösen Hierarchie vorstanden. Darunter befanden sich die einfachen Dorfbewohner sowie die Dorfmönche. Eine einzige Theravāda-Nikāya-Linie, der *mahāvihāra*, sorgt seither für die Orthodoxie dieses südlichen Pfades und stützt gleichzeitig die Einheit des Staates, was für Sri Lanka bis heute gilt.

Der *nördliche Buddhismus* hingegen kannte weder einen einzigen *nikāya* noch eine stabile Sukzessionskette von Königen. In seiner turbulenten Geschichte können wir eher das Ideal der indo-iranischen theokratischen Herrschaft wiedererkennen, wie sie zum Beispiel von Kaiser Kaniṣka repräsentiert wurde. Statt der zwei unterschiedenen Räder des *dharma* kam es im Norden zu einer zentralistischen Herrschaft, da die Könige weltliche und geistliche Gewalt gleichzeitig auszuüben versuchten. Allerdings provozierte dies eine Kette von mönchischen Protestbewegungen, getragen wohl meist von Waldmönchen (*āraṇyakas),* die sich von den Machtzentren fernhielten, die Könige und die Korruption in den Städten kritisierten sowie den Rückzug zur Meditation in die Einsamkeit zum Programm erhoben. Diese Mönche konnten eigenständig Ordinationen vollziehen und lehrten den *dharma* in einer modifizierten Form. Es ist dies der Hintergrund, auf dem sich das *Mahāyāna* entwickeln konnte.

7.3 Das Königtum Aśokas und seine Auswirkungen auf den südlichen Buddhismus

Trotz der mangelhaften Quellenlage hinsichtlich des historischen Aśoka (Regentschaft 268-239 v.Chr.) können wir vermuten, daß unter seiner Herrschaft die zweistöckige Teilung der sozialen und religiösen Wirklichkeit modifiziert wurde. Als Aśoka zum Buddhismus konvertierte, entstand eine dreipolige Gesellschaft von Buddha, König und *saṃgha*. Bisher hatte nur der mönchische *saṃgha* eine dem *dharma* gemäße Gesellschaft anstreben können, nun aber sollte sich die gesamte Gesellschaft auf die buddhistische Lehre gründen. Es entstand eine »buddhistische Soziallehre«, die es vorher vermutlich nicht gegeben hatte.

Aśoka hat den Buddhismus nicht zu einer »Staatsreligion« erhoben, sondern gewährte religiöse Toleranz. Er unterstützte die Jainas und verbot keineswegs die brahmanische Religion, wohl aber die Tieropfer. In Indien hatten schon seit langem weltentsagende Wandermönche (*saṃnyāsin*) außerhalb des staatlichen Gesetzes gestanden. Ihre Freiheit schränkte Aśoka nicht ein. In seinen Felsen-Edikten[4] erklärt Aśoka, zum Buddhismus bekehrt worden zu sein, nachdem er einen Krieg gegen Kalinga gewonnen hatte und über das Blutvergießen entsetzt war. Darum wollte er fortan nicht mehr mit militärischer Gewalt, sondern mittels moralischer Überzeugungskraft (*dharma-vijaya*) regieren. [5] Obwohl Aśoka den *dharma* nie

4 E. Hultzsch, The Inscriptions of Asoka, Oxford: Oxford Univ. Press 1925; F. Kern, Asoka, Kaiser und Missionar, Bern 1956; N.A. Nikam/ R. McKeon (eds.), The Edicts of Asoka, Chicago: Chicago Univ. Press 1966

5 Nikam/McKeon, a.a.O., 27

spezifisch als *Buddhadharma* definierte, geht aus vielen Einzelheiten hervor, daß er damit doch den *dharma* des Buddha meinte. Aśoka kannte nicht die zwei Räder des *dharma*, also die Unterscheidung von weltlicher und geistlicher Gewalt, sondern sprach nur von dem *einen dharma*, der für den geistlichen wie auch den weltlichen Bereich gültig war. Das dokumentiert sich darin, daß er sein Reich, das als erstes indisches Großreich in der Geschichte gilt, welches fast den ganzen Subkontinent umfaßte, mit Umsicht und moralischer Autorität regierte. Aśoka sandte *dharma*-Beamte in alle Gegenden seines Herrschaftsgebietes zur ethischen und organisatorischen Instruktion der Untertanen, und er scheint die politische Stabilität tatsächlich mit einem Mindestmaß an staatlicher Gewalt aufrechterhalten zu haben.

Aśokas politische Inanspruchnahme des Buddhismus hatte für die Interpretation des Buddhismus und für den *saṃgha* erhebliche Folgen: Auf der Grundlage der buddhistischen Laienethik veränderte sich der im Prinzip *weltentsagende Glaube* in eine potentiell *weltgestaltende Ethik.* So jedenfalls lautet die klassische These der Buddhismus-Forschung seit dem 19. Jahrhundert, die von heutigen Buddhisten meist geteilt wird. Ob der Buddhismus anfangs aber wirklich durch und durch »weltentsagend« war, ist keineswegs sicher. Er stützte sich nämlich von Anfang an auf Kaufleute in den Städten und hatte eine politisch bedeutsame anti-brahmanische Tendenz. Wie auch immer, im Prozeß der Ausbreitung des Buddhismus und seiner Gestaltung der Gesellschaften, die er zu durchdringen vermochte, wurde das Königtum neu interpretiert, der Buddha transzendental erhöht, der *dharma* liberalisiert und die Hierarchie von Buddha-König-*saṃgha* als Grundpfeiler einer idealen Gesellschaft etabliert.

Aśokas Felsenedikte zeigen, daß er es für möglich hielt, mittels der buddhistischen Ethik ein Staatswesen zu regieren. Dies deckt sich nicht ganz mit den Voraussetzungen, von denen die Mönche und frühen Buddhisten in dieser Frage ausgegangen waren: Der *dharma*, so die frühbuddhistische Erwartung, werde allmählich abnehmen, das heißt, daß sich auch die sozialen und politischen Zustände verschlechtern würden, was eine Zunahme an Gewalt und Ungerechtigkeit nach sich zöge. In frühen Sūtras finden sich einige Hinweise des Buddha für eine gerechte Königsherrschaft, doch dies sind keine ausreichenden Anweisungen für die Staatsführung. So waren beispielsweise Fragen nach der staatlichen (königlichen) Gewaltanwendung bis hin zur Todesstrafe strittig, und sie wurden erst im (späteren) *Goldglanz-Sūtra* mit der Bejahung begrenzter staatlicher Gewalt gelöst.[6] Vermutlich erwartete der Buddha nicht, daß die Welt so demokratisch und gewaltfrei regiert werden könne wie der *saṃgha*. Daß sich daraus unvermeidliche Konflikte angesichts des buddhistischen Prinzips der Gewaltlosigkeit ergaben, zeichnet sich in einer Erzählung aus den Jātakas ab:[7] In einem vergangenen Leben war der zukünftige Buddha ein Kronprinz, dem es oblag, die Todesstrafe zu verhängen. Weil er dieser Aufgabe gegenüber eine so starke Abneigung verspürte, stellte er sich taub und stumm, um dieser seiner Rechtspflicht zu entgehen.

Diese Konsequenz jedoch zogen die buddhistischen Könige nicht, auch nicht Aśoka. Obwohl er das Schlachten von Tieren einschränken ließ, verzichtete er nicht auf die Todesstrafe bei Kapitalverbrechen. Dennoch wird erkennbar, was für ihn »Herrschaft mit dem *dharma*« bedeutete:[8] Er pflanzte Bäume, grub Brunnen, ließ das Töten von Tieren einschränken, errichtete Hospitäler für Menschen und Tiere und milderte Gerichtsurteile ab. Er machte seine Ideale und Taten dadurch bekannt, daß er überall im Reich beschriftete Säulen aufstellen ließ sowie zahlreiche Reisen und Pilgerfahrten unternahm. Er wollte damit vor allem die unterschiedlichen Gebiete seines Reiches befrieden. Deshalb auch ermahnte er die buddhistischen Mönche und Nonnen zur Einheit und versuchte, Sektengeist und Spaltungen entgegenzuwirken. Zu diesem Zweck soll er (historisch allerdings eher zweifelhaft) jenes Dritte Konzil einberufen haben, das die Mönche zur gewissenhaften Einhaltung der Gelübde

6 Im DN 1 gibt der Buddha militärischen Rat, und in DN 5 und 26 gibt er Hinweise auf die Königspflichten und wirtschaftspolitischen Rat. Das *Singalasūtra* rät zur gegenseitigen Pflichterfüllung von Herrscher und Beherrschten.

7 Temiya Jātaka bzw. Māgapakkha Jātaka, Jātaka VI, 1-30 Nr. 538, zit. bei: R. Gombrich, Theravada Buddhism: A Social History from Ancient Benares to Modern Colombo, London: Routledge & Kegan Paul 1988, 70. Diese Jātaka-Erzählungen zeigen, wie der Buddha in vergangenen Leben als König mit Barmherzigkeit geherrscht hat. In seiner letzten Wiedergeburt demonstrierte der Buddha die Vollkommenheit des Gebens (*dāna*) dadurch, daß er sein Königreich weggab.

8 Aśoka Säulen-Edikt VII, vgl. Nikam/McKeon, a.a.O., 61

veranlaßt und mit der Bestätigung der Theravāda-Tradition und ihrem Kanon geendet haben soll. [9] Dieser Schriftenkanon soll von Aśokas Sohn Mahinda nach Sri Lanka (Ceylon) gebracht und schließlich von der Mahāvihāra-Linie der Mönche unverfälscht überliefert worden sein. Wie dem auch sei, historisch unbestritten ist: Aśoka entsandte »Dharma-Verwalter« in entlegene Regionen und Missionen in die Gegenden jenseits der Grenzen seines Reiches nach Nordwesten, Osten und Süden und hat dadurch den Buddhismus in (fast) ganz Indien verbreitet.

Der Buddhismus kannte verschiedene Theorien der Legitimation des Königtums:

- Königtum als Frucht der guten Taten in vorigen Leben;
- Königtum des *cakravartin*, der als Mahāpuruṣa (Großes Wesen) mit den »heiligen Zeichen« geboren wird, die auch einen Buddha auszeichnen; [10]
- Königtum verbunden mit dem »Heilsplan«, die kosmischen Mächte des Chaos zu überwinden, wobei der König zu einem Mittler zwischen Menschen und Göttern wird. [11]

Keine der drei Vorstellungen wird in den Edikten Aśokas erwähnt. Spätere Aśoka-Legenden tendieren zur ersten Legitimation, wenn sie erzählen, daß Aśoka der vorherbestimmte Weltenherrscher (*cakravartin)* sei, weil er in einem vorigen Leben als Kind dem Buddha eine Handvoll Erde dargebracht hatte. [12]

Bei einem Vergleich zwischen Aśokas Edikten und späteren (teils legendären und umdeutenden) Erzählungen der Pāli-Tradition und des Sanskrit-Textes *Aśokāvadāna*[13] zeigt sich ein bezeichnender Wi-

[9] Die Mahāsāṇghika-Schule hat dieser Lesart der Geschichte zwar widersprochen, doch die Theravāda-Tradition enthält die genaueren und umfassenderen Berichte.

[10] Die zweiunddreißig Merkmale eines Buddha werden ergänzt durch achtzig Nebenmerkmale. Es handelt sich dabei um Eigenschaften wie: Zeichen eines Rades auf den Fußsohlen, lange Finger, goldfarbener Körper, strahlend weiße Zähne usw.

[11] Aggañña-Sutta 20ff., DN 27

[12] Spätere Theravāda-Könige hingegen beriefen sich auf die kosmologische Funktion des Königs, wodurch der Palast in den Berg Sumeru und der König in das Reich des Götterkönigs Indra emporgehoben wurde.

[13] Aśokāvadāna ist ein Sanskrit-Text aus Nordwest-Indien, der zwischen der Theravāda-Tradition und dem voll entwickelten Mahāyāna anzusiedeln ist. Eine gute Übersetzung liegt vor: John S. Strong (ed. and transl.), The Legends of King Aśoka, Princeton: Princeton Univ. Press 1983.

derspruch: Jede Tat des historischen Aśoka, die nach Meinung der Mönche ein Übergriff auf ihre Autonomie war, wird nicht mehr erwähnt. Diese Zensur des *saṃgha* beruht auf der klassischen Theorie der »zwei Räder des *dharma*« und hat den Zweck, das »Rad der Herrschaft des Königs« unter das »Rad der Herrschaft des Buddha bzw. der Mönche« zu stellen. So wird Aśoka vom Standpunkt der Mönche aus kritisiert: Er sei nicht durch eigene Einsicht über das Problem der Gewalt zum Buddhismus gekommen, sondern sei durch den zwölfjährigen Mönchs-Novizen Samudra (!) bekehrt worden, der sich in des Königs Folterkammer als standhaft und unverwundbar erwiesen hatte. [14] Der Makel seiner Gewaltherrschaft vor der Bekehrung wird besonders scharf herausgestellt[15] und mit der Bemerkung verbunden, daß auch der spätere Aśoka gelegentlich harsch und jähzornig gewesen sei. Außerdem habe nicht Aśoka die buddhistischen Missionen ausgesandt, sondern sie seien vom *saṃgha* beauftragt worden. Die Mönchstradition (vor allem der Theravādins) stellt hier nicht also nur den Buddha, sondern auch den Mönch über den Laien-König. Selbst ein zwölfjähriger Novize kann den König bekehren.

In späterer Zeit wurde die Legitimation der politischen Herrschaft an die Präsenz des Buddha geknüpft, die nun auch *materiell* sichtbar sein sollte in Gestalt von Reliquien. Der Heilige Zahn des Buddha in Sri Lanka ist dafür das beste Beispiel: Wer immer diesen Zahn besaß, hatte die Legitimation zur politischen Herrschaft. Diese Anschauung entwickelte sich aus den Aśoka-Legenden und entsprach dem späteren Aśoka-Ideal, beginnend mit dem Mythos, daß Aśoka in den Besitz der acht ursprünglichen Reliquien des Buddha gelangt sei, um daraus einen ganzen Körper herzustellen (*buddhakāya*). Dieser Akt besiegelte sein buddhistisches Königtum. Als Aśoka den einen Körper wieder in viele Stücke zerteilte und die 84 000 Teile über das ganze Universum verstreute,[16] symbolisierte dies den Anspruch Aśokas (bzw. des Buddha) auf Herrschaft über die ganze Welt. König und

14 Aśokāvadāna 47ff. (Strong, a.a.O., 214ff.)

15 So z.B. Aśokāvadāna 43, wo der König in Wut seine fünfhundert Frauen bei lebendigem Leibe verbrennen läßt. (Strong, a.a.O., 211)

16 Aśokāvadāna 52ff. (Strong, a.a.O., 219f.)

Buddha, Staatsmacht und Mönchskloster (*vihāra*) werden hier eins. Die Legende wurde Realität auf der Insel Sri Lanka. Was der historische Aśoka vermutlich nicht beabsichtigt hatte, geschah nun dort: Der Buddhismus wurde »Staatsreligion«. Der Preis dafür war die politische Instrumentalisierung des Buddhismus. Alle »echten« Singhalesen waren fortan selbstverständlich Buddhisten. Dieser Umstand macht das *Mahāvaṃsa*, das die Legende gewoben hat, zu einem nationalistischen Epos. So ist es nicht verwunderlich, daß das Epos mit der Geschichte der blutigen Niederlage der von Indien her eingefallenen hinduistischen Tamilen endet. Diese anti-tamilische Haltung prägt das *Mahāvaṃsa*.

7.4 Buddhismus in Sri Lanka[17]

Wie wir sahen, hat bereits Aśoka um 250 v.Chr. eine Mission nach Sri Lanka gesandt, um dort den Buddhismus zu verbreiten – die Legende berichtet, daß sein eigener Sohn, der Mönch Mahinda, diese Aufgabe übernommen und im königlichen Park nahe Anurādhapura das erste große Kloster, den Mahāvihāra, gegründet habe. Sri Lanka hat dabei den Mönchs- und Nonnenorden (der Nonnenorden kam um 1100 n.Chr. zum Erliegen) in Gestalt der Theravāda-Tradition übernommen, und dieser monastische Buddhismus entwickelte sich im Verlaufe der Jahrhunderte in Verbindung mit indischer Kosmologie, lokalen Götter- und Geistervorstellungen und abgestuften Hierarchien zu einem religiös-kulturellen Gebilde, das bis ins 19. Jahrhundert bemerkenswerte Kontinuität aufweist. Von Sri Lanka aus griff dieser südliche Buddhismus – in Gestalt der singhalesischen Mahāvihāra-Tradition – auf Birma, Thailand und fast ganz Südostasien über. In diesen Ländern wurden aber von Indien und China her auch Mahāyāna-Traditionen verbreitet, und es dauerte

[17] H. Bechert, Buddhismus, Staat und Gesellschaft in den Ländern des Theravāda-Buddhismus, Frankfurt/Berlin: A. Methner Verlag 1966, zu Sri Lanka vgl. bes. Bd. I, 199ff.; B.L. Smith (ed.), Religion and Legitimation of Power in Sri Lanka, Chambersbury, Penn.: Anima Books 1978; G. Obeyesekere/F. Reynolds/ B.L. Smith (eds.), The Two Wheels of Dhamma. Essays on the Theravada Tradition in India and Ceylon, Chambersbury, Penn.: American Academy of Religion Studies 1972

einige Jahrhunderte, bis in Thailand und Birma die Mönche des Theravāda tonangebend wurden.

Die Blüte des Theravāda in Anurādhapura (Sri Lanka) wurde mit der Zerstörung vieler buddhistischer Heiligtümer und durch den militärischen Sieg des dravidisch-südindischen Chola-Reiches im Jahre 177 v.Chr. in traumatischer Weise erschüttert. Die (hinduistischen) Cholas kontrollierten fortan für die nächsten 75 Jahre den nördlichen Teil Sri Lankas, während sich im Süden zwei buddhistische Königtümer etablierten. Aber auch im Norden erwies sich der Theravāda-Buddhismus so stark, daß die Chola-Könige den Buddhismus schließlich tolerierten und den *saṃgha* gewähren ließen, möglicherweise sogar förderten. 101 v.Chr. gelang dem buddhistischen Prinzen Duṭṭhagāmaṇi ein militärischer Schlag gegen die Cholas, und die Insel wurde wiederum geeint und von Anurādhapura aus buddhistisch regiert. Durch Palastintrigen in der Mitte des 1. Jh.v.Chr. (in die Mönche des Mahāvihāra verwickelt waren) wurde das Reich geschwächt, und erneut übernahmen südindische Herrscher die Macht. Während der nächsten 15 Jahre kam es zur Verfolgung des Buddhismus: Klöster wurden aufgelöst und die Mönche und Nonnen zerstreut. Im Jahre 29 v.Chr. konnte der buddhistische König Vaṭṭagāmaṇi seine Macht konsolidieren und nach Anurādhapura zurückkehren. Er gründete nun aber ein zweites Großkloster, Abhayagiri, als Dank für die Mönche – namentlich Mahātissa –, die in den Thronfolgewirren zu ihm gehalten hatten. Die Mahāvihāra-Mönche reagierten auf ihre Entmachtung mit der Exkommunikation Mahātissas, und somit war die Spaltung des Theravāda in Sri Lanka besiegelt. Abhayagiri entfaltete unter königlichem Schutz eine eigene Gelehrsamkeit und Interpretation des Buddhismus, die dem Mahāvihāra unorthodox erschien. Um diesen Entwicklungen entgegenzutreten, begann man im Mahāvihāra, den bisher mündlich überlieferten Theravāda-Kanon schriftlich zu fixieren. Und damit entstand im 1. Jh. v.Chr. im Kloster Alu Vihāra, fern von der Hauptstadt, der Pāli-Kanon, wie er (im wesentlichen) bis heute überliefert ist.

Die Debatten zwischen den beiden Mönchsgruppen dauerten an, bis König Vohārika Tissa Ende des 3. Jh.n.Chr. der Abhayagiri-Traditionen einen empfindlichen Schlag versetzte: er ließ verschiedene Texte der Abhayagiri-Mönche vernichten, die vermutlich aus Indien eingesickerte Mahāyāna-Ideen enthielten. Im Laufe der nächsten Jahrhunderte patronisierten die Könige (aus politischen Erwägungen) abwechselnd Abhayagiri oder Mahāvihāra mit teilweise massiven Verfolgungen der jeweils unterlegenen Seite. Im 7. Jahrhundert besuchte der chinesische Mönch Hsüan Tsang Sri Lanka und berichtet, daß Mahāvihāra rein Theravāda-orientiert sei, während im Abhayagiri-Saṃgha sowohl Theravāda als auch Mahāyāna-Lehren gepflegt würden, und daß sich beide Linien in Blüte befänden. Er erwähnt auch die Reliquie des Heiligen Zahnes des Buddha, die im 4. Jh. n.Chr. während der Herrschaft König Meghavaṇṇas (Regentschaft 352-379) auf die Insel gebracht worden sein soll und, wie oben erwähnt, die Herrschaft legitimierte. Der Zahn befand sich zunächst unter der Aufsicht der Abhayagiri-Mönche. Zu Beginn des 5. Jahrhunderts aber kam der Theravāda-Mönch Buddhaghosa nach Sri Lanka, nahm Residenz im Mahāvihāra und systematisierte die Theravāda-Lehre. Er übersetzte und bündelte die umlaufenden singhalesischen Kommentare zum Kanon ins Pāli. Außerdem schrieb er sein berühmtes Werk *Visuddhimagga* (»Weg der Reinigung«), das in konzentrierter Klarheit und intellektueller Schärfe den buddhistischen Heilspfad darlegt und außerordentliche Popularität erlangte. Damit war dem Theravāda des Mahāvihāra ein geistiger Vorsprung vor den Rivalen geschaffen worden.

Die folgenden Jahrhunderte waren wiederum durch bittere Auseinandersetzungen zwischen Singhalesen und Tamilen gekennzeichnet. Kriege und Einwanderungen aus Indien verschoben das Kräfteverhältnis zu ungunsten des singhalesischen Buddhismus. Erst um 1070 konnte König Vijaya Bāhu I. die Macht über den größten Teil Sri Lankas zurückgewinnen. Weil von Sri Lanka aus der Theravāda-Buddhismus bereits um 1040 nach Birma gelangte (Pagan-Periode), konnte Vijaya Bāhu I. mit birmesischer Hilfe den *saṃgha* wiederherstellen. Die Allianz mit Birma war überhaupt ein wesentlicher Faktor für die Ausbreitung des Theravāda in Südostasien. In Sri Lanka gewann der Mahāvihāra unter König Parākkama Bāhu I. im 12. Jh. n.Chr die Kontrolle über den gesamten *saṃgha*. Dieser König tat, was Aśoka in den Legenden zugeschrieben wird: er übte als König die Herrschaft auch über den *saṃgha* aus. Und zwar so, daß er von seiner neuen Hauptstadt Polonnaruwa aus »den *saṃgha* reinigte« und alle internen Spaltungen beendete, indem er nur eine einzige Nikāya-Gruppe, den Mahāvihāra, anerkannte. Der *saṃgha* wurde durch die Überwindung der Spaltung gestärkt, aber auch die Stabilität des Staates wurde durch eine einheitliche religiöse Tradition gefestigt. Und da es der König war, der den *saṃgha* nun tatsächlich reformiert hatte, war das Königtum letztlich der Sieger. Die frühere Oberhoheit des *saṃgha* über solche Herrscher, die politisch und moralisch versagt hatten, war nun durch die faktische Parität der geistlichen und weltlichen Macht entkräftet worden.

Obwohl der *saṃgha* theoretisch unabhängig war und seinen eigenen *saṃgharāja* (Oberhaupt des *saṃgha*) wählen konnte, mußte doch der König die Wahl bestätigen und hatte dadurch faktisch die politische Kontrolle über den *saṃgha*. Die ceylonesischen Könige kontrollierten die Mönche aber vor allem dadurch, daß sie die offizielle Ordination in ihrer Hand hatten: Die Mönche wurden einmal jährlich in der Hauptstadt unter Aufsicht des Königs ordiniert, und ohne ein entsprechendes königliches Zertifikat genoß kein Mensch die Anerkennung als Mönch. Diesem Beispiel folgten Birma, Thailand und andere Theravāda-Länder. Ja, das Modell machte auch im nördlichen Buddhismus Schule, denn ihm folgten alle buddhistischen Herrscher vom Indien der Kuṣāṇa-Dynastie (ca. 1.-3. Jh.n.Chr.) bis zum Japan der Nara-Zeit (710-784).

Das Resultat dieser systematischen Patronisierung bzw. Kontrolle durch den Staat war eine vierfache Gliederung der Gesellschaft: Der König und seine Beamten (1) regierten eine dörfliche Laienbevölkerung (2), deren Religion durch eine Hierarchie von überirdischen Wesen, an deren Spitze der Buddha stand, gekennzeichnet war (und ist). Daneben regierte der *saṃgharāja* (3) den Mönchsorden (4), wobei die Stadtmönche (mit Zertifikat) den Dorfmönchen vorgesetzt waren. Die vom König ausgehende weltliche Gewalt wurde durch Beamte, die ihre Basis in den Städten hatten, ausgeübt. Die geistliche Aufsicht des *saṃgharāja* wurde faktisch durch die Stadtmönche vollzogen. Diese lebten in Stadt-Tempeln, die vom Staat unterstützt wurden, nachdem sie ein staatliches Examen abgelegt hatten, das Voraussetzung ihrer Beglaubigung war. In der Hauptstadt befand sich der offizielle Groß-Tempel neben dem Palast, in anderen Städten im Bereich des Verwaltungsdistrikts. Die räumliche Nähe von weltlicher und religiöser Macht wirft ein deutliches Licht auf die politische Struktur, und sie hat die buddhistischen Länder von Sri Lanka bis Japan geprägt. Weil hier die Mönche als Staatsdiener von oben eingesetzt wurden, gingen die unteren Bevölkerungsschichten nicht selten auf Distanz zu ihnen. Die Dörfler hielten sich vielmehr an lokale Klöster und verehrten Mönche, die in den Wäldern lebten, als Charismatiker galten und von unten in der Dorfbevölkerung Zustimmung fanden. Von solchen Mönchs Gruppen sind in der buddhistischen Geschichte mehrfach Reformbewegungen ausgegangen.

Zusammenfassend wollen wir festhalten: Die Mönche waren, mit Ausnahme der »Waldmönche«, in fast allen buddhistischen Ländern keine weltfernen Asketen, sondern eher »Volkserzieher«, Zeremonienmeister bei den Ritualen für die Laien (vor allem bei Sterberitualen, wo Mönche kanonische Texte rezitierten), Verwaltungsbeamte der klösterlichen Ländereien und politische Meinungsmacher, was zu einer Hierarchie unter den Mönchen und Differenzen zwischen unterschiedlich privilegierten Mönchsgruppen (*saṃghas*) führte: Die Dorfmönche standen als Lehrer über den schwer zugänglichen Waldmönchen, und die Stadtmönche genossen wegen ihrer Bildung ein höheres Ansehen als die Dorfmönche.

Wie bereits angedeutet, hatte Sri Lanka mit dem Buddhismus (und schon zuvor) auch andere indische Kulturgüter, wie zum Beispiel die Kosmologie, übernommen: Überirdische Wesen freundlicher und gefährlicher Art (*devas* und *asuras*), die alle selbst im Geburtenkreislauf (*saṃsāra*) stehen, greifen in das alltägliche Leben ein. Der Buddha, der ins *nirvāṇa* eingegangen ist und den Lauf der Welt jetzt nicht mehr persönlich, sondern nur noch durch seinen *dharma* beeinflußt, hatte zuvor seine Gewalt und Kompetenz an den »himmlischen König« Śakra abgegeben. Dieser wiederum teilt die Macht über die »Götter« und andere überirdische wie irdische Mächte mit Viṣṇu und anderen Gottheiten. Die Hierarchie im Himmel ist entsprechend der irdischen Gesellschaftsordnung aufgebaut, mit dem König an der Spitze. Die überirdischen und irdischen »Oberen«

günstig zu stimmen, war und ist in diesem Weltbild wichtig und ein Hauptanliegen der Volksreligiosität. In der buddhistischen Gesellschaft aber werden die höheren Wesen nicht nur durch Opfer auf dem Altar, sondern durch Gaben an den *saṃgha* wohlmeinend gestimmt, denn wer den Mönchen gibt, sammelt *puṇya* (*pina*, Verdienst), das heißt positive Eindrücke, die das *karman* günstig beeinflussen. Die göttlichen Wesen, die dem verdienstvollen Wirken des Menschen zuschauen, können durch diese Anteilnahme ebenfalls *puṇya* sammeln[18] und ihr *karman* verbessern, denn sie sind ja keine »absoluten Götter«, sondern ebenfalls im Geburtenkreislauf karmisch verstrickt, also bedürfen auch sie der endgültigen Befreiung, die nur die Praxis des *dharma* des Buddha gewährleisten kann. Wenn man die *devas* und *asuras* auf diese Weise günstig stimmte, würden sie sich dankbar erweisen und dem bittenden Menschen hilfreich zur Seite stehen. Auf diese Weise konnte der Buddhismus in Sri Lanka wie in ganz Südostasien das monastische Theravāda-Ideal mit den komplexen und lokalen Kulten auf dem Land und volksreligiösen vor-buddhistischen Glaubensformen verknüpfen, und diese Verbindung ist bis heute prägend geblieben.

Die intellektuell-konservative Haltung der Theravādins hat eine erstaunliche Stabilität der Verhältnisse begünstigt. Der Mahāvihāra war bis zur Ankunft der Portugiesen 1498 alleiniger Träger der religiösen Kultur des Landes. Diese »Scholastik« des Theravāda fand, wie wir gesehen haben, ihren endgültigen Höhepunkt in Buddhaghosas *Visuddhimagga* (»Weg der Reinigung«). Seither gibt es im Theravāda praktisch nur noch Subkommentare zu dieser systematischen Darstellung des Buddhismus.

Die neuere Geschichte Sri Lankas und damit des Buddhismus auf der Insel ist geprägt von der Auseinandersetzung mit der europäischen Kolonialherrschaft.[19] Zuerst eroberten ab 1505 die Portu-

18 R. Gombrich/G. Obeyesekere, Buddhism Transformed. Religious Change in Sri Lanka, Princeton: Princeton Univ. Press 1988, 18. Dieses Buch sei für das Studium des modernisierten, urbanisierten Buddhismus in Sri Lanka empfohlen, der durch die Begegnung mit dem Westen einen erheblichen Gestaltwandel durchläuft.

19 Vgl. M. v.Brück/Wh. Lai, Buddhismus und Christentum. Geschichte, Konfrontation, Dialog, München: C.H.Beck 1997, 79-107.

giesen das Land, und ihre Herrschaft war besonders brutal, weil sie von einer unnachgiebigen Unterdrückung des Buddhismus gekennzeichnet war. Neben Zwangsmissionierungen kam es zur Zerstörung von buddhistischen Tempeln. Im Jahre 1655 übernahmen die Holländer die Herrschaft von den Portugiesen. Sie erwiesen sich als wesentlich toleranter und blieben in Religionsfragen weitgehend neutral. So kam es in der Mitte des 18. Jahrhunderts zu einem Wiedererwachen des Buddhismus, und der *saṃgha* wurde von Thailand aus (das buddhistisch geblieben und nicht von den europäischen Kolonialmächten besetzt war) neu aufgebaut. Zu Beginn des 19. Jahrhunderts übernahmen schließlich die Briten die Kontrolle auf der Insel. Sie tolerierten den Buddhismus, der unter dem Eindruck der christlichen Missionen allmählich Gegenkräfte entwickelte, die zu einem national-buddhistischen Erwachen führten. Dies war die Basis, auf der Sri Lanka 1947 die Unabhängigkeit erkämpfen konnte. Der erneuerte und zugleich politisierte *saṃgha* war dabei federführend gewesen. Eine enge Verbindung von Nationalismus und Buddhismus bestimmt auch heute die Haltung weiter Teile des *saṃgha*, so daß nicht wenige Mönche in der Auseinandersetzung zwischen Tamilen und Singhalesen sogar Gewalt befürworten.[20]

Die moderne akademische Theravāda-Philosophie knüpft an die Traditionen der gebildeten Stadtmönche an. Die Landbevölkerung ist davon jedoch kaum berührt. Weil aber heute in den Theravāda-Ländern (außer Thailand) das buddhistische Königtum, der *saṃgharāja* und das Netz von Tempeln, das von einer einzigen Überlieferungslinie (Nikāya) kontrolliert wurde, verschwunden ist, droht der Theravāda-Philosophie die Gefahr, ihre Basis zu verlieren. Deshalb übernahm der »protestantische Buddhismus« (G. Obeyesekere[21]) seit Ende des 19. Jahrhunderts einige pädagogische Tech-

20 S.J. Tambiah, Buddhism Betrayed? Religion, Politics, and Violence in Sri Lanka, Chicago: The Chicago Univ. Press 1992

21 G. Obeyesekere, Religious Symbolism and Political Change in Ceylon, in: G. Obeyesekere/F. Reynolds/ B.L. Smith (eds.), The Two Wheels of Dhamma. Essays on the Theravada Tradition in India and Ceylon, The American Academy of Religion. Studies in Religion, Monograph Series No. 3, Chambersbury, Penn. 1972, 61f.; R. Gombrich/G. Obeyesekere, Buddhism Transformed, a.a.O., 215f.: Der Begriff des »protestantischen Buddhismus« besagt erstens, daß der Buddhismus ein Protestpotential

niken der westlich-kolonialen Kultur (sonntagsschulartigen Unterricht, Pamphlete, um den *dharma* zu verbreiten) damit der westlich-christliche Einfluß zurückgedrängt und eine neue »nationalen Kultur« aufgebaut werden könne, die auf der Grundlage des Buddhismus unter den Bedingungen der Moderne stehen sollte. Angesichts dieses Wertewandels kamen in der Mitte des 20. Jahrhunderts auch sozialistische Ideen im *saṃgha* auf, und manche der buddhistischen Reformer versuchten, auch Mahāyāna-Ideale zu integrieren: Laienführer traten auf, lokale Kulte breiteten sich aus und Waldmönche, die traditionell im Verborgenen wirkten, schalteten sich in das politische und wirtschaftliche Geschehen ein.

7.5 Buddhismus in Südostasien

Die Region wird seit 2000 Jahren von ganz unterschiedlichen Völkern (Mon, Khmer, Thai, Karen usw.) bewohnt. Wechselnde Staatengebilde und Allianzen lösten einander kriegerisch ab, und die Grenzen wurden laufend verschoben.[22] Die südostasiatischen Theravāda-Länder[23] (Birma, Kampuchea, Laos und Thailand) haben ihre Gestalt des Buddhismus durch alte kulturelle Verbindungen zu Indien und Sri Lanka erhalten. Die indische Kultur (in brahmanischer und buddhistischer Gestalt) hatte auf den nördlichen Handelswegen über Assam und Indo-China sowie auf dem Seeweg von Südindien aus Südostasien erreicht – Aśoka soll auch eine buddhistische Mission nach Südostasien entsandt haben. Das große und relativ stabile Königreich Śri Vijaya (ca. 7.-9. Jh.n.Chr.) etwa umfaßte die malayische Halbinsel sowie Teile Javas und Sumatras, und hier waren sowohl der Theravāda- als auch der Mahāyāna-Buddhismus ver-

gegen die kulturelle Entfremdung durch die Kolonialmächte entwickelt, zweitens, daß das Laienelement gegen die Mönchseliten gestärkt wird, und drittens, daß das Individuum selbst nach seiner Befreiung strebt, ohne auf die Vermittlung religiöser Hierarchien angewiesen zu sein.

22 T. Ling, Buddhism, Imperialism and War. Burma and Thailand in Modern History, London: Allen & Unwin 1979

23 Zu den folgenden Ausführungen ausführlich: H. Bechert, Buddhismus, Staat und Gesellschaft in den Ländern des Theravāda-Buddhismus Bd. 2, Wiesbaden: Harrassowitz 1967.

breitet. Im 8. Jahrhundert errichteten buddhistische Könige den berühmten Borobudur in Ost-Java, ein riesiges dreidimensionales Mandala mit ursprünglich über 500 Buddha-Figuren und reliefgeschmückten Korridoren, in denen die Lebensgeschichte des Buddha als Initiationsweg für jeden Bodhisattva dargestellt und für alle Besucher – im wörtlichen Sinn – begehbar gemacht wird. Über Jahrhunderte war dieses Heiligtum, das möglicherweise auch chinesische Einflüsse in sich birgt,[24] ein Pilgerzentrum für die buddhistische Welt.

Der Theravāda-Buddhismus hat bei der Entwicklung der südostasiatischen Nationen eine zentrale Rolle gespielt. Der birmesische und thailändische Buddhismus ist zwar kaum vor dem 11. Jahrhundert historisch greifbar, geht aber auf lange zuvor einsetzende Migrationen zurück, die von Südchina her über die Flußwege des Irrawaddy und des Megkong nach Süden vorstießen. Wir wissen, daß der Stamm der Mon im 6. Jahrhundert aus Innerasien nach Süden gewandert war und im 7. Jahrhundert in den Ebenen des heutigen Thailand und Birma einen Staat gegründet hatte, wobei die Immigranten eine von Indien her beeinflußte kulturelle Welt vorfanden, der sie sich anpaßten. Wie weit diese »Indisierung« gegangen sein mag, ist daran erkennbar, daß sie ihren Staat mit dem Sanskrit-Namen *Dvāravatī* bezeichneten und Götterstatuen in hinduistisch-viṣṇuitischer und śivaitischer Tradition verehrten. Die Mon nahmen den Theravāda-Buddhismus als ihre Religion an. Ein anderes Volk, die Pyu, waren ein tibetischer Stamm, der vielleicht bereits im 5./6. Jahrhundert aus dem osttibetischen Bergland bis ins Irrawaddy-Delta vorgedrungen war. Spätestens im 7. Jahrhundert kamen die Pyu mit den Mon in Kontakt und wurden dabei ebenfalls mit den Pāli-Schriften des Theravāda vertraut. Die tibeto-birmanischen Stämme wurden aber erst von König Anuruddha (Regentschaft 1044-1077) zu einem Staatswesen mit der Haupt-

[24] Der Stufenweg des Bodhisattva wird vor allem mittels der Geschichte aus dem Gaṇḍavyūha dargestellt, wo der Pilger Sudhana 53 Meister und Meisterinnen aufsucht, um von ihnen zu lernen. Diese Geschichte hat im chinesischen Buddhismus durch die Eingliederung des Gaṇḍavyūha in das Avataṃsaka-Sūtra große Verbreitung erlangt. (Vgl. oben 3.2. und M. v.Brück, Weisheit der Leere. Sutra-Texte des Mahayana-Buddhismus, Zürich: Benziger 1989, 101ff.)

stadt Pagan vereint. Der tibetische Hintergrund mehrerer Stämme deutet darauf hin, daß zumindest solche Völkergruppen, die nach dem 8. Jahrhundert einwanderten, vom tibetischen Buddhismus geprägt waren, und auch Anuruddha soll zunächst Mahāyāna-Buddhist gewesen und später durch einen Mönch aus dem Stamm der Mon zum Theravāda bekehrt worden sein. Die Einzelheiten sind nicht bekannt, aber da Anuruddha, wie oben erwähnt, den Buddhisten in Sri Lanka gegen die tamilischen Cholas zu Hilfe kam und überdies den *saṃgha* auf dieser Insel erneuern half, muß er, wenn nicht selbst Theravāda-Anhänger, zumindest Sympathisant dieser Form des Buddhismus gewesen sein. In dem Maße, in dem die Mon gegen Ende des 11. Jahrhunderts an Einfluß gewannen, hat sich der Theravāda in Birma durchsetzen können.[25] 1190 wurde die Mahāvihāra-Linie Sri Lankas in Birma eingeführt, und im 13. und 14. Jahrhundert verbreitete sich diese Form des Buddhismus von Birma aus über ganz Südostasien. Die gegenwärtig in Birma, Thailand und den anderen Ländern existierenden buddhistischen Traditionen gehen also auf Einflüsse aus Sri Lanka seit dem 12. Jahrhundert zurück, die den bereits verbreiteten (und mit hinduistischen und tantrischen Elementen durchsetzten) Mahāyāna-Buddhismus in Südostasien zurückdrängten.

Anders stellte sich das Verhältnis von Mahāyāna und Theravāda in Zentral-Siam dar (Teile des heutigen Thailand). Im 11. Jh. eroberten die Khmer unter Sūryavarman von Angkor (1010-1050) diese Gegenden und beherrschten sie bis ca. 1260. Die Khmer waren überwiegend Buddhisten, ihre Tempel aus dem 11. und 12. Jahrhundert weisen Einflüsse des Mahāyāna, aber auch des Hinduismus auf . Erst um 1200 aber konvertierte der Khmer-Herrscher Jayavarman VII. »offiziell« zum Mahāyāna-Buddhismus. Nur etwa 20 Jahre später jedoch breitete sich im Gebiet der Khmer verstärkt der Theravāda-Buddhismus aus – die königlichen Inschriften waren nun nicht mehr in Sanskrit, sondern in Pāli abgefaßt. Eine der Ursachen ist mit Sicherheit die Stärke der Thai, die von Birma her schon seit Beginn des 13. Jahrhunderts Theravāda-Buddhisten geworden waren. Im 13. und 14. Jahrhundert zerstörten die Thai und die Mongo-

[25] D.E. Smith, Religion and Politics in Burma, Princeton: Princeton Univ. Press 1965

len weite Gebiete des bis dahin mächtigen Śri Vijaya-Reiches. Zur gleichen Zeit aber breitete sich der Islam bis nach Indonesien aus, wo er den Buddhismus fast vollständig verdrängte. Heute gibt es nur wenige Buddhisten auf den indonesischen Inseln, von denen die meisten auf neuere Missionen und Zuwanderungen von der malayischen Halbinsel her zurückgehen.

Theravāda und Mahāyāna waren konkurrierende Religionsformen, die jeweils politisch instrumentalisiert wurden. In den jahrhundertelangen Macht- und Territorialkämpfen zwischen Thai, Vietnamesen und Khmer – bis hin zum Khmer-Aufstand gegen die vietnamesische Besatzung im Jahre 1842 – spielte auch die Theravāda-Allianz der Thai und Khmer gegen die Mahāyāna-Vietnamesen eine Rolle.

Das benachbarte Königreich Laos entstand nach erbitterten Machtkämpfen regionaler Gruppen und Fürsten im 14. Jahrhundert und war von Anfang an – und ist bis heute – vom Theravāda geprägt. Dem politischen Chaos und der Instabilität – man denke an die bitteren Machtkämpfe zwischen den unterschiedlichen Stämmen im Gebiet von Birma und an die fast permanenten Kriege zwischen Birma und den Thai vom 15. bis ins 18. Jahrhundert – setzte der Theravāda eine stabile religiöse Identität entgegen, und so war die Prägung durch den Theravāda in diesen Ländern keine Angelegenheit der Oberschichten, sondern besaß tiefe Wurzeln im Volk.

Auch unter britischer Kolonialherrschaft erwies sich die Verbindung der Theravāda-Identität mit dem nationalem Widerstand gegen die Fremdherrschaft als wirkungsvoll.[26] 1826 war West-Birma britisch geworden, und 1852 hatte das Vereinigte Königreich auch die Küstengebiete im Osten unterjocht. Der ehemalige Mönch Mindon wurde König in Ober-Birma (Regentschaft 1853-1878) und verschaffte sich durch seine kluge und mäßigende Politik Respekt von allen Seiten. Anknüpfend an die Könige Aśoka und Kaniṣka organisierte er 1871 das Fünfte Buddhistische Konzil in Mandalay, auf dem alle Theravāda-Länder vertreten waren und das eine revidierte Fassung des Pāli-Tipiṭaka verabschiedete. Mindon förderte auch eine

[26] Vgl. E. Sarkisyanz, Buddhist Backgrounds of the Burmese Revolution, The Hague: M. Nijhoff 1965.

Modernisierung des Buddhismus, die Auswirkungen auf den *saṃgha* in Sri Lanka und Thailand hatte. Nach seinem Tode brachen Machtkämpfe aus, und Großbritannien annektierte ganz Birma im Jahre 1886. Missionare und Staatsbeamte verhielten sich religiös intolerant, und so wurde der Buddhismus noch stärker zu dem, was er schon war: Träger der nationalen Identität und des Widerstandes. In den Auseinandersetzungen des Zweiten Weltkriegs, in denen Japan die britische Armee aus Birma verdrängte und ein Marionettenregime einsetzte, formte sich ein neuer, marxistisch und buddhistisch inspirierter Widerstand gegen beide Kolonialmächte, der mit dem Namen Aung San verbunden ist. Das daraufhin unabhängige Birma versuchte nun, einen Kompromiß zwischen den marxistischen Kräften und den traditionellen buddhistischen Interessen zu finden. Die gesamte Nachkriegsgeschichte Birmas ist von dieser Zerreißprobe wesentlich geprägt. Als der Staatschef U Nu (Nachfolger Aung Sans nach dessen Ermordung 1947 und Ministerpräsident bis 1962) in der Tradition König Mindons 1954-1956 ein Sechstes Buddhistisches Konzil einberief, um seine Treue zum Buddhismus zu bekunden, war dies zwar eine Stärkung für den birmesischen Buddhismus. Aber gleichzeitig versuchte U Nu, den *saṃgha* unter Aufsicht zu stellen und staatstreue Mönche in einflußreiche Positionen zu bringen, was den Widerstand weiter Teile des Mönchsordens gegen die Regierung zur Folge hatte. U Nu erklärte 1961 den Buddhismus zur Staatsreligion, interpretierte ihn aber als »buddhistischen Sozialismus«, zumal er bei der Bodenreform auch an die buddhistische Ethik anknüpfen konnte.[27] Diese Machtkämpfe zwischen Staat und *saṃgha* und die Versuche einer »buddhistischen Modernisierung«, die den *saṃgha* spalteten,[28] sind auch heute noch spürbar. Seit 1962 regierte eine Militärdiktatur, gegen die Ende der 80er Jahre die birmesische Volksbewegung unter der charismatischen Führung der Buddhistin Aung San Suu Kyi, Tochter Aung Sans, des »Vaters der Unabhängigkeit«, erfolgreich Front machte. Ihre National League for Democracy gewann 1990 die

[27] Sarkisyanz, a.a.O., 37ff.

[28] Vgl. dazu D.E. Smith, bes. Kap. 6 »The Sangha, Politics, and Reform«, a.a.O., 186-227.

Wahlen, seither steht Aung San Suu Kyi unter Hausarrest des Militärs und erhielt 1991 den Friedensnobelpreis. Die Theravāda-Identität spielt folglich, wie auch in Sri Lanka, für Birma eine mehr als nur kulturelle oder politische Rolle, sie ist der Rückhalt der nationalen Identität.

Anders ist die Situation in Thailand,[29] das nie von einer westlichen Kolonialmacht regiert wurde und daher in einer ungebrochenen Königstradition steht. In den politischen Wirren der Vergangenheit stellte das Königtum einen stabilen Identitätsfaktor für die Nation dar, und das ist teilweise bis heute der Fall. Allerdings ist das thailändische Königtum nicht ausschließlich buddhistisch legitimiert, sondern kultisch seit der Ayutthya-Periode (1350-1781) im hinduistischen Ritus begründet, wenngleich seit der Sukhotai-Periode (ca. 1260-1350) Theravāda die Religion des Landes (und auch des Königs) ist. Bereits König Rāma Khamhaeng (ca. 1270-1317) hatte nach seinem Sieg über die Khmer den Theravāda-Buddhismus zur Staatsreligion erhoben und unterstellte die Staatsbeamten wie auch eine neu eingesetzte Hierarchie von *saṃgha*-Beamten seiner alleinigen Kontrolle. Der König war damit Herr über Staat und *saṃgha*. Dies kam einer Neudefinition des Buddhismus und des Königtums gleich, die es so noch nicht gegeben hatte und deren Folge so charakterisiert werden kann: Der *saṃgha* war königstreu, und er ist es im wesentlichen immer geblieben. Khamhaengs Enkel, Lü Thai, lud Mitte des 14. Jahrhunderts Mönche aus Sri Lanka ein, um den *saṃgha* zu reformieren (vor allem die Kenntnis des Pāli-Kanons zu verbreiten) und eine klösterliche Struktur nach dem Vorbild auf der Insel aufzubauen. Wie in Sri Lanka hatte der *saṃgha* auch in Thailand durch Landschenkungen wirtschaftliche und politische Macht erhalten, die nicht selten die buddhistische Praxis und das Leben nach der Mönchsregel korrumpierte. Und es wiederholt sich das Muster, das wir aus früheren Perioden der Geschichte des Buddhismus kennen: Nur der König konnte umfassende und überregionale Reformen durchführen, denn der

[29] S.J. Tambiah, World Conqueror and World Renouncer. A Study of Buddhism and Polity in Thailand against a Historical Background, Cambridge: Cambridge Univ. Press 1976

saṃgha war in viele einzelne Gruppen gegliedert, denen keine zentrale und weisungsbefugte Ordnungsmacht vorstand. So haben die Könige seit dem 18. Jahrhundert (vor allem Rāma I., Regentschaft 1782-1809, und Rāma IV. [Mongkut][30] Regentschaft 1851-1868)) den *saṃgha* reformiert, sich um die Mönchsdisziplin gekümmert, den Pāli-Kanon revidiert und nicht-buddhistische (magische) Praktiken zurückgedrängt. König Mongkuts Sohn, Rāma V. (Chulalongkorn, Regentschaft 1868-1910), kümmerte sich um eine höhere Bildung der Mönche und richtete Institute ein, die schließlich zu buddhistischen Universitäten wurden. Umgekehrt wurden die Klöster in die Pflicht genommen, Bildung auf dem Lande zu verbreiten. Diese Reformen sind ein Rückgrat für den Buddhismus in den schnellen wirtschaftlichen Modernisierungsprozessen, die weite Schichten der Bevölkerung entwurzelt haben. Die Reformen und Modernisierungen griffen aber nur teilweise, und die Mönche sind auch heute noch fast durchweg konservativ und ritualistisch orientiert.

Thailand kennt als einziges Land das Prinzip einer zeitweiligen »Ordination«, wodurch immer noch sehr viele Thai-Männer zumindest für einige Wochen als Mönche im Kloster leben. Diesen Umstand machten sich Reformbewegungen in diesem Jahrhundert zunutze, um durch eine Stärkung des Laienelements auch den *saṃgha* an seine sozialethische Verantwortung zu erinnern. Vor allem der Mönch Buddhadasa (1906-1993) hat in ganz neuer Weise die Sozialkritik und ethische Verantwortung des Buddhismus ins Zentrum seines Wirkens gestellt und damit die bereits seit den 30er Jahren spürbare Tendenz zur Politisierung einiger Teile des *saṃgha* fortgeführt.[31] Die mit Sulak Sivaraksa und dem Engagierten Buddhismus verbundenen Mönche arbeiten an der Verwirklichung einer neuen buddhistischen Sozialethik (siehe Kapitel 12).

Der Buddhismus in Laos geht bis in das 12. Jahrhundert zurück

30 König Mongkut hatte vor seiner Krönung 27 Jahre lang als Mönch gelebt.

31 W. Skrobanek, Buddhistische Politik in Thailand. Mit besonderer Berücksichtigung des heterodoxen Messianismus, Wiesbaden: Steiner 1976; S. Suksamran, Buddhism and Politics in Thailand, Singapore: Institute of Southeast Asian Studies 1982; S. Phongphit, Religion in a Changing Society. Buddhism, reform and the role of monks in community development in Thailand, Hongkong: Arena Press 1988

und wurde um 1350 in der Form des Theravāda Staatsreligion. Er konnte dort fast ungebrochen in der bekannten Einheit von Thron und Pagode existieren, bis 1975 die Kommunisten die Macht übernahmen und den *saṃgha* unter die Aufsicht des Staates stellten, wobei die Mönche patriotische Bildungsaufgaben und soziale Dienste zu übernehmen hatten. Trotz wechselnder Herrschaft und Ideologie ist in Kampuchea, Thailand und Laos der *saṃgha* immer eine nationale Institution geblieben, die von dem jeweiligen Staat einerseits kontrolliert und politisch instrumentalisiert, andererseits patronisiert und reformiert wurde.

Der vietnamesische Buddhismus ist vorwiegend mahāyānistisch ausgerichtet. Er war seit dem 1. Jahrhundert mit der gewaltsamen Kolonisierung durch China in Vietnam als Teil einer allgemeinen Sinisierung (Einführung der chinesischen Schrift, der konfuzianischen Verwaltung usw.) unter den Oberschichten verbreitet worden. Das Volk haßte die Fremdherrschaft und ging damit auch zum Buddhismus auf Distanz. Erst seit dem 10. Jahrhundert, als Vietnam von China unabhängig wurde, kam auch der Buddhismus unter der (späteren) Li-Dynastie (1009-1225) zur Blüte, indem er sich mit einheimischen Religionsformen (Verehrung von Geistern und Schutzgottheiten) verband. Die in China überwiegenden Gestalten des Buddhismus, nämlich Ch'an und »Reines Land«, hatten auch in Vietnam den größten Einfluß. Der Buddhismus wurde nicht nur offizielle Staatsreligion, sondern die Könige beriefen jahrhundertelang Mönche in höchste Staatsämter, wenngleich seit dem 15. Jahrhundert der Konfuzianismus den Buddhismus als staatstragendes Element zurückdrängte. Seit dem 18. Jahrhundert erfreuten sich die Buddhisten einer »Renaissance« ihrer Religion, und einheimische Schulbildungen konnten an Boden gewinnen. Dies hing auch wesentlich damit zusammen, daß der Buddhismus national-religiöse Kräfte gegen die immer bedrückender werdende christlich-französische Kolonialherrschaft zu entfalten vermochte (1867 Annexion auch des südlichen Landesteils durch Frankreich).[32] Auch der vietnamesische Buddhismus wurde durch die Auseinandersetzung mit dem Kommunis-

[32] Vgl. M. v.Brück, Budhismus und Christentum, München: C.H.Beck 1998, 561.

mus in der 2. Hälfte des 20. Jahrhunderts und durch den Vietnam-Krieg nicht aufgerieben, sondern erweist sich beim Neuaufbau als nationaler Identitätsgeber. Wie sich der *saṃgha* in den Umwälzungsprozessen dieser Ländern weiter entwickeln wird, ist noch nicht abzusehen.

8. Entstehung und Entwicklung des Mahāyāna

8.1 Gründe für die Entstehung des Mahāyāna

Der Mahāyāna-Buddhismus entwickelte sich allmählich, unmerklich fast in den Anfängen und ohne daß ein präziser Ausgangspunkt angegeben werden könnte. Bereits die Auseinandersetzungen auf dem Zweiten Konzil von Vaiśālī (383 v.Chr. bzw. um 280 v.Chr. nach der späten Lebensdatierung des Buddha) können als eine von mehreren Entwicklungen betrachtet werden, die sich schließlich im Mahāyāna bündelten. Mehrere Elemente sind hier zu nennen, die erst in ihrer Synthese ergeben, was später Mahāyāna ausmachte:

1. Eine flexiblere Interpretation der *Mönchsregel* durch die Mahāsaṇghikas, die sich an neue Umstände anpassen konnte, damit die Mission beförderte und der Pluralisierung im *saṃgha* Vorschub leistete.
2. Die Verehrung des Buddha in einer Laien-Bewegung, die sich um den *Stūpa-Kult* (Reliquien des Buddha) gebildet hatte, an der aber auch Mönche und Nonnen Anteil hatten.[1] Die Reliquien des Buddha wurden sofort nach seinem Tode Gegenstand kultischer Verehrung, aber die Pflege dieses Kultes oblag den Laien, nicht den Mönchen.[2] Da die Mönche nach dem *nirvāṇa* strebten, sollten sie nicht durch personale Frömmigkeit (und das damit möglicherweise verbundene Anhaften an äußeren Formen) vom Wesentlichen abgelenkt werden, was aber letztlich auch der frühe Buddhismus nicht verhindern konnte. Die Laien jedenfalls förderten den Stūpa-Kult, denn er stärkte ihr Vertrauen in den Buddha und diente der Gemeinschaft in der buddhistischen Bewegung. Besonders wichtig waren die Stūpas an den vier heilig-

[1] G. Schopen, Two Problems in the History of Indian Buddhism: The Layman/Monk Distinction and the Doctrines of the Transference of Merit, Studien zur Indologie und Iranistik (Hrsg. G. Buddruss/ O.v. Hinüber u.a.) Heft 10, Reinbek 1985, 9-47

[2] Vgl. A. Hirakawa, A History of Indian Buddhism, Delhi: Motilal Banarsidass 1993, 270ff. Selbst heute noch werden in Birma die Stūpas (Pagoden) ausschließlich von Laien verwaltet.

sten Stätten des Buddhismus, die sich bald zu Pilgerzentren entwickelten: Lumbinī (Geburtsort des Buddha), Bodhgayā (der Ort des Erwachens), der Tierpark in Sārnāth (Ort der ersten Predigt), Kuśinagara (der Sterbeort). Aśoka ließ überall in seinem Reich Stūpas errichten, und teilte zu diesem Zweck die Reliquien auf. Die heute noch viel besuchten Stūpas von Bhārut und Sāñcī in Zentralindien sowie Taxila in Gandhāra (heute Pakistan) gehen bis ins 3. Jh.v.Chr. zurück. Um den Stūpa entwickelten sich neue Aufgaben, denn die Stūpas mußten gepflegt und die Opfergaben (Grundbesitz, Einrichtungen für die Pilger, kostbare Materialien für die Verzierungen usw.) verwaltet werden, und möglicherweise gab es Erzähler oder Sänger, die zur Erbauung der Pilger das Leben des Buddha vergegenwärtigten und seine Taten priesen. Vielleicht leiteten sie die Pilger an, mit geschlossenen Augen den Buddha in all seiner Herrlichkeit zu visualisieren, bis er gleichsam leibhaftig vor dem inneren Auge stand. Dies könnte nicht nur der Anfang der Visualisierungs-Meditation im Mahāyāna gewesen sein, sondern auch der Ursprung dafür, diese inneren Bilder nun auch äußerlich in Stein zu hauen oder auf Felswände zu malen, wie sie uns bis heute vor Augen stehen. Wir hätten hier somit eine Erklärung für den Beginn der bildhaften Darstellung des Buddha. Jedenfalls brachte der Stūpa-Kult eine Gruppe von »Kultbediensteten« hervor, die sich dieser Aufgaben annahmen und darin deutlich von den Mönchen wie von den gewöhnlichen Laien unterschieden. Daß sich diese besonderen Laien-Anhänger *bodhisattvas* genannt haben könnten, ist möglich, aber wir haben dafür keine Belege.[3] Die Aufmerksamkeit und Verehrung der Laien war natürlicherweise eher auf den in Liebe verehrten Buddha als auf die anonymere Mönchsgemeinde gerichtet, und so brachten es die Stūpas zu einigem Wohlstand. Dies dürfte auch das Interesse des *saṃgha* am Stūpa-Kult angefacht haben. So gab es seit dem Ende des 1. Jh.v.Chr. Stūpas innerhalb der Bezirke für Mönche und Nonnen, wo zuvor eine

3 Hirakawa, a.a.O., 274, erwähnt, daß einige Mahāyāna-Texte eine Bodhisattva-Gruppe (*bodhisattvagaṇa*) erwähnen, die von den Mönchsorden der Nikāya-Schulen (*śrāvakasaṃgha*) unterschieden werden.

strikte räumliche Trennung von Stūpa und Mönchsquartier (*vihāra*) geherrscht hatte. Daß es darüber Auseinandersetzungen gab, ist durch einen diesbezüglichen Streit zwischen den Schulrichtungen belegt: Die Dharmaguptakas bejahten, daß der Stūpa-Kult positive karmische Früchte hervorbringe, die Caitikas, die der Mahāsāṇghika-Tradition angehörten, bezweifelten dies, und dieser Zweifel hielt sich durch bis in das spätere Schrifttum des Abhidharmakośa.[4] Diejenigen Gruppierungen hingegen, die später im Mahāyāna aufgingen, integrierten den Stūpa-Kult.[5]

3. Die Meditationstradition der in Zurückgezogenheit lebenden Waldmönche, die bereits im Kapitel über das Verhältnis von *saṃgha* und Staat erwähnt wurden. Anders als die Mönche, die in den *vihāras* am Rande der Dörfer lebten, waren sie nicht so sehr an der Lehrvermittlung für die Laien interessiert, die das Studium der Kommentarliteratur mit ihren philosophischen Analysen der Daseinsfaktoren voraussetzte. Und anders als die Stadtmönche, die in unmittelbarer Nähe zur politischen Macht lebten, trugen sie nichts zur Verschmelzung von Buddhologie und Königsideologie bei. Sie betrieben vielmehr intensive Meditation und reflektierten deren Ergebnisse in der Philosophie der Leerheit *(śūnyatā)* und der gegenseitigen Durchdringung aller Phänomene (*pratītyasamutpāda*). Sie praktizierten die meditative Einheitsschau und nannten das Resultat Weisheit (*prajñā*). Dies ist der Ursprung der *Prajñāpāramitā-Sūtras*, die als erste eigenständige Schriften des Mahāyāna gelten können.

4 Hirakawa, a.a.O., 272. Interessanterweise erscheinen hier die Mahāsāṇghikas, die in bezug auf die weitere Auslegung der Mönchsregel als Wegbereiter für das Mahāyāna gelten können, in größerer Distanz zum Stūpa-Kult und damit zu einer Säule des Mahāyāna. Dies ist ein weiterer Grund dafür, daß die Annahme, die Mahāsāṇghikas seien einfach die Frühform des Mahāyāna, falsch ist. (Der andere Grund ist die Tatsache, daß die Mahāsāṃghikas weiter existierten, als das Mahāyāna in Indien längst in Blüte stand.)

5 Im späteren Theravāda-Buddhismus Süd- und Südostasiens wurde der Stūpa immer bedeutungsvoller auch für die Möchs- und Nonnengemeinde.

8.2 König Kaniṣkas Bedeutung für das Mahāyāna

Im Süden konnte sich der Theravāda-Buddhismus zu einer über Jahrhunderte stabilen und konservativen Tradition entwickeln. Diese Stabilität wurde begünstigt durch die Agrargesellschaft und durch stammesgesellschaftliche Religionsformen, die dem systematisierten Buddhismus wenig Widerstand entgegensetzten. Es gab dauerhafte königliche Dynastien sowie einen einzigen Nikāya, der alle anderen zurückdrängte. In Nordwest-Indien hingegen lagen die Dinge ganz anders. Dieses Grenzgebiet war politisch instabil. Hier lebten unterschiedliche kriegerische Nomadenstämme, und über Jahrhunderte war dieser Kulturraum den wechselnden Einflüssen aus Griechenland und dem Iran ausgesetzt. Außerdem gab es eine Vielzahl buddhistischer Schulrichtungen von Sarvāstivāda über Mahāsāṇghika bis hin zu der Tradition, die sich von allen anderen abgrenzte und *Mahāyāna* nannte.

Wie bereits erwähnt, waren schon zur Zeit Aśokas die übernatürlichen Merkmale eines weltlichen Herrschers (*cakravartin*) und eines Buddha einander angeglichen worden. In Nordwest-Indien allerdings glichen sich (unter griechischem und indo-iranischem Einfluß) die Ikonographie von Königen und Buddhas noch stärker an. Dieses Gebiet war ja durch die politischen Entwicklungen in jener Zeit zu einem multikulturellen Schmelztigel *par excellence* geworden, und so kam es folgerichtig zu religiösen Synkretismen, von denen auch der Buddhismus betroffen war.

Für die Entwicklung des Buddhismus im Norden Indiens sind wir weitgehend auf Vermutungen angewiesen. Von besonderem Interesse ist König Kaniṣka aus der Kūṣāna-Dynastie (2. Jh.n.Chr.). Die Kūṣānas waren ursprünglich in Zentralasien ansässig, wurden aber aufgrund der Völkerwanderungen, die durch die Han-chinesische Expansion ausgelöst waren, nach Süden abgedrängt. Die Kūṣānas gründeten eines der dauerhaftesten Reiche im Nordwesten Indiens. Kaniṣka wird in der buddhistischen Tradition gern als ein zweiter Aśoka vorgestellt. Unter ihm soll um 120 n.Chr. das Vierte Buddhistische Konzil in Gandhāra oder Kashmir stattgefunden haben. Doch darüber besteht wenig Gewißheit. Noch unklarer sind die Berichte über das Ereignis selbst: Die Mahāsāṇghikas behaupteten, sie hätten sich in den Auseinandersetzungen durchgesetzt, und das *Mahāvastu* (ein als *vinaya*-Text klassifiziertes Werk) sei das sichtbare Resultat dieses Sieges. Doch dem widersprechen die Berichte der Sarvāstivādins, die historisch glaubwürdiger sein könnten: Sie nahmen den Sieg für sich in Anspruch und behaupteten, daß dessen Resultat der *Mahāvibhāṣa* (ein längerer abhidharmischer Text) gewesen sei. Wir wissen jedoch nicht, ob es überhaupt ein Viertes Konzil gegeben hat.

Ob sich Kaniṣka als Buddhist verstand (und wenn ja, in welchem Sinne), ist ebenfalls nicht sicher. Die Begründung für die Bejahung dieser Frage wird von den Kaniṣka Münzen hergeleitet. Das Bild des Buddha auf Münzen abzubilden, die durch ihren Gebrauch abgenutzt werden konnten, wäre für die Theravādins undenkbar gewesen. Auf den Kaniṣka-Münzen aber überreicht der Buddha Kaniṣka das Königtum, der wiederum den Buddha vor einem Feueraltar anbetet. Viel typischer für die Kaniṣka-Münzen sind allerdings Motive mit dem hinduistischen Gott Śiva und *zoroastrischen* Symbolen. Auch diese Götter »bestätigen« den König in seinem Königtum. Weil der Feueraltar nicht zum buddhistischen Kult gehört – jedenfalls nicht außerhalb des tantrischen Buddhismus –, ist die Verbindung dieses Symbols mit dem zoroastrischen Feuerkult wahrscheinlicher. Und da Kaniṣka über ein multireligiöses Gebiet herrschte, kann es für ihn politisch sinnvoll gewesen sein, den Staat und seine Symbolik auf religiösen Synkretismen aufzubauen und dies in seinen Münzprägungen zu dokumentieren. Die Münzen signalisieren allerdings ein neues Verständnis von Königtum und Buddhaschaft.

Ursprünglich hatte der Buddhismus ein göttliches Königtum verneint, weil die Kompetenz zur Herrschaft aus dem Verhalten (*karman*), nicht aber von der Geburt hergeleitet wurde. Auch Aśoka hatte kein göttliches Königtum für sich beansprucht, sondern war davon überzeugt, daß ihm die Königsherrschaft *anvertraut* worden war. Der Buddhismus erinnerte Könige und Mächtige stets daran, daß Königreiche höchst vergänglich sind.[6]

6 Der Buddha, begabt mit dem Blick in die Zukunft, konnte einem Menschen sein zukünftiges Königtum voraussagen, aber er salbte die Könige nicht. (Erst im Tantrayā-

Im Mahāyāna vollzog sich nun ein allmählicher Wandel des Verständnisses von Königtum und Buddhaschaft.[7] Dies wird daran deutlich, daß die Kaniṣka-Münzen den königlichen Titel »Sohn Gottes« (*devaputra*) tragen. Der Begriff könnte vedischen, iranischen oder sogar chinesischen Ursprungs sein und besagt, daß Könige nun *von Geburt* her als göttlich galten. Diese Veränderung war in Nordwest-Indien die Voraussetzung für eine »buddhokratische Herrschaft«. Die Entwicklungen im nördlichen Buddhismus beeinflußten schließlich auch den Süden, so daß seit dem 4. Jh. n.Chr. auch die singhalesischen Könige zwecks Machtsteigerung die Erhöhung des Königtums im Mahāyāna nachahmten und sich als *herabgestiegene* Bodhisattvas oder als zukünftige Maitreyas bezeichneten. Die Identifikation mit Maitreya bedeutet, daß diese Könige für sich sogar den Status der *Buddhaschaft* beanspruchten.[8] Im Laufe der Zeit wurde der König in allen buddhistischen Ländern als *herabgekommener* Bodhisattva oder Maitreya verehrt. Die Folge davon war, daß der König allmählich eine religiös höhere Stellung einnahm als die Mönche, die bestenfalls *arhats*[9] sein konnten. Obwohl der königliche Anspruch auf Buddhaschaft aus der buddhistischen Überlieferung nicht begründbar war,

na ist der *abhiṣeka*-Ritus (Salbung) zu diesem Zweck eingeführt worden.) Deshalb wurde in einigen Theravāda-Ländern (heute noch in Thailand) der König nicht vom *saṃgharāja* gekrönt, sondern diese *abhiṣeka* wurde und wird von Hof-Brahmanen vollzogen, die einer hinduistisch-śivaitischen Ideologie des Gott-Königtums folgen.

7 Neben der mit einer Hoch-Buddhologie gekoppelten Königsideologie hat das Mahāyāna auch ein Hoch-Bodhisattva-Ideal entwickelt: Nicht mehr ein von unten aufstrebender Bodhisattva, der sich noch auf dem Erleuchtungsweg befindet, aber noch nicht erleuchtet ist, sondern ein von oben herabkommender erleuchteter Bodhisattva hilft den Menschen.

8 Maitreya (»der Liebende«) ist der in der Zukunft erwartete Buddha, der sich jetzt schon im *tuṣita*-Himmel (»freudvoll«) auf seine irdische Geburt vorbereitet. Die ersten buddhistischen Könige Tibets (7./8. Jh.n.Chr.) knüpften an die Königsideologie Nordwest-Indiens an. Als aber die Mongolen die Herrschaft übernahmen, wurden zuerst die führenden Lamas aus der *Sakya-Schule* (13. Jh) geistige Patrone und Erzieher des weltlichen Herrschers, später übernahmen die Dalai Lamas (seit dem 16. Jh.) aus der *Geluk-Schule* die weltliche Herrschaft. Die Dalai Lamas gelten seither als Inkarnationen des Bodhisattvas der Barmherzigkeit (*Avalokiteśvara*), aber nicht nur sie allein, sondern viele Lama-Traditionslinien (*tulku*) werden als Inkarnationen höherer geistiger Kräfte betrachtet. Vgl. R.u.M. von Brück, Die Welt des tibetischen Buddhismus. Eine Begegnung, München: Kösel 1996.

9 Der Arhat hat zwar nach Theravāda-Verständnis die höchste Stufe der Vollendung erreicht, aber er steht unter dem Buddha: der Buddha erreicht das *nirvāṇa* aus sich heraus, während der Arhat dazu von einem Buddha angeleitet werden muß.

tolerierte der *saṃgha* meist solche königliche Überheblichkeit. Während Aśoka das buddhistisch-monastische Ideal der Weltentsagung respektiert und nicht verlangt hatte, daß die Mönche politische Aufgaben übernehmen sollten, erwartete Kaniṣka genau dies: die Mönche sollten sich in der Welt betätigen und der politischen Macht dienen.[10] In der politischen Kultur Nordwest-Indiens und Zentralasiens gab es also keine Trennung der zwei Räder des buddhistischen *dharma*, sondern eine enge Verbindung, gelegentlich sogar die völlige Verschmelzung beider. Diese Tradition wurde später in China und Tibet fortgesetzt.

Diese Partnerschaft von Macht und Religion wird besonders in der Kunst greifbar. In den Gandhāra-Statuen aus der Zeit der Kūṣāna-Dynastie findet sich regelmäßig die Abbildung des *cakravartin* in Gemeinschaft mit einem Buddha, oder des Buddha, der von imperialen Patronen begleitet wird. Sollten diese Statuen tatsächlich Kunstwerke der Kūṣānas sein, wäre bewiesen, daß die Kūṣāna-Könige den Buddhismus massiv begünstigt hätten. Die Bilder des Buddha und des Königs verschmolzen hier dergestalt, daß der König und der zukünftige Buddha Maitreya identifiziert wurden[11] und/ oder der König als Amitābha dargestellt wurde.[12] Diese Ikonographie findet sich in der Kūṣāna-Periode und später auch in China. Auch in der tantrisch-buddhistischen Kunst kam es seit dem 8. Jh.n.Chr. zu einer Fusion von Buddha und König bzw. seit dem 17. Jahrhundert in Tibet zu einer Identifikation des Bodhisattva Avalokiteśvara mit dem Dalai Lama, der die politische Macht ausübte. In China regte sich allerdings gegen diese Tendenzen

10 Zahlreiche Mönche waren damit nicht länger unpolitisch, sondern Hierokraten, d.h. Männer im kaiserlichen Dienst. (A.K. Warder, Indian Buddhism, Delhi ²1980; L.M. Joshi, Studies in the Buddhist Culture of India, Delhi 1967; C. Majumdar, History and Culture of the Indian People, Bd. 2-5, London 1951; B.G. Gokhale, Buddhism and Asoka, Baroda 1948)

11 S. Lévi, Maitreyavyākaraṇa, Text Tibetisch und Sanskrit, in: Maitreya le conscolateur (Etudes d'orientalisme 2 Bd., hrsg. vom Musée Guimet à la mémoire de Raymonde Linossier), Paris: E. Leroux 1932, 355-402; M. Müller, Sukhāvatīvyūhasūtra, in: Buddhist Mahayana Texts. Sacred Books of the East, Oxford: Univ. Press 1894 (Neudruck: New York 1969) Beide Sūtras sind bezeichnenderweise in Nordwest-Indien verfaßt worden.

12 I. Yamada, Karuṇāpuṇḍarīka, Vol.1, London: School of Oriental and African Studies/ Univ. of London 1968

Widerstand seitens der gelehrten Mönche, besonders als Kaiser T'ai-tsung (409-423) zum »Buddha der Gegenwart«[13] erklärt und der *saṃgharāja* Fa-kuo für seine Zustimmung mit einem Ministerposten belohnt wurde.

Wir sahen: Im Kūṣāna-Reich, später auch in China und Tibet und von dort in den südlichen Buddhismus exportiert, gab es enge Verschmelzungen der politischen Interessen mit den Anliegen des *saṃgha*, und nicht selten wurde die Mönchsgemeinschaft und ihre Autorität für Herrschaftsinteressen instrumentalisiert. Wie wir aus späteren Biographien der Mönche Fo-t'u-teng (gest. 348 n.Chr.) und Dharmakṣema (Anfang 5. Jh.n.Chr.) wissen, gab es mönchische Hierokraten und Politikberater,[14] die bisweilen an des Königs statt um übernatürliche Hilfe bei den Vier Himmlischen Königen nachsuchten, um militärischen Beistand und die Vernichtung politischer Gegner zu erlangen. Fielen solche Berater bei Hof in Ungnade, mußten sie um ihr Leben fürchten: Fo-t'u-teng wurde zweimal ins Exil geschickt, als die Vier himmlischen Könige seinem Fürsten kein Kriegsglück gewährten. Die spätere Tradition (vor allem im Ch'an (Zen)-Buddhismus) verachtete solche Mönche, die sich den Herrschenden andienten, und nahm jene zum Vorbild, die sich der Korruption und Anmaßung bei Hof widersetzten. Letztere entstammten nicht selten der Tradition der Waldmönche, die bewußt Abstand zur politischen Macht hielten und das lasterhafte Leben in den Städten zur Zielscheibe ihrer Kritik gemacht hatten.

Die Waldmönche lebten in der Einsamkeit, um sich der Meditation zu widmen. Da aber auch sie auf den täglichen Bettelgang um Nahrung angewiesen waren, hielten sie auf diese Weise Kontakt zu den Dörfern. Die Laien verehrten sie, weil sie als außergewöhnlich weise, asketisch unbeugsam und unabhängig in ihrem Urteil galten. Dieser Werdegang spiegelt sich in den Legenden der buddhistischen Patriarchen (von Mahākaśyapa bis zu den Patriarchen des Zen) wi-

13 W. Eichhorn, Die Religionen Chinas, Stuttgart: Kohlhammer 1974, 196; W. Eberhard, Das Toba-Reich Nordchinas, Leiden: Brill 1949

14 Kao-seng-chuan (Lebensbeschreibungen hervorragender Mönche), Taisho Tripitaka Vol. 50, vgl. Whalen Lai, The Three Jewels in China, in: Y. Takeuchi (ed.), Buddhist Spirituality, 275-342, bes. 284-289, World Spirituality Series Bd.1, New York: Crossroad 1993.

der. So widersetzte sich zum Beispiel der 5. Patriarch, Upagupta von Mathurā[15], als Aśoka den *saṃgha* mit Grundbesitz und anderen Gütern beschenkte und damit eine bedenkliche »Verweltlichung« der monastischen Disziplin einsetzte: Upagupta zog sich in die Einsamkeit zurück und demonstrierte damit die Unabhängigkeit des Waldmönchtums. Die Waldmönche bildeten im Norden eine eigenständige soziale Gruppe, was im südlichen Buddhismus nicht der Fall war.

8.3 Das neue Verständnis des Buddha im Mahāyāna

Die neue Denkweise und Philosophie im Mahāyāna betrifft im wesentlichen drei Themen:[16]

- die neue Wahrnehmung von Wirklichkeit (einschließlich Zeit und Geschichte),
- eine neue Interpretation der Gestalt des Buddha,
- ein spezifisches Verständnis der Mahāyāna-Sūtras.

Einerseits kann man Kontinuität zum frühen Buddhismus feststellen, weil viele Mahāyāna-Ideen im frühen Buddhismus bereits angelegt waren und nun in den Vordergrund rückten: so zum Beispiel die Meditation in der Zurückgezogenheit, der Begriff der Leerheit *(śūnyatā)* und die Vorstellung von der Vielgestaltigkeit der Lehre des Buddha, der situationsbedingt aus pädagogischen Gründen »geschickte Mittel« (*upāya*) angewendet habe.[17] Andererseits hat sich das Mahāyāna bewußt und nicht ohne Polemik von dem »geringeren Fahrzeug« (Hīnayāna) abheben wollen, wie dies im Lotos-Sūtra zum Ausdruck kommt.[18] Und so ist der Übergang zum Mahāyāna zugleich von Kontinuität und Wandel geprägt. Vor allem ist die »Stimmung« im Mahāyāna anders als im frühen Buddhismus – die

15 J.S. Strong, The Legend and Cult of Upagupta. Sanskrit Buddhism in North India and Southeast Asia, Princeton: Princeton Univ. Press 1991

16 Die folgenden Ausführungen treffen auch auf die Entwicklung des Tantrayāna zu, das als weiterentwickeltes Mahāyāna betrachtet werden kann.

17 Der frühe Gebrauch des *upāya*-Begriffs wird herausgearbeitet bei: M. Pye, Skilful means. A Concept in Mahayana Buddhism, London: Duckworth 1978.

18 M. v.Borsig (Übers.), Lotos-Sūtra, Gerlingen: Lambrecht Schneider 1992, 2. Kapitel (57ff.)

Mahāyāna-Sūtras (besonders das Avataṃsaka-Sūtra, das Lotos-Sūtra, das Vimalakīrti-Sūtra) sind von emotionaler Intensität geprägt, die sich in bildhafter Sprache Ausdruck verschafft, und die Texte gehen dabei kunstvolle Verbindungen von Visionen und deren Interpretationen ein, so daß die meditativen und rationalen Aspekte des Geistes mehr oder weniger ausbalanciert zum Tragen kommen.[19]

Im frühen Buddhismus war Siddhārtha Gautama Śākyamuni der irdische Lehrer des *dharma*, mehr nicht. Zwar wurden Buddha und *dharma* auch identifiziert (»Wer den *dhamma* sieht, sieht mich; wer mich sieht, sieht den *dhamma*.«[20]), aber dies war funktional gemeint. Im Mahāyāna hingegen wurde der Buddha als gleich-ewig wie der *dharma* betrachtet. Er, der überirdisch schon immer existiert hatte, war aufgrund seiner Barmherzigkeit als Lehrer auf der Erde erschienen, um die unwissenden Menschen zu befreien. Diese Interpretation des Buddha hat wohl ursprünglich nur seine herausragende Bedeutung für alle Lebewesen unterstreichen wollen, sie wurde aber immer mehr zu einer Frage der Wesensbestimmung des universalewigen Wesens, das in dieser Weltperiode als Buddha Śākyamuni erschienen war.

Die Trikāya-Lehre

Diese Entwicklung einer Buddhologie konkretisierte sich im Mahāyāna in der Lehre von den drei Körpern des Buddha (*trikāya*). Sie will das Problem lösen, wie der historische Buddha mit dem von ihm verkündeten *dharma* verknüpft werden konnte. Die Buddhologie der *trikāya*-Lehre verbindet das historisch Besondere mit dem transzendenten Allgemeinen, und diese Frage stellte sich um so dringlicher, als nach indischem Zeitverständnis unserem Zeitalter (mit dem historischen Buddha) unendlich viele Zeitalter vorangegangen sind und noch viele folgen werden. Man mußte und wollte also erklären, wie sich die *Vielzahl von Buddhas* zu dem *einen* un-

19 G.J. Tanabe, Myōe the Dreamkeeper. Fantasy and Knowledge in Early Kamakura Buddhism, Cambridge, Mass.: Harvard Univ. Press 1992, 15f.
20 SN III, 120

wandelbaren *dharma* verhält. Die Wurzeln der *trikāya*-Lehre liegen im frühen Buddhismus, nämlich in der Unterscheidung des materiellen Leibes von einem subtilen und einem rein geistigen Körper, die für die Meditation wichtig war.[21] In frühen Mahāyāna-Texten ist davon die Rede, daß sich Buddhas und Bodhisattvas in sehr unterschiedlicher Weise manifestieren können, um Lebewesen hilfreich beizustehen.[22] Und dies schließt die Manifestation feinstofflicher Körper ein. So wird beschrieben, wie ein spiritueller Körper aus einem materiellen heraustreten und unabhängig von ihm handeln kann.[23] Zur vollen Entfaltung gelangte die *trikāya*-Lehre aber erst in der Yogācāra-Schule des Mahāyāna durch Asaṇga (4. Jh.n.Chr.). Hier wird der materielle Körper sowie die materielle Daseinsebene überhaupt von einem subtilen und einem geistigen Körper unterschieden, wobei letzterer frei von jeder Form ist. Jeder dieser Körper oder »Manifestationsebenen« entspricht bestimmten geistigen Wahrnehmungen und Erscheinungen. Welche Art der Wahrnehmung eintritt, hängt daran, womit (und mit welcher Ebene) sich der Meditierende identifiziert. Jede Form, die auf diese Weise in der Wahrnehmung des Meditierenden erscheint, ist relativ und impermanent. Dies zu beachten, ist wichtig, denn alle erscheinenden und benennbaren Gestalten sind vorläufig und nicht das, was letztlich erstrebenswert ist: das *nirvāṇa*.

Diese Gedanken suchten die Mahāyāna-Philosophen mittels eines Denkmodells zu konkretisieren, das in Indien weit verbreitet war (und ist), nämlich die Unterscheidung zwischen einer Aussage über Gott (oder die letztgültige Ebene der Wirklichkeit) mit bestimmten Eigenschaften (*saguṇa*) oder ohne jede Eigenschaftsbestimmung (*nirguṇa*). Die menschliche historische Gestalt (*nirmāṇakāya*) und das universale transzendente Bewußtsein aller Buddhas (*dharmakāya*) konnten nun in dem *saguṇa-nirguṇa*-Schema als zwei Aspekte ein- und derselben Wirklichkeit interpretiert werden. Der historische Buddha war *einer* unter vielen Buddhas, die sukzessive erscheinen, um den einen unwandelbaren *dharma* zu lehren. Im

21 Poṭṭhapāda-Sutta, DN 9

22 Saddharmapuṇḍarīka-Sūtra (Lotos-Sūtra), Daśabhūmika-Sūtra, Bodhisattvabhūmi des Asaṇga u.a.

23 Sāmaññaphala-Sutta, DN 2

Verlauf der Geschichte des Buddhismus wurde jedoch die historische Erscheinung (*nirmāṇa*) immer weniger als realistisch gedachte Einkörperung des *dharma* in einen menschlichen Leib verstanden, und so *schien* Buddha Śākyamuni nur ein historischer, bedingter, leidender Mensch gewesen zu sein, in Wirklichkeit sei er vielmehr leidlos, universal und ewig. Sein ewiger Wahrheitskörper (*dharmakāya*) wurde als letztgültig betrachtet, die Erscheinung als nur vorläufig. (Wir haben im Kapitel über den historischen Buddha gesehen, daß entsprechende Tendenzen bei der Legendenbildung sehr früh einsetzten.) Da der ewige *dharmakāya* nach dieser Vorstellung weder *wirklich* erscheinen noch sich in die vielen Gestalten der visualisierten und in der Meditation erscheinenden Gestalten *verwandeln* konnte, mußte man noch eine »Zwischenebene« einführen, einen Seinsbereich bzw. eine Gestalt, in der die in der Meditation fortgeschrittenen Buddhas und Bodhisattvas den *dharmakāya* und seine Strahlungen »genießen« könnten. Und diese Erscheinungsweise der Letzten Wirklichkeit nannte man den *saṃbhogakāya* (Seligkeits-Körper), der dem Meditierenden visionär erscheinen kann.

Es geht in der *trikāya*-Lehre *nicht* um den Versuch, die Letzte Wirklichkeit in eine substantialistische Ontologie zu zwängen, sondern darum, das menschliche Bewußtsein zu einer Transzendierung seiner selbst bzw. zu einem Erwachen zur Wirklichkeit anzuregen. Das besagt: Der *dharmakāya* steht für die vollkommene Unerfahrbarkeit und Unermeßlichkeit der Wirklichkeit. *Dharmakāya* ist also keine »Substanz«, sondern die alldurchdringende und alle Konzepte auflösende Leere *(śūnyatā).* Hingegen benennen *saṃbhogakāya* und *nirmāṇakāya* graduell die Strukturen des erfahrenden Bewußtseins:[24] Die im *nirmāṇakāya* am Grobstofflichen sich manifestierende Bewußtheit wird von einem *saṃbhogakāya*-Bewußtsein abgelöst, das subtiler ist und intuitiv die raum-zeitlichen Differenzen der Erfahrung des alltäglichen Bewußtseins vereinigt; in der Bewußtheit des *dharmakāya* lösen sich schließlich alle trennenden Impulse auf, und es erscheint die Ganzheit des erwachten Bewußtseins. Während *śūnyatā* das Ganze

[24] Darauf weist J.P. Keenan hin: The Meaning of Christ. A Mahayana Theology, Maryknoll: Orbis 1989, 183.

durchdringt und das Ganze *śūnyatā* ist, kann die *trikāya*-Lehre eher unterschiedliche Manifestations- bzw. Bewußtseinsstufen bezeichnen. Alle diese Manifestationen aber sind leer (von Eigenexistenz) und können darum einander ungehindert durchdringen. Sie entstehen als diese Durchdringung in gegenseitiger Abhängigkeit: das ist die Bedeutung des Begriffs *śūnyatā*, Leerheit.[25]

Wir können diesen Abschnitt zusammenfassen, indem wir fragen: Wer ist der Autor der Mahāyāna-Sūtras? Zunächst ist klarzustellen: Wie der frühe Buddhismus, so begründet sich auch das Mahāyāna allein auf Lehren des Buddha, aber eben nicht auf den Buddha in seinem *nirmāṇakāya*, sondern im *saṃbhogakāya* bzw. *dharmakāya*. Die Mahāyāna-Sūtras behaupten *nicht*, daß sie auf die Predigt des historisch faßbaren Siddhārtha Gautama Śākyamuni reduzierbar wären, sondern Autor dieser Sūtras ist vielmehr der Buddha in seiner trans-historischen (»transzendenten«) Gestalt: Wenn er das Lotos-Sūtra oder das Avataṃsaka-Sūtra verkündet, ist er umgeben von Scharen himmlischer Wesen, und der Ort der Verkündigung wird zu einem Schauplatz kosmischer Manifestation. Die Entdeckung dieser feinstofflich-transzendenten Dimension als Quelle der Schriften ist das, was – nach Ansicht des Mahāyāna – diese Tradition groß und überlegen macht und vom nur »Kleinen Fahrzeug« (Hīnayāna) unterscheidet. Mahāyāna gründet demnach in dem Selbstbewußtsein, von einer höheren Wahrheit durch den transzendenten Buddha inspiriert zu sein, und diese Inspiration hat sich in den betreffenden Sūtras niedergeschlagen. Die Mahāyāna-Sūtras gelten (für die Mahāyāna-Anhänger) als Verkörperung der höheren Form der Lehre des Buddha, die im Pāli-Kanon und den Āgamas in weniger entwickelter Gestalt vorliegt.

Aber auch für den Mahāyāna-Buddhismus gilt: Das, was der Buddha lehrte, ist nicht wahr, weil *er* es lehrte, sondern weil diese Lehre die *Wirklichkeit* so beschreibt, *wie sie ist*. Doch in der *Person des Buddha* und in seinem Werdegang hat der Weg zur Befreiung sichtbare Gestalt angenommen. Anders ausgedrückt: Der *dharma* bleibt

25 Dies gilt, wenn man nicht den *dharmakāya* allein mit *śūnyatā* identifiziert. Aber auch dann würden innerhalb des *dharmakāya* vermittels der alten Unterscheidung des *dharmakāya* in *svabhāvakāya* und *jñānakāya* das unbewegte Ganze und die *Realisierung* desselben durch einen Bewußtseinsakt zusammengehalten.

nicht allgemein und abstrakt, sondern zeigt sich im Buddha spezifisch und konkret. Da nun nach mahāyāna-buddhistischer Auffassung das Allgemeine im Konkreten ist und umgekehrt, darf die Bedeutung der Person des Buddha nicht unterschätzt werden.

8.4 Das neue Verständnis von Nicht-Selbst (anātman) und Bewußtsein

Wir wollen nun anknüpfen an die im 5. Kapitel beschriebene Debatte über die Frage, was sich im Kreislauf der Geburten reinkarniert, wenn es doch kein »Ich« oder »Selbst« gibt. Dabei zeigt sich, daß die Mahāyāna-Vorstellungen von Leere (*śūnyatā*) bei den Mādhyamikas und vom Speicher-Bewußtsein (*ālayavijñāna*) bei den Yogācārins Konsequenzen sind, die sich aus den früheren buddhistischen Anschauungen und Entwicklungen fast zwangsläufig ergeben.

Der frühe Buddhismus lehrte Nicht-Selbst hinsichtlich der Person, aber hinsichtlich der »Außenwelt«, das heißt bezüglich der *skandhas* und *dhātus*, vertrat man einen realistischen Pluralismus. Diese Aggregate und Elemente existierten wirklich, und sie brachten im Wirbel des Entstehens und Vergehens in der Zeit unablässig neue Gestalten hervor. Wir können somit von einem realistischen Augenblicksdenken sprechen. Die Mahāyāna-Schulen setzten indes einen neuen Akzent, indem sie diesen realistischen Pluralismus ablehnten. Dies geschah dergestalt, daß die Prajñāpāramitā-Literatur im Mahāyāna auf älteren philosophischen Entwicklungen aufbaute, die nun aber genauer interpretiert wurden. Das gilt vor allem für die Frage nach der Meditationserfahrung: *Was* wird hier eigentlich von *wem* erfahren?

Leerheit (śūnyatā)

Der Schlüsselbegriff ist *śūnyatā*, und dies war zunächst eher ein Programm oder ein Symbol als ein philosophischer Begriff mit einer feststehenden Bedeutung. Doch dieser Begriff wurde schließlich zum Eckstein der Mahāyāna-Philosophie in ihren beiden großen Ausprägungen: der Mādhyamika- und der Yogācāra-Schule. Die Bedeutung von *śūnyatā* gegenüber dem früheren und eingeschränkteren Begriff *anātman* ist die, daß es schlechterdings keine begrenzte Wesenheit gibt, die durch »Selbstheit« (*svabhāva*) charakterisiert wäre. Es gibt keine objektive Wirklichkeit, die durch Merkmale gegliedert wäre, die eine dauernde Identität der Dinge schaffen würden. Und in diesem Sinne (aber nur in diesem!) kann man von universaler Nicht-Realität oder Leere sprechen. Diese Wahrheit zu erkennen, gilt als die höchste Erleuchtung, denn hier geschehe Befreiung vom Anhaften an den Dingen – es gibt ja nichts, woran man anhaften könnte. Der Anhaftende und das, woran man anhaftet, sind keine objektiven Realitäten oder verschiedene Wesen, und deshalb offenbart der Vorgang des Anhaftens hier seine wahre Natur: er ist leer. Dieser Mangel an inhärenter Existenz (*niḥsvabhāva*) ist der Kern von *śūnyatā*. Eine der Formulierungen dieser Lehre findet sich im Herz-Sūtra, das in den Klöstern der Mahāyāna-Mönche von Tibet bis Japan (fast) täglich rezitiert wird und auszugsweise so lautet:[26]

Der edle Bodhisattva Avalokiteśvara war versunken
in den tiefen Erleuchtungsgeist der Vollkommenheit der Weisheit.
Er betrachtete die fünf Skandhas und sah,
daß sie im Wesen leer von jeder Eigenexistenz sind.
O Śāriputra!
Hier gilt: Form ist Leere, und Leere ist ebenso Form.
Form ist nicht verschieden von Leere, Leere ist nicht verschieden von Form.
Was Form ist, das ist Leere, was Leere ist, das ist Form.
...
Alle Dharmas sind von Leere gezeichnet.
Weder entstehen noch vergehen sie.
Sie sind weder unrein noch rein.
Sie sind weder vollkommen noch unvollkommen.
...
Weder gibt es Unwissenheit noch Überwindung der Unwissenheit.

26 zit. Nach M. v.Brück, Weisheit der Leere. Sūtra-Texte des indischen Mahayana-Buddhismus, Zürich: Benziger 1989, 238f.

Ausgedrückt in den Kategorien der frühbuddhistischen Philosophie bedeutet dies: Es gibt nicht nur »kein Selbst« (*pudgalanairātmya*), sondern viel umfassender und in aller Konsequenz »keine Wesenheit der Dinge« (*dharmanairātmya).* Ein neues Verständnis des Bewußtseins und der Basis für die Reinkarnation war die Folge.

Śūnyata bedeutet nicht, daß überhaupt nichts existieren würde. Vielmehr besagt *śūnyatā*, obwohl es keinerlei Qualität hat, daß alles, was ist, aufgrund von Ursachen ist, und daß daher alles in wechselseitiger Beziehung und Abhängigkeit existiert. Dies hat in aller Klarheit der Mahāyāna-Philosoph Nāgārjuna (2./3. Jh.n.Chr.) so ausgedrückt: [27]

> »Was Entstehen in gegenseitiger Abhängigkeit ist, das ist Leerheit.«

Es gibt, weil alles aus anderem entsteht, weder absolute Identität noch Nicht-Identität.[28] Alle unsere Begriffe sind abstrahierende Bezeichnungen bzw. mentale Konstruktionen, die »entleert« werden müssen, wenn man der Wirklichkeit tatsächlich begegnen will. Jedes Phänomen hat keinen abgrenzbaren Ursprung, sondern es ist leer. Anders ausgedrückt: Die Dinge sind nicht, was sie oberflächlich zu sein scheinen, sie sind vor allem nicht aus sich heraus existent. Das heißt nicht, daß nichts existiert, sondern daß alles anders existiert, als es dem Bewußtsein normalerweise erscheint. Was nun aber existiert und was positiv darüber gesagt werden kann, wird in den verschiedenen Schulen der Mādhyamika-Philosophie[29] und in der Yogācāra-Schule unterschiedlich gedacht. Wir wollen diese beiden Hauptschulen des Mahāyāna nun noch etwas genauer betrachten.

27 Mūlamādhyamakakārikā (MK) 24, 18: *yaḥ pratītyasamutpādaḥ śūnyatāṃ*. Zwei neuere Übersetzungen und erheblich unterschiedliche Kommentare finden sich bei: Frederick Streng, Emptiness. A Study in Religious Meaning, Nashville: Abingdon Press 1967, und David Kalupahana, Nāgārjuna. The Philosophy of the Middle Way, Albany: State Univ. of New York Press 1986.

28 MK 18, 10

29 Svātantrika-Mādhyamika und Prāsaṇgika-Mādhyamika: Die Svātantrika-Schule akzeptiert die grundlegende Ebene des Bewußtseins als eine Art von »Selbst«; die Prāsaṇgika-Schule betont, daß alle unterscheidenden Begriffe nur Bezeichnungen sind, die in gegenseitiger Abhängigkeit existieren. Vgl. C.W. Huntington, The Emptiness of Emptiness. An Introduction to Early Indian Mādhyamika, Honolulu: Univ. of Hawaii Press 1989.

8.4.1 Mādhyamika

Der bereits erwähnte südindische Philosoph Nāgārjuna führt jede substantialistische Position mit logischen Argumenten *ad absurdum* und demonstriert damit die Unmöglichkeit einer eigenen positiven Anschauung *(dṛṣṭi):* Die Wirklichkeit kann nicht in Sprache erfaßt werden, weil Sprache ihre eigenen Kategorien projiziert und damit stets Wirklichkeit konstruiert (*prapañca*). Absolute Wahrheit ist nur jenseits sprachlicher Kategorien in einem meditativen Zustand (*dhyāna*) direkt erfahrbar. Anders als Nāgārjuna entwickelte sein Kommentator Candrakīrti (um 650 n.Chr.) eine eigene formale Logik und eine Lehre über das Selbst und das Bewußtsein, die zur Grundlage späterer Systematisierungen in der Mādhyamika-Schule, besonders bei den Prāsaṇgika-Mādhyamikas, geworden ist.[30] Demgemäß kann ein Selbst *(ātman)* analytisch nicht festgestellt werden, aber es existiert als konventionelle Annahme. Candrakīrtis Argumenten können wir hier nicht im einzelnen nachgehen.[31] Seine Begriffsunterscheidungen sind nur eine Anwendung der Grundintuition von *śūnyatā* auf den mentalen Prozeß selbst, der ein Ich oder Selbst auf den verschiedenen Ebenen des Bewußtseins konstruiert: Das Ich existiert nur als eine Art Begriffshülse, die um die fünf *skandhas* (Kap. 5.5) gelegt wird. Wenn die fünf Aggregate nicht erscheinen, kann auch diese Hülse, also das Ich, nicht erscheinen. Aber nun kommt der für die Mahāyāna-Philosophie entscheidende Zusatz: Menschen halten sich für selbstgenügsame oder substantielle Wesen oder für permanente, unabhängige Selbste, obwohl sie doch keinerlei inhärente Existenz haben. Dieser Irrtum muß durch Meditation und begriffliche Analyse überwunden werden. Candrakīrti vergleicht die Grundelemente bzw. *skandhas* mit den Teilen eines Wagens und das Selbst mit dem, was man »Wagen« nennt, also mit

30 Candrakīrti, *Catuḥśataka*, in: V. Bhattacarya, The Catuḥśataka of Āryadeva, with Extracts from the Commentary of Candrakīrti, Allahabad: The Indian Press 1928, S.831ff.; H. Tauscher, Candrakīrti: Mādhyamakāvataraḥ und Mādhyamakāvatarabhāṣyam (Kap. VI, S.166-266), Wiener Studien zur Tibetologie und Buddhismuskunde, H. 5: Universität Wien, 1981; Candrakīrti, Supplement to Nāgārjunas Treatise on the Middle Way, Dharamsala o.J.

31 Vgl. J. Wilson, Chandrakīrti's Sevenfold Reasoning: Meditation on the Selflessness of Persons, Dharamsala: Tibetan Works and Archives 1980

der Summe der Teile in ihrer Funktion als »Wagen«. Der Wagen aber hat substantiell keine Existenz außerhalb der Teile.

Was aber geschieht nun, wenn man meditiert und das mentale Bewußtsein von den Sinneseindrücken zurückzieht? Was bleibt dann übrig? Zunächst beschäftigt sich das Bewußtsein mit der inneren Imagination, also mit Gedächtnisinhalten. Wenn der Meditierende durch dieses Stadium hindurchgegangen ist, kann es immer noch eine Wahrnehmung von Zeit geben (die Zeitmodi Vergangenheit, Gegenwart, Zukunft sind unterscheidbar), aber auch dieses Zeitbewußtsein verschwindet allmählich (oder, wie im Zen, auch plötzlich) mit der zunehmenden Reinigung des Bewußtseins. Was jetzt übrigbleibt, ist ein klares, ungestörtes, nicht-dualistisches Bewußtsein.

Wir werden auf die Frage, was Nicht-Dualismus sei, später zurückkommen; sie wird im Yogācāra- System und in der Prāsaṇgika-Schule jeweils leicht verschieden beantwortet. Für beide Schulen aber gilt: Das Bewußtsein hat keine besonderen Eigenschaften, die ihm Form, einen Ort oder einen Ursprung geben könnten, und deshalb hat es keine Gestalt, die an solche Abgrenzungen gebunden wäre. Wenn also Bewußtsein nicht von Sinnesobjekten »gefüllt« ist, so ist es leer wie der grenzenlose Ozean. Sobald es aber mit einem Objekt in Berührung tritt, bekommt es eine Erfahrung desselben. Dabei wird es (passiv) von dem Objekt und seinen Qualitäten geprägt und reflektiert sie (aktiv) wie ein Spiegel, der ist und bleibt, was er ist, obwohl er doch das Objekt reflektiert, das man vor ihn hingestellt hat. Die Natur des Bewußtseins umfaßt demnach sowohl die passive Fähigkeit, das klare Bild eines gegebenen Objektes in sich aufzunehmen, als auch die Möglichkeit, diese Erfahrung aktiv zu reflektieren, so daß derjenige, der ein Objekt wahrnimmt, ein klares und bewußtes Wissen davon erhält.

Wenn alle Aspekte und Attribute des Bewußtseins einbezogen werden, gelangt man von Ebene zu Ebene, von Erscheinungsweise zu Erscheinungsweise. Alle zusammengesetzten Dinge aber sind vergänglich. Da das Bewußtsein offensichtlich Ebenen, Erscheinungsweisen usw. hat, ist es ebenfalls zusammengesetzt, also vergänglich. Diese Vergänglichkeit ist ein Aspekt seines »Wesens«.

Bewußtsein hängt jeweils von Faktoren ab, wie alles, was zusammengesetzt ist. Nur oberflächlich erscheint es demnach als ein aus sich selbst existierendes Wesen, denn jeder Bewußtseinsmoment hängt von einem vorhergehenden Bewußtseinsmoment ab. Daß Bewußtsein nicht unabhängig existiert, ist darum sein wahres Wesen. Diese nicht-unabhängige Existenz ist die letztgültige Natur des Bewußtseins. So werden also zwei Ebenen des Bewußtseins unterschieden:

- die letztgültige Natur des Bewußtseins,
- das Wissen um diese letztgültige Natur des Bewußtseins.

Die erste Ebene ist die Basis, und die zweite ist das Attribut dieser Basis. Das Bewußtsein selbst ist die Basis – etwas, das nicht unabhängig existiert – und alle Ebenen des Bewußtseins sind die abgeleiteten Attribute. Basis und Attribut sind aber von gleicher Natur. Beide sind Bewußtsein, das nicht unabhängig existiert und dessen »Wesen« daher Leerheit hinsichtlich inhärenter Existenz ist. Leerheit *(śūnyatā)* durchdringt alles als die eigentliche Natur, sowohl die Basis als auch die Attribute. Betrachten wir das Bewußtsein als Subjekt und die letztgültige Natur des Bewußtseins als Objekt dieses Subjekts, so können wir das Wesen des Bewußtseins angemessen erfassen. In dieser Wesenseinheit wird nämlich die direkte Erfahrung der Leerheit zuteil als direkte und nicht-dualistische Erfahrung des Bewußtseins. Die Folge davon ist, daß Gier, Haß und alle anderen Bewußtseinsverunreinigungen (*kleśa*) ausgelöscht werden, weil sie ja von der Dualität eines gierigen Subjekts gegenüber einem Begierdeobjekt abhängen. Und genau diese Dualität wird hier überwunden.

8.4.2 Yogācāra

Wir kommen nun zu der anderen wichtigen Schule, die sich neben den philosophischen Abhandlungen von Vasubandhu und Asaṇga (beide ca. 320-390 n.Chr.) vor allem auf das Laṇkāvatāra-Sūtra[32]

[32] K.-H. Golzio (Übers.), Lankavatara-Sutra. Die makellose Wahrheit erschauen, München: O.W. Barth Verlag 1996

stützt und den ostasiatischen Buddhismus stark beeinflußt hat. Mit Bezug auf das Laṇkāvatāra-Sūtra hat Daisetsu T. Suzuki drei Begriffe herausgestellt, die auf die tiefste Ebene des Bewußtseins oder auf den Bewußtseinsgrund selbst verweisen:[33]

- *citta* (Bewußtsein), ein Begriff, der schon in frühester buddhistischer Zeit mit der Theorie der Wahrnehmung und den Funktionen des Bewußtseins verknüpft war;
- *ālayavijñāna* (Speicher-Bewußtsein), ein Begriff, der am umfassendsten den Bewußtseinsgrund im Zusammenhang mit der Psychologie der *vijñāna*-Tradition beschreibt;
- *tathāgata-garbha* (Schoß des Tathāgata, des »So-Gekommenen«, also des Buddha), ein Begriff, der eine religiös-soteriologische Bedeutung hat und im Zusammenhang mit der Frage nach der Möglichkeit zur Befreiung für jeden Menschen steht.

Citta bedeutet in einem allgemeinen Sinn die Gesamtheit aller Bewußtseinsbewegungen, aber in einem spezifischeren Sinn ist damit eine Bewußtseinsebene gemeint, die vom Denken (*manas*) und den anderen Sinnesbewußtseinen (*vijñānas*) verschieden ist. Die Sinnesbewußtseine (Seh-, Hör-, Tastbewußtsein usw.) bezeichnen verschiedene Funktionen, während *citta* das Prinzip der Vereinheitlichung ist, durch die alle diese Aktivitäten auf ein einziges Subjektzentrum bezogen werden.[34] *Manas* jedoch entwickelt sich innerhalb des *citta* und hat den Kontakt zur Außenwelt durch den *Willensimpuls* herzustellen, dabei reflektiert *manas* erstens über den *citta* und sorgt zweitens dafür, daß sich *citta* als Objekt sehen kann. Während dieses Prozesses der Bewußtseinsdifferenzierung innerhalb des einen *citta* werden nun die karmischen Eindrücke oder Samen (*bīja*), die im *citta* selbst gespeichert sind, aktualisiert. *Citta* in seinem Aspekt als Speicher für die karmischen Eindrücke wird *ālayavijñāna* genannt. Das Bewußtsein (*citta*) sammelt mithin durch seine Aktivitäten *karman* an, das bedeutet, daß *citta* im Laufe des Lebens gleichsam eingehüllt wird von den Eindrücken (*vāsana*), Eigenschaften oder »Gewohnheits-Energien« (D.T. Suzuki[35]), und dadurch wird

33 D.T. Suzuki, Studies in the Lankavatara Sutra, London: Routledge 1930, 254
34 Laṇkāvatārasūtra 3, 38 (Golzio, a.a.O., 165)
35 Suzuki, a.a.O., 248

das Bewußtsein strukturiert, das heißt der Charakter eines Menschen bildet sich heraus. Im frühen Buddhismus nannte man solche formativen Bewußtseins-Elemente *caittas* oder *cetasikas* und meinte, daß sie tatsächlich unterschiedliche Wirklichkeiten neben *citta* wären. Im Yogācāra-System des Mahāyāna hingegen werden sie nur als Phasen im Prozeß des Bewußtseins angesehen, welche die implizite Komplexität des einen *citta* explizieren. Im frühen Buddhismus ist ein Bewußtseinsmoment demnach eine Kombination von *citta* und spezifischen *caittas*, während im Yogācāra jeder Bewußtseinsmoment nur als eine Phase im *citta* gilt, der sich selbst fortwährend ausdifferenziert.

Ich möchte einige eindrucksvolle Passagen aus dem Laṇkāvatāra-Sūtra zitieren, die das eben Gesagte verdeutlichen:[36]

> »*Citta* ist in seiner ursprünglichen Natur ganz rein, aber das *manas* und die anderen (Bewußtseinsmomente) sind es nicht, und durch diese werden verschiedene *karmas* akkumuliert, und daraus entsteht die dualistische Wahrnehmungsweise.« (S 754)
>
> »Von Anfang an wird auf Grund äußerer Verunreinigungen das ursprünglich reine Selbst verschmutzt. Es ist wie ein beflecktes Kleidungsstück, das zu reinigen ist.« (S 755)
>
> »So wie nur ein törichter Mensch nach dem Sitz des lieblichen Klanges im Rohr der Flöte, dem Körper des Muschelhorns oder der Trommel sucht, so sucht er nach dem Selbst innerhalb der *skandhas*.« (S 757)

Der letzte Satz zeigt unmißverständlich, daß *citta* weder als irgendeine verborgene Substanz oder Individualität neben den *skandhas*, noch als identisch mit denselben gedacht wird. *Citta* ist vielmehr ein »Vorgang« oder eine Wirklichkeit anderer Ordnung, der Grund aller Formbildungen, der selbst formlos ist und keine Merkmale hat, und darum gilt: alles *ist citta* (*cittam hi sarvam*).[37] Wenn aber dieser Grund seine Potenzen entfaltet, werden alle Formen ins (abhängige) Sein gebracht. Damit wird ein radikaler ontologischer Nicht-Dualismus gelehrt. Alle Formen, Energien, subtile oder mehr grobstoffliche Wirklichkeitsebenen, sind nichts anderes als die Explikation einer einzigen impliziten Wirklichkeit. Dies wiederum ist nur

36 Laṇkāvatārasūtra, Sagāthaka 754ff. (Vgl. Golzio, a.a.O., 346f.) Meine Übersetzung weicht von der Übersetzung Golzios geringfügig ab.

37 Laṇkāvatārasūtra, Sagāthaka 134 (Golzio, a.a.O., 280)

möglich auf der Grundlage der Anschauung von der Leerheit *(śūnyatā),* die alle unterschiedlichen Aspekte und Ebenen der Realität einen kann.

Yogācāra beschäftigt sich mehr als jede andere Schule mit der *Struktur* des Bewußtseins. Die Kategorien der Leerheit (*śūnyatā*) und des Entstehens in gegenseitiger Abhängigkeit (*pratītyasamutpāda*) werden auf das Bewußtsein selbst angewandt, wodurch dieses als in gegenseitiger Abhängigkeit entstehend und somit als leer begriffen wird. Bewußtsein ist danach die ständige gegenseitige Durchdringung

- eines fundamentalen Grundbewußtseins, das alle vergangenen Bewußtseinseindrücke als strukturierende Elemente enthält (*ālayavijñāna*)
- und der aktiven manifesten Bewußtseinsprozessen wie Empfinden, Wahrnehmen, Denken usw. (*pravṛttivijñāna*).[38]

Das viel besprochene *ālayavijñāna* ist natürlich kein Selbst im Sinne einer inhärent existierenden Wesenheit. Es ist vielmehr der Grund aller Potentialität, der selbst von allem anderen abhängig ist. Es ist eine der Bewußtseinsformen (*vijñānas*), allerdings die fundamentalste, weil in ihr alle karmischen Eindrücke der Vergangenheit als formative Prinzipien, die zukünftige Wirklichkeit bestimmen, aufbewahrt sind. Es formt die Struktur für den Ablauf aller Bewußtseinsprozesse. Im Laṇkāvatāra-Sūtra wird es mit dem *tathāgatagarbha* (Schoß des Tathāgata) identifiziert und damit als die ursprüngliche und reine Natur überhaupt angesehen, als die Soheit (*tathatā*) der Wirklichkeit, die in jedem Wesen ist. Es wundert nicht, daß im Laṇkāvatāra-Sūtra der Bodhisattva Mahāmati Zweifel bekommt und den Buddha fragt, ob es sich hier nicht um ein permanentes Selbst handele, das dem *ātman* gleich wäre. Der Buddha antwortet darauf:[39]

> »O Mahāmati, die Lehre der Philosophen vom *ātman* ist nicht dasselbe wie meine Lehre vom *tathāgatagarbha*. Denn die Tathāgatas lehren, daß der *tathāgatagarbha* Leerheit (*śūnyatā*), die Wirklichkeits-Spitze (*bhūtakoṭi*), *nirvāṇa*, Nicht-Entstehen, ohne Eigenschaften, Nicht-Verlangen ist.«

38 G. Nagao (transl.), Mādhyāntavibhāgabhāṣya, 21 (zit. nach J.P.Keenan, The Meaning of Christ. A Mahāyāna Theology, Maryknoll: Orbis 1989, 157)

39 Laṇkāvatārasūtra 2, 138 (Golzio, a.a.O., 94)

Die *vijñānas* hängen also ab vom *ālayavijñāna*. Sie interpretieren die Erscheinungen falsch, wenn sie im Bewußtsein unabhängig existierende Dinge spiegeln, statt zu erkennen, daß *alles* Projektion von *citta* auf verschiedenen Wirklichkeitsebenen ist. Wenn aber im *ālaya* (»Speicher«) alle karmischen Samen ausgeglichen sind, erscheint die Leerheit. Zeitlich und räumlich getrennte Erscheinungen durchdringen dann einander, und das Reinkarnationsproblem wird auf einer höheren Ebene aufgelöst, weil es letztlich keine Zukunft gibt, die von der Vergangenheit unterschieden wäre. Mit anderen Worten: Nicht-Dualität wird wahrgenommen, sobald die unterscheidenden Faktoren im *citta* verschwinden. Das bedeutet: *Bewußtsein ist ein unendliches Kontinuum, das die Potenz zur Selbstdifferenzierung in sich trägt, jedoch in seinem tiefsten Grund vollkommen unbewegt und nicht-zwei ist. Aber selbst dieser tiefste Grund oder die letzte Ebene ist kein »Ding«, sondern leer in bezug auf inhärente Existenz..*

8.5 Einheit und Vielfalt des Mahāyāna

Der Kern aller buddhistischen Philosophie ist die Lehre vom Bewußtsein, denn es ist das Bewußtsein, das verantwortlich für alles Handeln, alle Emotionen und Gedanken ist, die ja gereinigt werden müssen, damit Befreiung erlangt werden kann. Was auch immer im einzelnen unter Bewußtsein verstanden wird, der philosophische Begriff hat diese auf den praktischen Heilsweg hin orientierte Ausrichtung. Bewußtsein ist in allen Mahāyāna-Schulen die fundamentale Wirklichkeit, ein anfangloses und endloses Kontinuum von Prozessen. Der Buddhismus empfiehlt, dieses Kontinuum sowohl durch logische Analyse wie auch auf dem Weg direkter meditativer Wahrnehmung zu erkennen. Bewußtsein kann weder aus dem Nichts noch aus der Materie kommen, sondern seine Quelle ist ein früherer Moment des Bewußtseins. Diese Abhängigkeit von allen anderen Bewußtseinsmomenten und Bewußtseinsebenen ist die Natur des Bewußtseins, seine Leerheit *(śūnyatā)* in bezug auf inhärente Existenz (*svabhāva*). Die subtilste Ebene dieses Kontinuums ist unzerstörbar und währt von Geburt zu

Geburt, bis sie sich schließlich vollkommen gereinigt in der Buddhaschaft selbst erkennt.

Einige Mahāyāna-Sūtras greifen alte indische (und auch frühbuddhistische) Metaphern auf und vergleichen den Bewußtseinsgrund (*citta*) mit einem Ozean und die unterschiedlichen mentalen Ebenen und Bewußtseinsprozesse (*caitta*) mit den Wellen an der Wasseroberfläche des Ozeans. Im Yogācāra-System ist *citta* die *eine* Wirklichkeit oder ein universales Bewußtsein, in dem alle Prozesse entstehen und in dem sie formative Spuren (*bīja*) hinterlassen, die wiederum zukünftige Prozesse beeinflussen. Auch in dem, was wir Materie nennen, ist dieses bewußte formative Prinzip latent vorhanden, und die Entwicklung dieses Prinzips zur vollkommenen Gestalt, also zur Buddhaschaft, ist das, was man den Evolutionsprozeß im Buddhismus nennen könnte.

Bewußtsein ist also nicht nur ein Informationsspeicher, der sich aus karmischen Prozessen speist, sondern auch das aktive Subjekt des Wissens und Erkennens. Hier unterscheidet man zwischen Aufmerksamkeit (*buddhi*) und Erkennen (*jñāna*). Nur durch Intensivierung und Reinigung des Bewußtseins kann die Aufmerksamkeit so ungeteilt und das Wissen so klar werden, daß die letztgültige Natur des Bewußtseins direkt wahrgenommen wird. Unter »Reinigung« wird eine Auslöschung der *kleśas* verstanden, die karmische Spannungen erzeugen. Am wichtigsten ist dabei die Überwindung der falschen Vorstellung eines substantiellen Selbst. Denn dieses eingebildete Selbst versucht, seine falsche Identität dadurch herzustellen und zu stabilisieren, daß es an Dingen anhaftet, sie besitzen will und sich dadurch aufbläht, was wiederum die Illusion seiner Eigenexistenz verstärkt. Was wird nun aber in der direkten Wahrnehmung des Bewußtseins durch ein gereinigtes Bewußtsein wahrgenommen? Die Leerheit des Bewußtseins, das heißt die subtilste Bewußtseinsebene – sie erscheint als reines Kontinuum, das keinerlei räumlich oder zeitlich begrenzenden Attribute hat. Es ist keine Substanz, sondern reine »Lichthaftigkeit« jenseits der konzeptuellen Wahrnehmungsweisen in Dualitäten. Es hat weder Anfang noch Ende. Es ist präsent in allen Erscheinungen.

Der Mahāyāna-Buddhismus ist allerdings ursprünglich weder geschichtlich noch philosophisch eine Einheit gewesen, sondern das

Resultat einer Verschmelzung mehrerer Traditionen, von denen einige sogar im Konflikt miteinander standen. Sie alle stützen sich auf je eigene Text-Traditionen. Wir wollen die wichtigsten Gruppen kurz so charakterisieren:

- Die *Prajñāpāramitā*-Tradition[40] ist eine Weisheits-Literatur, die wiederholt in die Nähe der Mönche gerückt wurde, die im Wald lebten und die Meditation pflegten. Das große Thema dieser Sūtras ist die Leerheit aller Erscheinungen (*śūnyatā*), und dieser Begriff ist eines der wichtigsten Themen des gesamten Mahāyāna geworden.
- Das *Lotos-Sūtra*[41] hat seine Wurzeln in der Verehrung des Buddha, besonders im Stūpa-Kult. Es wollte die Unterscheidung in drei Fahrzeuge (*triyāna*)[42] überwinden, indem es das devotionale Buddhayāna als das *eine* Fahrzeug (*ekayāna*) propagierte.
- Das *Vimalakīrti-Nirdeśa-Sūtra* repräsentiert eine Weisheitstradition der *Laien*. Es idealisiert den Haushalter-Bodhisattva Vimalakīrti und macht den gelehrten Mönch Śāriputra lächerlich, wenn es fragt, *worüber* denn eigentlich Śāriputra im Wald meditieren würde.[43]
- Das *Sukhāvatīvyūha-Sūtra*[44] stützt die Tradition des Reinen

40 Dazu nur eine Angabe: E. Conze, The Large Sūtra on Perfect Wisdom with the Divisions of the Abhisamayālankāra, Berkeley: Univ. of California Press 1975

41 L. Hurvitz, Scripture of the Lotus Blossom of the Fine Dharma, New York 1976; M.v. Borsig, Lotos-Sūtra, Gerlingen: Lambert Schneider 1992

42 Die drei Fahrzeuge des *śrāvaka-yāna* (Hörer), des *pratyekabuddha-yāna* (Alleinverwirklicher) und des *bodhisattvayāna* bezeichnen verschiedene Gruppen im frühen Buddhismus.

43 E. Lamotte, L'Enseignement de Vimalakīrti, Louvain 1962; M.v. Brück, Weisheit der Leere. Sūtra-Texte des indischen Mahāyāna-Buddhismus, Zürich: Benziger 1989, 243ff. (Teilübersetzung) Hier hat eine Umkehrung stattgefunden: Das verborgene Angriffsziel dieser Frage ist der Waldmönch Subhūti, aber weil der verehrte Subhūti nicht direkt angegriffen werden kann, setzt der Text Sāriputra an seine Stelle – trotz der Konfusion, die nun einsetzen muß, weil Sāriputra schließlich der mit der Stadtkultur verbundene Scholastiker war. Daß aber die Weisheitstradition auf diese Weise sowohl den Waldmönch als auch den wohlhabenden Laien, der in der Stadt lebt, zusammenbringen kann, ist kein Widerspruch. Denn Mahāyāna zeichnet sich gerade dadurch aus, daß die Traditionen des Dorfes, der Stadt und des Waldes, der Devotion, der Gelehrsamkeit und der Meditation, integriert werden.

44 Übersetzungen des großen und des kleinen Sukhāvatīvyūhasūtra sowie des Amitāyurdhyānasūtra in: Sacred Books of the East Bd. XLIX (Oxford 1894), repr. New York 1969; N. Utsuki, Buddhabhāita-Amitāyuḥ-Sūtra (The Smaller Sukhāvatī-Vyūha),

Landes, die sich auf den Buddha *Amitābha* begründet. Sein Kult reicht vielleicht schon vor die Zeit der Prajñāpāramitā-Tradition (1.Jh.v.-1.Jh.n.Chr.) zurück.

- Die *Daśabhūmika*-Tradition kreist um den Stufenweg der Meditation und der geistigen Reifung des Bodhisattva.[45]
- Die *Gaṇḍavyūha*-Tradition hängt vermutlich mit der Praxis von Pilgerschaften zusammen, weil in ihr der Knabe Sudhana auf der Pilgerschaft zu 53 Meistern und Meisterinnen an Weisheit gewinnt und schließlich zur Befreiung findet.
- Die beiden letzten Gruppen vereinten sich zu der gewaltigen *Avataṃsaka*-Literatur[46], die um den sonnengleichen Buddha *Vairocana* kreist.
- Die südliche *Tathāgatagarbha*-(Buddhanatur)-Tradition betrachtet die Allgegenwart der Buddhanatur im Bilde des mütterlichen Erdenschoßes, wie es in dem späten *Mahāparinirvāṇa-Sūtra* heißt, das sich nicht scheut, von der »Saat der Erleuchtung« zu sprechen und Bilder zu gebrauchen, die an den hinduistischen *ātman*-Begriff erinnern.[47]

8.6 Zusammenfassung

Die Entstehung des Mahāyāna läßt sich weder nur soziologisch noch nur ideengeschichtlich begreifen. Denn soziologisch gesehen wurden keineswegs alle Waldmönche zum Mahāyāna hingezogen, und umgekehrt blieben viele Mönche und Laien, die den Buddha im Stūpa verehrten, mit dem Theravāda verbunden. Die politischen Faktoren, die zur Herausbildung des Mahāyāna in Nordwest-Indien

transl. from the Chinese version of Kumārajīva, Kyoto: Educational Dept. of the West Hongwanji 1924 (^{2}1929).

45 M. Honda, Annotated translation of the Daśabhūmikasūtra, in: Studies in South, East and Central Asia (Memorial Volume to R. Vira, ed. by D. Sinor), New Delhi 1968, 115-276

46 Th. Cleary, The Flower Ornament Scripture. The Avataṃsaka Sūtra, Bd.1-3, Boulder/London: Shambhala 1984-87; T. Doi, Das Kegon Sutra. Das Buch vom Eintreten in den Kosmos der Wahrheit. Im Auftrag des Tempels Todaiji aus dem chinesischen Text übersetzt, 4 Bd., Tokyo 1978-1983

47 D.S. Ruegg, La théorie du Tathāgatagarbha et du Gotra. Étude sur la sotériologie et la gnoséologie du bouddhisme, Paris: Ecole franc. d'Extreme-Orient, Maisonneuve 1969

führten, fehlten auch im südlichen Theravāda nicht gänzlich. Und die Lehrdifferenzen beispielsweise um die Interpretation von *śūnyatā* und andere Begriffe, die für das Mahāyāna so charakteristisch wurden, konnten auch innerhalb der klassischen Schulen auftreten und Unterscheidungen auslösen, ohne daß sich ein spezifisches Mahāyāna hätte entwickeln müssen. Die geschichtliche Entwicklung läßt sich also nicht auf den Begriff bringen, und wir werden die Faktoren, die zu einer bestimmten Entwicklung geführt haben, nie ganz aufklären können.

Die Leerheits-Konzeption der Mādhyamika-Philosophen war ursprünglich anti-abhidharmisch, ja mehr noch, sie polemisierte gegen jedes philosophische System, indem sie die logisch-sprachlichen Grenzen jeder systematischen Erklärung des Weltganzen aufzeigte. Wo es kein Wissens-System gibt, geraten auch die Institutionen, die ein solches System »verwalten«, unter Erklärungsdruck. Diese Philosophie hat zweifellos etwas »Anarchisches«, wie später die Ch'an-Meister in China und die Zen-Meister in Japan höchst originell demonstrierten. Mādhyamika hatte und hat eine zersetzende Kraft, die gerade dadurch das Alte neu sehen lehrt und Kreativität freisetzt. Dennoch hat auch Mādhyamika eine eigene »Scholastik« entwickelt und erfuhr Schulbildungen, die sich zu starren Lehrmeinungen verfestigten, an denen die jeweiligen Vertreter »anhafteten«. Genau aus diesem Grunde entstand das *Yogācāra*-System, als eine Gegenbewegung gegen die erstarrte Mādhyamika-Dialektik, wobei es mittels einer psychologischen Analyse der Bewußtseinsfaktoren eine praktische Opposition oder Reaktion gegen theoretische Überspitzungen betrieb.

Mādhyamika wie Yogācāra waren zum Zeitpunkt ihrer Entstehung also gegen die Überspitzung und Übersystematisierung von Lehraussagen gerichtet. Sie appellierten daran, den ursprünglichen Sinn der Lehre des Buddha sowie einen *praktikablen Weg zur Befreiung* zu zeigen, der nicht durch begriffliche und verbale Radikalisierungen und Reduktionen verstellt werden sollte. Im späteren Mahāyāna sind auch Ch'an und die *tantrischen Traditionen* Bewegungen des Widerstandes gegen einengende Systematisierungen, unangemessene Hierarchiebildungen und Ausgrenzungen von Aspekten der Wirklichkeit, Erneuerungsbewegungen also, die den ursprünglichen Geist der Freiheit im Buddhismus wieder herstellen wollten.

Mahāyāna war und ist also mehr als die Philosophie der Leerheit. Das zeigt sich auch an der Sprache: Viele Mahāyāna-Sūtras wenden sich von einer abstrahierenden Sprache ab und bevorzugen den metaphorisch-erzählenden Stil. Mahāyāna entdeckte damit die *Kraft des Narrativen* und überflutete die Imagination seiner Anhänger mit neuen Mythen, die sich um den Buddha und die Bodhisattvas rankten. Diese Mythen verbanden sich mit der Praxis der Weitergabe der Tradition in charismatischen »Lehrer-Schüler-Ketten«, wie sie besonders im Ch'an, aber auch im tantrischen Buddhismus üblich wurde. So spielte nun die vertrauende Hingabe an den spirituellen Lehrer (skt. *Guru*, tibet. *Lama*, jap. *Rōshi*) eine wesentliche Rolle in der Spiritualität des Mahāyāna. Der Meister vermittelte jetzt nicht mehr allein die korrekte Lehre und Philosophie, sondern er *initiierte* den Schüler im Sinne der brahmanischen Einweihungs-Initiation (*dīkṣā)* und konnte damit unmittelbar seine geistige Kraft übertragen. Dies allerdings nur, wenn sich der Schüler mit unbedingter Hingabe der geistigen Führung durch den Meister anvertraute (*śraddhā).* In diesem Prozeß entwickelten beide die entscheidende Tugend des Bodhisattva: heilende Hinwendung zu allen Lebewesen (*karuṇā*). Die Schüler wurden zu diesem Weg ermutigt durch die Vorbilder aus der Legendenbildung um die Mahāyāna-Meister und Patriarchen, kurz, durch eine neue *narrative* Tradition.

Das neue Verständnis des Buddha im Mahāyāna tendierte zu einem Universalismus, bei dem alle Wesen in die kosmische Matrix des Buddha wie in einen Mutterschoß eingehüllt waren (*Tathāgatagarbha): Alle Wesen tragen die universale Buddhaschaft bereits in sich.* Während die frühe Abhidharma-Philosophie zu begrifflichen Unterscheidungen tendierte, strebte die Mādhyamika-Schule die Synthese des Verschiedenen an, denn die Weisheit der Leerheit *(śūnyatā)* überwindet alle Dualitäten, indem die Wirklichkeit als ein gegenseitig abhängiges Ganzes (*pratītyasamutpāda*) erkannt wird. Alle Grenzen wurden nun aufgehoben und das zuvor Gegensätzliche miteinander verschmolzen: *saṃsāra* und *nirvāṇa*, König und Buddha, Haushalter und Mönch, das Säkulare und das Heilige, die zwei Räder des *dharma*, die historischen und transhistorischen Buddhas, das Männliche und Weibliche. Diese Inklusivität ist das Spezifische des Mahāyāna. Sie kam zur vollen Entfaltung im *Tantra*, wo eine umfassende »Sakramentalität« der gesamten Wirklichkeit angeschaut und praktiziert wurde. Das heißt, im Tantra stehen alle Erscheinungen der Wirklichkeit in Entsprechung zueinander (Farben, Formen, Klänge, geistige Energien), und jeder Aspekt der menschlichen Erfahrung wird zur Übung. Mit Berufung auf diese Vision haben in späteren Zeiten vor allem in Ostasien Mahāyāna-Anhänger wiederholt versucht, die exklusiven Zustände in Klöstern, Gesellschaft und Politik zu verändern.

9. Buddhismus in China

Der Buddhismus breitete sich seit dem 1./2. Jh.n.Chr. zunächst allmählich in China aus, entlang der Handelswege (»Seidenstraße«) in Zentralasien, verbreitet durch Kaufleute und Mönche, die mit den Karawanen reisten. Die sprachliche und inhaltliche Vermittlung übernahmen Menschen aus dem Kuṣāṇa-Reich (Kashmir, heutiges Pakistan, östliches Afghanistan, Zentralasien) und den zentralasiatischen Handelsstädten und -oasen (vor allem Kuchā und Khotan bis hin nach Tun-huang), die sowohl indische Sprachen als auch Chinesisch beherrschten. Anfangs stieß der Buddhismus bei den chinesischen Gebildeten auf wenig Interesse und blieb auf die Kreise von nicht-chinesischen Kaufleuten in den größeren Städten beschränkt. Denn das China der Han-Zeit (206 v.Chr. – 220 n.Chr.) hatte auf der Grundlage des Konfuzianismus und des Taoismus eine eigene Hochkultur entwickelt, und es bedurfte nicht des Buddhismus, um mit einer systematisierten Religion oder einer Herrschaftslegitimation ausgestattet zu werden. So gewann der Buddhismus erst nach dem Zusammenbruch der Han-Dynastie im 3. Jh.n.Chr. an Einfluß. In den folgenden dynastischen Kämpfen vom 3. – 6. Jh.n.Chr. wuchs die politische und kulturelle Unsicherheit. Hungersnöte und Kriege überzogen das Land, die konfuzianische Gesellschaftsharmonie zerbrach an der Realität. Der buddhistische *dharma* war eine Antwort auf den Verlust der Kosmischen Harmonie, die – vom Konfuzianismus während der Han-Zeit inspiriert – das geistige Leben bestimmt hatte. Nun aber nahm angesichts des politischen Chaos das soziale Elend unvorstellbare Ausmaße an. Der *saṃgha* erhielt besonders starken Zulauf, nachdem zentralasiatische Nomaden in den Jahren im zweiten Jahrzehnt des 4. Jahrhunderts die chinesischen Hauptstädte zerstört hatten. Die Zeit der Sui- und T'ang-Dynastien (589 – 906) war die Blütezeit des Buddhismus in China. Als aber im 9. Jahrhundert der Buddhismus wirtschaftlich und politisch so mächtig geworden war, daß sich die Staatsmacht herausgefordert sah, kam es zu massiven Verfolgungen und Zerstörungen der Klöster, von denen sich der Buddhismus in China nie mehr ganz erholte.

Wenn wir von »dem« Buddhismus in China sprechen, so ist dies eine Vereinfachung. Der *saṃgha* selbst war in sehr unterschiedlichen Schulen organisiert, und selbst wo er (zeitweilig) organisierte institutionelle Formen, die immer regional begrenzt blieben, herausbilden konnte, gelang es der buddhistischen (und übrigens auch der konfuzianischen) Elite nicht, der Vielgestaltigkeit der Kulte, Riten, Feste und Götter des Volkes Einhalt zu gebieten und Vermischungen der Volks-Gottheiten mit Bodhisattvas und Buddhas einzudämmen. Dies veränderte die buddhistische Geisteswelt auch regional ganz erheblich. Mit anderen Worten: Der chinesische Buddhismus des Volkes unterscheidet sich wesentlich von den kodifizierten buddhistischen Systemen der Mönchs-Eliten.[1]

9.1 Übersetzung und Sinisierung des Buddhismus

Wir können hier nicht die gesamte Geschichte des Buddhismus in China nachzeichnen.[2] Lediglich einige Schlüsselereignisse und markante Entwicklungen sollen Erwähnung finden. Die Einführung des Buddhismus in China ist zuallererst eine beispiellose Übersetzungsleistung gewesen. Hunderte von Schriften mußten

1 M. Shahar/R.P. Weller (Eds.), Unruly Gods. Divinity and Society in China, Honolulu: University of Hawaii Press 1996

2 Folgende Literatur ist zu empfehlen: E. Zürcher, The Buddhist Conquest of China, 2Vols., Leiden: Brill 1959 (^{2}1979); K.K.S. Ch'en, Buddhism in China. A Historical Survey, Princeton: Princeton Univ. Press 1964; P. Demiéville, Le bouddhisme chinois, Paris 1970; Z. Tsukamoto, A History of Early Chinese Buddhism. From its Introduction to the Death of Hui-yüan, 2 Vols., Tōkyō: Kodansha 1985; M. Granet, Die chinesische Zivilisation, Frankfurt a.M.: Insel 1985; S. Weinstein, Buddhism under the T'ang, Cambridge: Cambridge Univ. Press 1987; Fung Yu-Lan, A Short History of Chinese Philosophy, New York: The Free Press 1997.
Auf eine Darstellung der Entwicklung des Buddhismus in Korea und Vietnam muß wegen der gebotenen Kürze verzichtet werden. Die Geschichte des koreanischen Buddhismus ist eng verflochten mit dem chinesischen Buddhismus, wenngleich er auch eigenständige Züge aufweist. Der Buddhismus soll gegen Ende des 4. Jahrhunderts n.Chr. nach Korea gekommen sein, und bereits im 5.Jahrhundert waren alle Schulen vertreten, die es auch in China gab. Das koreanische Königreich von Paekche hat ab 554 buddhistische Gelehrte nach Japan gesandt und ist damit die Wiege für den japanischen Buddhismus. Auch der Buddhismus in Vietnam ist in seiner Vielgestaltigkeit (abdhidharmische Traditionen und Mahāyāna-Formen) von China beeinflußt worden.

aus indischen Sprachen (Sanskrit, Pāli) ins Chinesische übersetzt werden, das durch eine völlig andere Struktur geprägt ist. Sind die indischen Sprachen flektierend, grammatisch analytisch und zu Abstraktionen anregend, so ist das Chinesische assoziativ, konkrete Bildausdrücke aneinander reihend und eher synthetisch. Im Taoismus fand man gewisse Geistesverwandtschaften zum Buddhismus vor und übersetzte daher anfangs die buddhistischen Begriffe in bekannte taoistische Konzepte (*ko-i*-Methode, nach der zum Beispiel *śūnyatā* analog zum taoistischen Konzept des Nichts (*wu*) interpretiert wurde), was zu erheblichen Mißverständnissen führte. Zu den ersten bedeutenden Übersetzern gehörte der parthische Prinz An Shih-Kao, der Mönch geworden war und um 150 n.Chr. Abhidharma-Texte übersetzte, sowie der indo-skythische Mönch Lokakṣema, der wenig später Texte der *śūnyatā*-Lehre ins Chinesische übertrug. Von überragender Bedeutung aber war Kumārajīva (343-413) der vor allem Nāgārjunas Texte und das Lotos-Sūtra in solch herausragender Qualität übersetzte, daß die gesamte spätere Entwicklung des chinesischen Buddhismus seine Signatur trägt.

China war zur Zeit der Ausbreitung des Buddhismus bis 589 n.Chr. in zwei ganz unterschiedliche Kulturräume geteilt: Der Norden wurde von wechselnden und miteinander regional rivalisierenden nicht-(han)-chinesischen Dynastien beherrscht, die im Austausch mit Zentralasien standen; der Süden hingegen blieb einheitlich – mehr oder minder stabil – für Jahrhunderte unter han-chinesischer Herrschaft. Diese Verhältnisse trugen dazu bei, daß sich der Buddhismus im Norden und im Süden sehr unterschiedlich entwickelte. Der Buddhismus war zunächst eine Fremdreligion indischen Ursprungs, und diese Tatsache hatte zwei Seiten: einerseits ergaben sich dadurch Kontakte zu anderen Völkern, andererseits war genau dieser Charakterzug bei Herrschern suspekt, die einheimische chinesische Werte und Kulturstandards betonen wollten, um ihre jeweiligen Reiche zusammenzuhalten. So ist zum Beispiel festzustellen, daß die Lehrentwicklung des Buddhismus – als »ausländischer Import« – im Norden anders verlief als im Süden, weil man im Norden, wo die herrschenden Dynastien selbst nicht han-chinesisch waren, ein eher positives Verhältnis zum Fremden entwickeln konnte. Im Süden hingegen mußte der Buddhismus viel stärker umgeformt, das heißt sinisiert werden, um Akzeptanz zu finden.

Das Problem der Sinisierung des Buddhismus ist mit der Schwierigkeit der Übersetzung und der ganz anderen Geisteshaltung der Chinesen im Vergleich mit Indien verknüpft. Ist der indische Buddhismus im wesentlichen eine Lehre des Bewußtseinstrainings aufgrund der Erkenntnis der Vorläufigkeit alles Äußeren, der Vergänglichkeit und der Befreiung vom Anhaften an weltlichen Bindungen, so ist die chinesische Mentalität durch Verehrung der Ahnen (also gerade nicht durch Wiedergeburt), die Bedeutung der sozialen Hierarchien und die Rang- und Ordnungsvorstellungen in Kosmos, Staat und Familie gekennzeichnet. Mönchtum als Verzicht auf Familie war den Chinesen völlig fremd. Die Suche nach der verborgenen Lebenskraft durch Sublimation körperlicher Vorgänge war allerdings im Taoismus wohl bekannt, und dies war ein Anknüpfungspunkt für das Verständnis des buddhistischen Geistestrainings: übernatürliche Kräfte zu gewinnen, war für den chinesischen Taoismus ein begehrtes Ziel, und viele chinesische Buddhisten gerieten in diesen Sog des Interesses am Okkulten, dem sich der klassische Buddhismus aber stets mit unmißverständlichen Warnungen widersetzte (und widersetzt).

Ende des 3. Jh. n.Chr. entfaltete der indo-skythische Mönch Dharmarakṣa aus Tun-huang eine weitverzweigte Übersetzer- und Lehrtätigkeit im Norden, besonders in der Hauptstadt Loyang. Als im Jahr 311 die Hauptstadt durch nicht-chinesische Invasoren zerstört und das Reich de facto geteilt wurde, flohen viele buddhistische Mönche nach Süden und setzten damit eine Missionstätigkeit größeren Ausmaßes in Gang. Im Süden entstand auf diese Weise eine gebildete buddhistische Oberschicht, die sich mit den philosophischen Aspekten des Buddhismus befaßte und entsprechende Texte übersetzen ließ (so arbeiteten beispielsweise die gelehrten Mönche Chih Tun (314-366) und Hui-yüan (334-416) an einer chinesischen Interpretation der Leerheit *(śūnyatā).* Im unruhigen Norden war der aus Zentralasien stammende Mönch Fo-t'u-teng um das Jahr 310 nach China gekommen und konnte, aufgrund seiner magischen Fähigkeiten (Wettermagie, Präkognition militärischer Entwicklungen usw.), zum Berater bei Hof avancieren und auf mehrere Herrscher der späten Chao-Dynastie (328-352) erheblichen Einfluß ausüben. Er versuchte, buddhistische Prinzipien der Gewaltlosigkeit und Milde so weit wie möglich in die politische Praxis umzusetzen. So stellte er auch Verbindungen zwischen buddhistischem Mönchtum und staatlichen Verwaltungsaufgaben her. Sein bedeutendster Schüler war Tao-an (314-385). Dieser übersetzte und kommentierte Texte der Prajñāpāramitā-Tradition in einer Weise, die davon zeugt, daß er sich der Unterschiede der indischen und chinesischen Mentalität sehr wohl bewußt war. Vor allem ging es ihm darum, die untereinander stark differierenden Texte aus Indien, die bereits in ihrem Ursprung und noch mehr in den Übersetzungen einander widersprachen, so anzuordnen, daß ein eigenständiges und logisch einsichtiges System des chinesischen Buddhismus entstehen konnte. Er sammelte hierzu alle ihm erreichbaren Sūtras und legte eine Liste von 611 Titeln an, die bereits qualitative Kriterien der differierenden Übersetzungen einführte und manche Texte als Fälschungen kennzeichnen konnte. Darüber hinaus war er nicht nur Gelehrter, sondern ein frommer Mönch, der seine tiefe Hingabe an den Buddha dadurch bezeugte, daß er überall Stūpas bauen, dort den Buddha verehren ließ und den Kult des kommenden Buddha Maitreya förderte. Tao-an kümmerte sich auch um die Mönchsdisziplin (*vinaya*) und übersetzte einen Teil des Vinaya der Sarvāstivāda-Schule. Er setzte sich auch dafür ein, daß Kumārajīva aus Kuchā in die Hauptstadt Ch'ang-an kommen sollte, was der Militärherrscher Lu Kuang mit Gewalt zu erreichen suchte, so daß Kumārajīva schließlich im Jahr 401 (oder 402) in der Hauptstadt eintraf und dort an die Übersetzerschule des Tao-an anknüpfen konnte.

Die Sorge Tao-ans um die Mönchsdisziplin war ein Thema, das mehrere der besten Gelehrten beschäftigte und die buddhistischen Pilger aus China, die in der Regel gleichzeitig Gelehrte waren, nach Indien reisen ließ: Einer der ersten war Fa-hsien (317?-418), der im Jahr 399 auf dem Landweg (wohl über Kashmir) nach Indien reiste. Ihm folgten im Laufe der nächsten 200 Jahre über einhundert in den Annalen erwähnte Pilger, die sich auf den beschwerlichen und gefährlichen Weg machten – die Reisen waren vom Staat her genehmigungspflichtig, und die politischen Beamten betrachteten diese Pilger-Bewegung nicht selten mit Mißtrauen oder Feindseligkeit, weil die Fremdenangst der chinesischen Herrscher Spionage und Fremdeinflüsse durch die Reisenden fürchtete. Der bekannteste Pilger war Hsüan-tsang (596?-664), der im Jahr 627 aufbrach und ganz Indien, Sri Lanka und Südostasien bereist haben will. (Nachweislich zeigen seine Berichte, daß er einige Orte, die er beschreibt, nicht selbst besucht haben kann.)[3] Für diese Pilgerreisen gab es drei Motive:

- Erstens wollte man durch Besuch der heiligen Ursprungsorte des Buddhismus in Indien fromme Verdienste (*puṇya*) sammeln,
- zweitens suchte man nach den Originaltexten der Sūtras, um bessere Übersetzungen anfertigen und Klarheit bei philosophischen Zweifeln gewinnen zu können,
- drittens wollten diese Gelehrten die Mönchsdisziplin in China aus den authentischen Quellen erneuern.

Die Literatur dieser Pilgerberichte bietet, bei allen Abstrichen bezüglich mancher Übertreibungen und Stereotypen, wertvolle Informationen über die Zustände im Indien jener Zeit, aus der wir fast keine indischen Quellen besitzen.

Der bereits erwähnte Kumārajīva (343-413) ist eine der bedeutendsten Gestalten des chinesischen Buddhismus. Sein Vater war ein indischer Brahmane und seine Mutter eine Prinzessin aus Kuchā. Um seine Gestalt ranken sich zahllose Legenden. Er hat eine Übersetzerschule betrieben, in der Hunderte von Mönchen gearbeitet haben sollen, wobei die Arbeit großzügig aus dem kaiserlichen Haushalt finanziert wurde. Kumārajīvas Leistungen sind

- *erstens* die poetisch eindrucksvolle und für Jahrhunderte maßgebliche Übersetzung des Lotos-Sūtra, das in dieser Version für den gesamten ostasiatischen Buddhismus prägend werden sollte.
- *Zweitens* führte er die Mahāyāna-Philosophie und besonders das Mādhyamika-System (Nāgārjuna) in China ein. So gilt er als der Begründer der chinesischen Mādhyamika-Schule (*San-lun*, »drei Abhandlungen«) und übersetzte die wichtigsten Texte der Weisheits-Literatur (Prajñāpāramitā-Sūtra, Vimalakīrtinirdeśa-Sūtra, Vajracchedikā-Sūtra u.a.).

3 Li Yung-hsi, The Life of Hsüan-tsang, Peking 1959

- *Drittens* kümmerte auch er sich um die Mönchsdisziplin und übersetzte bzw. kommentierte Texte der Sarvāstivāda-Tradition, mit der er sich bereits in seiner Heimat Kuchā vertraut machen konnte.

Kumārajīva hatte zahlreiche bedeutende Schüler auch aus dem Süden Chinas, zumal seit dem Jahr 404 die Grenzen zwischen Nord- und Südreich etwas durchlässiger geworden waren. Zu seinem Schüler- und Freundeskreis gehörten Seng-chao (374-414), der die Lehre von der Leerheit *(śūnyatā)* brillant in chinesische Kategorien übertrug, sowie Tao-sheng, Hui-kuan und Hui-yüan.

Von Hui-yüan (344-416), dem Schüler des Tao-an, ist ein Briefwechsel mit Kumārajīva überliefert,[4] in dem es um hoch spekulative Probleme der budhistischen Philosophie geht, zum Beispiel um die Frage, wie angesichts der Vergänglichkeit aller Erscheinungen Kontinuität des Bewußtseins (Gedächtnis) möglich sei und wie die Lehre von den drei Körpern *(trikāya)* des Buddha zu verstehen wäre: ob etwa die transzendente Form des Buddha (*dharmakāya*) irgendeine erfahrbare Gestalt habe. (Vgl. oben Kap. 8.3.) Kumārajīva antwortete mit Bezug auf Nāgārjunas Lehre, daß jede Imagination und jeder sprachliche Ausdruck nur ein relativ begrenztes Gebilde des eigenen Bewußtseins sei. Hui-yüan war mit dieser abstrakten Antwort nicht zufrieden, er suchte nach einer anschaulichen Gestalt des Buddha, die man sich geistig vorstellen (visualisieren) und verehren konnte. Im Jahre 402 soll Hui-yüan auf dem Lu-shan 123 Mönche um eine Statue des Amitābha versammelt haben. Offensichtlich waren auch Laien anwesend, denn die Zeremonie kulminierte in der kultischen Verehrung des Amitābha und dem kollektiven Gelübde, in seinem Reinen Land wiedergeboren zu werden. Dieses Ereignis gilt als der Beginn der chinesischen Schule des Buddhismus des Reinen Landes.

Der *Buddhismus des Reinen Landes*, der sich später zu einer der wichtigsten Schulen des chinesischen Buddhismus entwickelte, stützt sich auf indische Überlieferungen, die in zwei (einem längeren und einem kürzeren) Sukhāvatīvyuha-Sūtras niedergelegt sind, von de-

4 E. Kimura (Hg.), Eon kenkyū 2 Bd., Kyoto 1960-1962. Dazu auch K. Ch'en, Buddhism in China. A Historical Survey, Princeton: Princeton Univ. Press 1964, 106.

nen erste chinesische Übersetzungen in der Zeit um 220-250 n.Chr. angefertigt worden waren. In dieser Tradition wird der Buddha Amitābha als eine Gestalt unbegrenzten Lichtes von dem Gläubigen so visualisiert, daß eine tiefe vertrauensvolle Beziehung zustande kommen kann. In einem vorigen Leben, so wird berichtet, hatte Amitābha als Bodhisattva Dharmākara das Gelübde abgelegt, daß alle, die seinen Namen gläubig anrufen, in seinem Westlichen Paradies wiedergeboren werden und von diesem idealen Zustand aus mühelos das *nirvāṇa* erlangen können. Der Glaube an den Buddha des Reinen Landes hatte sich bereits in Indien weit verbreitet und war offensichtlich eine Überlieferung neben der Weisheits-Tradition. Nicht nur im Mahāyāna, sondern auch in Pāli-Quellen, besonders in Buddhaghoṣas Visuddhimagga, spielt der Begriff der Befreiung durch Vertrauen (*saddhā-vimutti*) eine wichtige Rolle.[5] Vertrauen bzw. Glaube war also schon früh im Buddhismus von einer nicht zu unterschätzenden Bedeutung. Glaube ist nicht nur der »leichtere Pfad« für die Laien, die sich strenger Selbstdisziplin nicht immer unterziehen können oder wollen, sondern auch eine Meditationsübung: eine Zentrierung des Bewußtseins auf das Wesentliche, auf die Gestalt des Buddha und die Befreiung. Durch diese emotional gestaltete Praxis des »Glaubens-Buddhismus«, welche die Hoffnung auf bessere Zustände mit dem Vertrauen auf die Verläßlichkeit des Buddha verbindet, ist der Buddhismus des Reinen Landes in China und Japan besonders in Krisenzeiten eine der Hauptgestalten des Buddhismus überhaupt geworden. Ob allerdings bereits Hui-yüan als Begründer dieser Bewegung in China gelten kann, ist höchst fraglich. Denn er und die um ihn versammelten Mönche setzten keine Missionsbewegung in Gang, sondern zogen sich in der Erwartung des Reinen Landes eher von der Welt zurück. Als Massenbewegung ist diese Form des Buddhismus in China erst seit dem Ende des 5. Jh.n.Chr. greifbar. Sie entstand in dieser Zeit als Protestbewegung und ging aus einem ländlichen devotionalen Laienkult hervor. Ihr erster großer systematisch denkender Vertreter

[5] Vgl. A. Hirakawa, A History of Indian Buddhism, Delhi: Motilal Banarsidass 1993, 289. Welche historischen Entwicklungen (Entstehung der *bhakti*-Bewegungen in Indien, z.B. der Bhagavadgītā) mit der Entstehung des Buddhismus des Reinen Landes verbunden sind, können wir hier nicht erörtern.)

war T'an-luan (wohl 488-554), der, angeregt durch den Mönch Bodhiruci, gegen das nur äußerliche Sammeln von Verdiensten anpredigte und die nicht-buddhistischen magischen Praktiken der Stadt- und Landbevölkerung überwinden wollte. T'an-luan

- forderte Bildung für alle,
- reinigte den Glauben der Laien von magischen Elementen und
- kämpfte gegen den Stolz der Gelehrten, indem er den einfachen Glauben an Amitābha propagierte.

Wir haben vorgegriffen und müssen noch einmal in das 4./5. Jh.n.Chr. zurückkehren. Einer der Mönche, der eigenwillig dachte und einen kaum überschätzbaren Einfluß auf die spätere Entwicklung des Buddhismus – besonders auf Ch'an (Zen) – ausübte, war Tao-sheng (um 360-434).[6] Er studierte auf dem Berg Lu (Lu-shan) bei Hui-yüan und kam um 406 in die nördliche Hauptstadt Ch'angan, wo er zu Kumārajīvas Übersetzerschule stieß, den Meister vielleicht persönlich kennenlernte und jedenfalls, von dessen Übersetzungen des Lotos-Sūtra und des Vimalakīrti-Sūtra angeregt, Kommentare zu diesen Schriften verfaßte. Bald begab er sich wieder auf Reisen und kehrte zum Berg Lu zurück. Er beschäftigte sich nun vor allem mit der Mahāyāna-Version des Mahāparinirvāṇa-Sūtra, von dem man annahm, daß es die letzten Reden des Buddha vor seinem Tod wiedergebe, weshalb der Text besonderes Ansehen genoß. Dort heißt es aber, daß das *nirvāṇa* »ewig, freudvoll, personal und rein« sei, was im Widerspruch zu stehen schien zu der Einsicht in die Leerheit *(śūnyatā)* aller Erscheinungen. Außerdem hieß es in dem Text, daß die sogenannten *icchantikas* (»diejenigen, die ihrem Verlangen nachgeben«) niemals die Buddhaschaft erreichen könnten. Dem widersprach Tao-sheng und argumentierte, daß doch nach der Lehre des Mahāyāna *alle* Wesen die Buddha-Natur hätten und früher oder später befreit würden. Diese Interpretation erboste die Mönche und Oberen in seiner Gemeinschaft, und er mußte die Haupt-

6 K. Ch'en, a.a.O., 112-120; W. Liebenthal, A Biography of Chu Tao-sheng, in: Monumenta Nipponica 11, 1955, 284-316, W. Liebenthal, The World Coneption of Chu Tao-sheng, in: Monumenta Nipponica 12, 1956/57, 65-103, 241-268; W. Lai, Tao-sheng's Theory of Sudden Enlightenment Re-examined, in: P.N. Gregory (Ed.), Sudden and Gradual. Approaches to Enlightenment in Chinese Thought, Honolulu: Univ. of Hawaii Press 1987, 169-200

stadt verlassen. (Später stellte sich heraus, daß jener Text, der Tao-sheng vorgelegen hatte, unvollständig und ungenau war und er mit seiner Interpretation der Befreiung aller Lebewesen nicht nur dem Geist, sondern auch dem Buchstaben nach richtig gelegen hatte.) Wenn aber alle Wesen die Buddha-Natur besitzen, so Tao-sheng weiter, sei die Befreiung nicht ein langer und mühsamer Weg, bei dem der Mensch allmählich gute Qualitäten entwickeln müßte, sondern das plötzliche Erwachen zur wahren Natur bzw. dem wahren Selbst (*chen-wo*), das in jedem schon immer gegenwärtig sei und nur zeitweilig verdeckt werde. Diese Schlußfolgerungen widersprachen der klassischen mahāyānistischen Vorstellung von den Stufen der Bodhisattvaschaft, durch die man hindurchgehen müsse, um graduell die Vollendung zu erreichen.

Hier beginnt mit Tao-sheng die Debatte um das »plötzliche« Erwachen gegenüber dem »allmählich-graduellen« Weg zur Vollendung, die zu einer der wesentlichen Kontroversen im chinesischen Buddhismus der folgenden Jahrhunderte werden sollte und sich bis nach Tibet auswirkte (Debatte von Samye, 792-94). Da sich in den Sūtra-Texten Belegstellen für beide Positionen finden ließen, wurden (beispielsweise von Hui-kuan) die unterschiedlichen Lehren so geordnet, daß der Buddha erst die eine und dann die andere Lehre verkündet habe. Auch Tao-sheng lehrte (in Übereinstimmung mit dem Lotos-Sūtra): der Buddha habe verschiedene Lehren als unterschiedliche geschickte Mittel (*upāya*) verbreitet, um den unterschiedlichen Fähigkeiten der Menschen zu entsprechen und damit möglichst viele zur Befreiung zu führen. Die Kontroverse um plötzliches oder allmähliches Erwachen wurde in China auch deshalb so vehement geführt, weil sie im Reich der Mitte einen spezifischen historischen Hintergrund hat: Während der Konfuzianismus die allmähliche geistige und sittliche Kultivierung des Menschen im Sinne des maßvollen Ausgleichs betont, ist das Ideal der Heiligkeit im Taoismus eher von Spontaneität und dem fast »kauzigen« Durchbrechen der gesellschaftlich akzeptierten Normen geprägt. Die Interpretation des buddhistischen Erwachens war also vor diesem Hintergrund eine Option entweder für konfuzianische oder für taoistische Werte!

Bis zur Mitte des 5. Jahrhunderts war der Buddhismus im Norden zu einer Blüte gelangt, die nicht zuletzt auch durch staatliche

Förderung gestützt wurde. Landschenkungen an die Klöster und Privilegien der Mönche bescherten dem *saṃgha* einen Reichtum, der moralische Korruption unter den Mönchen förderte und die Eifersucht des konfuzianischen Beamtentums und anderer einflußreicher Kreise auch aus den Reihen der Taoisten auf sich zog. Der Buddhismus hatte sich zwar zuerst in den Oberschichten verbreitet, inzwischen aber auch die bäuerliche Landbevölkerung erfaßt, zumal die devotionalen Kulte des Mahāyāna und die Klöster, die Mönche aus allen Schichten aufnahmen, Schutz vor den politischen Bedrückungen (auch der Steuerlast und dem Militärdienst!) boten. Zu Beginn des 6. Jahrhunderts sollen im nördlichen Wei-Reich etwa 30 000 Klöster mit zwei Millionen Mönchen und Nonnen existiert haben. Und obwohl es im Norden eine enge Verbindung von Staat und *saṃgha* gab, stand angesichts solcher Zahlen die Stabilität der staatlichen Herrschaft auf dem Spiel, denn die Klöster hatten wirtschaftliche Macht und politischen Einfluß gewonnen. Auf politischen Druck hin und durch Intrigen getäuscht, ordnete die Regierung der nördlichen Wei-Dynastie im Jahre 446 eine Verfolgung des Buddhismus an: Enteignung der Klöster, Zerstörung von Stūpas und die Laisierung bzw. Exekution von Mönchen und Nonnen. Erst ein neuer Kaiser setzte der Verfolgung des Buddhismus im Jahr 454 ein Ende. Nach ähnlichem Muster und aufgrund ähnlicher Umstände sollte es jedoch später (im Norden bereits wieder 574-577) erneut zu Verfolgungen des Buddhimus kommen, die im 9. Jahrhundert während der T'ang-Zeit (818-907) ihren Höhepunkt erreichten. (Im han-chinesisch beherrschten Süden beschränkte sich die anti-buddhistische Bewegung meist auf verbale und literarische Angriffe der Konfuzianer und Taoisten auf den Buddhismus.) Gleichsam als »Kompensation« ließ die Wei-Regierung nach 454, nämlich zu Beginn der 60er Jahre des 5. Jahrhunderts, die zwanzig grottenartigen Höhlentempel von Yün-kang in der Nähe der Hauptstadt Ta-t'ung erbauen, die dem Buddhismus dieser Zeit ein dauerhaftes, prächtiges und künstlerisch bedeutendes Denkmal setzten. Der buddhistische Einfluß und der Reichtum der Klöster kulminierte schließlich zur Zeit des Kaisers Wu aus der Liang-Dynastie (Regierungszeit von 502-549), der selbst Laiengelübde ablegte, den Taoismus und Tieropfer verbot sowie nach 528 mehrmals persönlich über die buddhistischen Sūtras predigte, um Gelder für die Klöster einzutreiben. Als sich die Kaiser aber zusätzlich zu ihrer weltlichen Macht auch noch mit geistlicher Autorität ausstatteten und als Bodhisattvas verehren ließen, protestierten einige Mönche, unter ihnen Chi-tsang (549-623), gegen diese Vermischung von »Kirche« und Staat.

9.2 Herausbildung chinesischer Schulen

Als sich unter der Sui-Dynastie (589-618) der Norden und der Süden Chinas wiedervereinigten, konnte sich das sinisierte Mahāyāna weiträumig entfalten. Es bildeten sich *unabhängige buddhistische* Schul-Traditionen (*tsung*) heraus, die zwar jeweils auf bestimmten Sanskrit-Sūtras gründeten, aber als Schulen keine direkten indischen Vorbilder oder Entsprechungen hatten. Diese Schulen des 6. und 7. Jahrhunderts bestimmten während der T'ang-Zeit die weitere Entwicklung, bis sie schließlich auch nach Korea und Japan gelangten. Es waren dies die Schulen *T'ien-t'ai*, *Hua-Yen* und *Ch'an*. Eine Voraussetzung für deren Entwicklung war es, daß neben der Mādhyamika-Schule nun auch das indische Yogācāra-System (chin. *Fa-hsiang* bzw. *Wei-shih*) durch Hsüan-tsang in China bekannt gemacht worden war. Daneben hatten auch tantrische Schulen in China Fuß fassen können, die jedoch erst viel später, während der Herrschaft der mongolischen Dynastien im 12./14. Jahrhundert, zu größerem Einfluß gelangten, als die tibetische Form des Buddhismus in China verbreitet wurde.

T'ien-t'ai und Hua-yen entwickelten eine Philosophie des Totalismus, der die Welt als Ganzheit und unendliche Vollkommenheit begreift. Die totalistische Philosophie begann mit der T'ien-t'ai-Schule, die in der mytho-poetischen Vision des Einen Fahrzeugs (*ekayāna*) des Lotos-Sūtra gründet, und kulminierte in der Hua-yen-Schule, die auf dem Mysterium des sonnengleichen Buddha Vairocana im Avataṃsaka-Sūtra beruht. [7] Das Grundkonzept der

7 Der bedeutendste Philosoph des Hua-yen war Fa-tsang (643-712). Vgl. Th. Cleary, Entry Into the Inconceivable. An Introduction to Hua-yen Buddhism, Honolulu: Univ. of Hawaii Press 1983.

totalistischen Schau ist: Die Einheit der Wirklichkeit ist eine dreieinige Ganzheit. Für Hua-yen besteht das unendliche Universum aus zahllosen Sphären, die sich ineinander und miteinander bewegen und wiederum eine Unzahl von Sphären erzeugen, so daß jeder Ort, jede Zeit und jedes Objekt im Universum unmittelbar alle anderen enthält und darstellt: Das ganze Universum *ist* in einem einzigen Sandkorn, und jedes Sandkorn wiederum *ist* der Sand »des ganzen Flusses Ganges«. Dieser Pan-en-theismus begreift das gesamte Universum als den Leib des Buddha, als Wirklichkeit der Erleuchtung bzw. als eine Welt des Lichtes, in dem das Zentrum überall und der Umfang nirgends ist.

Im T'ien-t'ai findet sich das Dreieinigkeitsschema (chin.: *san-i*, wörtlich »Drei-Eins«) in unterschiedlichen Zusammenhängen,[8] und man konnte an Vorläufer im taoistischen Denken anknüpfen, wo es hauptsächlich um die dreieinige Einheit von Himmel, Erde und Mensch ging.[9] Im buddhistischen Kontext gewinnt nun die Dreieinigkeitsphilosophie eine neue Bedeutung. Die dualistische Philosophie der Hīnayāna-Schulen hatte ja, als sie in China verbreitet wurde, das chinesische Konzept einer ursprünglichen Harmonie von Himmel und Erde, von Weltlichem und Überweltlichem, von Männlichem und Weiblichem, angegriffen. Also suchten die chinesischen Buddhisten jetzt, die Dualitäten mittels einheimischer Denkmodelle wieder zusammenzuführen. Sie fanden dabei eine neue Nicht-Dualität durch die Synthese der Zwei und des Einen, die in einer triadischen Struktur veranschaulicht wurde und den Dualismus von *saṃsāra* und *nirvāṇa*, von niederer und höherer Wahrheit, überbrücken konnte. Dieser Dreieinigkeits-Totalismus hat folgende Gestalt (s. S. 220):

8 Vgl. P. Swanson, Foundation of T'ien t'ai Philosophy, Berkeley: Asian Humanities Press 1989, 115-156.

9 I. Robinet, Taoist Meditation: The Mao Shan Tradition of Great Purity, New York: SUNY Press 1992

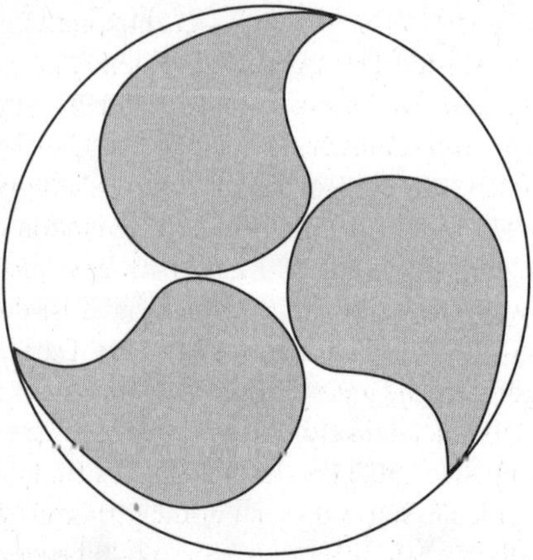

Dies ist eine *dreigeteilte* (drei-in-einem) Variante des bekannten Yin-Yang-Kreises, das *Mandala des dreieinigen Totalismus* vom Leeren-Wirklichen-Mittleren, wie es die T'ien-t'ai-Schule lehrte: Das Sein (chin. *yu*) wurde mit der ersten und niederen Wahrheit (*saṃsāra*) identifiziert (in T'ien-t'ai *chia*, die vorläufige Wahrheit); das Nicht-Sein (chin. *wu*) mit der höheren Wahrheit des *nirvāṇa* (in T'ien-t'ai *k'ung*); als dritte und höchste Wahrheit galt nun aber die Nicht-Dualität (in China bisher *k'ung*) [10] beider (in T'ient-t'ai *chung*, das Mittlere = weder-noch), d.h. die Erkenntnis: *saṃsāra* ist *nirvāṇa*. Diese Entwicklung besagt, daß die Hierarchie von Wahrheitsebenen zugunsten einer kreisförmigen Dynamik aufgelöst wurde: jeder Aspekt der Wirklichkeit war nun niedrig-höher-absolut zugleich, abhängig von der jeweiligen Betrachtungsweise.

T'ien-t'ai nutzte diese Dreieinigkeitslehre auch, um das Problem zu lösen, wer und was der Buddha eigentlich sei: Denn das Lotos-Sūtra hatte den Menschen Gautama, den *historischen Buddha* also, als den *Ewigen Buddha* verherrlicht. Wie konnte diese ewige Gestalt mit dem historischen Gautama identisch sein? Meister Chih-i (538-597) [11] der

[10] *K'ung* ist der chinesische Begriff, mit dem Kumārajīva das Sanskrit-Wort *śūnyatā* übersetzt hatte.

[11] L. Hurvitz, Chih-i (538-597). An Introduction to the Life and Ideas of a Chinese Buddhist Monk, Brüssel: Impr. Sainte-Catherine 1962

Begründer der T'ien-t'ai-Schule, entwickelte eine Dreieinheitslehre nach folgendem Muster: Der Buddha in seinem *dharmakāya* ist eins mit dem ewigen *dharma.*[12] Derselbe Buddha in seinem irdischen Erscheinungskörper (*nirmāṇakāya*) ist der historische Gautama Śākyamuni. Dazwischen steht der Buddha in seinem *saṃbhogakāya*, wie er im feinstofflichen Bereich visionär in der Meditation erscheint. Der *dharmakāya* ist leer, der *nirmāṇakaya* ist real, der *saṃbhogakāya* steht in der Mitte: weder ist er, noch ist er nicht, und ist doch beides zugleich. Das bedeutet: Eins ist drei, drei ist eins. Darüber hinaus war Chih-i daran gelegen, die unterschiedlichen Sūtras zu ordnen, die alle trotz ihrer Widersprüchlichkeit als tatsächliche Äußerungen des Buddha galten. Er tat dies, indem er das Wirken des Buddha in *fünf Perioden* einteilte und die Sūtras diesen Perioden zuordnete:

1. Unmittelbar *nach seinem Erwachen* habe der Buddha das Avataṃsaka-Sūtra gelehrt. Da dies für die meisten Menschen, die keine tiefere geistige Erfahrung hatten, zu schwierig war, verkündete er
2. in den nächsten zwölf Jahren die »Hīnayāna«-Texte.
3. Sodann habe er in den nächsten acht Jahren die Mahāyāna-Sūtras (außer der Prajñā-Literatur) gelehrt und
4. danach zweiundzwanzig Jahre lang die Prajñāpāramitā-Sūtras verkündet.
5. Während der Periode der letzten acht Lebensjahre habe der Buddha schließlich als Krönung seines Wirkens das Mahāparinirvāṇa-Sūtra und das Lotos-Sūtra gelehrt.

Jedes Sūtra enthalte zwar für sich die ganze Wahrheit, die zu kennen für die Befreiung nötig sei, doch das Lotos-Sūtra war für die T'ien-t'ai-Schule der maßgebliche Gipfel aller Schriften. Um zur Befreiung zu gelangen, genüge aber nicht das philosophische Studium der Schriften, sondern man müsse sich auch in der Meditation üben, die als *chih-kuan* bezeichnet wird: *chih* ist die Ruhigstellung des umherspringenden Bewußtseins, *kuan* die direkte meditative Einsicht in die Leerheit.

12 Der dh*arma* im T'ien-t'ai ist identisch mit der Universalbotschaft des Lotos-Sūtra, nämlich dem ewigen *saddharma*, der *über* dem historischen Gautama Śākyamuni steht. So lautet der ursprüngliche vollständige Titel: *Saddharmapuṇḍarīka-Sūtra* (»Sūtra vom lotosblütenhaften ewigen *dharma*«).

Die Dreieinigkeitsphilosophie des T'ien-t'ai bleibt allerdings eher auf die Erkenntnis bezogen und hält eine dialektische Spannung zwischen dem Bewußtsein (Subjekt) und dem Absoluten (Objekt) aufrecht. Erst im Hua-yen-Buddhismus (besonders in den Schriften des Fa-tsang, 643-712) wird ein *ontologischer Totalismus*, eine »Rundheit«, die Verschmelzung des Einen und Allen, des Bewußtseins und des Absoluten, konsequent gedacht.[13] So wie das Dreieinigkeitsschema von T'ien-t'ai auf die Yin-Yang-Dialektik zurückgeführt werden kann, so ist der Hua-yen-Totalismus im Denken des Chuang-tzu (4.Jh.v.Chr.) vorgeprägt.[14] Denn für Chuang-tzu ist das Tao nicht ein absolut Anderes, durch das der historisch bedingte Mensch verneint würde, sondern es ist ein vollkommenes harmonisches Ganzes, in dem das menschliche Subjekt aufgehoben, das heißt bejaht und integriert wird. Das Symbol dafür ist der Kreis. Wegen des allumfassenden integrativen Charakters kann das Tao nicht von dem unterscheidenden Verstand begriffen, sondern nur in unmittelbarer intuitiver Bewußtheit meditativ erfahren werden.

Das chinesische Symbol des Kreises bricht die indische Stufen- oder Pyramidenstruktur der Wahrheit auf. Das Symbol des Kreises deutet darauf hin, daß *alle* Sprachen und Wahrheitsausdrücke auf *allen Ebenen* der Wirklichkeitserfahrung (und nicht nur am obersten Punkt) das *nirvāṇa* aufzeigen können. In einer berühmten chinesischen Metapher ausgedrückt: Jeder Ausdruck und jede Sprache kann ein Finger werden, der zum Mond zeigt! *Jede* alltägliche Erfahrung, jede Lebenssituation *ist* das Ganze, wenn man es nur entsprechend betrachtet. So wird der Dualismus überwunden. Hua-yen-Totalismus bedeutet, den kosmischen Buddha Vairocana visionär als Leib des ganzen Universums zu schauen, wobei es gegenüber dieser Ganzheit kein »außen« mehr gibt – Vairocana ist die Eine Wirklichkeit. Hier ist *alles Reines Bewußtsein*, und die leidvolle Unwissenheit ist nur eine vorübergehende Episode, die letztlich unbedeutend ist.

13 F. H. Cook, Hua-yen Buddhism: The Jewel Net of Indra, University Park: Pennsylvania State Univ. Press 1997

14 Fok Tou-hui, Chueh-tai yu Yuan-yung (*Absolutheit und Vollkommenheit*), Hongkong: Tung-t'ai T'u-shu 1986

Obwohl jeder Totalismus eine Schau des Geistes ist, spiegelt diese rauschhafte Vision der Einheit der Wirklichkeit doch auch die geordneten sozialen Verhältnisse und die kulturelle Blüte der T'ang-Zeit wider. Dies um so mehr, als sowohl T'ien-t'ai als auch Hua-yen vom Staat Unterstützung erhielten. T'ien-t'ai wurde von den Herrschern Wen-ti und Yang-ti aus der Sui-Dynastie (581-618) patronisiert. Letzterer hatte den Meister Chih-i wie einen *saṃgharāja* verehrt und ein Netz von Staatstempeln im ganzen Reich errichten lassen. Die Leitidee dafür war die Überlegung, daß die Welt des *saṃsāra* virtuell *nirvāṇa*, das politische Reich also letztlich ein Buddha-Reich sei. Und als China wiedervereinigt war, hatte das Lotos-Sūtra mit seiner Lehre vom Einen Fahrzeug (*ekayāna*) dazu beitragen können, diese neue Einheit religiös zu stützen. Einhundert Jahre später erfreute sich Hua-yen eines ähnlichen Schutzes durch die Chou-Kaiserin Wu (Regierungsantritt 684 n.Chr.).[15] Die Kaiserin hielt sich selbst für Vairocana und identifizierte sich auch mit dem Buddha Maitreya und dem Bodhisattva Avalokiteśvara. Ihre Herrschaft war »theokratisch«, und ein Netz von Staatstempeln sollte das Netz des Indra[16] widerspiegeln: Jeder Tempel beherbergte eine Statue des Sonnenbuddha, und diese Statuen galten als Ausstrahlungen des gigantischen Vairocana, der im imperialen Tempel der Hauptstadt stand, in dem sich die Kaiserin selbst verherrlichte. Der »buddhistische Staat auf Erden« sollte eine Widerspiegelung des Totalismus von »eins ist alles – alles ist eins« im Himmel sein. Die ganze Welt galt als Buddhakörper, und die Kaiser bzw. Kaiserinnen, die über dieses sakramentalisierte politische Gemeinwesen herrschten, waren die höchsten aller Buddhas und Bodhisattvas.

15 A. Forte, Political Propaganda and Ideology in China at the End of the Seventh Century, Napoli: Instituto Universitario Orientale 1976

16 Diese Metapher besagt, daß der Gott Indra ein Netz der Wirklichkeit ausgebreitet habe, dessen Knoten aus Juwelen bestehen, von denen jeder jeden spiegele, wodurch die vollkommene Interrelationalität der Wirklichkeit symbolisiert wird. Vgl. M. v.Brück, Weisheit der Leere, Zürich: Benziger 1989, 110f.

9.3 Buddhismus des Reinen Landes und Ch'an

Daß alle Menschen bereits Buddha seien (und nicht nur das Potential zur Erleuchtung hätten), war die Behauptung des Textes *Ta-ch'eng ch'i-hsin lun*, der Mitte des 6. Jahrhunderts n.Chr. in China bekannt wurde und sich als *Mahāyāna-śraddhotpāda-śāstra* (»Erwachen des Glaubens im Mahāyāna«) größter Beliebtheit erfreute sowie den späteren chinesischen Buddhismus nachhaltig prägte.[17] Als sich in China die politischen und sozialen Verhältnisse änderten, Bürgerkriege erneut das Land überzogen und der Buddhismus verfolgt wurde, zerbrach aber das mit dem Hua-yen-Totalismus verbundene Vertrauen in die Wirklichkeit und des Glaubens an die eigene ursprüngliche Buddhaschaft. Die massiven Verfolgungen des buddhistischen *saṃgha* im Jahr 845 n.Chr. sorgten dafür, daß anstelle dieses Glaubens die neue Dialektik des Großen Zweifels trat, die in der Ch'an (Zen)-Tradition entwickelt wurde. Und anstelle des Selbstvertrauens kam es in der Reinen-Land-Tradition zur Erfahrung einer »schlechthinnigen Abhängigkeit« der verfolgten Buddhisten von der Gnade Amitābhas. Die Schulen des Reinen Landes und des Ch'an waren zwar schon früher entstanden, aber erst im 9. Jahrhundert konnten beide als Antworten auf die soziale und religiöse Krise größeren Einfluß gewinnen.

Die Schule des Reinen Landes entstand, wie schon gesagt, als Protestbewegung. Sie ging aus einem ländlichen devotionalen Laienkult hervor und revoltierte gegen das nur äußerliche Ansammeln von Verdiensten in den Stadt-Klöstern. Außerdem vertrat sie die Auffassung, daß in diesen schlechten Zeiten die vollständige Praxis des *dharma* kaum noch vollzogen werden könne, weshalb allein das Vertrauen auf das Gelübde Amitābhas noch Hoffnung gebe, der alle Wesen, die ihm vertrauten, retten wolle. Die Anrufung Amitābhas (*O-mi-t'o-fo*) durch unablässige Rezitation seines Namens (*nien-fo*) war (und ist) deshalb die zentrale Praxis dieser Schule.

Ch'an entstand als Weiterentwicklung der Tradition der Waldmönche am Berg Sung in der Nähe der nördlichen Hauptstadt Loyang.

[17] Es handelt sich um eine chinesische Schrift, die in der Mitte des 6.Jahrhunderts unter dem Sanskrit-Titel Mah*āyāna-śraddhotpāda-śāstra* zusammengestellt, aber dem Aśvaghoṣa zugeschrieben wurde und somit größte Wertschätzung genoß.

Der Legende nach ist Ch'an von Bodhidharma (um 480-520 n.Chr.), einem indischen Höhlen-Einsiedler, begründet worden. [18] Dieser Asket (*dhūta*) soll aus der Linie Upaguptas stammen und Indien in Voraussicht des Niederganges des *dharma* verlassen haben. Die spätere Legendenbildung zeichnet Bodhidharma als entschlossenen und unnachgiebigen Patriarchen des Ch'an, der den *dharma* gegen Verweltlichung und Korruption durch die Stadtmönche verteidigte, die in der chinesischen Geschichtsschreibung durch den Mönch Bodhiruci repräsentiert sind. Wenngleich die Gestalt Bodhidharmas legendäre Züge aufweist, so ist doch der Protest gegen die »Verweltlichung« des Mönchtums historisch glaubhaft, ganz ähnlich wie zuvor in Indien der Protest von »Waldmönchen« gegen die Verweltlichung des Mönchtums unter kaiserlichem Patronat (Kaniṣka) zur Herausbildung des Mahāyāna beigetragen hatte. Selbst wenn also die Gestalt des Bodhidharma historisch nicht greifbar ist, so ist Ch'an doch zweifellos aus solchen Einsiedler-Traditionen entstanden, wie die historisch glaubwürdigeren Biographien der Schüler und Nachfolger Bodhidharmas berichten: Hui-k'o, der zweite Patriarch des Ch'an in China, und andere waren zu ihrer Zeit als *dhūta* bekannt.

Was ist nun der besondere Charakter der Ch'an-Schule? Nach eigenem Zeugnis: eine Überlieferung außerhalb der Schriften. Es geht ihr nicht um Sūtren-Übersetzungen, Schriftgelehrsamkeit und die Subtilitäten philosophischer Dialektik, sondern um die unmittelbare Erfahrung, die dann möglich wird, wenn durch Meditation das Bewußtsein vollkommen leer von seinen eigenen Projektionen sowie Bild- und Begriffsinhalten geworden ist. Ch'an ist die Transkription des Sanskrit-Wortes *dhyāna,* das Versenkung bedeutet. Die Schule führt sich in einer charakteristischen Weise auf den Buddha selbst zurück: [19]

[18] H. Dumoulin, Bodhidharma und die Anfänge des Ch'an-Buddhismus, in: Monumenta Nipponica 7,1, Tokyo 1951, 67-83; S. Yanagida, Daruma (Bodhidharma), Tokyo: Kodansha 1981

[19] Die Geschichte ist aufgenommen worden in die Kōan-Sammlung Mumonkan Nr 6. Vgl. H. Dumoulin (Übers.), Mumonkan. Die Schranke ohne Tor. Mainz: Grünewald 1975.

Als der Buddha einst den dharma vor einer großen Mönchsversammlung darlegen wollte, hob er eine Blume empor und schwieg dabei. Nur Mahākāśyapa lächelte.

Mahākāśyapa hatte verstanden und war erwacht. Er gilt als der erste Patriarch des Ch'an, und die Linie wird fortgesetzt bis zu Bodhidharma als dem 28. indischen Patriarchen, der zum ersten chinesischen Patriarchen wurde. Die Überlieferungslinie ist Legende, aber sie verdeutlicht, daß die Erfahrung, auf die es im Ch'an ankommt, »von Herz zu Herz« (*hsin*) durch ein direktes Erwachen ohne begriffliche Vermittlung weitergegeben wird. Das Wesentliche entzieht sich dem intellektuellen Verstehen, und dennoch hat auch Ch'an eine verschriftlichte Tradition hervorgebracht (die Sammlungen der *kung-an* [kōan], die Legenden der Zen-Mönche) und eine begriffliche und ästhetische Symbolik entfaltet, die sehr wohl für die Überlieferung wie auch für den Übungsweg jedes einzelnen Ch'an-Schülers bedeutsam ist. Mehr noch, Bodhidharma soll seinem Schüler Hui-k'o vor allem das Laṇkāvatāra-Sūtra anvertraut und ausgelegt haben, was nicht verwunderlich ist, da in diesem Sūtra der Geist der Nicht-Dualität, die Erfahrung ohne Vermittlung durch Worte und das innere Erwachen des Geistes betont werden.[20]

Doch gerade weil Ch'an weniger an der Auslegung von Schriften hängt, mußte es sich seine Authentizität durch genau festgelegte Rituale bei der Überlieferung von Meistern zu Schülern erhalten. Die Übung selbst besteht in stundenlangem regungslosem Sitzen mit aufrechter Wirbelsäule, bei dem der Atem völlig beruhigt wird. Gleichzeitig beobachtet das Bewußtsein das Auf und Ab von Gedanken und Gefühlen, ohne dieselben zu bewerten. Allmählich kommen alle Bewußtseinsvorgänge zur Ruhe, und nur die geschärfte Aufmerksamkeit bleibt übrig. Dieser Zustand ist keine Trance, sondern eine hellwache Bewußtheit, in der alle (von innen oder außen kommenden) Eindrücke wahrgenommen werden, wodurch aber die Bewußtseinsruhe weder gestört noch unterbrochen wird. Die Übung ist ein Ausbalancieren von aktiver Konzentration und passivem

20 Zu diesem Sūtra vgl. oben Kap. 3.2 und Kap. 8.4.2. Siehe auch K. Ch'en, Buddhism in China, a.a.O., 352.

Loslassen aller Gedanken und Empfindungen. Von Anfang an wußte man im Ch'an sehr wohl, daß es kompetenter Anleitung durch erfahrene Meister und Meisterinnen bedurfte, damit die Schüler nicht in die Irre gingen. Seitens der Schüler war die einzige Vorbedingung der kompromißlose Wunsch, zur Befreiungserfahrung zu gelangen sowie die bedingungslose Hingabe an die geistige Führung durch den Meister. Schriftkundigkeit und intellektuelle Fähigkeiten spielten und spielen hingegen eine völlig untergeordnete Rolle. Das Ziel der Ch'an-Praxis ist die sich-einende Bewußtheit, wobei sich oft erst nach langer Übung eine Bewußtseinsklarheit einstellt, die unbeschreiblich ist: völlig transparent, all-eins, zeitlos und doch ganz und gar gegenwärtig, Strom der universalen Liebe, absolute Glückseligkeit, Friede. Dies sind nur unzureichende Metaphern, aber sie deuten in die Richtung, in der das Ch'an die Befreiung sucht und findet.

Unterstützt wird die schweigende Meditation durch die Arbeit an sogenannten *kung-an* (jap. *kōan,* »öffentlicher Aushang«[21], die in Sammlungen zusammengestellt und später systematisiert worden sind. Die Kōans sind intellektuell kaum auflösbare Meditationsthemen bzw. klassische »Fallbeispiele« oder Episoden und Fragen, die der Meister dem Schüler vorlegt und in die der Übende seine Aufmerksamkeit so intensiv einbohren muß, bis ihm – wörtlich – Hören und Sehen und Denken vergeht. Ist das Bewußtsein völlig gesammelt und der Wille, daß »Ich« über eine Lösung verfügen kann, völlig aufgegeben, enthüllt sich spontan die Bedeutung des Kōan. Die »Lösung« ist nicht eine begriffliche Formulierung im Kopf, sondern eine veränderte Einstellung bzw. Haltung des ganzen leib-seelisch-geistigen Menschen! Dennoch sind die Kōans in gewisser Hinsicht auch »verstehbar«. Denn meistens handelt es sich um Anekdoten, die von den Meistern der »klassischen« Zeit des Ch'an (ca. 8.-11. Jh.n.Chr.) in China erzählt wurden. Sie sind witzig, voll spontaner Reaktionskraft und Hintergründigkeit, die sich erst erschließt, wenn man die literarischen und kulturgeschichtlichen Anspielungen in den Texten zu erfassen vermag. In diesem

21 Da der japanische Begriff Kōan im Deutsche fast schon ein Lehnwort ist, werde ich ihn anstelle des chinesischen Wortes auch in diesem Kapitel über China benutzen.

Sinne sind die Kōan-Sammlungen über die Jahrhunderte hinweg immer wieder von bedeutenden Meistern kommentiert worden, und diese Kommentarliteratur war wiederum dem Wandel von Stilveränderungen und -epochen unterworfen. Ein systematisches Studium dieser Geschichte (das sich noch in den Anfängen befindet) wird die ästhetische und weltgestaltende Kraft des Ch'an erhellen können. Freilich begnügen sich die Kommentare der Ch'an-Meister nicht mit Erklärungen auf der literarischen und geschichtlichen Ebene, sondern sie wollen die Schüler anregen, selbst zu der geistigen Erfahrung der Nicht-Dualität zu gelangen, von der alle Kōans letztlich handeln. Ein Beispiel: [22]

Wu-Di von Liang fragte den Großmeister Bodhidharma: Welches ist der höchste Sinn der heiligen Wahrheit? Bodhidharma sagte: Offene Weite – nichts von heilig.
Der Kaiser fragte weiter: Wer ist das Uns gegenüber?
Bodhidharma erwiderte: Ich weiß es nicht.
Der Kaiser konnte sich nicht in ihm finden.
Bodhidharma setzte dann über den Strom und kam nach We. Später wandte sich der Kaiser an den Edlen Bau-dschi und befragte ihn.
Der Edle Bau-dschi sagte: Aber Eure Majestät wissen doch wohl, wer das ist? Oder nicht?
Der Kaiser erwiderte: Ich weiß es nicht.
Da sagte der Edle Bau-dschi: Das ist der große Held Avalokiteshvara, der das Siegel des Buddhageistes weitergibt.
Da reute es den Kaiser, und schließlich sandte er einen Boten ab, um Bodhidharma zurückzubitten.
Der Edle Bau-dschi aber riet: Sagen Eure Majestät lieber niemand, daß Sie einen Boten schicken wollten, ihn zurückzuholen! Dem könnte das ganze Land nachlaufen: er kehrte doch nicht wieder um.

Die drei Akteure sind der Kaiser Wu von Liang (502-550), der als eifriger Förderer des Buddhismus in die Geschichte eingegangen ist, Bodhidharma, der legendäre erste Patriarch des Ch'an in China

22 W. Gundert (Übers.), Die Niederschrift von der Smaragdenen Felswand (Bi-yän-lu) Bd.1, München: Hanser 1967, 1. Beispiel, 37ff.

und der gelehrte buddhistische Thaumaturg und »Hofpriester« Pao-chi (Bau-dschi, 418-514), der durch Wundertaten das Volk hinter sich gebracht hatte, jedoch politisch suspekt geworden und verhaftet worden war und erst von Kaiser Wu wieder rehabilitiert wurde. Die im Kōan berichtete Geschichte soll sich – so die späteren Kommentare – im Jahr 520 in der Hauptstadt von Liang, dem heutigen Nanking, zugetragen haben, was historisch aber nicht möglich ist.[23] Ob Bodhidharma (wenn er denn mehr als eine legendäre Figur ist) je dem Kaiser Wu begegnete, darf bezweifelt werden. Die Geschichte ist überhaupt erst seit Mitte des 8. Jahrhunderts literarisch greifbar und spiegelt die Auseinandersetzung der selbstbewußt gewordenen Ch'an-Bewegung mit dem staatlich geförderten buddhistischen Establishment wider. Kaiser Wu hatte also den Buddhismus gefördert, Klöster gebaut, reichlich Spenden an den *saṃgha* fließen lassen und ein frommes Leben geführt. Er fragt den Ch'an-Meister, welche Verdienste er damit erworben habe, und der antwortet: »Keine!« Der Sinn des Ch'an ist – »offene Weite, nichts von heilig«, das heißt: kein Anhaften an Ritualen und »Verdiensten«, kein Stolz, mit dem das Ich sich selbst schmeichelt, keine Unterscheidung von »heilig« und »profan«, denn dem erleuchteten Auge ist *alles* heilig. Begriffe, Vorstellungen, Werturteile engen den Blick ein und blenden die Kraft der Wirklichkeit aus, Ch'an hingegen ist der mutige Gang in die offene Weite. Wer unter dem Blickwinkel des gewöhnlichen Verstandes meint, sich selbst zu kennen, irrt. In Wirklichkeit ist jeder Buddha. Indem Bodhidharma verneint zu wissen, wer er ist, entzieht er sich dem Zugriff durch den besitzergreifenden Verstand, denn er ist – offene Weite. Daß dies keine selbstbezogene Weltflucht ist, deutet Pao-chi an, wenn er in Bodhidharma den Avalokiteśvara, den Bodhisattva der Barmherzigkeit, erkennt, der mitleidsvoll auf alle Wesen blickt und sich helfend (mit tausend Armen!) zur Verfügung stellt, wo immer Not herrscht. Aber wiederum: »Einfangen« läßt sich Bodhidharma nicht. Und das bedeutet, daß man sich der Kraft des Erleuchtungsbewußtseins nur zu öffnen braucht, denn sie ist immer und überall gegenwärtig. Wer hingegen mit absichtsvoller Verspanntheit für das Ich etwas zu erreichen trachtet,

[23] Die aus anderen Quellen bekannten Lebensdaten der Akteure sprechen dagegen.

verfehlt es. Das ist das Wesen der Ch'an-Übung, und die Geschichte interessiert sich nicht wirklich für die historischen Charaktere, sondern für nichts anderes als die Geisteshaltung, die zum befreienden Erwachen führt. Deshalb ist es ein Kōan.

Die Kōans wurden, hauptsächlich während der Sung-Zeit (960-1279), in mehreren Sammlungen zusammengestellt und kommentiert. Die älteste Sammlung ist das eben zitierte *Pi-yen-lu* (jap. Hekiganroku), ein Text, der auf die Arbeit von Meister Hsüeh-tou Ch'ung-hsien (980-1052) zurückgeht, 100 Beispiele, Hinweise sowie zusammenfassende Gedichte enthält und zwischen 1111 und 1115 von Yüan-wu K'o-ch'in (1063-1135) endgültig ediert und kommentiert wurde. Eine weitere berühmte Sammlung heißt *Wu-men-kuan* (jap. Mumonkan) und enthält 48 Kōans, zusammengestellt und kommentiert von Meister Wu-men Hui-k'ai (1184-1260).

Die Details der historischen Entwicklung der frühen Ch'an-Schule sind nicht klar. Die bisherige Geschichtsschreibung beruht im wesentlichen auf Chroniken aus der nördlichen Sung-Zeit (960-1127), wobei Tao-yüans *Ching-te ch'uan-teng lu* (verfaßt um das Jahr 1000) eine bedeutende Rolle zukommt. Der Text behandelt Ereignisse, die zum Teil ein halbes Jahrtausend zurückliegen, und textkritische Vergleiche der legendären Geschichten und Lobeshymnen auf die klassische Periode und ihre Meister zeigen, daß sich die historischen Entwicklungen anders zugetragen haben müssen als in der hagiographischen Literatur berichtet.

Als Bodhidharmas wichtigster Schüler gilt Hui-k'o (487-593), der zweite Patriarch des Ch'an,[24] dessen Einfluß auf die spätere Entwicklung in einer Legende festgehalten ist, mit der die kompromißlose Ernsthaftigkeit und existentielle Hingabe des Ch'an dokumentiert wird: Um den meditierenden Bodhidharma von seinem tiefen Verlangen nach Befreiung zu überzeugen, habe er seinen Arm abgeschnitten und ihn zu Füßen des Meisters geworfen. Als dritter Patriarch gilt Seng-ts'an (gest. 606). Er hat seine Lehre in der Schrift *Hsin-hsin-ming* (jap. Shinjinmei, »Meißelschrift vom Glauben an den

24 Nach unserer heutigen Kenntnis der historischen Zusammenhänge sind die »Patriarchen« und ihre Schüler weniger Glieder einer einzigen Sukzessionslinie, sondern eher Mosaiksteine in der sich allmählich an verschiedenen Orten zugleich herausbildenden Ch'an-Bewegung.

Geist«)[25] zusammengefaßt. Der Text besteht aus knappen Aphorismen im Stile des taoistischen Meisters Lao-tzu und bringt prägnant den Charakter des Ch'an zur Sprache. Außerdem soll er, neben anderen Schriften, besonders das Laṇkāvatāra-Sūtra kommentiert haben. Während die frühen Ch'an-Mönche Wanderasketen waren, konsolidierte sich die Bewegung im 7./8. Jahrhundert dadurch, daß Klöster gegründet wurden, an denen Ch'an-Meister ansässig blieben. Die Mönche hatten den Haushalt zu führen und die Felder des Klosters zu bestellen, und so entwickelte sich allmählich der Geist der »Übung im Alltag«. Die Einheit von schweigender Sitz-Meditation und konzentrierter körperlicher Arbeit ist für Ch'an charakteristisch geworden. Die Klöster bildeten allmählich je eigene Sukzessionslinien heraus, und dies war die Grundlage für die späteren Schulen.

Um den sechsten Patriarchen Hui-neng (638-713) ranken sich zahllose Legenden. Auf seine Rivalität mit Shen-hsiu (gest. 706) soll die Spaltung in »Nördliche« und »Südliche« Schule zurückgehen, wobei Hui-neng die südliche Richtung vertrat. Shen-hsiu war Nachfolger des fünften Patriarchen Hung-jen (601-674) und genoß die Förderung des Hofes. Im Jahr 732 soll jedoch der Schüler Hui-nengs, Shen-hui (670-762), eine Versammlung von Mönchen einberufen haben, auf der die »nördlichen« Lehren Shen-hsius als unauthentisch gebrandmarkt und Hui-neng als wahrer Dharma-Nachfolger des fünften Patriarchen proklamiert wurden. Die Ereignisse sind unklar, und in der heutigen Forschung ist die traditionelle Lesart der Geschichte umstritten, zumal überhaupt nur die »Südliche Schule« (Hui-neng) von einem Schisma spricht. Ch'an tritt, so urteilen heute die meisten Gelehrten, erst im 8. Jahrhundert als eigene Schule mit deutlichen Sukzessionslinien in die Geschichte ein. Die Linie der Meister ist erst in der Mitte des 10. Jahrhunderts (952) endgültig festgelegt worden, das heißt die frühe »Geschichte des Ch'an« ist fromme Fiktion, wobei die Legenden in vielen Fällen durchaus historische Hintergründe haben. Wie auch immer: An der berühmten Kontroverse zwischen Nord und Süd ist ein Unterschied in der Beurteilung der Praxis festgemacht, der das gesamte Ch'an durchzieht:

25 Seng-ts'an, Die Meisselschrift vom Glauben an den Geist, Bern-München-Wien: O.W.Barth 1991

die Differenz von *allmählicher* Reifung auf dem Weg zur Befreiung (Norden) und *plötzlicher* Erleuchtung (Süden), in der es keine Stufen und Grade gibt. Nur die Position der plötzlichen Erleuchtung galt nun als orthodox, und dies wird in einem Text dargelegt, der als Hochsitz-Sūtra des sechsten Patriarchen (chin. Titel: *Liu-tsu t'an-ching*) hohe Autorität gewinnen sollte und von der Tradition dem Hui-neng zugeschrieben wurde. Der Text ist in unterschiedlichen Versionen überliefert. Als älteste gilt der Tun-huang-Text, der zwischen 830 und 860 datiert wird.[26] Er beruht auf den indischen Traditionen der Prajñāpāramitā-Literatur und des Nirvāṇa-Sūtra, prägt aber das indische Verständnis des Bewußtseins in typisch chinesischer Weise um. Danach ist die Vollkommenheit des Bewußtseins nicht die oberste Stufe einer Pyramide, sondern die Ganzheit im Geflecht aller Erscheinungen, die in jedem Augenblick spontan realisiert werden kann. Der Unterschied wird deutlich an den Versen, die Shen-hsiu und Hui-neng in den Mund gelegt werden. Der Anlaß zu diesen Dichtungen war, daß jeder Mönch in der Nachfolge des fünften Patriarchen seine Einsicht durch die Komposition eines Verses unter Beweis stellen sollte.[27]

Shen-hsiu schrieb:

Der Leib ist der Bodhi-Baum,
der Geist ist wie ein klarer Spiegel.
Allezeit müssen wir trachten, ihn blank zu putzen.
Achtet, daß sich kein Staub absetzt!

Hui-neng hingegen dichtete:

Ursprünglich hat Bodhi nichts mit einem Baum zu tun,
der Spiegel (des Geistes) steht auf gar keinem Ständer.
Buddha-Natur ist immer klar und rein,
wo gäbe es etwas, da sich Staub absetzen könnte?

26 Ph. Yampolsky, The Platform Sutra of the Sixth Patriarch, New York: Columbia University Press 1967

27 Hochsitz-Sūtra 6 u.8, Yampolsky, a.a.O., 130 u. 132

Die berühmte Auseinandersetzung um die Nachfolge des fünften Patriarchen hat historisch so nie stattgefunden, sie ist vielmehr die Rückprojektion späterer Auseinandersetzungen um das Wesen des Ch'an, das in diesen Metaphern klar zutage tritt: Die Reinheit der Buddha-Natur ist in jedem Wesen ursprünglich gegeben. Das Erwachen ist kein allmählicher Reifungsprozeß, sondern die plötzliche Erkenntnis dessen, was ist (die Ausdrücke: Ursprüngliche Natur, Wahres Selbst, Buddha-Natur bedeuten dasselbe) – wie wenn Wolken, die die Sonne verdeckt hatten, plötzlich verschwinden und sich der Himmel aufklärt. Ob die »Nördliche Schule« tatsächlich ein ganz anderes Verständnis der Dinge hatte, wissen wir nicht, denn die Polemik des Shen-hui trifft vielleicht gar nicht eine wirklich andere Position, sondern will womöglich nur dem Sukzessionsanspruch der eigenen Linie Nachdruck verleihen. Das südliche Verständnis des Ch'an verdrängte jedenfalls die »Nördliche Schule« vollständig.

Im 8./9. Jahrhundert verzweigte sich Ch'an in zahlreiche Sukzessionslinien und erreichte seinen Höhepunkt: Herausragende Namen sind beispielsweise Ma-tsu Tao-i (709-788)[28], der die Kōan-Praxis meisterhaft handhabte, sowie Pai-chang Huai-hai (720-814), der die disziplinierte Übungspraxis des Ch'an in einem Regelwerk festlegte, das bis heute die Zen-Übungen in Japan wie im Westen fast unverändert prägt. Außerdem verdient Tsung-mi (780-841) besondere Beachtung, denn er kombinierte Ch'an und Hua-Yen. Ch'an konnte die schweren Verfolgungen des Buddhismus im Jahre 845 besser überstehen als andere Schulen, weil dessen Organisation dezentralisiert war, die Klöster eher abseits lagen und sich die Ch'an-Mönche im allgemeinen weniger in die politischen Ereignisse der Städte und bei Hofe verstricken ließen. Von den vielen Ch'an-Klöstern und ihren Überlieferungslinien brachten es einige zu großem Ansehen, und ihr Ruhm verbreitete sich in ganz China. Zu erwähnen sind besonders die »Fünf Häuser« des Ch'an, die Ende des 9. und im 10. Jahrhundert blühten. Am wichtigsten von ihnen ist wiederum die Tradition des Meisters Lin-chi (jap. Rinzai, gest. 866), die

28 Ma-Tsu, The recorded sayings of Ma-Tsu (ed. and transl. J.F.Pas), Lewiston, NY: Edwin Mellen Press 1987

während der Sung-Periode (960-1279) tonangebend wurde. Daneben entwickelte sich seit Mitte des 9. Jahrhunderts auch das »Haus« Ts'ao-tung (jap. Sōtō, benannt nach den beiden Begründern *Ts'ao*-shan Pen-chi und *Tung*-shan Laing-chieh), und alle fünf Traditionen (»Häuser«) bildeten in Stil, Meditationspraxis und Metaphysik je charakteristische Wege heraus. Während Lin-chi (Rinzai) durch rigoroses Sitzen und die Erzeugung psychischer Spannung (mittels systematischer Praxis des Kōan) einen dramatischen Durchbruch des Bewußtseins durch dessen gewohnheitsmäßige Trägheit erzielt und damit ein plötzliches Erwachen zur Nicht-Dualität stimuliert, betont Ts'ao-tung (Sōtō) die vollkommene Durchdringung des erwachten Bewußtseins und des Alltäglichen, das heißt: die schweigende Sitz-Übung *ist* die gesammelte Wahrnehmung des Gewöhnlichen.

Ch'an wurde zu einem wichtigen Träger der ästhetischen Entwicklung in der Sung-Zeit, vor allem durch die Qualität der literarischen Formen, der Tuschmalerei (Landschaft und Porträt) und der Architektur. Sōtō-Zen und Rinzai-Zen leben bis heute in Japan fort und wurden auch erfolgreich nach Amerika und Europa verpflanzt.

9.4 Spätere Entwicklungen, Verfall und Ansätze für ein Neuerwachen des Buddhismus in China

In der Sung-Zeit blühte der Buddhismus in eigenen, sich konsolidierenden Schulbildungen und ging in Auseinandersetzungen mit dem konfuzianischen Gelehrten-Staat Kompromisse ein, die ihn nachhaltig prägten. Interessant sind die vor allem vom Reinen-Land-Buddhismus inspirierten Laienbewegungen, die, von einem eschatologischen Messianismus durchtränkt, eine neue Gesellschaft errichten wollten. Sie werden unter dem Begriff Weiße-Lotos-Sekten zusammengefaßt, unterscheiden sich aber im einzelnen nicht unerheblich voneinander.[29] Als Begründer der Weißen-Lotos-Sekte

[29] D.L. Overmyer, Folk Buddhist Religion. Dissenting Sects in Late Traditional China, Cambridge, Mass.: Harvard Univ. Press 1976; B.J. ter Haar, The White Lotus Teachings in Chinese Religious History, Leiden: Brill 1992

gilt der buddhistische Mönch Mao Tzu-yüan (1086-1166). Er und seine zahlreichen Laienanhänger erwarteten die Ankunft des künftigen Buddha-Maitreya (der Maitreya-Buddhismus ist in China als unabhängige, laienorientierte Bewegung seit dem 5. Jahrhundert nachweisbar), der eine erneuerte Gesellschaft und ein neues Staatswesen schaffen werde. Sie sind aber auch von frühen taoistischen Protestbewegungen beeinflußt. Einige dieser Gruppen predigten militärischen Widerstand gegen das korrupte Herrschaftssystem und bereiteten mit der Waffe in der Hand Maitreyas Ankunft vor, andere kämpften mit Gewaltlosigkeit für eine neue Welt. Viele waren (auch als Laien) strikte Vegetarier und hingen einem eschatologischen Dualismus an (das metaphysische Gute kämpft gegen das Reich des Bösen), der vom Manichäismus inspiriert war. Man kann folgenden historischen Zusammenhang vermuten: Nach dem Untergang des zentralasiatischen Uighuren-Reichs im Jahr 843 (wo der Manichäismus Staatsreligion gewesen war) wurden die Manichäer in China brutal verfolgt. Zahlreiche Manichäer könnten in den Untergrund gegangen sein und einen direkten Einfluß auf die Laienbewegungen genommen haben, die sich später als Sekten des Weißen Lotos, der Weißen Wolke, als Lo-Sekte usw. formierten und dem chinesischen Buddhismus zuzurechnen sind. Es waren marginalisierte Laiengruppen, von denen sich die herrschenden Schichten distanzierten: Die Konfuzianer gingen zu den »Banditengruppen« (als die sie denunziert und verfolgt wurden) ebenso auf Abstand wie der etablierte buddhistische *saṃgha,* der nicht in den Geruch der politischen Komplizenschaft kommen wollte und der herrschenden Aristokratie nahestand. Aber auch die einzelnen Lotos-Bewegungen beschuldigten sich untereinander des Irrglaubens und bekämpften einander, so daß ihr Einfluß immer lokal begrenzt war und die erwartete große Revolution ausblieb. Doch im Untergrund blieben diese Sekten für Jahrhunderte aktiv: Im Jahr 1622 kam es zu dem berühmten Aufstand von Shandong, der von der Weißen-Lotos-Sekte inspiriert war, und noch die über mehrere Provinzen ausgedehnte politische Rebellion von 1796-1804 war (zumindest anfangs) von einem militanten Maitreyanismus getragen. Ja, auch einige Gruppen des sogenannten »Boxer-Aufstandes« von 1898-1900 verbanden religiöse Konspiration, messianische Erwartungen sowie magische Techniken miteinander und beriefen sich ausdrücklich auf das Erbe der Weißen-Lotos-Lehren.[30] Doch die Erwartung des kommenden Buddhas Maitreya beschränkt sich nicht auf die Weiße-Lotos-Sekten, sondern prägt auch weite Kreise des Buddhismus des Reinen Landes. Und der Einfluß solcher buddhistischen Laienbewegungen, die von der Frömmigkeit des Reinen Landes und einem politischen Maitreyanismus inspiriert waren, sollte nicht unterschätzt werden.

In der Ming-Zeit (1368-1644) verlor der chinesische Buddhismus seine prägende Kraft und überließ das Feld dem Neo-Konfuzianismus, der allerdings buddhistische Anschauungen integrierte. Die Theorie der »Einheit der drei Lehren« (*san-chiao*), nämlich Konfuzianismus, Buddhismus und Taoismus, sowie die politischen und kulturellen Instabilitäten führten zu einer Einebnung der Identität des Buddhismus gegenüber Konfuzianismus und Taoismus, aber auch die Charakteristika der buddhistischen Schulen untereinander verloren an Prägnanz – so wurde zum Beispiel auch in Ch'an-Klöstern die Anrufung des Namens Amitābhas (*na-mo a-mi-t'o fo*) populär. Mehr und mehr wurde der Buddhismus zu einem devotionalen Tempelkult, von dem in der Ch'ing-Periode (1644-1912) nicht viel mehr übriggeblieben war als die Anrufung des Buddha als eines übernatürlichen Helfers in der Not, dem man Räucherwerk vor prunkvollen Standbildern opferte. Dies umso mehr, da der Buddhismus des Reinen Landes als Laienkult zwar verbreitet blieb, ohne daß von ihm aber noch bemerkenswerte intellektuelle oder ästhetische Impulse ausgegangen wären. Alle großen psychologischen und erkenntnistheoretischen Systeme des Buddhismus aus der T'ang-Zeit gerieten in Vergessenheit, und nur Ch'an konnte sich als Übungspraxis in kleineren Zirkeln halten.

Im 19. Jahrhundert kam es jedoch zu Versuchen der Erneuerung des Buddhismus, die aber steckenblieben, zumal China unter dem Angriff der westlichen Kolonialmächte zerrissen wurde.[31] Hinzu

30 ter Haar, a.a.O., 247ff.

31 Zu den folgenden Ausführungen detaillierter: M.v. Brück/W. Lai, Buddhismus und Christentum. Geschichte, Konfrontation, Dialog, München: C.H. Beck 1997, 115ff.

kam, daß die T'ai-p'ing Revolte (1850-1864)[32] buddhistische Klöster und Bibliotheken zerstört hatte, die nun wieder aufgebaut werden sollten. Bei dem Neuanfang standen auch die westliche Buddhismusforschung und Impulse aus der christlichen Theologie des 19. Jahrhunderts Pate: Westliche Wissenschaft, Demokratie und ein kritisches Geschichtsverständnis sollten mit einen erneuertem Buddhismus Hand in Hand gehen. So erstellte und verbreitete der Laien-Buddhist Yang Wen-hui (1837-1911) Neuausgaben der Texte des buddhistischen Kanons, und er arbeitete dabei auch zeitweilig mit dem baptistischen China-Missionar Timothy Richard zusammen. Yang war von dem deutschen Indologen Max Müller, den er in London getroffen hatte, ebenso inspiriert wie von dem Ceylonesen Anagarika Dharmapala, der auf der Rückkehr vom Weltparlament der Religionen in Chicago 1893 durch China reiste.

Eine andere bedeutende Gestalt für die Erneuerung des geistigen und politischen Lebens war K'ang Yu-wei (1858-1927), der Inspirator der politisch-konfuzianischen Reformkräfte von 1898. Er war auch von buddhistischen Idealen beeinflußt und hatte aufgrund seiner Ch'an-Übungen eine tiefe geistige Erfahrung durchlebt, die er bald buddhistisch, bald in konfuzianischen Begriffen interpretierte. Im Geiste des Hua-yen-Buddhismus proklamierte er eine politische Erneuerung Chinas und der Welt: Wenn die Welt ein in sich vernetztes Ganzes sei, müßten auch alle nationalen und internationalen Grenzen beseitigt werden. Die Gruppe um K'ang wollte Tradition und Moderne, Religion und Wissenschaft, geistiges Erwachen und Demokratie miteinander verbinden und auf dieser Grundlage ein neues China aufbauen. Der buddhistische Mönch T'ai-hsü (1890-1949), ein Anhänger Yang Wen-huis, versuchte, aus der Kraft der Visionen seines Lehrers und durch eine Neubelebung der buddhistischen Bewußtseinsphilosophie (*Fa-hsiang*)[33] den *saṃgha* nach der bürgerlichen Revolution von 1912 zu erneuern, aber er fand

32 Diese Bewegung war ein von Intellektuellen gesteuerter Bauernaufstand mit buddhistischen, taoistischen, christlichen und europäisch-aufklärerischen Einflüssen. Es ging um Abschaffung des Privateigentums, Gleichstellung der Frau, Zerstörung der repressiven politischen und religiösen Institutionen und die Errichtung eines utopischen Idealstaates.

33 Fa-hsiang ist die chinesische Form der indischen Yogācāra-Schule.

wenig Gehör, weil die Mehrzahl der Mönche konservativ blieb und sich nicht auf die Herausforderungen der Moderne einstellen wollte. Als die Kaiserin Tz'u hsi die Reformversuche von 1898 bereits nach 100 Tagen gewaltsam beenden ließ, waren alle Hoffnungen für eine geistige und politische Erneuerung Chinas zunichte geworden. Das nun entstandene Vakuum und politische Chaos setzte Entwicklungen in Gang, die sich schließlich in der maoistischen Revolution von 1949 entluden. Der Buddhismus wurde nun, wie alle anderen Religionen in China auch, unter staatliche Aufsicht gestellt und unterdrückt. In den letzten Jahren ist allerdings deutlich ein neues Interesse am Buddhismus (und anderen Religionen) in China auszumachen. Tempel werden restauriert und neueröffnet, Klöster, denen es nicht an Novizen mangelt, werden renoviert und neu ausgestattet (wie zum Beispiel die Anlagen auf dem Wu Tai Shan), die Ch'an-Praxis wird in Laienkreisen neu belebt, die Universitäten (Shanghai, Peking, Wuhan u.a.) gründen neue »Departments of Religious Studies«, die sich meist aus den Abteilungen für Philosophie entwickeln und historische wie philosophische Buddhismus-Studien auf hohem Niveau betreiben.

Der Buddhismus war in China einer höchst wechselvollen Geschichte unterworfen. Neben Zeiten der Blüte stehen lange Perioden des Verfalls und Identitätsverlustes. In jüngster Zeit ist ein neues Interesse erwacht, von dem noch nicht abzusehen ist, ob es zu einer Renaissance des Buddhismus in China führen kann.

10. Buddhismus in Japan

In der Mitte des 6. Jahrhunderts n.Chr. wurde der Buddhismus chinesischer Prägung in einem »Gesamtkorb von Kultur« nach Japan eingeführt, zunächst vermittelt durch buddhistische Missionare und politische Gesandte aus Korea und seit Ende des 6. Jahrhunderts auch durch umfassenden kulturellen Austausch zwischen China und Japan. Daraus folgt für die gesamte Geschichte des Buddhismus in Japan eine spezifische Stellung: Obwohl der Buddhismus aus dem Ausland kam und gegenüber der einheimischen Shintō-Religion fremd war, wurde er doch so stark als Teil des gesamten zivilisatorischen Schubs von China her empfunden (Schrift, Kleidung, wirtschaftliche Produktionsgüter wie Porzellan, Kunst, Nahrungsmittel wie Tee, konfuzianische Gesellschaftsformen), daß der Buddhismus von vornherein adaptiert bzw. japanisiert werden konnte und, anders als in China, nie wirklichen Verfolgungen ausgesetzt war. Das heißt freilich nicht, daß nicht auch in Japan die politische Geschichte des Buddhismus in bestimmten Epochen Schwankungen unterlag – der Staat pendelte zwischen Förderung und Ablehnung. Die Einführung des Buddhismus war ein Aspekt des Kulturtransfers von China, der auch eine politische Dimension besaß: Japan wurde seit dem 6./7. Jahrhundert zu einem zentralistisch regierten Staat, in dem die zuvor rivalisierenden Clans unter eine einheitliche politische Herrschaft gestellt wurden. Der folgende politisch-religiöse Zusammenhang ist im einzelnen zwar schwer beweisbar, aber auch nicht leicht von der Hand zu weisen: Besonders die einheitliche Schrift, die konfuzianische Ethik und die institutionalisierte Religion des Buddhismus dienten der Zentralisierung, und in dem Maße, in dem später wieder zentrifugale politische Kräfte wirksam wurden, geriet auch der Buddhismus in Bedrängnis. Als jedenfalls der Buddhismus eingeführt wurde, stärkte er die Zentralmacht der kaiserlichen Familie, und entsprechend wurde er aus diesen Kreisen unterstützt (Prinz Shōtoku, 574-622). Shōtoku förderte einen toleranten Buddhismus auf der Grundlage des Lotos-Sūtra, der abweichende Lehren (Konfuzianismus, Shintō) als *upāya* (geschickte Mittel) verstehen und achten konnte und mittels der Lotos-Lehre des Einen Fahrzeugs (*ekayāna*) Einheit in Verschiedenheit hinsichtlich der Religion wie der Politik legitimierte.[1] Die späteren Versuche der konfuzianischen Bürokratie, im Japan der Nara-Zeit (710-785) eine rein konfuzianische Staatsform durchzusetzen, mußten mißlingen, weil die in Japan eingeführte konfuzianische Kultur bereits erheblich von buddhistischen Elementen geprägt war. Im Verlauf der Geschichte wurde einerseits der Buddhismus japanisiert, andererseits Japan auch durch den Buddhismus umgestaltet. Dabei ist zu beachten, daß sich die Vielgestaltigkeit des chinesischen Buddhismus in ihrer Mischung aus Elementen des frühen (Theravāda) Buddhismus, des Mahāyāna und des Tantrayāna auch in Japan zeigt und der Buddhismus alles andere als eine einheitliche geistige bzw. soziale Bewegung war und ist.

Der vom Staat geförderte Buddhismus verbreitete sich, soziologisch gesehen, von oben nach unten: In der Nara- (710-785) und Heian-Zeit (794-1185) war der Buddhismus vor allem eine Angelegenheit der Oberschichten, und erst während der Kamakura-Periode (1185-1333) und der Muromachi-Zeit (1338-1573) erreichte er die Landbevölkerung und die städtischen Unterschichten. Dabei unterlag er einem charakteristischen Gestaltwandel: So wurden beispielsweise Totenrituale eingeführt, durch die der Einfluß der toten Seelen auf die Lebenden im Ahnenkult gelenkt werden konnte – eine ursprünglich ganz und gar nicht-buddhistische Lesart der Welt. Die Japanisierung des Buddhismus vollzog sich allmählich, und einzelne Traditionen entwickelten dabei unterschiedliche Modelle. Die Sozialisation in Japan vollzog sich vornehmlich über die Familie (*ie*), zu der auch die Toten gehörten, und der Buddhismus – mit seiner Betonung der Verantwortung des einzelnen in der Entscheidung, den *dharma* zu praktizieren – mußte sich diesen Umständen anpassen. Daran hat sich (mit einigen Ausnahmen) bis heute nicht viel geändert. Die Entwicklung der Schulen (*shū*) des japanischen Buddhismus hat daher teils soziale, teils lehrmäßige, teils bereits durch die Unterschiede im chinesischen Ursprung begründete Wurzeln.

[1] M. Anesaki, History of Japanese Religion, Tokyo: Charles E. Tuttle 1963, 62ff. (Originalausgabe 1930) Vgl. auch J. Kitagawa, Religion in Japanese History, New York: Columbia Univ. Press 1966; D. A. Matsunaga, Foundation of Japanese Buddhism, Vols.1-2, Los Angeles-Tokyo: Buddhist Books International 1987; Y. Kashiwahara/ K. Sonoda (Eds.), Shapers of Japanese Buddhism, Tokyo: Kosei Publ. 1994

10.1 Die Schulen der Nara-Periode

Kaiser Shōmu ließ ab 741 in allen Gegenden des Reiches Tempel errichten, die vom Staat subventioniert wurden (*kokubunji*). Dadurch wurde ganz Japan ein heiliger geographischer Raum, dessen Zentrum ein gigantischer Vairocana-Buddha aus Bronze war, um den herum der große Tempel (Tōdai-ji) von Nara gebaut wurde. Eine solche mythisch-buddhistische Tempelgeographie entsprach chinesischem Vorbild und diente auch der religiösen Legitimation zentralisierter politischer Macht. Der 752 geweihte Tōdai-ji war Zentrum des (buddhistisch interpretierten) Kosmos und des Staates. Sechs Schulen oder Disziplinen des Buddhismus kennzeichnen diese Periode, und sie bezeichnen genau jene Aspekte der buddhistischen Praxis, die im China der T'ang-Zeit (618-907) gepflegt und nach 625 in Japan eingeführt wurden:

1. *Jōjitsu* (chin. Ch'eng-shih-lun), die auf den Sanskrit-Text Satyasiddhi (»Vollkommenheit der Erkenntnis vom wahren Sein«) zurückgeht und eine hermeneutische Schule ist.
2. *Sanron* (chin. San-lun), die Mādhyamika-Schule auf der Grundlage von drei Texten (Mādhyāmaka-Kārikā und Dvādaśanikāya-Śāstra des Nāgārjuna; Śata-Śāstra des Āryadeva), welche alle Ansichten widerlegt und damit die Grenzen des begrifflichen Denkens aufzeigt.
3. *Hossō* (chin. Fa-hsiang), die *dharma*-Merkmale unterschied und die Yogācāra-Tradition im chinesischen und japanischen Kontext fortsetzt.
4. *Kusha* (chin. Chü-she), die Abhidharma-Schule, die auf der Basis von Vasubandhus Abhidharmakośa die analytische Klassifizierung der *dharmas* in der Tradition der Sarvāstivāda-Philosophie betrieb und sehr bald von der Hossō-Schule aufgesogen wurde.
5. *Kegon* (chin. Hua-Yen), die Mitte des 8. Jahrhunderts von dem koreanischen Mönch Shinjō eingeführte Philosophie der Totalität, aus der die Einheit des kosmisch-politischen Universums abgeleitet und von Kaiser Shōmo, wie erwähnt, in der Gestalt des sonnengleichen Buddha Vairocana dargestellt wurde. Diese Schule war von bleibender Bedeutung für die Weiterentwicklung des japanischen Buddhismus.

6. *Ritsu* (chin. Lü-tsung), die *vinaya*-Schule, die sich um die rechte Interpretation der Mönchsdiziplin kümmerte. In China und in Japan konnte allerdings der *saṃgha* nie eine so große Rechtsautonomie gewinnen, derer er sich in Indien (und Sri Lanka) weitgehend erfreut hatte. (In China und Japan unterstand der *saṃgha* viel unmittelbarer als in Südasien staatlicher Kontrolle, wodurch das politische System gestützt werden sollte.)

Kegon vor allem sorgte für eine staatstragende Weltanschauung. Wie durch die totalistische Philosophie bereits in China die T'ang-Dynastie gestützt wurde, so identifizierte sich nun auch Kaiser Shōmu in Japan mit dem Buddha Mahāvairocana als Zentrum des Universums und des japanischen Staates.[2] Bis zur Kamakura-Zeit kannten die japanischen Buddhisten weitgehend keinen weltentsagenden, sondern nur einen staatstragenden *dharma*, das heißt der Buddhismus war in Japan (meistens) politisch angepaßt. Interessant ist, daß in der *Hossō*-Schule aus der Einsicht in die Einheit des Bewußtseins und damit aller Lebewesen praktische Konsequenzen gezogen wurden: Dōshō (629-700), der in China bei Hsüan-tsang studiert und dort auch Frühformen der Ch'an-Schule kennengelernt hatte, und sein Schüler Gyōgi (668-649) riefen Projekte zur Schaffung einer Infrastruktur (Brücken-, Straßen- und Brunnenbau) sowie soziale Hilfsprogramme (Obdachlosenheime und Speisung von Hungernden) ins Leben und begründeten diese Aktivitäten mit einer buddhistischen Sozialethik.[3] In der Nara-Zeit (710-794) war der Buddhismus noch weitgehend eine Fremdreligion, die – weil man alles Chinesische verehrte – allenfalls für die Oberschicht interessant war, aber die philosophischen Ansprüche des Buddhismus wurden auch in diesen Kreisen kaum verstanden. Die breiteren Schichten der Bevölkerung waren vom Buddhismus ohnehin kaum berührt. Dennoch war der Grundstein für die Entwicklung des Buddhismus gelegt, wichtige Werke wurden übersetzt, und mit dem Buddhismus war die chinesische Kultur in allen Aspekten (einschließlich des Bildungssystems) nach Japan gebracht worden.

2 Matsunaga, a.a.O., Vol. 1, 98

3 V. Zotz, Geschichte der buddhistischen Philosophie, Hamburg: Rowohlt 1996, 205

10.2 Entwicklungen in der Heian-Periode: Tendai und Shingon

Während der Heian-Periode (794-1185) dominierte das totalistische Paradigma von Kegon, zumal im Jahr 805 der Mönch Saichō (767-822) das *Tendai*-System (chin. T'ien-t'ai) einführte und im Jahr 806 *Shingon* (chin. Chen-yen, tantrisches Mantrayāna) durch Kūkai (774-835) in Japan etabliert wurde. Beide Schulen vertraten eine sakramental-totalistische Weltsicht und zelebrierten diese in hoch ästhetisierten Ritualen. Beide Schulen etablierten sich als Gegengewicht zur Orthodoxie der sechs Schulen der Nara-Zeit und gründeten ihre Zentren auf zwei berühmt gewordenen Bergen außerhalb der Städte (Hiei, Kōya). Beiden gelang es, eine umfassende Deutung der Welt zu geben, bei der vor-buddhistische japanische Kulturmuster in breitem Umfang integriert wurden. Namentlich Saichōs Tendai war eine Reformbewegung, die – im Gegensatz zu ihrem chinesischen Vorbild – politische Konsequenzen hatte: die Reform richtete sich gegen Korruption in den alten Schulen, die das staatliche System gestützt und umgekehrt von der kaiserlichen Gunst profitiert hatten.[4] In der zweiten Hälfte der Heian-Zeit erodierte die kaiserliche Macht, und Partikularinteressen – besonders der mächtigen und finanzkräftigen Fujiwara-Familie – drohten die Einheit des Reiches zu gefährden. Die buddhistischen Kloster-Schulen gewannen dabei teilweise mehr Autonomie von der kaiserlichen Macht, büßten diese aber sehr schnell durch aufgezwungene (und teils auch gesuchte) Allianzen mit den lokalen Fürsten wieder ein: die buddhistischen Klöster wurden zu strategischen Zentren. Als gegen Ende des 9. Jahrhunderts der Austausch mit China aus politischen Gründen (Abschottungspolitik) zum Erliegen kam, beflügelte dies die Japanisierung des Buddhismus.

Saichō stammte aus einer chinesischen Familie und hatte bei Gyōhyō (722-797) vor allem die Philosophie der Mādhyamika- und Yogācāra-Schulen studiert.[5] Mehr noch: Der *vinaya*-Meister Tao-hsüan

4 Matsunaga, a.a.O., Vol. 1, 143

5 P. Groner, Saichō. The Establishment of the Japanese Tendai School, Berkeley: Buddhist Studies Series 7, 1984

(jap. Dōsen) hatte auch die Ch'an-Praxis an seinen japanischen Schüler Gyōhō weitergegeben, und möglicherweise ist dieser Umstand der Grund dafür, daß auch in der *Tendai*-Schule eine dem *zazen* ähnliche Meditationspraxis gepflegt wird.[6] Saichō genoß die Unterstützung durch Kaiser Kammu, der allerdings bereits im Jahr nach Saichōs Rückkehr nach Japan (805) starb, so daß Saichō zunächst die kaiserliche Unterstützung verlor.

Tendai bot als Philosophie und Kultpraxis die Möglichkeit, die Eigenarten verschiedener Schulrichtungen zu verbinden: Meditation im Stil des Ch'an (Zen), Philosophie und tantrische Kultpraxis wurden in einem buddhistischen »Ökumenismus« vereint, der wiederum die Basis für die großen Schulen der Kamakura-Zeit (1185-1333) abgab: Zen, Jōdo-shū (Reines Land), Nichiren-shū. Saichōs Tendai-Philosophie insistierte auf der Befreiungsmöglichkeit aller, weil ja alle Wesen die Buddha-Natur hätten und daher vom Urspung her zumindest potentiell erwacht seien (*hongaku*), während seine Widersacher in den traditionellen Schulen den bereits in China von Tao-sheng zurückgewiesenen Standpunkt vertraten, daß bestimmte Menschen, die nur ihren Begierden folgen (skt. *icchantikas*) prädestiniert seien, nicht zur Befreiung zu gelangen.

Shingon entwickelte eine ästhetische Sicht der Wirklichkeit und Kultformen, die den esoterischen Tantrismus als Ästhetisierung der alltäglichen Erscheinungen wirksam werden ließen, was wiederum dem japanischen Lebensstil entsprach und diesen tief umgestaltete, insofern die Schönheit des kleinsten Staubkorns der Erscheinungswelt als Inbegriff des Buddha-Bewußtseins gelten konnte. Shintō-Gottheiten wurden integriert als Manifestationen geistiger Qualitäten (Buddhas und Bodhisattvas) in materieller Form. Kūkai (774-835)[7], der bei Hofe verkehrte und ein enger Vertrauter des Kaiser Saga war, hatte in China mehrere tantrische Traditionen kennengelernt. Er systematisierte dieses Wissen und schuf ein konsistentes System der mantrischen Meditationspraxis und Klangharmonie (Klänge der Silben entsprechen makrokosmischen Gegebenheiten und Entwicklungsstufen des Bewußtseins). Kūkai war Saichō zunächst sehr ver-

6 Matsunaga, a.a.O., Vol. 1, 112
7 Y.S. Hakeda, Kūkai. Major Works, New York: Columbia Univ. Press 1972

bunden, und beide arbeiteten Hand in Hand. Anders als Saichō glaubte Kūkai aber nicht, daß Tendai und Shingon letztlich ganz ähnliche Ziele verfolgten – Kūkais Shingon konnte zwar alle anderen Schulen gelten lassen und politische Kompromisse schließen, doch war für ihn Tendai ein System, das in China bereits im Abstieg begriffen und darum überholt war. Im Jahr 813 kam es zu einem bitteren Streit und 816 zum offenen Bruch zwischen Kūkai und Saichō, der persönliche Gründe hatte (Saichōs engster Schüler Taihan war zu Kūkai abgewandert), aber auch Differenzen in ihren Lehranschauungen offenlegte.

Gegen Ende der Heian-Zeit wurden die politischen Verhältnisse in Japan immer instabiler. Rivalisierende Feudalherren lagen miteinander in blutiger Fehde, und da die Groß-Klöster meist mit den adligen Familien wirtschaftlich und personell verflochten waren, wurden sie sehr oft in die Auseinandersetzungen verwickelt. Nicht selten bewaffneten sich die buddhistischen Mönche solcher Klöster und griffen aktiv in die Kämpfe ein. Von buddhistischer Gewaltfreiheit konnte keine Rede mehr sein und die Korruption nahm überhand. Die alte indische Theorie der Weltzeitalter bot einen Deutungsrahmen, der den eigenen Erfahrungen entsprach: Man lebte in einer völlig korrupten Endzeit (*mappō*), in der auch die Reinheit des buddhistischen *dharma* nicht mehr anzutreffen war. Die gesamte Kultur und mit ihr der Buddhismus geriet in eine Krise. Die politische Krise wurde auch deshalb als Krise des Buddhismus akut, weil der buddhokratisch-konfuzianische Beamtenstaat der Heian-Zeit zusammenbrach und die Staatsämter wieder erblich wurden. Lokale Beamte eigneten sich Lehensgüter an, die ihnen ökonomische wie politische Unabhängigkeit sicherten, was die zentralstaatliche Ordnung vollends zusammenbrechen ließ. Vor allem das Eintreiben von Steuern wurde immer chaotischer, und es entbrannte ein blutiger Streit um Steuervorteile, der diese Periode wie ein roter Faden durchzog. Die Fehden und kriegerischen Auseinandersetzungen zwischen den buddhistischen Klöstern drehten sich um diese Probleme und nicht um Lehrdifferenzen, die jedoch für die Durchsetzung von Machtinteressen instrumentalisiert wurden. Infolgedessen wurde der Ruf nach Reformen immer lauter, und einzelne Mönche, die sich der Erneuerung des Buddhismus annahmen, stießen auf breites Echo. Zahlreiche Mönche reisten nach China, um dort aus den Quellen zu schöpfen und einen gereinigten Buddhismus nach Japan zu bringen: Zen-shū und Jōdo-shū. Jene buddhistischen Krisen-Schulen der Kamakura-Periode (1185-1333) nahmen auf diesem Hintergrund viel schärfere Konturen an als ihre Vorbilder in China, Ch'an und Reines Land. Außerdem kam in Japan noch die Nichiren-Schule hinzu, die in China kein Vorbild hatte.[8]

10.3 Reform-Buddhismus der Kamakura-Zeit: Jōdo, Nichiren, Zen

Alle drei Schulen haben ihre Wurzeln im Tendai-Buddhismus, sie betonen aber jeweils unterschiedliche Aspekte der Praxis, die im Tendai vereint waren: Zen basiert *allein* auf Meditation, Reines Land *allein* auf dem Vertrauen in das Gelübde Amidas, Nichiren *allein* auf der Praxis, die sich aus dem Lotos-Sūtra ergibt. Dieser gegenseitige Exklusivismus war neu im Buddhismus, und man muß ihn wohl als Antwort auf das dramatisch verschärfte Krisenbewußtsein interpretieren. Alle drei Schulen galten zu ihrer Zeit als »häretisch«, wurden aber in der späteren Geschichte zu den mit Abstand bedeutendsten Schulen des japanischen Buddhismus, und zwar hinsichtlich der Zahl der Anhängerschaft ebenso wie bezüglich ihrer Kreativität. Der große Zulauf an Menschen zu diesen Schulen ist auch soziologisch zu erklären, denn alle drei hatten auf die Krisen jener Zeit plausible und nachvollziehbare Antworten. Doch damit ist die Kraft dieser Bewegungen noch nicht erschöpfend gedeutet. Vielmehr radikalisierten diese neuen Schulen wesentliche Aspekte der buddhistischen Grundeinsicht in die Nicht-Dualität der Wirklichkeit auf je besondere Weise, und damit erneuerten sie den Buddhismus aus seinen Ursprüngen, was ein kraftvolles Echo fand.

[8] Vgl. Y. Takeuchi, Der neue Buddhismus der Kamakurazeit, in: H. Waldenfels/Th. Immoos (Hrsg.), Fernöstliche Weisheit und christlicher Glaube, Mainz: Grünewald 1985, 221-233.

Jōdo-shū

Frühe Formen der Amida-Verehrung und der Frömmigkeit des Reinen Landes gab es bereits im Japan der Asuka-Periode (500-710), denn ein erster Bezug auf das Große Sūtra vom Reinen Land (*Sukhāvatī-vyūha-Sūtra*) erscheint in einigen der Schriften, die Prinz Shōtoku zugeschrieben werden. Auch die Anhänger der Sanron-, Kegon- und Hossō-Schule studierten das Reine-Land-Sūtra. Genaueres war aber nicht bekannt, und es kam zu Verwechslungen zwischen dem Reinen Land Amidas mit dem *tuṣita*-Himmel des künftigen Buddha Maitreya.[9] In der späten Heian-Zeit wurde der Amida-Kult zunächst innerhalb der Tendai-Schule (andauernde Rezitations-Meditation, *jōgyō sammai*) immer geläufiger, blieb aber zunächst aristokratisch und auf die Klöster beschränkt. Doch bereits im 10. Jahrhundert griff diese Frömmigkeit auf die Laien über. Der Mönch Kūya (903-972) soll als einer der ersten eine Massenbewegung ausgelöst haben. Aber eine eigenständige japanische Schule des Buddhismus des Reinen Landes (Jōdo) wurde erst von Hōnen (1133-1212) begründet, als dieser 1175, enttäuscht vom korrupten Establishment des Mönchtums auf dem Hiei-Berg, mit Tendai brach.[10] Die Korruption in den Klöstern war nicht nur moralisch bedingt, sondern auch im System begründet: Seit der Nara-Zeit und verstärkt in der Heian-Periode hatten die Klöster durch das Patronat der herrschenden Schichten (der Kaiser, der Fujiwara-Familie) immer mehr Landbesitz (*shōen*) angehäuft. Um die Felder zu bestellen, wurden »arbeitende Priester« (*dōshū*) angestellt, die mit den »gelehrten Mönchen« (*gakushō*) so gut wie nichts gemein hatten. Vornehmlich aus den Reihen der *dōshū* kamen auch die »kämpfenden Mönche« (*sōhei*), die in die militärischen Auseinandersetzungen der feudalen Kleinkriege eingriffen. Es kam in und um die Klöster zu erheblichen Spannungen, zu Kämpfen um Macht und Besitz. Außerdem waren, wie in China, nicht wenige zweifelhafte Gestalten Mönche geworden, um der Steuer und dem

9 Matsunaga, a.a.O., Vol. 1, 113

10 H. Coates/R. Ishizuka, Hōnen, the Buddhist Saint, 5 Vols., Kyōto: Society for the Pub. of Sacred Books of the World ^{2}1949

Militärdienst zu entgehen. Wie dokumentierte Beschwerden aus dem Jahr 914 belegen, gab es regelrechte »Banditen-Mönchsgruppen«.[11]

Hōnen jedenfalls war zunächst Tendai-Mönch gewesen und hatte sich nun fluchtartig in die Berge zurückgezogen, um das Leben eines heiligen Mannes (*hijiri*) zu leben. Statt nach seiner Rückkehr aber das reguläre Leben eines Tendai-Mönches wieder aufzunehmen, zog es Hōnen vor, sich allein auf das Gelübde Amidas (Skt. Amitābha) zu verlassen. Der Tendai-Orden reagierte entsprechend: Hōnen wurde verklagt, illegal eine neue Schule gegründet, das heißt Mönche außerhalb des etablierten Nara-Nikāya ordiniert zu haben. In einer »buddhokratischen« Gesellschaft bedeutete dies Aufruhr gegen den Staat, was Hōnens Verbannung ins Exil zur Folge hatte. Doch der Versuch, seine Bewegung zu unterdrücken, mißlang. So konnte er schließlich in die Hauptstadt zurückkehren. Danach faßte Hōnens Bewegung sehr schnell Fuß, vor allem in den unteren Schichten der Bevölkerung: durch die einfache Praxis der hingebungsvollen Anrufung Amidas wurden die einfachen Leute und Laien aufgewertet, die aufgrund ihrer Lebensumstände die Ideale der buddhistischen Ethik ohnehin nicht strikt befolgen konnten.

An dieser Stelle ist ein Wort zur Stellung der Frauen im japanischen Buddhismus angebracht.[12] Bis in die Heian-Zeit durften Frauen die inneren Bereiche der großen Tempel auf dem Hiei-Berg oder dem Kōyasan nicht einmal betreten, geschweige denn die betreffenden Philosophien studieren oder sich Meditationsübungen widmen. In Indien dagegen hatte der Buddhismus noch einen weiblichen Zweig des *saṃgha* gekannt, und für die Laien galt die Regel, daß Ehemann und Ehefrau gleichwertig einander die Einhaltung der fünf Grundgebote schuldeten. In China gab es zwar den Mönchen untergeordnete Gruppen von Nonnen, aber die Frauen im Laienstand hatten gegenüber ihren Männern mehr als doppelt so viele Verpflichtungen als umgekehrt. Der chinesische Buddhismus (mit Ausnahme der Laienbewegungen in den Weißen-Lotos-Sekten) spiegelte damit die allge-

11 Matsunaga, a.a.O., Vol.1, 253f.
12 Matsunaga, a.a.O., Vol.1, 208f.

meine Haltung zum Verhältnis der Geschlechter in China wider – er diskriminierte die Frauen in dem Maße, in dem dies in der Gesellschaft allgemein üblich war. Nicht anders waren die Verhältnisse in Japan bis zur späten Heian-Zeit. Mit dem Erstarken des Buddhismus des Reinen Landes und seiner Blüte in der Kamakura-Periode änderte sich dies allerdings erheblich: Hier konnten die Frauen eine aktive, fast gleichberechtigte Rolle übernehmen.

Die sozialen Hierarchien, die religiös legitimiert waren, gerieten durch die Reine-Land-Bewegung ins Wanken (was Hōnen persönlich vermutlich wenig bewußt war), das heißt das Konzept einer religiösen Demokratisierung (alle haben die gleichen Chancen zur Befreiung) hatte direkte politische Konsequenzen. Aber eine andere (von Hōnen unbeabsichtigte) Folge seiner Lehre wurde auch sehr bald offenkundig: Wanderprediger zogen im Namen Hōnens umher und verkündeten, daß die Ausübung guter Werke nicht nur nutzlose, sondern sogar schädlich sei. So konnte sich eine Gesetzlosigkeit verbreiten, die mit Hōnens Idealen freilich wenig zu tun hatte, nichtsdestoweniger aber die Zustände noch verschlimmerte und politische Maßnahmen gegen die Bewegung provozierte.

Hōnen unterschied zwei Typen religiöser Wege: *jiriki*, die durch eigene Kraft erlangte Befreiung, und *tariki*, die durch »andere Kraft«, durch das Vertrauen auf das Gelübde Amidas zuteil werdende Befreiung. Dabei knüpfte Hōnen an frühere Entwicklungen im Tendai an: Der Begriff der »anderen Kraft« war bereits von T'an-luan (476-542) in China geprägt worden. Er hatte sich damit auf das altindische Bodhisattva-Ideal bezogen, wonach die Vollkommenheit darin besteht, gleichzeitig sich selbst und anderen zu nützen, das heißt die Subjekt-Objekt-Spaltung überhaupt zu überwinden. Amidas Gelübde und die Zuflucht zu ihm ist Ausdruck dieser Nicht-Dualität: das »Andere« und das »Eigene«, die Welt um mich und die Welt in mir, sind nur zwei Seiten ein und derselben Sache. Im übrigen gab es bereits im frühen Tendai eine Form der Buddha-Vergegenwärtigung, die als kontemplative Methode dem verwandt war, was Hōnen als *nembutsu*, die Anrufung des Namens Amidas, zur alleinigen Praxis machte.[13] Er

13 Ch. Kleine, Hōnens Buddhismus des Reinen Landes: Reform, Reformation oder Häresie?, Frankfurt-Bern: P. Lang 1996, 95ff.

ging aber in seiner Interpretation der Tradition einen wesentlichen Schritt weiter: Nicht der Mensch entscheide sich für Amida, sondern Amida habe in seinem Gelübde bereits die Wahl vorausbestimmt. Diese Form von Prädestination, die ja ein dualistisches Weltbild impliziert, hatte es im Buddhismus bislang noch nicht gegeben. Sie wurde nach Hōnens Tod durch Shinran (1173-1262) [14] zurückgenommen, der wiederum zur Lehre von der universalen Buddha-Natur aller Wesen (*hongaku*) zurückkehrte und damit die Heilsgewißheit für alle Wesen bekräftigte.

Shinran war bereits mit acht Jahren Mönch geworden und hatte sich zwanzig Jahre lang den strengen Tendai-Übungen unterzogen, nur um zu erkennen, daß der Zwang zum Vollkommensein im Kloster die egoistischen Antriebe eher gestärkt als überwunden hatte. So erkannte er, daß der in seinem Kloster gelebte Buddhismus von der buddhistischen Grunderfahrung und ihrer Praxis im alltäglichen Leben weit entfernt war. Enttäuscht verließ er das Kloster und begegnete 1201 Hōnen in dessen Einsiedelei in Yoshimizu bei Kyōto. Sieben Jahre lang blieb er als Schüler bei ihm, um danach eigene Wege zu gehen und Amidas Barmherzigkeit als Richtschnur für eigene Lebensentscheidungen zu nehmen. Die Lehre vom alleinigen Vertrauen in die Gnade Amidas untergrub die Autorität und Privilegien der buddhistischen Hierarchien in den Großklöstern. Da jedoch die meisten Äbte mit der politischen Aristokratie verschwägert waren und die Massenbewegung Hōnens und Shinrans so viele Laien erfaßt hatte, daß sie der politischen Ordnung gefährlich werden konnte, wurden beide in entlegene Gegenden des Reiches verbannt, man streute verleumderische Gerüchte über ihren Lebenswandel und soll sogar Mord erwogen haben. Shinrans Ablehnung des Ritualismus (besonders der für die Priesterschaft einträglichen Totenrituale) war ein weiterer Grund für die Feindschaft, die ihm aus dem buddhistischen Establishment entgegenschlug. Shinran betonte, daß das Befreiungshandeln Amidas *bereits geschehen* sei und daher die Rezitation des Namens Amidas nicht als Gnade wirken-

14 Y. Ueda/D. Hirota (Eds.), Shinran. An Introduction to his Thought, Kyōto: Hongwanji International Center 1989; Y. Ueda (Ed.), Letters of Shinran. A Translation of Mattōshō, Kyōto: Hongwanji International Center 1978; T. Takahatake, Young Man Shinran. A Reappraisal of Shinran's Life, Waterloo: Wilfrid Laurier Univ. Press 1987

des Verdienst, sondern als dankbare *Antwort* auf die Tat Amidas verstanden werden müsse. Konsequent versuchte er, den Unterschied von »weltlichem« und »religiösem« Lebensbereich zu überwinden. Er zog die persönliche Konsequenz und kehrte in den Laienstand zurück. Shinrans Bewegung trug nun den Namen *Jōdo-Shin-shū*. In seinem Hauptwerk *Kyōgyōshinshō*, dessen Niederschrift er bereits 1201 bei Hōnen begonnen hatte, faßte er seine Lehre in eindrucksvoller Weise zusammen. Danach ist die Erfahrung des Vertrauens auf Amida im täglichen Leben nicht-verschieden (*soku*) von der Wiedergeburt im Reinen Land bzw. dem *nirvāṇa*. Er selbst wollte aller Eitelkeit entsagen, denn er hatte die Gefahr des spirituellen Hochmutes im Kloster nur zu gut kennengelernt: In der Vorrede des Kyōgyōshinshō bezeichnet er sich als Narr (*gotoku*). Seine Bewegung blühte auf, und doch blieben ihm schwere Prüfungen nicht erspart: Er starb in bitterer Armut, enttäuscht von Spaltungen in der Bewegung, die sein eigener Sohn Zenran 1256 mit verursacht hatte. Und doch soll sein Sterben von heiterer Gelassenheit und Geistesfrieden erfüllt gewesen sein.

Ein Anhänger und Freund Shinrans namens Yuiembo schrieb nach Shinrans Tod das Buch *Tannishō*, das im japanischen Buddhismus des Reinen Landes große Popularität erlangen konnte. Darin wird eine Spiritualität der *Dankbarkeit* entwickelt: Alle Übung und religiöse Praxis soll aus einem dankbaren Herzen und in Freude darüber erwachsen, daß Amida Buddha alle Wesen bereits befreit *hat*. »Glaube« ist danach der wahrhaftige Geist Amidas selbst, der in den Gläubigen Gestalt gewinnt und manifest wird. So *wird* der Mensch Buddha, weil er dank der Barmherzigkeit Amida Buddhas prinzipiell schon Buddha *ist*.

Hōnens und Shinrans gläubiges Vertrauen auf die Kraft des Befreiungsgelübdes Amidas war die Antwort auf den Geist der Krise im 13. Jahrhundert, wonach das Zeitalter des völlig kraftlos gewordenen *dharma* und damit die Endzeit angebrochen sei. Politische Unruhen und Naturkatastrophen schienen zu bestätigen, daß sich die Prophezeiung, das letzte Zeitalter würde im Jahre 1052 n.Chr. beginnen, bewahrheiten würde.

Nichiren-shū

Nichiren (1222-1282) [15] stammte aus einer armen Fischersfamilie. Er studierte zunächst die Lehren und Praxis des Reinen Landes und des Zen, um sich 1242 auf den Hiei-Berg zu begeben und sich dort dem Tendai-Studium zu unterziehen. Wie Hōnen, Shinran (und auch Zen-Meister Dōgen) wandte auch er sich von dem scholastischen und formalisierten Buddhismus ab und zog nach zehn Jahren in seine Heimat zurück. Er wollte allein das Lotos-Sūtra in der von ihm wesentlich radikalisierten Deutung gelten lassen, die sich auf Saichō (767-822), berief, während er alle anderen Formen des Buddhismus nicht nur als unvollständig, sondern als falsch betrachtete. Alle Wahrheit bzw. Śākyamuni Buddha selbst ist für ihn im *Daimoku* verkörpert, dem Titel des Lotos-Sūtra, und nirgends sonst. Alsbald führte er die Verehrung des Titels des Lotos-Sūtra ein, die durch mantrische Rezitation (*namu myōhō renge kyō*) praktiziert werden sollte. Nichiren war ein charismatischer Visionär, der die Einheit des Landes durch die Einheit des Buddhismus auf der Grundlage des Lotos-Sūtra erzwingen wollte. Alles Übel im Lande wie Hungersnöte, Seuchen oder Bürgerkriege führte er darauf zurück, daß nicht die Lotos-Lehre, sondern irrige Formen des Buddhismus praktiziert würden. Und so griff er alle anderen Schulen des Buddhismus der Kamakura-Zeit scharf an, weil sie die Befreiung nur individualistisch deuteten und sich aus der Verantwortung für das Wohl der Gesellschaft davongestohlen hätten. Nichiren wollte die anderen Schulen nicht tolerieren und predigte mit Eifer für eine Umgestaltung des »Buddha-Landes Japan«. Seine flammenden Reden, die mit dem buddhistischen Ideal der sanften Rede bewußt brachen, sollten die anderen zum Zorn reizen, damit sie ihre Maske fallen ließen und den Irrtum ihrer religiösen Praxis erkennen würden. Sein Exklusivismus war also religiös und politisch motiviert. Er mußte deshalb zweimal in die Verbannung gehen und entging nur knapp einer Hinrichtung, was dazu führte, daß er ein Märtyrer-Ideal ent-

15 Ph. Yampolsky (Ed.), Selected Writings of Nichiren, New York: Columbia Univ. Press 1990; Ph.Yampolsky (Ed.), Letters of Nichiren, New York: Columbia Univ. Press 1996

wickelte: Wer wegen der politisch-religiösen Deutung des Lotos-Sūtra Verfolgung erdulden mußte, war bereits im Buddha-Land angelangt. Während seiner Verbannung kam Nichiren zu der Erkenntnis, daß er selbst eine Inkarnation des Bodhisattva Viśiṣṭacāritra sei, der dem Buddha Śākyamuni das Lotos-Sūtra offenbart hatte.

Nichirens Botschaft kann als prophetische Warnung in der Endzeit (*mappō*) verstanden werden, die den Menschen nur noch kurze Zeit zur Umkehr im Denken und Lebensstil läßt. In den Jahren 1260 und 1268 sagte er eine Invasion Japans durch die Mongolen vorher. Als diese 1274 tatsächlich eintrat, wurde er berühmt und fand viele Anhänger. Der politische Buddhismus Nichirens prägte die weitere Geschichte Japans während der Tokugawa-Zeit und in der Moderne seit Ende des 19. Jahrhunderts besonders durch die Massenbewegungen Reiyūkai, Risshō Kōseikai und Sōka Gakkai, auf die wir im nächsten Abschnitt noch eingehen werden.

Zen-Shū

Das Zen wurde von japanischen Mönchen, die unabhängig voneinander nach China gereist waren, in mehreren »Schüben« nach Japan gebracht. Bereits der Mönch Gyōhyō (722-797) war nach China gereist, um dort von Tao-hsüan (702-760) in die Meditationspraxis der Ch'an-Schule eingeführt zu werden. Wie oben berichtet, hatte er sein Wissen an Saichō weitergegeben. Gegen Ende des 12. Jahrhunderts setzte eine neue Welle des Austausches mit China ein, und nicht wenige Mönche kamen auch mit Ch'an in Berührung und brachten ihre Kenntnisse zurück nach Japan. Aber erst der Tendai-Mönch *Eisai* (1141-1214) begründete eine eigenständige Zen-Tradition in Japan. Er reiste zweimal nach China, lernte dort die Ch'an-Tradition des Lin-chi (jap. *Rinzai*) kennen und brachte sie als *Rinzai-Zen* nach Japan. Diese Form des Zen hat drei Merkmale:

- packende Unmittelbarkeit der Erfahrung ohne jede systematische Philosophie,
- unerbittliches Fordern des Schülers (berühmt der Schrei: *katsu*), und doch:
- tiefe menschliche Wärme hinter einer strengen Zazen-Praxis.

1198 schrieb Eisai sein Hauptwerk *Kōzen Genkokuron* (Abhandlung über die Verbreitung des Zen zum Wohl des Landes), eine Schrift, in der er darlegt, daß Zen auch politisch von Nutzen sei. Damit reihte er sich (anders als Hōnen) in das Erbe des klassischen Staats-Buddhismus ein. Er geht in diesem Buch auch auf die Vorwürfe ein, die ihm als einem »Neuerer« vom Tendai-Establishment auf dem Hiei-Berg gemacht worden waren:

a) daß Zen an Leerheit festhalte bzw. behaupte, man könne ohne Schrift-Studium zur Befreiung gelangen,

b) daß Zen für das degenerierte Zeitalter der Gegenwart (*mappō*) zu anspruchsvoll und daher ungeeignet sei,

c) daß Japan Zen nicht brauche,

d) daß er, Eisei, der Qualifikation und des sozialen Status ermangele, um Zen zu verbreiten.

Er widerlegte alle Argumente, denn gerade in Zeiten der geistigen Not sei eine klare Übungspraxis hilfreich, um den Menschen Orientierung dadurch zu geben, daß sie ihre eigenen Qualitäten entwikkelten. Der letzte Vorwurf freilich war persönlicher Art, und Eisai war von ihm offensichtlich besonders betroffen. Er gründete bedeutende Tempel, von denen zwei bis heute berühmt sind: 1200 den berühmten Jufukuji in Kamakura und 1202 den Kenninji in Kyōto. Er erhielt dabei Unterstützung von der Samurai-Klasse, die im Zen eine vorzügliche Charakterschulung erblickte, welche ihrer eigenen geistigen und sozialen Särke zugute kommen würde. Duch die Verbindung zu den Samurai wurde die unabhängige Entwicklung der Zen-Schule begünstigt. Das Zen Eisais war allerdings durchaus noch vermischt mit Elementen aus der Tendai-Schule und einigen magischen Praktiken aus dem Shingon, doch zeigt sich bei ihm schon klar der kompromißlose Zen-Weg als Praxis, die Befreiung bzw. das Erwachen hier und jetzt zu erlangen trachtet. Der eifersüchtige Widerstand der alten Schulen gegen die neue Zen-Bewegung nahm teilweise massive Gestalt an, und es dauerte Jahrzehnte, bis sich das Zen (zunächst als Praxis gemischt mit Tendai und Shingon, später als »reines« Zen) etablieren konnte. Eisai entwickelte auch die Kultur des Teetrinkens und verband sie mit dem Zen. Einer der bedeutendsten Schüler Eisais war Myozen (1184-1225), der mit Dōgen 1223 nach China reiste.

Dōgen (1200-1253)[16], über dessen Hintergrund und frühe Kindheit wenig Verläßliches bekannt ist, hatte bereits in früher Kindheit Vater und Mutter verloren. Der frühe Tod der Eltern wird von vielen bedeutenden buddhistischen Mönchen berichtet – das Leiden an der Vergänglichkeit klingt hier als Thema an, durch das sich der künftige Meister vom oberflächlichen Schauspiel des Lebens abwendet. Auch Dōgen war zunächst auf dem Hiei-Berg im Tendai ordiniert und geschult worden. Er war verletzt, daß man ihn auch im Kloster spüren ließ, daß er als Mensch von geringem sozialem Status kaum Karrierechancen hatte, und empörte sich darüber, daß die Klosterhierarchen kaum weniger korrupt waren als die weltliche Aristokratie. Er litt unter der Krise des Buddhismus, die er auch darin sah, daß die meisten Mönche fatalistisch resigniert waren, da die Katastrophen der Endzeit (*mappō*) ohnehin unausweichlich wären. Dōgen hielt dagegen, daß es von jedem einzelnen abhinge, die Wahrheit zu erkennen und das Leben dementsprechend zu gestalten. Allerdings war es ein philosophisches Problem, das ihn umtrieb und nicht wieder losließ, da er von keinem der Lehrer, die er befragte, eine zufriedenstellende Antwort erhalten hatte: »Wenn alle Wesen die Buddha-Natur haben bzw. ursprünglich erleuchtet sind (*hongaku*), warum ist dann überhaupt *dharma*-Praxis notwendig?« Als Dōgen 1223 nach China reiste, war er fest entschlossen, zu den Quellen der Wahrheit zu pilgern, um jene Frage zu beantworten und dann auch den japanischen Buddhismus erneuern zu können. Eine Anekdote aus dieser Zeit wirft ein bezeichnendes Licht nicht nur auf Dōgens Charakter, sondern auf das Wesen des Zen überhaupt: Als sich Dōgen auf dem Schiff in einem chinesischen Hafen aufhielt, kam ein chinesischer Mönch vom A-yü-wang-Berg an Bord, um Pilze zu kaufen, denn er war verantwortlich für die Küche des Klosters. Als Dōgen ihn zum Gespräch bat, lehnte er ab, um seine Pflichten im Kloster nicht zu versäumen. Dōgen erfuhr, daß für diesen Mönch (und das Zen überhaupt) die Übung in der Genauigkeit

16 H. Dumoulin, Geschichte des Zen-Buddhismus Bd.2, Bern: Franke 1986, 41-114; T.J. Kodera, Dogen's Formative Years in China, Boulder: Prajna Press 1980; Hee-Jin Kim, Dōgen Kigen – Mystical Realist, Tucson: The University of Arizona Press 1975, neuerdings (teils die alten Ansichten revidierend) W. Bodiford, Sōtō Zen in Medieval Japan, Honolulu: Univ. of Hawaii Press 1993, 22ff.

bei der Wahrnehmung des Alltäglichen besteht! Aber auch in China war der Buddhismus im Verfall begriffen. Enttäuscht zog Dōgen von Meister zu Meister, um doch nur leere Gelehrsamkeit, nicht aber lebendige Erfahrung zu finden. Schließlich gelangte er zum Ching-te-ssu Kloster, wo bereits Eisai studiert hatte und 1224 Ju-ching Abt geworden war. Wohl im Frühjahr 1225 gelangte Dōgen dort unter Anleitung des Meisters T'ien-t'ung Ju-ching (1164-1228) zum vollkommenen Erwachen. Er kommentierte diese Erfahrung: »Körper und Geist sind abgestreift.« Geprägt von dieser Erfahrung und mit zahlreichen Schriften im Gepäck kehrte Dōgen 1227 mit der offiziellen Anerkennung der Nachfolge seines Meisters (*inka*) in die Heimat zurück und brachte damit das Ts'ao-tung (Sōtō)-Zen nach Japan. Zunächst ging er nach Kyōto, dann nach Fukakusa, um schließlich in der westjapanischen Provinz Echizen die letzten zehn Jahre seines Lebens zu verbringen. Diese »Flucht« in ein selbstgewähltes Exil hängt möglicherweise auch damit zusammen, daß er von der Tendai-Hierarchie und Kaiser Gosaga beschuldigt worden war, eine neue Lehre und Praxis, nämlich einen verwässerten Buddhismus ohne philosophisches Studium, zu verbreiten. Aber der Gang in die Einsamkeit der Berge kam auch einem lang gehegten und bereits 1231 in seiner Schrift *Bendōwa* geäußerten Wunsch entgegen, Zen in der Stille zu praktizieren. 1245 hielt Dōgen in seiner neuen Heimat ersten Zen-Übungen (*sesshin*) ab und baute ein prächtiges Kloster, das er 1246 *Eiheiji*, »Tempel des ewigen Friedens«, nannte. Er entwickelte für sein Kloster eine strikte Mönchsdisziplin, legte Wert auf die genaue Durchführung der alten chinesischen Rituale (deren Wirkung er psychologisch interpretierte) und widmete sich auch philosophischen Arbeiten. Anders als die staatlich unterstützen und durch eigenen Landbesitz wohlhabenden Großklöster in Kyōto hatte er andere finanzielle Quellen erschließen müssen, und so war er in Abhängigkeit von der lokalen Aristokratie und Kriegerklasse geraten, namentlich von den Familien Yoshishige und Kakunen.

Dōgen ist einer der wenigen Zen-Meister, die systematische philosophische Schriften hinterlassen haben. Sein Hauptwerk *Shōbōgenzō* (»Schatztruhe des rechten Dharma-Auges«, ursprünglich einzelne Vorträge für die Mönche) reflektiert in 95 Abschnitten über

Sein-Zeit, die Bedeutung des Sitzens in Meditation (*zazen*), die rechte Disziplin, das Wesen des Menschen usw. Für ihn waren Übung (*zazen*) und Ziel (Erwachen) identisch, und dies war für ihn zugleich die Antwort auf die Frage nach der Übung trotz oder angesichts der ursprünglichen Erleuchtung. Gedanken- und absichtsfreies Sitzen (*shikantaza*) und konzentrierte Achtsamkeit im alltäglichen Handeln wurden von ihm so miteinander verknüpft, daß die Kōan-Praxis[17] an Bedeutung verlor (wenngleich Dōgen auch mit Kōans gearbeitet hat). Der Weg sei nicht eine Vorübung, die zum Ziel führt, sondern »der Weg *ist* das Ziel«, das Sitzen und vollkommen achtsame Handeln *ist* die Erleuchtung. Dabei gilt eine vollkommene Nicht-Dualität, die sich in der Neuformulierung eines alten Satzes niederschlägt: »Alle Wesen *sind* Buddha-Natur.« (Nicht: »*haben* Buddha-Natur«.) Dōgen formulierte die Quintessenz seiner Einsicht in den berühmten Strophen des Kapitels *Genjō kōan,* das sein Werk *Shōbōgenzō* einleitet:

Den Weg studieren heißt, das Selbst studieren.
Das Selbst studieren heißt, das Selbst vergessen.
Das Selbst vergessen heißt,
durch die zehntausend seienden Dinge bezeugt werden.
Durch alle Dinge bezeugt werden heißt,
Körper und Geist von sich selbst und von anderen abfallen lassen.

Das einzelne Wesen bestimmt sich also durch alle anderen und nichts ist getrennt voneinander. »Alle Wesen *sind* Buddha-Natur« – der jüngere Dōgen zog daraus Konsequenzen für den Status von Mönchen und Laien, die der alternde Dōgen aus Gründen, die wir nicht genau kennen, wieder zurücknahm: Hatte er zunächst verkündet, daß der Unterschied von Mönchen und Laien angesichts der Praxis des achtsamen Geistestrainings zweitrangig sei, ja daß auch Frauen sich der Zen-Praxis ungehindert unterziehen könnten, so behauptet der späte Dōgen, daß selbst ein in die Irre geratener Mönch weit höher zu schätzen sei als ein Laie. An den Ritualen im Eiheiji konnten allerdings auch Laien, einschließlich Frauen, teilnehmen. Dōgens geistige Hal-

17 Vgl. Oben Kap. 9, S. 228ff.

tung spiegelt sich in einem Gedicht, das er kurz vor seinem Tod als Vermächtnis schrieb,[18] insofern daran deutlich wird, daß Zen nicht das permanente Wesen hinter den Erscheinungen der Wirklichkeit sucht, sondern die Schönheit *im* vergänglichen Augenblick erkennt. Damit hat Zen die japanische Ästhetik wesentlich geprägt: von der Gedichtform des Haiku über die sparsame Tuschmalerei bis zum gehauchten Spiel der Shakuhachi-Flöte oder der ästhetischen Gegenwärtigkeit der Tee-Zeremonie.

Auf Blatt und Gräsern,
harrend der Morgensonne,
rasch der Tau hinschmilzt.
Eile nicht so, du Herbstwind,
der auf dem Feld sich erhebt.
Wem vergleiche ich wohl
Welt und des Menschen Leben?
Dem Mondesschatten,
wenn er im Tautropf berührt
des Wasservogels Schnabel.

In seinem Shōbōgenzō heißt es: [19]

Es gibt einen leichten Weg, Buddha zu werden:
Nichts Böses wirken, an Leben und Tod nicht haften.
Mit allen Lebewesen tiefes Mitleid hegen,
das Oben ehren, mit dem Unten Erbarmen haben,
nichts hassen,
nichts verlangen,
nichts im Herzen bedenken,
um nichts Leid tragen,-
Dies nenne ich Buddha.
Suche sonst nichts.

18 Zit. nach H. Dumoulin, Geschichte des Zen-Buddhismus Bd. 2, Bern: Franke 1986, 51.
19 Zit. nach Dumoulin, a.a.O., 58f.

Trotz dieser geistigen Offenheit hielt Dōgen feste Regeln für unabdingbar und schloß solche Mönche aus der Gemeinschaft aus, die auf der Grundlage der Nicht-Dualität aller Dinge meinten, daß *alle* Aktivität von der Buddha-Natur geprägt und daher auch der Unterschied von Gut und Übel relativ sei. In der zweiten Generation nach Dōgen kam es zu Spaltungen, an denen die Mönchsgemeinschaft vom Eiheiji zerbrach.

Das japanische Zen entwickelte sich weiter, wenngleich die wesentlichen Grundlagen im 12./13. Jahrhundert gelegt wurden. Neben Rinzai und Sōtō blühten weitere Schulen (z.B. Fuke-shū), die teilweise mit den beiden großen Schulen verbunden, teilweise selbständig waren und eigene Traditionen ausbildeten. Die Fuke-Schule (im 13. Jahrhundert aus China in Japan eingeführt) zeichnete sich dadurch aus, daß ihre Anhänger in kleinen Gruppen, um Almosen bittend, durch das Land zogen und die *shakuhachi*-Flöte bliesen (Atemkontrolle und Klang als Meditation). Weil diese Mönche »das Ohr am Volk« hatten, wurden sie für die Herrschenden suspekt und interessant zugleich, zumal sich immer mehr heimatlos gewordene und am Feudalsystem gescheiterte Samurai (*rōnin*) der Fuke-Bewegung anschlossen, die erst in der Tokugawa-Periode eine »Schule« herausbildete. Die umherziehenden Mönche sollen einerseits Spitzeldienste für die Regierung geleistet haben, andererseits fürchtete die Tokugawa-Regierung die Fuke-Schule als Sammelbecken von Unzufriedenen und verfügte 1847, daß die Bewegung unter die Aufsicht der Rinzai-Schule gestellt werde. 1871 wurde die Bewegung von der Meiji-Regierung ganz verboten.

In der Muromachi-Zeit (1336-1573), benannt nach einem kleinen Dorf in der Nähe von Kyōto, kam der Einfluß des Zen auf die Künste zur Blüte, zumal Zen von der Ashikaga-Regierung nachhaltige Förderung erfuhr. Musō Soseki (1338-1573) beispielsweise, der begabte Gartenarchitekt, gestaltete den Tempelgarten des Tenryuji bei Kyōto. Für die Zen-Architektur ist besonders Daitō Kokushi (1283-1337) zu erwähnen, der in der Nähe des Kaiserpalastes eine Klause baute, die er Daitoku (»große Tugend«) nannte. Das Anwesen wurde 1227 erweitert zu einem Kloster (Daitokuji), das zum größten Zen-Kloster überhaupt avancierte, in Zentral-Kyōto gelegen ist und Zeugnis von der Zen-Kunst der

Gebäude- und Gartengestaltung ablegt. Es ist der Ort, an dem einige der bedeutendsten Zen-Kalligraphien entstanden sind und bis heute aufbewahrt werden. Auch die Literatur wurde vom Zen beeinflußt, wie die Dichtkunst des Ikkyū Sōjun (1394-1481) zeigt, dessen Gedichte um das Thema der Vergänglichkeit kreisen und die weibliche Schönheit (sowie deren Zerbrechlichkeit) besingen. Als ihm sein Zen-Meister das geistige Erwachen (»Erleuchtung«) im Jahr 1420 rituell bestätigen wollte, soll er das Zertifikat verbrannt haben, weil er allem Institutionellen abhold war. Auch brach er bewußt die Mönchsregeln, um auf die Freiheit des Geistes zu verweisen. Am Ende seines Lebens wurde er Abt des schon erwähnten Daitokuji. Als eine besondere Form der Kunst, die im Zen verwurzelt ist, kann die Teezeremonie gelten, die von Sen no Rikyū (1521-1591) zur Vollendung gebracht wurde. Das konzentrierte Schweigen bei der Zubereitung des Tees, die Anmut der genau bemessenen Bewegungen, das Summen des Kessels – alles soll dazu dienen, im Ritus der gemeinschaftlichen Tee-Übung einen harmonischen Mikrokosmos zu gestalten, wobei Harmonie, Ehrerbietung gegenüber den Dingen, Reinheit und stille Anmut ineinander greifen. Die Teezeremonie war ein letzter großer Ausdruck der Synthese des taoistischen Geistes der Harmonie von Himmel und Erde und der buddhistischen Konzentration des Bewußtseins in der Wahrnehmung dieser Harmonie hier und jetzt. Es geht in der Teezeremonie – wie im Zen überhaupt – nicht um eine Metaphysik hinter den Erscheinungen, sondern um die vereinte Bewußtheit *in* aller Erscheinung. Wie Rikyū sagte: »Das Wesen der Teezeremonie ist Wasser kochen, Tee bereiten und ihn trinken. Nichts sonst.«

Zusammenfassend wollen wir festhalten: Die Entwicklungen im Buddhismus der Kamakura-Zeit bedeuteten einerseits das Ende der strikten Aufsicht des Staates über den *saṃgha*, andererseits eine weitere Pluralisierung des Buddhismus durch die wachsende Bedeutung des Rinzai-Zen, das sich der Förderung durch die Feudalregierung in Kamakura erfreute, während sich das Sōtō-Zen mit Berufung auf Meister Dōgens Abkehr von der politischen Macht aus der neuen Hauptstadt zurückzog. Nichiren hingegen brachte seinen politischen Protest dadurch zum Ausdruck, daß er zur Einheit aller Buddhisten unter der Parole der Alleingültigkeit des Lotos-Sūtra aufrief und den Herrschenden vorwarf, ihre jeweiligen partikularen Interessen durch sektenhafte Interpretationen einzelner buddhistischer Lehren und Schulen zu rechtfertigen.[20]

Den Unterschied von Zen- und Shin-Buddhismus kann man besonders deutlich an der Kunst beider Schulen studieren: Zen ist spontan, lebt in Schwarz-, Weiß- und Grautönen, es bricht alle Regeln und findet seine Form in der Nicht-Form, es atmet die Freiheit des jetzigen Augenblicks, in dem nur die spontane Erfahrung dieses »Jetzt« zählt. In der Shin-shū-Tradition ist alles minutiös festgelegt, die Bilder und Altäre glänzen in Gold, Rot und Schwarz, die ikonographischen Details werden peinlich genau überliefert und eingehalten.

Die unterschiedlichen Schulen der Kamakura-Zeit (Reines Land, Nichiren, Zen) haben jedoch einige wichtige Gemeinsamkeiten: Sie waren Reformbewegungen in der Krise,

- verbunden mit einer Erwartung des Endes der gegenwärtigen Welt und
- eingeschworen auf einen einzigen Pfad, der mit Ausschließlichkeit verkündet wurde, sowie
- getragen von einer intensiven persönlichen Verantwortung für die *dharma*-Praxis, die den hochritualisierten Buddhismus der Vergangenheit ersetzte.

Die Geschichte dieser Schulen zeigt, wie eng die Entwicklung buddhistischer Schulen in Ostasien mit den politischen Entwicklungen und der sich verändernden Stellung des Buddhismus in der Gesellschaft verknüpft war. Dabei konnte der Buddhismus Reformkräfte freisetzen, die es vermochten, angesichts der Ängste und Frustrationen in der Bevölkerung neue Hoffnungen und Gewißheiten wachzurufen.

[20] H. Dumoulin, Geschichte des Zen-Buddhismus Bd. 2, Bern: Franke 1986

10.4 Stagnation des Buddhismus und Neuerwachen des Zen in der Tokugawa-Zeit

Während der Tokugawa-Zeit (1603-1868) nahm die polizeistaatliche Kontrolle der Regierung über die Religionen ständig zu. Der Buddhismus war zwar während der ersten Jahrzehnte dieser Epoche dadurch gefördert worden, daß sich jede japanische Familie – vorwiegend aus politischen Gründen der Abgrenzung gegenüber Fremdeinflüssen (Christentum) sowie der Verwaltungs- und Überwachungstechnik einem buddhistischen Tempel zugehörig erklären mußte (*danka seido*).[21] Dieses Gesetz wurde mit drakonischen Strafmaßnahmen – bis hin zur Todesstrafe – durchgesetzt. Dennoch war dies nicht unbedingt ein Gewinn: Die Furcht dürfte die Liebe zum Buddhismus nicht gefördert haben. Zwar erhielt der japanische Buddhismus mit der Neugründung der Ōbaku-Schule noch einmal einen wichtigen Impuls, aber die hermetische Abriegelung Japans nach außen und die kleinliche Kontrolle nach innen erstickten jede kreative weitere Entwicklung. Die *Ōbaku-Schule* geht auf den chinesischen Meister *Yin-yüan* (1592-1673, jap. Ingen Gyūki) zurück, der 1654 in Uji bei Kyōto das Kloster Mampukuji gründete. Die Schule hat ihren Namen von Yin-yüans ursprünglicher Residenz Huang-po (jap. Ōbaku) und spiegelt die Ch'an-Entwicklungen der Ming-Zeit wider: Ōbaku enthielt viele Elemente der chinesischen tantrischen Traditionen (Gebrauch von *dhāraṇī*[22] und mantrischen Silben zur geistigen Konzentration) und war chinesisch in ihrer Ritualistik. Als Untergruppe des Rinzai-Zen wurde Ōbaku überhaupt erst 1876 als selbständige Schule anerkannt und ist heute kaum noch unterscheidbar von der Rinzai-Tradition.

Kurz, während der Tokugawa-Zeit entsprach der äußerlichen Stärke des Buddhismus kaum innere Lebendigkeit, mit der bedeutenden Ausnahme der Neubelebung des Rinzai-Zen durch Meister

[21] *Danka seido* wurde zwar 1871 formal abgeschafft, seine Nachwirkungen sind aber bis heute zu spüren in der Einheit von Familie und buddhistischem Tempel, wo alle Totenrituale abgehalten werden.

[22] Dies sind Silben, die (kürzer als *mantras*) Bewußtseinszustände oder Wirklichkeitsaspekte repräsentieren und bei ihrer Aussprache aktualisieren.

Hakuin Ekaku (1686-1769).[23] Er stammte aus einer einfachen Familie und begann bereits in der Jugend, die klassische chinesische Zen-Literatur zu studieren. Im Alter von 24 Jahren wurde er Schüler des Zen-Meisters Shōju Rōjin (1643-1721). Nach Reisen und Begegnungen mit Meistern verschiedener Traditionen kehrte er 1718 in sein Heimatdorf Hara (am Fuji-Berg) zurück, lehrte dort in dem kleinen Kloster Shōinji und predigte auch den Laien auf zahlreichen Reisen, die er zu Fuß unternahm. Hakuin erneuerte die in Formalien erstarrte Kōan-Praxis, pflegte die Tuschmalerei und gab dem Zen durch seine charismatische Persönlichkeit ein ganz eigenes Gepräge, das die Strenge der Übung mit Humor verbindet und dabei von tiefer Mitmenschlichkeit erfüllt ist. Hakuin hat zahlreiche Schriften und einen ausgedehnten Briefwechsel hinterlassen. Außerdem brachte er die verschiedenen Kōan-Sammlungen in eine Reihenfolge, so daß der Schüler seinen Fortschritt in der Übung dadurch dokumentieren mußte, daß er ein Kōan nach dem anderen löste.

Hier ein Wort zur Kōan-Praxis, die oft Mißverständnissen unterliegt. Es geht bei den Kōans nicht eigentlich darum, eine diskursive Antwort auf eine Frage bzw. auf das im Kōan gestellte (unsinnige bzw. paradoxe) Problem zu geben, sondern vielmehr um *ein spontanes Verhalten* des Schülers angesichts der Kōan-Situation. Das Rinzai-Zen erweist sich diesbezüglich außerordentlich kreativ, und einmal gefundene »Antworten« sind nicht richtig oder falsch, sondern einmalig angemessen oder nicht. Der qualifizierte Lehrer kann am Verhalten des Schülers angesichts der Kōan-Situation erkennen, ob der Schüler einen spontanen Geist der Freiheit auf der Grundlage der existentiellen Einsicht in die Nicht-Dualität der Wirklichkeit erlangt hat oder nicht. Nur darauf kommt es an. Hakuins »Lied des Zazen« (*zazen wasan*)[24] wird auch heute noch in allen Rinzai-Klöstern rezitiert und erlaubt einen klaren Einblick in den Charakter des Zen, so daß wir es hier exemplarisch etwas ausführlicher darstellen wollen:

23 Ph. Yampolsky, The Zen Master Hakuin: Selected Writings, New York: Columbia Univ. Press 1971; N. Waddell, The Essential Teachings of Zen Master Hakuin, Boston: Shambhala 1994

24 In Yampolskys Katalog der Schriften aufgelistet als Nr. 32, vgl. Yampolsky, a.a.O., 232.

Alle Lebewesen sind von Natur Buddha,
so wie Eis von Natur Wasser ist.
Getrennt von Wasser ist kein Eis,
getrennt von Wesen ist kein Buddha.

Sie wissen nicht, wie nahe Er ist,
vergeblich suchen sie in der Ferne!
Wie jemand inmitten von Wasser durstig schreit;
wie ein Kind aus wohlhabendem Hause unter Armen wandelt.

Verloren auf den dunklen Wegen der Unwissenheit
wandern sie durch die sechs Welten,
von dunklem Pfad zu dunklem Pfad –
wann endlich werden sie frei sein von Geburt und Tod?

Das Zazen im Mahāyāna kann mit Worten nicht gepriesen werden.
Geben, Tugend, die anderen Vollkommenheiten,
Anrufung des Buddha, Reue und Übung,
die unendlich vielen guten Taten –
sie alle gründen im Zazen.

Wer Zazen nur einmal übt,
wischt hinweg Übles von Anfang an.
Wo sind dann all die dunklen Wege?
Das Reine Land selbst ist nah.

Wer diese Wahrheit auch nur einmal hört
und ihr dankbaren Herzens lauscht,
sie hochschätzt und zutiefst verehrt,
empfängt den Segen grenzenlos.

Mehr noch die, die umkehren, eintreten
und die eigene wahre Natur bezeugen:
Selbst-Natur, die Nicht-Natur ist.
Sie haben alle Worte hinter sich gelassen.

Das Tor der Einheit von Ursache und Wirkung öffnet sich,
der Pfad der Nicht-Zweiheit und Nicht-Dreiheit liegt offen.

Formlose Form wird zur Form.
Gehend und zurückkehrend nirgendwohin gehen,
das Denken des Nicht-Denkens zum Denken machend,
wird Gesang und Tanz sogar zur Stimme des Dharma.

Wie endlos und frei ist der Samadhi-Himmel!
Wie klar ist der Vollmond der Weisheit!
Wahrhaftig, was fehlt nun noch?
Nirvāṇa ist hier, vor unseren Augen.
Dieser Ort ist das Lotos-Land.
Dieser Körper ist der Buddha-Körper.

Hakuin drückt hier aus, daß der Mensch nicht der ist, für den er sich gewöhnlich hält. Er ist in Wahrheit *Buddha-Natur*, und diese Qualität teilt er mit allen Lebewesen, zu denen Tiere, Wesen in der Hölle, Geister und himmlische Hierarchien gehören. Was aber ist Buddha-Natur? Das Nächstliegende, das, was in der Tiefe des Bewußtseins schon immer gegenwärtig ist, allerdings im Zustand des Potentiellen oder schlafend. Darum wird der Mensch, der diese Tiefe des Geistes erfährt und sich damit identifiziert, als der Erwachte (*buddha*) bezeichnet. Im gewöhnlichen Bewußtseinszustand jedoch irren die meisten Lebewesen im Kreislauf der Geburten umher im Bereich der sechs Welten (vgl. S. 102/103 [Kap.5/13]), das heißt der Menschenwelt, der Tierwelt, der »Dämonenwelt« (*asura*), der Welt höherer geistiger Wesen (*deva*), die mit Engelwelten vergleichbar sind, der Welt der Hungergeister (*preta*) und schließlich der Höllenwesen. Jeder dieser Bereiche ist nicht so sehr ein kosmologisch zu ortender Raum, sondern ein Bewußtseinszustand, der geprägt und definiert wird durch die Selbstkonditionierungen des Bewußtseins, durch das *karman*. Kurz gesagt bedeutet dies: Was einer denkt – das ist er, so wird er. *Karman* ist das Gesetz der Kausalität, das auch im mentalen und psychischen Bereich gültig ist, es ist die Rückwirkung der eigenen Gedanken, Worte und Taten auf den Täter. Zazen ist nun die Methode des achtsamen Loslassens aller Anhaftungen und Identifikationen mit den gewöhnlichen Körperempfindungen, Emotionen und Gedanken. Die Existenz als Mensch ist deshalb so kostbar, weil nur auf dieser Existenzstufe bzw. in diesem Bewußtseinszustand die freie Entscheidung zur spirituellen Praxis möglich ist. Der Mensch ist zwar durch sein *karman* konditioniert, nicht aber determiniert. Er kann die eigenen Verstrickungen jederzeit durch die Praxis der Meditation durchbrechen. Darin gründen, so Hakuin, alle »Vollkommenheiten« *(pāramitās)*,[25] denn der Mensch agiert nun so, daß er sich in jeden und jedes »hineinversetzen« kann, und daraus erwächst die Spontaneität bzw. die vollkommen sichere und angemessene Denk- und Handlungsweise in jeder Situation. Das im Amida-Buddhismus verheißene Reine Land, meint Hakuin, in dem alle Hindernisse für die Erlangung des *nirvāṇa* beseitigt sind, sei dann unmittelbar gegeben. Die letzten Verse des Liedes beschreiben in paradoxer Redeweise den Weg in die Nicht-Dualität des Bewußtseins, die vornehmlich durch die Nicht-Dualität von Subjekt und Objekt gekennzeichnet ist. Paradox muß die Rede deshalb sein, weil sich das Denken nur in dualistischen Strukturen vollziehen kann. Jeder Begriff oder jedes vorgestellte Bild ist an die Dreidimensionalität gebunden, während die Wirklichkeit selbst aber sozusagen ein-dimensional ist, wobei alle Dimensionen von Zeit und Raum in einem einzigen Punkt zusammenfallen. Nicht das Gegenteil zu dieser Welt der Wahrnehumg ist das Wirkliche, nicht ein abstrahiertes Transzendentes, sondern das, was den Gegensatz von Transzendenz und Immanenz, von Nicht-Denken und Denken aufhebt und dadurch integriert. So ist auch das ganz und gar Weltliche, das lustvoll Alltägliche, Gesang und Tanz, eine Erscheinungsform des Absoluten. Das bedeutet: das Wesen des Menschen ist nicht getrennt vom Wesen dieses Körpers, sondern dieser Körper *ist* der Buddha-Körper, dieser Ort *ist* das Buddha-Land. Es ist eine Frage der Transformation des Bewußtseins, der Intensität der Wahrnehmung, mit der das Bewußtsein sich selbst wahrnimmt.

25 Die sechs klassischen *pāramitās* des Mahāyāna sind: *dāna* (Geben), *śīla* (Tugend), *kṣānti* (Geduld), *vīrya* (Tatkraft), *dhyāna* (Meditation), *prajñā* (Weisheit).

10.5 Japanische Moderne (seit 1868)

Durch die Reformen des Kaisers Meiji (Regierungszeit 1868-1912) wurde Japan für europäische und amerikanische Wissenschaft und Kultur geöffnet und dadurch auch der Buddhismus nachhaltig beeinflußt.[26] Der japanische Buddhismus sah sich im späten 19. Jahrhundert vor vier neue Herausforderungen gestellt:

- Reaktion auf die Verhältnisse in einer sich urbanisierenden und industrialisierenden Gesellschaft,
- Abwehr der christlichen Konkurrenz,
- Antwort auf die mit der westlichen Wissenschaft einziehende historisch-kritische Forschung in bezug auf die eigene Geschichte,
- Auseinandersetzung mit dem westlichen Atheismus und Nihilismus.

Wie schon erwähnt, war die Zahl buddhistischer Tempel in der Tokugawa-Zeit durch die von der Regierung erlassene Anordnung, daß jede Familie einem buddhistischen Tempel anzugehören habe, beträchtlich angewachsen. Dies war die materielle Lebensgrundlage des buddhistischen »Klerus«, der vor allem für die Totenrituale zuständig war.[27] Durch Konversionen zum Christentum, die auch eine Folge des Einflusses europäischer Kultur überhaupt waren,[28] wurde die wirtschaftliche Basis der buddhistischen Priester untergraben. Es kommt hinzu, daß nach 1868 der Shintō wieder stärker gefördert wurde bis hin zu seiner Einsetzung als Staatsreligion, vor allem um dem Kaisertum und dem Nationalismus eine neue Legitimation zu geben. Dies bedeutete nicht nur eine Entmachtung, sondern um 1870/71 auch eine gewaltsame Unterdrückung des Buddhismus (*haibutsu-kishaku*: Buddha vernichten und Śākyamuni beseitigen): Mönche wurden zwangsweise laiisiert und etwa vierzigtausend Tempel zerstört.[29] Der

26 Vgl. M. v.Brück/W. Lai, Buddhismus und Christentum, München: C.H.Beck 1997, 153ff.
27 M. Eder, Geschichte der japanischen Religion, Bd.2, Wiesbaden: Harrassowitz 1978, 161f.
28 v.Brück/ Lai, a.a.O., 156ff.
29 J. Ketelaar, Of Heretics and Martyrs in Meiji Japan, Princeton: Princeton Univ. Press 1990, 7

Buddhismus wurde somit Opfer einer nationalistischen Politik, die sich auf »einheimisch-japanische« shintoistische Lebens- und Wertemustern gründen wollte. Zu einer längeren Verfolgung des Buddhismus ist es aber nicht gekommen. Dennoch wandelten sich die buddhistischen Traditionen aufgrund der staatlichen Maßnahmen und Neuordnungen in der Meiji-Zeit erheblich. Als die Regierung 1872 anordnete, daß buddhistische Tempelpriester aller Schulen heiraten dürften, wurde die Rolle des buddhistischen Mönchtums langfristig neu definiert: Die Priester waren fortan in Familien gebunden, was die Kohärenz des *saṃgha* untergrub und den Austausch von Mönchen erschwerte, die zuvor auf Pilgerschaften von Kloster zu Kloster gezogen waren. Der monastische *saṃgha* – welcher über zweieinhalb Jahrtausende hinweg eigentlicher Träger der buddhistischen Tradition gewesen war – büßte diese führende Rolle nun ein, wodurch aber im Gegenzug das Laienelement gestärkt wurde. All dies trug dazu bei, daß zahlreiche Buddhisten sich ihrer Geschichte erneut vergewisserten und den Buddhismus neu formulieren wollten, indem sie Universitäten gründeten und den Mönchen bzw. Laienpriestern eine gründlichere Ausbildung zuteil werden ließen.[30] Dieser Prozeß der Umorientierung und Stärkung des Buddhismus durch Anpassung an die Moderne dauert bis heute an. Wie stark aber der Buddhismus im heutigen Japan ist, läßt sich durch Zahlen kaum ermitteln. Wenn sich nämlich laut Statistik ca. 80 % der Japaner zum Buddhismus zugehörig fühlen, ist dies kein Glaubensbekenntnis, sondern Nachwirkung der Verbindung von einem Buddhismus der Totenrituale und den Familientraditionen: Japaner bezeichnen sich nicht selten als areligiös und gleichzeitig zum Buddhismus zugehörig.[31]

30 Zwei wichtige Gestalten der Neuorientierung, ja Neu-Erweckung des Buddhismus in der Meiji-Zeit waren Inoue Inryō und Murakami Senshō. Dazu: K.M. Staggs, In Defense of Japanese Buddhism: Essys from the Meiji Period by Inoue Enryo and Murakami Sensho, Ms., Ph.D. Dissertation, Princeton Univ. 1979.

31 I. Reader, Buddhism as a Religion of the Family, in: M. Mullins/ S. Susumu/ P. Swanson (Eds.), Religion & Society in Modern Japan, Berkeley: Asian Humanities Press 1993, 143. Reader teilt mit, daß nach Untersuchungen der Sōtō-Schule von 1985 1,49 Millionen Haushalte (über 6 Millionen Individuen) dem Sōtō-Zen zugerechnet wurden, von denen aber nur 287.135 als aktive Gläubige und Tempelbesucher bezeichnet werden konnten.

Die Konfrontation mit dem historisch-kritischen Denken der europäischen Moderne bedeutete für den japanischen Buddhismus aber auch eine erhebliche Herausforderung für die Selbstwahrnehmung. Daß der Mahāyāna-Buddhismus nicht vom Buddha selbst begründet worden sein konnte, hatte zwar bereits Tominaga Nakamoto (1715-1746) in der Mitte des 18. Jahrhunderts zu behaupten gewagt.[32] Aber erst die neue westliche Weltanschauung bedeutete einen wirklichen Angriff auf die Authentizität des Mahāyāna, denn sie trat mit der Autorität der empirischen Wissenschaft auf. Christliche Missionare setzten das historische Argument gegen die Glaubwürdigkeit der buddhistischen Geschichte ein, indem sie beispielsweise geographie-wissenschaftlich nachweisen wollten, daß Amidas Reines Land nicht im Westen liegen könne. Die Buddhisten jedoch drehten schnell den Spieß um und benutzten das Argument wissenschaftlicher Rationalität gegen das Christentum, indem etwa der Widerspruch zwischen dem kopernikanischen und dem geozentrischen Weltbild der Bibel polemisierend verwertet wurde. Bald breitete sich ein aufgeklärter buddhistischer Modernismus aus, der religiöse Authentizität durch Rückfrage nach dem historischen Buddha begründen und gleichzeitig die Gültigkeit des Mahāyāna neu rechtfertigen wollte. Das heißt, man legte die Grundlagen für eine akademische Buddhologie, die in Japan im 20. Jahrhundert zur Blüte kam. Die Modernisten benutzten die historische Kritik im Streit zwischen den buddhistischen Schulen wie auch als Argument gegen das Christentum. Im allgemeinen achteten und akzeptierten sie die jesuanische Ethik, lehnten aber das missionierende Kirchenchristentum ab, wobei sie sich auf gleichgesinnte christliche Gruppen (Unitarier und andere christliche Liberale) berufen konnten.

Nach 1890 und besonders im Gefolge der Konflikte nach dem chinesisch-japanischen Krieg 1894-95 gewann in Japan eine politische Strömung an Einfluß, die zwar die technologisch-industrielle Entwicklung vorantreiben, die kulturell-soziale Überfremdung aber durch konservative Rückbesinnung auf »japanische Werte« ein-

[32] Vgl. K. Mizuno, Looking at the Sutras, in: Dharma World 8, Feb. 1981, 40-42; N. Tominaga, Emerging from Meditation (S*hutsojo kogo*, 1745), übers. von M. Pye, Honolulu: Univ. of Hawaii Press 1990; zum Folgenden vgl. v.Brück/Lai, a.a.O., 153-163.

dämmen wollte. Auch die buddhistischen Reformer gerieten dabei unter Druck. [33] Auf Anregung des Zen-Meisters Sōen Shaku kam es im Geist des Weltparlaments der Religionen von Chicago 1893 zu einer buddhistisch-christlichen Konferenz, auf der die Gemeinsamkeit in der Identität von christlicher Liebe und buddhistischer Barmherzigkeit gesucht werden sollte: Während die Leistungen des Christentums auf sozialem Gebiet anerkannt wurden, habe der Buddhismus in Philosophie und Psychologie Wesentliches geleistet. Man solle nun zusammenarbeiten, um die drängenden sozialen Fragen (Massenelend in den Städten, Entwurzelung, drohender japanischer Nationalismus und Militarismus) zu lösen. Gemeinsam müsse man dem modernen Atheismus und Materialismus entgegentreten. Diese Neuausrichtung des buddhistischen Engagements schlug sich in intellektuellen Zirkeln bis hin zur Philosophie der Kyōto-Schule (Nishida, Tanabe, Nishitani u.a.) wie auch in buddhistischen Laienbewegungen nieder. Während des Zweiten Weltkrieges gab es jedoch auch nicht wenige Buddhisten, die das japanische Militärregime unterstützten. Soldaten wurden für einige Tage zur Disziplinierung des Denkens und der Emotionen in Zen-Klöster geschickt, bevor sie an die Front gingen. Es gab allerdings durchaus Zen-Meister, die sich diesem Mißbrauch des Zen widersetzten, zum Beispiel Suzuki Shunryu Rōshi.[34]

Charakteristisch für diese Neuorientierung des Buddhismus und gesellschaftlich bis heute außerordentlich wirksam sind die im *Nichiren-Buddhismus* verwurzelten *Laien-Bewegungen.* [35] Viele von ihnen sind im Zusammenhang mit den gesellschaftlichen Prozessen in den 20er und 30er Jahren des 20. Jahrhunderts entstanden, als die nationalistische Politik das Land und auch die Buddhisten spaltete: Einige unterstützten den staatlich gelenkten militanten Nationalismus, andere widersetzten sich dieser Politisierung der Religion. Der tiefe Riß durch die Gesellschaft wurde angesichts der japanischen

33 N.R. Thelle, Buddhism and Christianity in Japan. From Conflict to Dialogue, 1854-1899, Honolulu: Univ. of Hawaii Press 1987

34 R. Fields, How the Swans Came to the Lake. A Narrative History of Buddhism in America, Boulder: Shambhala 1981, 228

35 J. Laube (Hrsg.), Neureligionen: Stand ihrer Erforschung in Japan. Ein Handbuch, Wiesbaden: Harrassowitz 1995

Aggression gegen China (1931 Besetzung der Mandschurei) offenkundig. Nur einige dieser Bewegungen seien hier erwähnt: Bereits 1857 entstand die *Butsuryūkō* (»von Buddha begründete Gesellschaft«), als der Mönch Nagamatsu Seifū, unzufrieden mit der Mönchsorganisation und der Integrität der buddhistischen Priesterschaft, eine Laienbewegung ins Leben rief. Die *Reiyūkai*, gegründet 1925 als Gruppe, die auch Shintō-Praktiken integrierte, war die Wurzel für mehrere Gründungen nach dem Zweiten Weltkrieg. Einer ihrer Ableger ist die höchst dynamische *Risshō Kōseikai* (»Gesellschaft zur Schaffung von Gerechtigkeit und Harmonie«),[36] gegründet 1938 von Niwano Nikkyō. Die Bewegung zählt heute über zwei Millionen Mitglieder, organisiert gemeindeartige Basisstrukturen mit gruppentherapeutischen Elementen (*hōza*) und legt das Schwergewicht auf einen praktischen, sozial-engagierten Buddhismus. Sie ist zudem eine der wichtigsten Triebkräfte innerhalb der Weltkonferenz der Religionen für den Frieden (WCRP). Noch größer und politisch wie wirtschaftlich außerordentlich erfolgreich ist die *Sōka Gakkai*[37] (»Gesellschaft zur Schaffung von Werten«),[38] die von dem Lehrer Makiguchi Tsunesaburō 1930 zunächst als Gesellschaft zur Erneuerung pädagogischer Werte (auf der Basis der Lehren Nichirens) begründet wurde. Als sich Makiguchi weigerte, an den staatlich verordneten nationalistisch-shintōistischen Riten teilzunehmen, wurde er inhaftiert und starb 1944 im Gefängnis. Danach stellte sein Schüler Toda Jōsei die Bewegung auf eine feste organisatorische Basis. Seit dieser Zeit ist sie in der Öffentlichkeit und nicht zuletzt bei anderen buddhistischen Gruppen höchst umstritten, vor allem wegen ihrer aggressiven Bekehrungstechnik (*shakubuku*), die allerdings schon zur Zeit Nichirens üblich war. Unter der Führung (seit 1960) des dritten Präsidenten, Ikeda Daisaku, der international operiert und durch zahllose Publikationen und

36 A. Nehring, Rissho Kosei-Kai, Erlangen: Verlag der Ev.-luth. Mission 1992; K. Dale, Circle of Harmony. A Case Study in Popular Japanese Buddhism, Tokyo: Seibunsha 1975

37 D. Metraux, The History and Theology of Soka Gakkai, Lewinston: The Edwin Mellen Press 1988

38 W. Kohler, Die Lotus-Lehre und die Modernen Religionen in Japan, Zürich: Atlantis 1962

die Gründung von Basisorganisationen hervorgetreten ist, soll die Zahl der Mitglieder in den 80er Jahren auf über 10 Millionen Familien angewachsen sein. Sōka Gakkai unterhält eine eigene Universität, Krankenhäuser und Schulen und ist eng verflochten mit einer politischen Partei (*Kōmeitō*), die als drittstärkste politische Kraft im Land gilt.

Nach dem Zweiten Weltkrieg gerieten viele buddhistische Tempel in Bedrängnis, weil sie erstens wegen der Landreformen ihre wirtschaftliche Grundlage verloren und zweitens aufgrund der verfassungsmäßig erstmals garantierten Religionsfreiheit die enge Bindung der Familien an den buddhistischen Tempel verlorenging.[39] Buddhistische Priester wanderten auf der Suche nach Einkommen scharenweise in säkulare Berufe ab, zahlreiche Dorf-Tempel verwaisten, andere hingegen eröffneten (nach christlichem Vorbild) Kindergärten und Schulen, um Geld zu verdienen und gleichzeitig die Jugend an sich zu binden. Eingriffe der Regierung in die Strukturen der klassischen buddhistischen Schulen (wie Zwangs-Zusammenschlüsse) und finanzieller Druck verursachten weitere Spannungen und Spaltungen. Gleichzeitig aber erwuchs aus den buddhistischen Schulen selbst, vor allem aus Laien-Kreisen und in der Jugend, eine Bewegung zur institutionellen und geistigen Erneuerung (*Zaike Bukkyō Kyōkai*, »Gesellschaft der Laien-Buddhisten«), die durch Demokratisierung der Verwaltung und Bildung des Volkes in buddhistischer Lehre und Praxis anhaltende Wirkung ausübt. Vor allem wird der Graben von Priestern bzw. Mönchen und Laien zunehmend überbrückt, und es gibt vorsichtige Tendenzen in Richtung auf eine inner-buddhistischen Ökumene zwischen den einzelnen Schulrichtungen.[40] Im heutigen Japan verwalten der Jōdo-Buddhismus (besonders die Tradition des Nishi-Honganji, einer Untergruppe der Jōdo-shū) und das Sōtō-Zen die meisten Tempel, wobei die Praxis derer, die diesen Tempeln zugehören, kaum im Studium der Schriften Hōnens oder Shinrans oder gar in Zazen-Übung besteht, sondern hauptsächlich durch die Pietät der Totenrituale geprägt ist, die den Tempeln das wirtschaftliche Überleben

[39] J. Kitagawa, Religion in Japanese History, a.a.O., 290ff.
[40] Kitagawa, a.a.O., 293

ermöglichen. Das ist zwar nicht neu, aber durch die Urbanisierung und Konzentration der Bevölkerung in bestimmten Gegenden des Landes verringert sich zwangsläufig die Zahl der Dorftempel, hingegen erfreuen sich berühmte Stadt-Tempel eines wachsenden Besucherstroms. Die Fluktuation in der Gesellschaft zwingt die buddhistischen Institutionen aller traditionellen Schulen zur Anpassung.[41] Trotz all dieser Probleme hat der Buddhismus nach wie vor eine bedeutende soziale Funktion in der modernen japanischen Gesellschaft, vor allem im Bereich der Familie. Alles dreht sich dabei um Riten und Feste und weniger um Philosophie oder Meditation (nur etwa 30 von den insgesamt 15.000 Tempeln der Sōtō-Zen-Schule bauen auf einem klösterlichen Leben auf und pflegen die strikte Zazen-Übung).[42] Das Priestertum wird normalerweise vom Vater auf den Sohn vererbt, womit keineswegs in allen Fällen eine innere Berufung verbunden ist. Die meisten buddhistischen Priester sind seit der Meiji-Zeit verheiratet. Wie bereits erwähnt, spielen alle buddhistischen Schulen (einschließlich des Zen) bei den Totenritualen und der Verehrung der Ahnen eine wichtige Rolle. Allerdings übernehmen mehr und mehr multimedial arbeitende kommerzielle Firmen (»Funeral Homes«) die Zeremonien zum Totengedenken, und da auch Friedhöfe zur Bestattung der Urnen kommerziell betrieben werden (die Tempel-Friedhöfe sind längst überfüllt), verlieren auch hier die buddhistischen Institutionen allmählich an Einfluß. Diese Tendenz bringt ein erheblich verändertes Verständnis des Todes mit sich: Innerhalb des buddhistischen Rituals wurde die Wiedergeburt des Toten im Reinen Land Amida Buddhas verkündet, im kommerziellen Umfeld hingegen besteht das Totengedenken in der Regel darin, an die weltlichen guten Taten der verstorbenen Person zu erinnern.[43]

Der Buddhismus in Japan ist in einer schwierigen Lage, weil er »in ein soziales System zementiert, aber in hohem Grade religiös steril«[44] geworden ist. Dieses Urteil muß ein wenig eingeschränkt

41 I. Reader, Religion in Contemporary Japan, Honolulu: Univ. of Hawaii Press 1991

42 Reader, Buddhism as a Religion of the Family, a.a.O., 139

43 Mündliche Mitteilung von Prof. George Tanabe, Univ. of Hawaii (Sept. 1997), der gegenwärtig ein Forschungsprojekt zu diesem Thema vorantreibt.

44 Reader, a.a.O., 144

werden, weil die großen buddhistischen Schulen seit Jahrzehnten bemüht sind, das Laien-Element zu stärken und somit auch buddhistische Bildung verbreiten wollen. Dennoch: Während die klassischen Schulen (Tendai, Shingon) das Erbe würdig, aber gelegentlich eher museal, verwalten, der Jōdo-Buddhismus sowie die volkstümlichen Zen-Schulen nach wie vor viele Anhäger zählen, aber in konservativem Gestus kaum mehr als die traditionellen Werte predigen (um die Einheit der Familie mit den Ahnen durch häufiges Gebet im Tempel und vor dem Buddha-Schrein im Haushalt »*butsudan*« zu erhalten)[45] und die eher elitären philosophisch und meditativ ausgerichteten Zen-Kreise durch das Interesse im Westen zwar Auftrieb erfahren, die religiöse Szene in Japan aber nur marginal beeinflussen, verfügen hingegen die neuen buddhistischen Laien-Bewegungen über politischen Einfluß und ökonomische Kraft. Ob sie auch bleibende geistige Impulse setzen können, die dem Buddhismus als religiösem Erbe im modernen Japan Prägekraft verleihen, kann sich erst in der Zukunft erweisen.

45 Dabei wird gelegentlich die Gemeinschaft in der Sōtō-Tradition selbst als Familie gedacht, mit den Ahnen Dōgen und Keizan als »Vater« und »Mutter«, wobei der Buddha selbst der Ur-vater aller ist. (Keizan Jōkin [1268-1325], 4. Patriarch des Sōtō-Zen in Japan, Gründer des Sōjiji, des nach dem Eiheiji bedeutendsten Klosters dieser Schule) Vgl. Reader, a.a.O., 150f.

11. Buddhismus in Tibet[1]

Im 7. und 8. Jahrhundert, also etwa zur gleichen Zeit, als der Buddhismus in Japan eingeführt wurde, gelangte er auch nach Tibet, in beiden Fällen gefördert vom königlichen Hof, weil man sich von der neuen Religion eine zivilisierende Kraft versprach, die den Interessen einer zentralistischen Politik entgegenkam. Hier wie dort war der Buddhismus Teil eines umfassenderen Kulturtransfers (Schrift, Literatur, Übersetzungskunst, Verwaltungsapparat), der alle Lebensbereiche erfassen und nachhaltig verändern sollte. In Japan aber diente als einziges Vorbild die Kultur Chinas, und so hat der japanische Buddhismus ganz und gar chinesische Wurzeln. In Tibet hingegen standen zwei sehr unterschiedliche Formen des Buddhismus als Vorbild zur Verfügung: die indische und die chinesische. Beide Traditionen verwurzelten sich in Tibet, und wenn auch die Entwicklungen im 8. Jahrhundert schließlich dafür sorgten, daß in Tibet der indische Buddhismus der Mönchsdisziplin, der hierarchischen Klosterorganisation, des Schriftstudiums und des Stufenwegs zum Erwachen die Oberhand gewann, so ist doch der chinesische Weg des spontanen Erwachens, wie er vor allem von den Ch'an-Schulen gepflegt wurde, auch in Tibet nie völlig verschwunden.[2] Ja, man kann sagen, daß die Spannung zwischen den indischen und chinesischen Ausprägungen des Buddhismus die tibetische Geschichte wesentlich geprägt und zu kreativen Neubildungen geführt hat.

1 R.A. Stein, Tibetan Civilization, Stanford: Univ. Press 1972 (franz. Originalausgabe Paris: Dunod 1962); H.E. Richardson, Tibet and its History, Boulder: Shambhala 1984; G.Tucci/W. Heissig, Die Religionen Tibets und der Mongolei, Stuttgart/Berlin: Kohlhammer 1970; H. Hoffmann, Die Religionen Tibets, Freiburg/München: Alber 1956; A. Govinda, Grundlagen tibetischer Mystik, Weilheim: O.W.Barth 1972; D.-I. Lauf, Das Erbe Tibets, Bern: Kümmerly & Frey 1972;L. Söpa/J. Hopkins, Der tibetische Buddhismus, Köln: Diederichs 1977

2 Es handelt sich allerdings nicht einfach um einen Gegensatz zwischen indischem und chinesischem Buddhismus – Tibet ist von beiden Kulturen stark beeinflußt –, weil es auch innerhalb des chinesischen Buddhismus eine jahrhundertelange Debatte darum gab, ob ein plötzliches Erwachen dem Stufenweg bzw. der graduellen Verwirklichung der Buddhaschaft vorzuziehen sei oder nicht. Vgl. dazu P.N. Gregory (Ed.), Sudden and Gradual. Approaches to Enlightenment in Chinese Thought, Honolulu: Univ. of Hawaii Press 1987.

Als der Buddhismus nach Tibet gelangte, lag bereits eine mehr als tausendjährige Geschichte hinter ihm. Das Lotos-Sūtra hatte verkündet, daß der Buddha unterschiedliche geschickte Mittel (*upāya*) angewendet habe, um die notwendige Läuterung des Bewußtseins und der Motivationen der Menschen schnell zu bewirken. Alles, was dem Ziel der Bewußtseinsschulung diente, konnte nun auf diesem Hintergrund neu gedeutet und in die buddhistische Praxis integriert werden. Eine Folge dieser Entwicklung war die Entstehung des *tantrischen Buddhismus,* der eine Parallele im hinduistischen Tantrismus hat. Im Tantrismus kann die gesamte Wirklichkeit als *Verdichtung bzw. Ausdifferenzierung* des *einen* geistigen Kontinuums gelten, das immer war und immer sein wird. Die mentale, psychische und materielle Wirklichkeit, wie wir sie kennen, ist eine mehr oder weniger subtile Manifestation dieses *einen Geistesgrundes.* Eine Konsequenz dieser Anschauung ist, daß die gesamte Wirklichkeit *sakramental* ist, das heißt nichts wird als prinzipiell unrein betrachtet, sondern alles kann zum Mittel der Reinigung und Befreiung werden. So wurden bestimmte Übungen des frühen asketischen Buddhismus umgeformt, bei denen bisher Verbotenes (Fleischgenuß, Geschlechtsverkehr, berauschende Getränke) meist in der Vorstellung, gelegentlich aber auch in der kultischen Handlung, integriert und mit der geistigen Kraft des integrierenden Bewußtseins gereinigt wurde. Götter (*devas*) und Dämonen (*asuras*), die das innere geistige und das äußere kosmische Universum bevölkerten, wurden nun als geistige und psychische Kräfte des Bewußtseins interpretiert, denen sich der Übende aussetzen und die er vor sein inneres Auge stellen muß, um sie zu beherrschen und zu integrieren. Alle Energien von Körper, Rede und Geist, so heißt es im Tantra, müssen in die Energieform des Erleuchtungsbewußtseins eines Buddha umgeformt werden.

- In bezug auf die Energien des *Körpers* geschieht dies vor allem durch Niederwerfungen, Opfergaben, Gehmeditation und Yogaübungen;
- in bezug auf die Energien der *Rede* durch die Rezitation von Meditationssilben, Mantras und Liturgien;
- in bezug auf die Energien des *Geistes* durch Visualisationen, in denen die normale dualistische Wahrnehmung (das »Ich« als Subjekt nimmt ein »Anderes« als Objekt wahr) durch die geistige Ma-

nifestation einer »göttlichen Wesenheit« (skt. *devatā*, tibet. *lha*) überwunden wird, mit der sich der Übende in Visualisation identifiziert, bis er ganz und gar mit ihren vollkommenen Eigenschaften verschmilzt.[3]

Diese bereits in Indien (vor allem in Bengalen) entwickelte tantrische Tradition wurde in Tibet eingeführt und verband sich mit den dort einheimischen schamanischen Praktiken und Kulten der vor-buddhistischen Bon-Religion, die vor allem um die Erhaltung eines sakrales Königtums mittels magischer Kulte und Reinigungsriten durch Tieropfer kreiste. Während in der Philosophie alle tibetischen Schulen dem indischen Mahāyāna folgen, liegt das Besondere des tibetischen Buddhismus in der tantrischen Praxis. Dies kann man verdeutlichen an den drei Arten von Gelübden, die Mönche oder Nonnen ablegen, die sich auf den Pfad zur Buddhaschaft begeben haben: die *vinaya*-Gelübde, die *Bodhisattva*-Gelübde und die *tantrischen* Gelübde. Die ersten beiden Formen hatten wir im indischen Buddhismus bereits kennengelernt, insofern *vinaya* die monastische Diziplin ist, die alle buddhistischen Schulen praktizieren, während die Bodhisattva-Gelübde im Mahāyāna hinzukommen und besagen, daß jede spirituelle Praxis »um aller anderen Lebenwesen willen« geübt wird. Die tantrischen Gelübde sind eine Eigenart des tibetischen Buddhismus[4], und sie werden von hohen Lamas im Zusammenhang mit besonderen Initiationszeremonien (skt. *abhiṣeka,* tib. *dbang*) an solche Schüler weitergegeben, die für reif befunden wurden. »Gelübde« bedeutet hier die Einweihung in die Visualisationspraxis einer höheren »Gottheit«, wobei der Schüler (oder die Schülerin) sein/ihr gesamtes Leben (Körper, Rede und Bewußtsein) in die Hände der geistigen Macht legt, die visualisiert wird und durch den Lama repräsentiert ist. Weil Tantra bedeutet,

3 Die Praxis der Visualisation ist für alle Schulen des tibetischen Buddhismus charakteristisch. Dabei wird ein höheres geistiges Wesen durch konzentrierte Visualisierung »geschaffen«, und zwar in allen ikonographischen Details zuerst im eigenen Körper des Übenden, dann unabhängig als äußeres Bild bzw. subtile feinstoffliche Erscheinung, um schließlich in die Leerheit aufgelöst zu werden. Bei dieser Übung werden geistige Energien frei, die der Übende für immer subtilere Visualisationen nutzt, um schließlich eine direkte Erfahrung der Leerheit und somit das Erwachen zur Buddhaschaft zu erlangen. Die Visualisationen werden durch die Errichtung von *maṇḍalas* (als Wohnorten der Gottheit bzw. Repräsentationen des Universums), durch Handgesten (*mudra*), Klänge und rhythmische Bewegungen unterstützt.

4 Der indische tantrische Buddhismus ist im 12./13. Jahrhundert ausgestorben.

daß das ganze Leben und jeder Aspekt des physischen, subtil-feinstofflichen und spirituellen Universums als »heilig« bzw. als Teil der Buddha-Wirklichkeit betrachtet wird, ist in der tantrischen Praxis *jeder* Aspekt des Lebens ein Teil der Übung. Das tantrische Gelübde knüpft zwischen Lehrer und Schüler eine unauflösliche Verbindung, und dies bedeutet von seiten des Schülers unbedingten Gehorsam, besonders wenn man sowohl die mündliche Überlieferung der Texte als auch die Einführung in die Kommentarwerke und die tantrische Initiation in die (Visualisations)-praxis einer Gottheit von ein und demselben Lama empfangen hat.[5]

11.1 Die erste Verbreitung des Buddhismus im 7./8. Jahrhundert

Die *erste Verbreitung des Buddhismus* fällt mit dem Aufstieg Tibets zu überregionaler politischer Macht zusammen, der mit König *Namri Songsen* (gNam-ri slon-mtshan, gest. 620) begann, unter dessen Sohn, König *Songtsen Gampo* (Srong-btsan sgam-po, Regierungszeit 609-649 n.Chr.), bedeutende Fortschritte machte und einen Höhepunkt in der Einnahme der chinesischen Hauptstadt der T'ang-Dynastie, Ch'ang-an (heute Xian), im Jahre 763 unter König *Trisong Detsen* (Khri-srong lde-btsan, 742?-797?) erreichte. Songtsen Gampo hat Tibet geeint und durch die Eroberung des nördlichen Birma und Nepals im Jahre 640 zur regionalen Großmacht erhoben. Ihm schreibt die spätere Tradition auch die Einführung des Buddhismus in Tibet zu und erklärt ihn zu einer Inkarnation Avalokiteśvaras, des Bodhisattvas der Barmherzigkeit. Songtsen Gampo soll seinen Minister *Thonmi Sambhota* nach Indien gesandt haben, um die indische Schrift (eine von der indischen Brahmī- und Gupta-Schrift abgeleitete Vorform der Devanāgarī, die seit ca. 350 n.Chr. in Gebrauch war) zu studieren, sie dem tibetischen Lautstand anzupassen und in Tibet einzuführen. Damit entwickelte sich in Tibet eine Schriftkultur in Anlehnung an und in engem Austausch mit Indien. Die Einführung der Schrift war die Voraussetzung für

5 In diesem Falle heißt der Lama »Wurzel-Lama« (*rtsa ba'i bla ma*).

die kulturelle und politische Einigung Tibets sowie für die Übersetzung der indischen buddhistischen Schriften, also für die Einführung des Buddhismus überhaupt. Songtsen Gampo habe, so erzählt die Tradition, die nepalesische Prinzessin *Bhṛkutī Devī* (genannt Belsa, »die nepalesische Frau«) geheiratet, um im Jahre 641 zusätzlich noch die chinesische Prinzessin *Wen-ch'eng* (genannt Gyasa, »die chinesische Frau«) zu ehelichen, die beide den Buddhismus mit nach Tibet gebracht hätten, und zwar jeweils in der indisch-nepalesischen und in der chinesischen Gestalt. Analog zur Inkarnation Avalokiteśvaras im König selbst wurden seine beiden Gemahlinnen später als Inkarnationen der grünen (dunklen) und der weißen Tārā[6] verehrt. Die Spannung zwischen beiden Formen des Buddhismus ist, wie schon erwähnt, ein Grund für die außerordentliche *geistige Fruchtbarkeit des tibetischen Buddhismus*: Während die indische Form den Stufenweg zur Vollkommenheit betont, für den ein allmähliches Wachsen an Erkenntnis, Moralität und Disziplinierung des Geistes charakteristisch ist, zeichnet sich die chinesische Form (zumindest in der Gestalt des Ch'an-Buddhismus) durch plötzliches Erwachen, Spontaneität und radikale Lösungen aus.

Historisch greifbarer als die Legende um Songtsen Gampo ist die Rolle des folgenden Königs, *Trisong Detsen* (Regentschaft 755-797). Er lud den indischen Gelehrten *Śāntirakṣita* (gest. 792?) nach Tibet ein, um den Buddhismus zu verbreiten. Śāntirakṣita war kein Tantriker, sondern Logiker und Meister der klassischen buddhistischen Philosophie. Er initiierte die Gründung des ersten Klosters in Samye *(bsam-yas*, südöstlich von Lhasa), ordinierte tibetische Mönche und konnte doch den massiven Widerstand der Priesterschaft der Bon-Religion gegen den Buddhismus nicht brechen und mußte zeitweilig vor Verfolgungen der Bonpos fliehen. Denn Bon war verbunden mit dem Kult unzähliger lokaler Gottheiten und Geister, deren Einfluß vom Buddhismus zurückgedrängt werden mußte. Dies gelang etwa um 786 dem indischen Tantriker *Padmasambhava* (»Guru Rinpoche«),[7] der ebenfalls auf Einladung des Königs Trisong Detsen nach Tibet gekommen war. Er stand in der Siddha-

6 Die Göttin Tārā galt schon in Indien als die weibliche Entsprechung Avalokiteśvaras.
7 H. v.Guenther, The Teachings of Padmasambhava, Leiden: Brill 1996

Tradition der Tantras und hatte sich als Bezwinger von unheilsamen geistigen Kräften und Naturgeistern einen Namen gemacht. Auch in Tibet konnte er die alten vor-buddhistischen Gottheiten und kosmischen Kräfte in die buddhistische Sicht des geistigen Kontinuums einbinden. Fast alle Nachrichten über ihn und seine Wunderkräfte (*siddhi* wie Bilokationen, Präkognition, Fliegen durch die Luft usw.) sind allerdings spätere Legenden. Padmasambhava wird in der Schule, die auf sein Wirken zurückgeht (Nyingmapa), als ein zweiter Buddha verehrt. Nicht zufällig war es der tantrische Buddhismus, dem in Tibet Erfolg beschieden war, denn er konnte die geistigen Mächte der vor-buddhistischen Bon-Religion wie auch andere Kulte integrieren und dem buddhistischen *dharma* nutzbar machen. Padmasambhava war an der bereits erwähnten Gründung und Einweihung des Klosters Samye (wohl 779) wesentlich beteiligt und hat dem Buddhismus in Tibet zunächst zum Durchbruch verholfen. Fortan begünstigte der königliche Hof die Gründung von zahlreichen weiteren Klöstern, die sehr rasch durch königliche Landschenkungen wirtschaftliche Unabhängigkeit und politischen Einfluß gewinnen konnten.

Anläßlich einer legendären Versammlung (792-94)[8] die Trisong Detsen im Kloster Samye (das von Śāntirakṣita mit einer vorzüglichen Sanskrit-Schule ausgestattet worden war) einberief, soll nach einer Debatte zwischen dem Chinesen *Ho shang*, der möglicherweise ein Anhänger des Ch'an war, und dem Schüler Śāntirakṣitas, dem Inder *Kamalaśīla*, vom König zugunsten der *indischen* Form des Buddhismus entschieden worden sein. Das bedeutet, daß Tibet aus Indien vor allem zweierlei übernahm:

- die strikt hierarchisch gegliederten klösterlichen Institutionen und
- die buddhistischen Schriften (*sūtras*) sowie die zugehörige philosophische Kommentarliteratur (*śāstras*), das heißt es entwickelte sich nach indischem Vorbild eine in den Klöstern beheimatete Gelehrsamkeit.

Chinesische Quellen stellen den Verlauf der Debatte von Samye und ihres Ausgangs anders dar als die tibetischen bzw. indischen,

8 P. Demiéville, Le Concile de Lhasa, Paris: Presses Universitaires de France 1952

nämlich als Sieg der chinesischen Lehrform.[9] Wie auch immer – das Ergebnis dürfte auch von den politischen Interessen des Königs beeinflußt worden sein: Um 750 gab es militärische Allianzen zwischen Tibet und Siam gegen China, und im Jahre 763 setzte Trisong Detsen eine starke Armee gegen Zentral-China in Marsch, die Ch'ang-an eroberte, so daß der chinesische Kaiser fliehen mußte. Die tibetische Armee setzte einen tributpflichtigen Kaiser ein und zog sich zurück. In diesen Auseinandersetzungen war der kulturelle und religiöse Kontakt mit Indien auch politisch vorrangig. Als im Jahre 815 König *Ralpachen* (Ral-pa-can, der dritte *dharmarāja* [«Religionskönig«] nach Songtsen Gampo und Trisong Detsen, die später als Inkarnationen Avalokiteśvaras verehrt wurden) in Tibet die Herrschaft übernahm, wurden die Kontakte nach Indien noch enger. Er lud drei indische buddhistische Meister ein (*Śīlendrabodhi*, *Dānaśīla* und *Jinamitra*), die gemeinsam mit den tibetischen Gelehrten *Kawa Paltsek* und *Chogro Lui Gyaltsen* das erste Sanskrit-Tibetische Wörterbuch verfaßten, das Standardübersetzungen für buddhistische Fachbegriffe festlegte. Waren zuvor buddhistische Schriften aus dem Chinesischen und dem Sanskrit übersetzt wurden, so galt nun nur noch das Sanskrit als Quellensprache für den Buddhismus. Unter Ralpachens Regierung wuchs die Macht der Klöster, die (wie in Indien) von Steuern befreit waren, vom König finanziert wurden und politische Funktionen wahrnahmen. So wurden die Verhandlungen zum tibetisch-chinesischen Friedensvertrag von 821/22 (eingraviert in eine Säule in Lhasa) auf beiden Seiten von Mönchen geführt. Ralpachen soll Mönche hohen Ranges protokollarisch auf die gleiche Stufe mit dem König gestellt haben und schließlich selbst Mönch geworden sein.

Aber die Einführung des Buddhismus traf auch auf erhebliche Widerstände. Der tibetische Adel und die lokalen Fürsten wehrten sich gegen die königlichen Versuche, die Zentralmacht zu stärken. Auch die Bon-Priesterschaft nahm ihre Entmachtung durch die buddhistischen Mönche nicht hin. König Ralpachen wurde von seinem älteren Bruder Darma, der bei der Thronfolge übergangen worden war, mit Hilfe der Gegner des Buddhismus im Jahre 838 ermordet.

9 Demiéville, a.a.O., 333ff. Indische Zeugnisse sind nur in Fragmenten erhalten.

Der neue König »*Lang*« (der Bulle) *Darma* (Regentschaft 838-842) kehrte zur Bon-Religion zurück und ließ den Buddhismus verfolgen – die Mönche mußten zur Bon-Religion konvertieren, wurden zur Heirat gezwungen und zum Kriegsdienst verpflichtet, die klösterlichen Besitzungen wurden eingezogen und buddhistische Bücher vernichtet. Die Verfolgung des Buddhismus hatte – wie übrigens gleichzeitig in China – vor allem ökonomische Gründe: der Staat sah die wachsende wirtschaftliche Macht und die Privilegien der Klöster (Befreiung von Steuer und Militärdienst) mit Sorge, zumal sich das Schwergewicht der Macht von den traditionellen Adels- und Grundbesitzerfamilien auf die Klöster und deren Äbte verlagert hatte. Als die Verfolgungen immer härter wurden, erschoß im Jahr 842 ein buddhistischer Mönch den König vor dem Jokhang-Tempel in Lhasa mit Pfeil und Bogen. Mit dieser massiven Verfolgung war die *erste Verbreitung der Lehre* beendet.

11.2 Die zweite Verbreitung des Buddhismus ab dem 10. Jahrhundert

Im Verborgenen, insbesondere in den Grenzprovinzen Tibets, lebte das buddhistische Gedankengut weiter. Im 10. Jahrhundert setzte vom Königreich Guge (Westtibet) aus die Wiederbelebung des Buddhismus ein, die sogenannte *zweite Verbreitung der Lehre*. Während dieser Zeit entstanden die neuen Schulen oder Orden (Kadampa, Sakyapa, Kagyüpa, Gelukpa), die das Leben Tibets über Jahrhunderte hinweg bestimmt haben und bis heute prägen. In ihren Klosterschulen wurden die großen philosophisch-psychologischen Systeme der Geistesschulung geschaffen, die für den tibetischen Buddhismus charakteristisch sind. Die zweite Verbreitung war abgeschlossen, als der tibetische Gelehrte Butön (Bu-ston, 1290-1364) die gewaltige Masse von über 4500 übersetzten Texten zu einem zweiteiligen Schriftenkanon zusammenfaßte: Kanjur (*bka'-'gyur*, 108 Bände Vinaya-, Sūtra- und Tantra-Texte) und Tanjur (*bstan-'gyur*, 225 Bände Kommentarliteratur).[10] Im Jahre 1322 schrieb

10 Man fertigte zunächst verschiedene Ausgaben des Kanjur und Tanjur von Hand; eine erste Tanjur-Ausgabe wurde 1334 im Kloster Zha-lu (Südtibet) untergebracht. 1410

Butön seine einflußreiche Geschichte des tibetischen Buddhismus, die nach wie vor eine der Hauptquellen für unsere Kenntnis der Entwicklungen bis zum 14. Jahrhundert ist.[11]

Der Mönch *Rinchen Sangpo* (Rin-chen bzang-po, 958-1055) wurde in den 70er Jahren des 10. Jahrhunderts vom westtibetischen König Tsenpo Khore, dem Erbauer des Klosters Tholing, nach Kashmir entsandt, um sich in die Lehre und Schriften des Buddhismus zu vertiefen sowie buddhistische Gelehrte und Künstler nach Tibet einzuladen. Später dankte der König ab und wurde unter dem Namen *Yeshe Öd* (Ye-shes 'od) Mönch. Ihm lag daran, die Mönchsdisziplin gemäß den Regeln im *vinaya* wiederherzustellen, das heißt vor allem das Verbot von Tieropfern und den Zölibat für die Mönche durchzusetzen. Rinchen Sangpo, der insgesamt 17 Jahre in Indien verbrachte und dort die Mönchsdisziplin und die Mahāyāna-Philosophie genau studierte, gilt als einer der bedeutendsten Übersetzer (Lotsawa [*lo-tsa ba*]) buddhistischer Schriften und gründete darüber hinaus zahlreiche Klöster im Süden Tibets.[12] Im Jahre 1042 traf der berühmte Gelehrte *Atīśa* (982-1054) aus Bengalen in Tibet ein, um bei der Neuverbreitung und Reform des Buddhismus mitzuwirken. Unter seiner Anleitung wurden mehr als einhundert buddhistische Schriften aus dem Sanskrit ins Tibetische übersetzt und bereits vorhandene Übersetzungen revidiert. Atīśa reinigte den vorgefundenen Buddhismus von nicht-buddhistischen Praktiken (Tieropfer, Magie) und hob die Bedeutung von monastischer Disziplin und philosophischen Studien hervor. Er traf mit Rinchen Sangpo zusammen und initiierte ihn wie auch seinen Schüler *Dromtön* ('Brom-ston, 1008-1064) in verschiedene Tantras. Diese Verbindung von Schriftstudium der Mahāyāna-Philosophie (Mādhyamika und Yogācāra) und Tantra (Identifikation mit »Gottheiten« durch Visualisationen derselben, wodurch die entsprechenden Potentiale im eigenen Bewußtsein aktiviert werden) ist für den späteren tibeti-

erfolgte der erste Druck des Kanjur in Beijing. Übersetzungen ins Mongolische wurden sofort begonnen, aber erst im 18. Jahrhundert abgeschlossen.

11 Textausgabe (in Tibetisch): J. Szerb, Bu ston's History of Buddhism in Tibet, Wien: Verlag der Österreichischen Akademie der Wissenschaften 1990

12 Dazu neuerdings der Bildband: P. van Ham/A. Stirn, Vergessene Götter Tibets. Wiederentdeckung buddhistischer Klosterkunst im Westhimalaya, Stuttgart/Zürich: Belser 1997

schen Buddhismus prägend geblieben. Atīśa verstarb 1054 in Tibet. Tibetischen Quellen zufolge geht auch die Einführung des Kālacakra-Tantra, des letzten großen tantrischen Systems, auf Atīśa zurück, das er von *Nāropa*, dem bedeutenden Abt der indischen buddhistischen Universität Nālanda, empfangen haben soll. Durch sein Wirken wurde 1057 das Kloster Reting (*rva sgreng*) gegründet, das zum Zentrum der auf Atīśas Reformen zurückgehenden Schule der Kadampas (*bka'-gdams pa*) wurde. Als sich *Tsongkapa* (1357-1419) aus der nördlichen Provinz Amdo Ende des 14. Jahrhunderts in Reting niedergelassen hatte, gingen von diesem Kloster die Reformen aus, die zur Gründung der Gelukpa-Schule führten.

11.3 Die vier großen Schulrichtungen: Nyingmapa, Sakyapa, Kagyüpa, Gelukpa

Im 11. und 12. Jahrhundert wurden die großen neuen Schulen begründet, die im Grunde Überlieferungsketten von Meister-Schüler-Linien sind. Philosophisch setzen diese Schulen die Traditionen des indischen Mahāyāna (Mādhyamika und Yogācāra) detailgenau fort und unterscheiden sich diesbezüglich kaum voneinander, allenfalls durch verschiedene Gewichtung einzelner Lehrinhalte. Hinsichtlich ihrer Meditationspraxis sowie in ihrer politischen Geschichte treten die Unterschiede aber deutlich zutage. Ist also in den philosophischen Inhalten der tibetische Buddhismus vom indischen Mahāyāna kaum zu unterscheiden, so hat der tibetische Buddhismus doch eine Besonderheit herausgebildet: die Institution reinkarnierter Lamas. Diese prägt die Art der Überlieferung und die soziologische Struktur des tibetischen Buddhismus ganz entscheidend. Der *spirituelle Meister* (skt. Guru, tib. Lama) vermittelt nicht nur Wissen, sondern spirituelle Kraft. Nach tibetisch-buddhistischer Tradition kann er durch seine direkte Gegenwart und die von ihm gespendete Initiation das Bewußtsein des Schülers unmittelbar transformieren und so den Prozeß des spirituellen Wachstums beschleunigen. Der Lama ist meistens ein Mönch, muß es aber nicht sein. Für seinen Status ist allein die spirituelle Kompetenz und Kraft ausschlaggebend, wenngleich besonders in der Gelukpa-Schule diese Kompetenz durch ein intensives Schrift- und Sprachstudium sowie entsprechende Examina geschult und überprüft wird. Dem Lama kommt darum höchste Autorität zu. Die Überlieferung der Tradition vollzieht sich infolgedessen vornehmlich durch Initiations-Ketten vom Lama zu seinem Schüler, zu dessen Schüler usw. Dabei gelten herausragende Lama-Linien (besonders die Äbte bedeutender Klöster) als reinkarnierte Lamas bzw. Tulkus (tib. *sprul sku*) des Vorgängers, wie wir später noch näher erläutern werden. Aus diesen Überlieferungsketten entwickelten sich eigene Schulrichtungen, von denen vier zu bleibender Bedeutung gelangten.[13]

Nyingmapa

Während der Zeit der ersten Verbreitung wurden von Padmasambhava und anderen zahlreiche Dorfklöster gegründet, die in entlegenen Gebieten die Zeit der Verfolgung überdauern konnten. Die meisten »Mönche« lebten nicht im Zölibat, sondern pflegten eine Praxis des tantrischen Yoga und der Meditation; sie übten sich in der Beherrschung kosmischer und geistiger Kräfte. Als seit dem 10. Jahrhundert Reformer auftraten, nannten sich nun diese Gruppen *Nyingmapa* (*rnying ma pa*), die »Alten«.[14] Die Schule kennt zwei Säulen der Überlieferung: Kahma (*bka'ma*), die mündliche Überlieferung von Initiationen und Anleitungen zur Meditationspraxis, die seit Jahrhunderten von Meister zu Schüler weitergegeben wird, und Terma (*gter ma*), die unmittelbare Überlieferung von »Schatztexten«, die von Padmasambhava und seiner spirituell-tantrischen Gefährtin Yeshe Tsogyal im 8. Jahrhundert in schwer zugänglichen Höhlen versteckt und in späteren Zeiten (nach dem 10. Jahrhundert), als die Verfolgungen des Buddhismus überwunden und die Zeit reif war, wiederentdeckt worden sein sollen.

13 Innerhalb der großen Schulen gibt es wiederum einzelne Überlieferungsketten, die an Orte (Klöster) und/oder Personen und ihre Reinkarnationen gebunden sind und vor allem bei den Kagyüpas eine gewisse Selbständigkeit erlangten (z.B. die Karmapas, die Drukpas ['brug*pa*, Staatsreligion in Bhutan], die Drikungpas [*'bri-khung pa*]).

14 Dudjom Rinpoche/G. Dorje/M. Kapstein, The Nyingma School of Tibetan Buddhism. Its Fundamentals and History, 2Vols., Boston: Wisdom Publ. 1991

Das wichtigste Meditationssystem, das in dieser Zeit auf dem Hintergrund der Nyingmapa-Schule entwickelt wurde, ist *Dzogchen* (rdzog chen), die »Große Vollkommenheit«. Ein bedeutender Systematiker dieses Systems ist *Longchenpa (klong chen Rab 'byams-pa*, 1308-1363). Im Dzogchen sind Elemente der klassischen tantrischen Praxis (vorbereitende Übungen, Visualisationen) verbunden mit der Philosophie der Leerheit, wie wir sie von Nāgārjuna kennen. Außerdem machen sich Einflüsse aus dem chinesischen Ch'an geltend. Es geht darum, die ursprüngliche Reinheit des Geistes, die Buddha-Natur, die durch geistige Verunreinigungen nur verdeckt ist, offenzulegen. Das heißt, daß das Wesen des Geistes gleichzeitig als essentiell rein (*ka dag*) und vollkommen spontan (*lhung grub*) betrachtet wird. Dzogchen ist somit der Zustand absoluter Leere, die ursprungslos ist und keinerlei gesonderte Gestalten (auch keine visualisierten Buddhas) enthält. Sie entfaltet sich als reine Bewußtheit (*rig pa*), denn in der Reinheit, der vollkommenen Leere, sind alle positiven Attribute des Geistes spontan wirksam. Leerheit ist also nichts Negatives, sondern ein vollkommenes Durchdrungensein aller Aspekte der Wirklichkeit in ihrem Wechselspiel, ein unendlicher Prozeß, der doch nichts anderes ist als die immer seiende Einheit. Wer dies in der eigenen Erfahrung erkennt, transformiert sämtliche alltäglichen Erfahrungen in diese einheitliche transzendente Bewußtheit (*ye shes chen po*). Es geht nicht um einen langen Stufenweg, sondern um die direkte und plötzliche Realisierung dieses Geisteszustandes im jetzigen Augenblick, wo Leerheit (*śūnyatā)* und Barmherzigkeit (*karuṇā)* vollkommen eins sind. Der Irrtum des Menschen besteht allerdings darin, diesen Geist nicht zu erkennen, sondern an den Spiegelungen der sich selbst strukturierenden Bewußtseinsbewegungen anzuhaften. Das bedeutet: Man hängt sich an Einzelaspekte des Lebens sowie an die wertenden Unterscheidungen, woraus wiederum karmische Verknüpfungen entstehen, die zu zahllosen Wiedergeburten führen. Die Einheit aber ist unveränderlich, und ihr Symbol ist das Diamantszepter (*vajra*). Die Dzogchen-Übung soll nun ein spontanes, unmittelbares Erwachen bewirken, und damit ist sie durchaus etwas anders als der graduelle Stufenweg, wie wir ihn in anderen tibetisch-buddhistischen Meditationssystemen finden. Dennoch gibt es auch bei Dzogchen vorbereitende Übungen wie beispielsweise die Meditation über die Unbeständigkeit des Lebens, die vertrauensvolle Hinwendung zu einem Lehrer, das Durchschneiden der Fesseln des Anhaftens (*gcod*), Visualisierungen der Meditationsgottheiten (z.B. die Vajrayoginī) sowie des Lama usw. Besonders eindrucksvoll ist die *Chöd*-Übung (*gcod*), die weit verbreitet ist und keineswegs nur im Zusammenhang mit der vollständigen Dzogchen-Praxis geübt wird: Die Übung ist ein imaginiertes Opfer des eigenen Körpers, das dazu dient, alles Anhaften an körperlichen Prozessen und Empfindungen aufzugeben. Denn die sinnlichen Eindrücke, die durch die körperlichen Prozesse vermittelt werden, zerteilen die Wahrnehmung des Einen. Bei der Übung wird darum ein Lichttropfen oberhalb des Nabelzentrums visualisiert, auf dem die schwarze Göttin in Gestalt der Vajrayoginī steht. Sie trägt ein Hackmesser in der Hand, das alle Knoten des Anhaftens zerstört. In der Imagination vereint man sich mit der Göttin und läßt ihre Kraft durch die Fontanelle in den Raum strahlen. Dabei werden die drei Grundsilben Oṃ – Aḥ- Huṃ rezitiert, die in mantrischer Qualität die Fülle des Universums symbolisieren. Verbunden mit diesem Klang zertrennt die Göttin die Schädelschale und zerstört damit die drei Unreinheiten oder Grundgifte Gier, Haß und Unwissenheit, die verhindern, daß Menschen klar sehen können. Man kann sagen, daß das individuelle Ich, das sich durch Gier, Haß und Unwissenheit selbst behauptet, in der Visualisation getötet bzw. »geopfert« wird, damit die Entgrenzung des Bewußtseins möglich wird. Der Ritus ist ein visualisierter »Exorzismus«, doch wird hier nicht ein externer böser Geist ausgetrieben, sondern das aus den drei Unreinheiten des Geistes geformte Ego. Die Übung entspricht im Prinzip auch sonstigen Vorstellungen des Mahāyāna, aber im tibetischen Buddhismus kommt hinzu, daß die einzelnen geistigen Qualitäten und Impulse gestalthaft *visualisiert* und durch Klänge sowie Handgesten (*mudra*) sinnlich wahrnehmbar gemacht werden.

Die Nyingmapa-Schule hielt an den tantrischen Praktiken der Visualisierung und Beschwörung von geistigen Energien fest und entwickelte dabei auch magische Praktiken. In Abgrenzung von den anderen Schulen bildete sie im Verlaufe des 14. Jahrhunderts auch einen eigenen Schriftenkanon heraus, das »Kompendium der alten Tantras« (*rnying-ma'i rgyud-'bum*).

Demgegenüber legten die *Kadampas*, die auf die Reformen Rinchen Sangpos und Atīśas zurückgehen und später in der von Tsongkapa begründeten *Gelukpa*-Schule aufgingen, auf peinlich genaues Studium der Schriften sowie auf die Einhaltung der moralischen Regeln aus den Mönchsgelübden größten Wert. Die *Sakyapa*-Schule ist verbunden mit dem tibetischen Gelehrten *Drogmi* (992-1072). Der Orden der *Kagyüpas* geht auf die großen Mystiker des tibetischen Buddhismus zurück, auf *Marpa* (1012-1096) und *Milarepa* (1040-1136). Marpas Guru war der indische Meister *Nāropa* (1016-1100), der wiederum ein Schüler des Inders *Tilopa* (988-1069) war.

Sakyapa

Wir wollen diese Entwicklung genauer nachzeichnen: Im Jahre 1073 kam es im Geiste der Reformen Atīśas zur Gründung des *Sakya*-Klosters (sa-skya) westlich von Shigatse durch *Khon Konchok Gyalpo* (1034-1102), ein Schüler des berühmten Gelehrten *Drogmi* ('Brog-mi, 992-1072) aus der Tradition der Kadampas. Diese Gründung veranlaßte die Bildung der *Sakyapa*.[15] Sie unterschied sich in der Lehre und Praxis nicht wesentlich von den Kadampas, bildete aber ihre eigenen Traditionslinien und gelangte später zu großer Machtentfaltung, als die Sakya-Lamas von den mongolischen Groß-Khanen de facto als Herrscher über Tibet eingesetzt wurden, denen mongolische Beamte zur Seite standen. Die eigentümliche Beziehung Tibets zu den Mongolen muß besonders hervorgehoben werden, denn sie hat die Geschichte wesentlich geprägt: Als sich Dschingis Khan anschickte, Tibet zu erobern, wurde 1207 eine tibetische Delegation an den Hof des Khans geschickt, um über freundschaftliche Beziehungen zu verhandeln und eine Eroberung Tibets abzuwenden. Tibet hatte Tribut zu zahlen. Als Dschingis Khan 1227 starb, stellte Tibet die Zahlungen ein, woraufhin Dschingis Khans Enkel Godan einige Jahre später

[15] C.W. Cassinelli/R.B. Ekvall, A Tibetan Principality. The Political System of Sa sKya, Ithaca, NY: Cornell University Press 1969; Ch.Trichen, The History of the Sakya Tradition, Bristol: Ganesha Press 1983

bis Lhasa vorrückte. Er schrieb allerdings 1244 an das Oberhaupt der Sakya-Schule, den *Sakya Paṇḍita Kunga Gyaltsen* (1182-1251)[16] einen Brief mit der Bitte, die tibetischen Buddhisten möchten einen Lama schicken, um das mongolische Volk religiös und moralisch zu erziehen. Um – im Geiste des Buddha – Gewaltanwendung zu vermeiden, bat der Khan, daß Kunga Gyaltsen freiwillig kommen und selbst diese Aufgabe übernehmen möge. Der Sakya Paṇḍita folgte diesem Ultimatum und reiste noch im Jahre 1244 an den Hof Godan Khans. Dies ist der Beginn der besonderen Beziehung der tibetischen Lamas als spirituelle Lehrmeister (seit 1270 »kaiserliche Lehrmeister«, tib. *ti shih*) und den mongolischen Khanen als militärische Schutzpatronen, die auch die nächsten Khane, vor allem Khubilai Khan, pflegten. Khubilai Khan lud *Phagpa* ('Pags pa), den Neffen, Schüler und Nachfolger des Sakya Paṇḍita ein und festigte die Beziehung. Die Machtverhältnisse lassen sich am Hofprotokoll genau ablesen: In Staatsangelegenheiten nahm der Khan den höheren Sitz ein, der aber andererseits in religiösen Fragen die Autorität des Lama zu achten gelobte. Khubilai Khan sandte Phagpa im Jahr 1254 ein Bestätigungsschreiben, das uns einen Einblick in die Geistesart des Buddhismus gewährt, den der Mongolenkhan in Sakya-Interpretation kennengelernt hatte (Bedeutung des philosophischen Studiums als Voraussetzung für die Meditationspraxis), und zugleich werden diesbezügliche Auseinandersetzungen im tibetischen Buddhismus jener Zeit deutlich. In dem Brief heißt es: [17]

»Als wahrer Gläubiger an den Verehrungswürdigen Buddha, den erbarmungsvollen und unbesiegbaren Herrscher der Welt, dessen Gegenwart wie die Sonne jeden dunklen Ort erleuchtet, habe ich den Klöstern und Mönchen deines Landes stets besondere Gunst erwiesen... Dieser Brief ist mein Geschenk. Er gewährt dir Autorität über ganz Tibet, damit du in die Lage versetzt wirst, die religiösen Institutionen und den Glauben deines Volkes zu schüt-

16 Sakya Pandita, Illuminations. A Guide to Essential Buddhist Practices, Novato, CA: Lotsawa 1988

17 W.D. Shakabpa, Tibet. A Political History, New York: Potala Publ. 1984, 65f.

zen und die Lehre des Verehrungswürdigen Buddha zu verbreiten... Mönche sollen nicht untereinander streiten und keinerlei Gewalt ausüben. Sie sollen friedlich und glücklich zusammenleben. Diejenigen, die die Lehren des Verehrungswürdigen Buddha kennen, sollen keine Mühe scheuen, sie zu verbreiten. Die sie aber nicht kennen, sollen sich bemühen, sie zu lernen. Jedermann soll lesen, schreiben und meditieren, zum Verehrungswürdigen Buddha beten und auch für mich beten. Einige Leute meinen, es sei möglich zu meditieren, ohne den dharma zu studieren, aber das ist falsch. Erst müssen wir verstehen, nur dann können wir meditieren.«

Da die Mongolen aber bis zum Tode Khubilai Khans im Jahre 1331 ausschließlich die Lamas der Sakyapa protegierten und diese Sonderstellung die wirtschaftliche und politische Macht in Tibet einseitig zu Gunsten der Sakyapa verschoben hatte, kam es im 14. Jahrhundert zu blutigen Machtkämpfen innerhalb Tibets. Provinzgouverneure führten Privatkriege, und zahlreiche Großklöster waren darin zutiefst verstrickt. Es kam zu Intrigen, Folter und Mord, auch unter Mönchen, bis schließlich im Jahr 1358 Changchub Gyaltsen an die Macht kam, der durch Verwaltungsreformen (Aufteilung des Staates in Distrikte, *dzong*), Landreformen und eine Strafrechtsreform (bisher waren Kriminelle ohne Anhörung hingerichtet worden, jetzt wurden nach einem ordentlichen Verfahren unterschiedlich schwere Strafen bis hin zur Todesstrafe verhängt) wesentlich dazu beitrug, das Land zu befrieden. Changchub sorgte auch für verstärkte Anstrengungen in der Ausbildung der Lamas. Seither zeichnen sich die Sakyapa durch eine hohe Gelehrsamkeit aus. Die Bibliothek des Sakya-Klosters war bis zur Besetzung Tibets durch die Chinesen im Jahre 1950 eine der größten des Landes und barg Tausende kostbarer Manuskripte und Blockdrucke aller buddhistischen Traditionen, die teilweise noch aus dem indischen Kloster Nālanda gerettet worden waren, das muslimische Invasoren im 12. Jahrhundert zerstört hatten. Nur ein kleiner Teil der Bibliothek konnte nach 1959 durch die Flucht der Mönche aus Sakya nach Nordindien in Sicherheit gebracht werden.

Kagyüpa

Im 11./12. Jahrhundert erblühte eine »mystische« Meditations-Tradition, die *Kagyüpa* (*bka'brgyud-pa*, oft »Rotmützen« genannt). Dieser Orden gelangte sehr bald zu geistigem und politischem Einfluß und entwickelte eine beispiellose geistige Kreativität. Die Schule geht, wie wir sahen, auf *Marpa,* den Übersetzer zurück. Er hatte bei Nāropa (1016-1100), dem Abt der berühmten Klosteruniversität Nālandā in Indien, studiert und dadurch sowohl spezifische Traditionen der Meditation als auch philosophische Kommentarwerke kennengelernt. Nāropa wiederum hatte die Weisheitslehre von dem bengalischen Mystiker Tilopa (988-1069) empfangen, der sie in einer Vision des Vajradhāra, einer Manifestation des transzendenten Buddha, diktiert bekommen haben soll. Diese Traditionslinie ist charakterisiert durch die indische Siddha-Tradition, in der durch bestimmte Meditationstechniken parapsychische Kräfte erzeugt und für das geistige Erwachen nutzbar gemacht werden sollen.[18] Für die spätere Entwicklung in Tibet wurden besonders die »sechs Yoga-Praktiken des Nāropa« bedeutsam, nämlich: [19]

1. Psychisch erzeugte Hitze (*gtum mo*), die durch Haṭha-Yoga, Visualisationen und Reinigung der psychosomatisch aktivierten Energiekanäle im Körper des Übenden anzeigt, daß eine Intensivierung der Bewußtseinsaktivität stattfindet.
2. Die Erfahrung des eigenen Körpers als Trugbild (*sgyu lus*), wobei die karmisch entstandenen körperlichen und psychischen Formen des Körpers visualisiert und imaginativ in feinstoffliche Prozesse aufgelöst werden, damit eine direkte Erfahrung der Wandelbarkeit und Vergänglichkeit dessen entsteht, was wir für unser »Ich« halten.
3. Traum-Yoga (*rmi lam*), in dem die Bilder der Träume nutzbar gemacht werden für den geistigen Reifungsprozeß, und zwar so,

18 Daß diese Kräfte (*siddhi*) auch vom Ziel des geistigen Erwachens ablenken können, ist eine beständige Gefahr, der durch die Kompetenz eines erwachten Lehrers und durch das Schriftstudium sowie die Einhaltung der Mönchsdisziplin begegnet werden muß.

19 H. v.Guenther, The Life and Teachings of Nāropa, London/New York: Oxford Univ. Press 1963 (repr. 1975); W.Y. Evans-Wentz, Tibetan Yoga, London/New York: Oxford Univ. Press 1967 (repr. 1981), 155-252

daß durch luzides Träumen das Bewußtsein in immer deutlicherer Feinheit und größerer Reinheit erscheint und entsprechend geformt wird. Durch spezifische Übungen wird das Träumen bewußt gestaltet, wodurch sich allmählich auch das Tagesbewußtsein verändert und dem Übenden deutlich werden soll, daß alle Erscheinungen des Lebens traumartig-unreal sind gegenüber der Erfahrung des Bewußtseinsgrundes, das heißt des »Klaren Lichtes«.

4. Klares Licht (*'od gsal*) ist die Bewußtseinsenergie, die sich auf kein äußeres Objekt richtet, sondern in ihrer eigenen Klarheit vollkommen ruht. In diesem Zustand gibt es keine Dualität von Beobachter und beobachtetem Objekt, sondern »strahlende Leerheit«, und alles, was das Bewußtsein im Traum oder im Wachzustand erfährt, wird als Projektion aus dieser Leerheit betrachtet. Dieses Licht soll von Menschen im Prozeß des Sterbens spontan erfahren werden, aber weil das ungeübte Bewußtsein dies nicht erkennt, sondern angstvoll zurückschreckt, muß der Zustand in der Meditation wieder und wieder geübt werden.

5. Bewußtseinsübertragung in andere Existenzformen (*'phoba*) ist eine meditative Übung, bei der das Bewußtsein im Augenblick des Todes in ein Buddha-Land (wie beispielsweise das Reine Land Amitābhas) übertragen wird. Dies gelingt aber nur, wenn im Leben viel geübt wurde. Es geht dabei vor allem um eine Praxis der *Identifikation* mit dem »göttlichen Guru« Dorje Chang (*rdo rje 'chang*) in Gestalt des eigenen Lama, in einer *saṃbhogakāya*-Gestalt, oder mit dem *dharmakāya* bzw. dem Klaren Licht. Die Unterscheidungen der *trikāya*-Lehre[20] finden hier eine konkrete Anwendung in der Visualisationsübung.

6. Praxis der Zwischenzustände (*bar do*), wie sie vor allem anhand des Tibetischen Totenbuches geübt werden. Dabei kommt es darauf an, graduell (in der Meditation wie im Sterben) das Bewußtsein mit immer subtileren geistigen Ebenen zu identifizieren, um schließlich in der Erfahrung des Klaren Lichtes verweilen zu können.

An dieser Stelle ist es angebracht, einige Bemerkungen zum *Tibetischen Totenbuch* (Bardo Thödol, *bar do thos grol*) zu machen, einem

20 Zur Lehre von den drei Körpern (tri*kāya*) vgl. S. 187ff.

Text und einer Übungspraxis, die keineswegs auf die Kagyüpa beschränkt ist, sondern im gesamten tibetischen Buddhismus gepflegt wird.[21] Es ist ein Buch für die Lebenden, die damit den Prozeß des Sterbens systematisch üben und für die spirituelle Reifung nutzbar machen. Wir können hier nicht auf die Details eingehen, [22] sondern nur knapp die sechs Bardos beschreiben, die als Phasen der Bewußtseinsentwicklung verstanden werden:

1. *Bardo zwischen Geburt und Tod* (*skye shi'i,* gesprochen: Sheshi), in dem das normale Tagesbewußtsein denkt, sich an bestimmte Bewußtseinseindrücke erinnern kann, meditiert, visualisiert usw.,
2. *Bardo des Traumes* (*rmi lam,* gespr.: Milam), in dem Projektionen auftreten, deren Inhalte aus dem Tagesbewußtsein stammen, deren Zuordnung aber nach strukturellen Gesetzen geschieht, die aus den Tiefenschichten des Bewußtseins stammen – auch im Traum kann das Bewußtsein willentlich gelenkt werden, und diese Übung heißt Traum-Yoga,
3. *Bardo der tieferen Meditation* (*bsam gtan,* gespr.: Samten), in dem das Bewußtsein ohne Anhaften meditative Stabilität und Durchlässigkeit aufweist, die ihm zu intensiverer Wahrnehmung als im Sheshi-Bardo verhilft,
4. *Bardo des Sterbens und des Todes* (*chos nyid*, gespr.: Chönyi),
5. *Bardo des Wiedererwachens im Zwischenzustand* (*srid pa*, gespr.: Sipa),
6. *Bardo der Wiedergeburt* (*skye gnas,* gespr.: Shene).

Für das »Totenbuch« sind die letzten drei Bardos besonders wichtig. Im *Bardo des Sterbens und des Todes,* der meist drei oder dreieinhalb Tage dauert, wird das Bewußtsein allmählich von den körperlichen Funktionen abgelöst. Dies ist der Prozeß des Sterbens,

21 Der Text gilt als Terma-Text, der von Padmasambhava verfaßt, versteckt und später wieder aufgefunden wurde. Der Kern der Überlieferung geht möglicherweise auf diese Zeit zurück, die heutige Gestalt des Textes datiert aber vermutlich aus dem 14. Jahrhundert. Vgl. E. und L. Dargyay, Das tibetische Buch der Toten, Bern/München/Wien: Scherz 1977.

22 Detailliertere Hinweise zur Theorie und Praxis des Sterbens finden sich in: Sogyal Rinpoche, Das tibetische Buch vom Leben und vom Sterben, Weilheim/Bern: O.W. Barth 1996 und R.u.M. von Brück, Die Welt des tibetischen Buddhismus, München: Kösel 1996, 82ff.

dessen acht Phasen wir unten noch ausführlicher darstellen werden. Allgemein ist zu sagen, daß bei diesem Prozeß das Bewußtsein unwillkürlich in die tieferen Schichten seiner eigenen Natur sinkt. Dabei treten Farbvisionen auf, wobei – wie immer im tantrischen Buddhismus – eine Analogie von makrokosmischen Elementen/Formen und mikrokosmischen bzw. bewußtseinsmäßigen Wahrnehmungen hergestellt wird: blaue Farben entsprechen dem Raum, rote dem Feuer, gelbe der Erde, grüne dem Wind und weiße dem Wasser. Wenn wir bedenken, daß Farben Schwingungen sind und auch die unterschiedlichen Strukturen des Materiellen durch verschiedene Ordnungsprinzipien (Dichte, Geschwindigkeit der Teilchen usw.) aus prinzipiell denselben substantiellen Grundlagen entstehen, ist diese Analogie nicht unverständlich. Die einzelnen Elemente des Materiellen bzw. die Farbvisionen entsprechen folgerichtig spezifischen Potentialen des Bewußtseins:

- Der Raum (blau) entspricht der Grenzenlosigkeit des Bewußtseinskontinuums, weil das Bewußtseins nicht räumlich begrenzt und in sich selbst *leer* ist, insofern es alles in sich aufnehmen kann und erst dadurch »strukturiert« wird.
- Das Feuer (rot) entspricht dem Potential des Bewußtseins, alles *wahrnehmen* und in sich nach eigenen Ordnungsprinzipien umformen zu können.
- Die Erde (gelb) entspricht der Fähigkeit, *Erfahrungen* zu erzeugen, die bedingt sind durch karmisch gesteuerte Eindrücke, wobei es heißt, daß Erfahrungen im Bewußtseins verwurzelt sind wie die Pflanzen in der Erde. (Auf die »unbedingte Erfahrung« der Befreiung, das *nirvāṇa*, kommen wir noch zu sprechen.)
- Der Wind (grün) entspricht der Eigenschaft des Bewußtseins, ständig in Bewegung und dynamisch zu sein, denn keine Erfahrung hat Dauer.
- Das Wasser (weiß) entspricht dem Charakter des Bewußtseins, sich an jede Form, Erscheinung und Objekte anpassen zu können. Wie das fließende Wasser die Gestalt des Flußbetts annimmt, so ist das Bewußtsein biegsam und erhält, da es selbst leer ist, seine Gestalt erst durch die Bewußtseinsinhalte.

Im Verlauf dieses vierten Bardo, des Bardo des Sterbens, gelangt das Bewußtsein an einen Scheidepunkt, der von Menschen (die während ihres Lebens mit dem »Totenbuch« geübt haben oder nicht) verschieden erlebt wird:

Ein durch *Unwissenheit* verunreinigtes Bewußtsein fällt, verursacht durch das Trauma des Todes, in eine Bewußtlosigkeit, die länger anhält, während ein Wissender nach kurzer Bewußtlosigkeit in ruhiger Bewußtheit verharren kann und erstmals ein »Aufschimmern« der grundlegenderen Bewußtseinsebenen wahrnimmt. Damit ist aber schon der Übergang zum fünften Bardo des *Wiedererwachens* markiert. Er tritt gewöhnlich 49 Tage nach dem Tod ein, wobei es während dieser Zeit nach jeweils sieben Tagen zu einem »kleinen« Sterben und Tod (*chos nyid*) kommt. Das Wiedererwachen kommt dadurch zustande, daß sich die diffusen Bewußtseinsenergien zu Lichtbündeln (*thig le*) sammeln und zu Wahrnehmungen verdichten, die nach dem Ordnungsprinzip der formativen Kraft karmischer Eindrücke gestaltet werden. Die Qualität dieser Energiekonzentrationen entspricht dem Charakter der *cakras* (Energiekonzentrationen) entlang der Wirbelsäule, die man bereits während des Lebens in der Meditation oder gelegentlich auch spontan wahrnehmen kann. Man hat also in diesem Stadium dualistische Erfahrungen der eigenen Bewußtseinspotentiale, und diese können friedvoll und hell wie das Sonnenlicht, aber auch dunkel, zornvoll und bedrohlich sein. Im ersten Fall hat man Visionen der friedvollen, im zweiten Fall der zornvollen Gottheiten. Diese Visionen lösen erneut Bewußtseinsreaktionen aus, die in dualistischer Weise von Annahme oder Abwehr bestimmt sind, das heißt das Bewußtsein verstrickt sich erneut in die Unterscheidung von »Ich« und »Dinge«, »angenehm« und »unangenehm«. Dabei wird es entsprechend seinen karmischen Prädispositionen von materiellen Strahlungen aus niedrigeren Bereichen angezogen, sodaß es nun im sechsten *Bardo der Wiedergeburt* wiedergeboren wird. Dies bedeutet, daß sich aufgrund der karmischen Prädispositionen ein Körper entwickelt. Der (wiedergeborene) Körper ist also eine (scheinbar) feste, konkrete Projektion des Bewußtseins. Die Art der Wiedergeburt entspricht den karmischen Dispositionen, das heißt sie erfolgt in einem der sechs Daseinsbereiche, die das buddhistische Lebensrad (*bhavacakra*) anschaulich schildert (vgl. S. 101f.): Bereich der göttlichen Wesen (*devas*), Bereich der Dämonen (*asuras*), Bereich der Menschen, Bereich der

Tiere, Bereich der Hungergeister (*pretas*), Bereich der Höllenwesen. Das Bewußtsein »sucht« sich den Bereich, in dem es seine unerfüllten karmischen Potentiale ausleben kann – dabei ist der Bereich der *devas* durch zeitlich begrenzten Genuß gekennzeichnet, der Bereich der *asuras* durch Neid auf die »Götter«, der Bereich der Tiere durch Unfreiheit, der Bereich der *pretas* durch unstillbare Gier, der Bereich der Höllenwesen durch Qualen, die von Haß und Gewalt gegenüber anderen Lebewesen ausgelöst worden sind. Der Bereich der Menschen ist ambivalent: Einerseits ist er durch Verblendung (*avidyā, moha*) gekennzeichnet, andererseits besteht aber hier, und nur hier, die *Freiheit*, alle Verstrickungen zu überwinden und zur Erkenntnis bzw. Weisheit (*prajñā*) und damit zur unbedingten Befreiung im *nirvāṇa* zu gelangen.

Wenn aber während des Sterbeprozesses ein *wissendes Bewußtsein* erkennt, daß alle Erscheinungen nur Projektionen des fundamentalen Bewußtseinskontinuums sind, verbleibt es in der vollkommenen Einheit von Erkennendem und Erkanntem, es verstrickt sich nicht in erneute dualistische Reaktionen und kann letztendlich den Geist des Klaren Lichtes (tib. *'od gsal*) und das Wesen der Wirklichkeit (skt. *dharmatā*) schauen, also in die letztgültige Vollendung eingehen.

Als Quelle der Kenntnis des Sterbeprozesses dienen einerseits Berichte derer, die dem Tode nahe waren und zum normalen Tagesbewußtsein zurückgekehrt sind, oder auch Berichte derer, die sich aufgrund eines besonders hoch entwickelten Bewußtseins an frühere Inkarnationen und die Zwischenzustände zwischen Leben, Sterben und Wiedergeborenwerden erinnern. Andererseits gilt als hilfreich die genaue Beobachtung der Bewußtseinszustände während des Meditierens, bei dem die gleichen Prozesse ablaufen wie beim Sterben, nämlich eine allmähliche Ablösung des subtilen »Körpers« vom materiellen. Am Schluß bleiben ein höchst feiner Bewußtseinsstrom und seine »Trägerenergie« (skt, *prāṇa*, tib. *rlung*) übrig. Wer in der Meditation die einzelnen Stadien und die mit ihnen verbundenen Phänomene kennengelernt hat, kann den gesamten Sterbevorgang mit bewußter Klarheit vorweg erleben und lenken. Dadurch schwindet die Angst. Und dies ist die Voraussetzung für ein gelöstheiteres Bewußtsein, das sich dem Licht öffnen kann.

In der tibetisch-buddhistischen Meditation wie in der Übung des Sterbens kommt alles darauf an, das Bewußtsein durch unablässige Übung zu schulen, eine direkte meditative Wahrnehmung der Leerheit zu erreichen. Dies geschieht bei den Kagyüpa vor allem durch das *Mahāmudrā*-System (»Großes Siegel«, tib. *phyag rgya chen po*).[23] Mahāmudrā ist eine Weiterführung des alten Dzogchen-Systems der Nyingmapa im Rahmen der Kagyü-Tradition. Im einzelnen sind die Übungen komplex und auf die jeweiligen Voraussetzungen des Schülers sowie die Initiations-Tradition des Lehrers zugeschnitten, dem gegenüber der Übende hohe Verehrung entwickelt. Der Lama ist Inbegriff und Repräsentant aller Weisheit und Güte. Der Meditierende visualisiert, er habe den Leib, die Rede und das Bewußtsein einer »Gottheit«, das heißt einer subtilen Formgestalt (*saṃbhogakāya*) des Buddha-Bewußtseins. Dies ist eine meditative Selbstkonditionierung zu höherem Bewußtsein. So besteht eine Übung darin, das Bewußtsein bzw. die Aktivität der Bewußtheit zu betrachten und zu fragen: »Wo ist ihr Ursprung?«, und zwar nicht nur abstrakt-gedanklich, sondern in der meditativen Suche nach dem Grund der Bewußtseinsaktivität. Man arbeitet dabei zunächst an einer Beruhigung der Bewußtseinsbewegungen (*shi nay*), um dann zu einer nicht-dualistischen Wahrnehmung des eigenen Bewußtseinsgrundes und aller Erscheinungen zu kommen (*lha tong*), das heißt die substantielle Leerheit der Welt direkt wahrzunehmen: Nichts existiert aus und durch sich selbst, sondern in Abhängigkeit vom (projizierenden) Bewußtsein und in gegenseitiger Abhängigkeit aller Impulse und Erscheinungen des fundamentalen Geistes. In dieser Bewußtseinsintensität nimmt nun der Meditierende die Leerheit (*śūnyatā*, tib. *stong pa nyid*) als vollkommene Glückseligkeit (*mahāsukha*, tib. *bde ba*) wahr. Während zunächst die Leerheit noch in einer subtilen gestalthaften Wahrnehmung erscheint, wird sie später völlig bildlos erfahren. Leerheit bedeutet ja, daß das Bewußtsein reine wahrnehmende Bewußtheit ist, völlig ungetrübt, selbstleuchtend und kraftvoll. Die reine Bewußtheit hat keine Attribute, keine Begrenzungen, keine Einengung durch Raum und Zeit. Alle

23 Takpo Tashi Namgyal, Mahāmudrā. The Quintessence of Mind and Meditation, Boston: Shambhala 1986; K. Könchog Gyaltsen, The Garland of Mahamudra Practices, Ithaka: Snow Lion 1986.

Lebewesen verfügen über solch ein ungehindertes reines Bewußtsein – das ist ihre Buddha-Natur (*tathāgatagarbha*), und die Mahāmudrā-Praxis dient dazu, die selbsterzeugten Blockaden, die diese Reinheit verdunkeln, zu beseitigen. Wie in allen tibetischen Systemen wird auch hier unterschieden zwischen der Sūtra- und der Tantra-Interpretation. Im allgemeinen Sūtra-Rahmen stehen die fünf »vorbereitenden Übungen«, ohne die kein Lehrer in die höhere tantrische Mahāmudrā-Praxis einführt:

1. die Praxis der hunderttausend Niederwerfungen (wobei der Körper in bestimmter Weise unter einer genau festgelegten Atemtechnik und begleitet von Visualisationen der Länge nach auf den Boden gestreckt wird), eine psycho-somatische Übung der dankbaren Hingabe und Reinigung,
2. die Rezitation des Vajrasattva-Mantras (meist 21 mal), um das Bewußtsein von negativen Eindrücken (*sdig pa*) zu befreien,
3. die Zufluchtnahme zu *Buddha*, *dharma* und *saṃgha*, wodurch Vertrauen in die Wahrhaftigkeit des Weges des Buddha entwikkelt und seine Hilfe erbeten werden soll,
4. eine Mandala-Meditation, bei der die gesamte Welt als ein Mandala visualisiert und (mit entsprechenden Handgesten [*mudra*] und Rezitationen [*mantra*]) mit Liebe durchströmt und dem Buddha dargebracht wird: anfangs geschieht dies äußerlich, indem man die Objekte der Welt visualisiert und gelegentlich auch gestalthaft repräsentiert, später wird diese »Objektivität« aufgelöst und rein gedanklich die Leerheit aller Erscheinungen realisiert,
5. die Verehrung des Lama, wobei eine dem Buddha ebenbürtige Schutzgottheit (*yidam*) visualisiert und der Lama mit dieser identifiziert wird: auf diese Weise wird das unbedingte Vertrauen in die Übung, die der Lama lehrt, gesteigert.

Dies sind Vorbereitungen. Letztlich zielt die Übung darauf, beim Verweilen des Geistes in vollkommener innerer Ruhe gleichzeitig zu erkennen, daß die Erscheinungen (einschließlich der imaginierten göttlichen Wesenheiten) leer von inhärenter Existenz sind. Die Visualisation ist ein Mittel (*upāya*) zur Steigerung der Bewußtseinsintensität, aber dann muß sie auch wieder losgelassen werden. Denn die »Götter« existieren als Vorstellungen im Geist, nirgends sonst.

Wir kehren zurück zur Geschichte der Überlieferung dieser und anderer Lehren, die von Indien nach Tibet kamen und dann in Tibet charakteristisch umgeformt wurden: die außerordentliche Verehrung des Lama war neu, ebenso die höchst detaillierte Visualisation von Aspekten des Bewußtseins in subtiler Gestalt, wobei die Gestalten aus dem tibetischen vor-buddhistischen Pantheon kamen. Nāropa und Marpa waren hierbei nicht die einzigen bedeutenden Gestalten. Vor allem muß Marpas Schüler erwähnt werden, *Milarepa* (Mi-la ras-pa, 1040-1123).[24] Er ist als bedeutendster Mystiker und Dichter in die Annalen Tibets eingegangen. Die Geschichten aus seiner Biographie, die davon erzählen, wie der Schüler des strengen Marpa durch Qualen aller Art, Zweifel und Verfehlungen, Resignation und neue Hoffnung, allmählich zu einem Heiligen heranwächst, haben Generationen von Tibetern zu glühender Frömmigkeit inspiriert. Seine »hunderttausend Gesänge«[25] künden von dem Ideal eines gereinigten Herzens, und sie werden von Tibetern aller Schulrichtungen und Traditionslinien auswendig gelernt und bis heute gesungen. Seine (legendäre) Biographie gibt einen ausgezeichneten Einblick in die geistige Welt Tibets zu jener Zeit, wir wollen daher knapp einige Episoden anführen:

Milarepa und seiner geliebten Mutter war nach dem Tod des Vaters von einem grausamen Onkel unvorstellbares Unrecht widerfahren. Um sich zu rächen, erlernte Milarepa auf Wunsch der Mutter die schwarze Magie. Durch Zaubersprüche konnte er Hagelstürme senden, die ganze Ernten vernichteten. Als Milarepa zu Marpa kommt, erkennt er sein Unrecht, beichtet und bittet um Unterweisung. Zuerst lernt er Demut und völlige Hingabe: Milarepa muß Türme aus Steinquadern bauen, die er unter Qualen selbst herbeischleppt. Kaum ist der Turm fertig, befiehlt Marpa den Abriß und den Neubau an anderer Stelle. Milarepa flieht, doch fordert der unbeugsame Marpa den Schüler zurück, zumal er in einem Traum vor dessen Ankunft die Größe des zukünftigen Yogi erkannt hat. Als Milarepa schließlich geläutert und reif ist, erteilt ihm Marpa die Einweihungen in

24 W.Y. Evans-Wentz, Tibet's Great Yogi Milarepa, London: Oxford Univ. Press 1980 (deutsch: Milarepa. Tibets großer Yogi, Weilheim 1971)

25 Garma C.C. Chang (Ed.), The Hundred Thousand Songs of Milarepa, 2Vols., Boulder/London: Shambhala 1977

geheime Praktiken: Er soll, so heißt es, ein Licht sein, das viele erleuchten wird. Milarepa zieht sich in die Berge zurück und meditiert elf Monate lang ohne Unterbrechung – Marpa war ihm die Brücke gewesen, jetzt mußte er den Meister in sich selbst finden. Jahrelang unterzieht er sich strengster Askese und ernährt sich nur von Nesseln. Als Diebe seine Höhle aufsuchen, weil sie dort Gold vermuten, lädt er sie mit Freundlichkeit ein. Als einige junge Frauen ihn wegen seiner ausgezehrten Gestalt bemitleiden, antwortet er in einem seiner Lieder:[26]

Unglückliche Mädchen, ihr hängt nur am Vergänglichen.
Wie Feuer brennen Selbstruhm und Torheit in euch.
Ich habe Mitleid mit so unreifen Wesen...

Euch törichten Schwätzerinnen
antwortet Milarepa mit Buddhas Weisheit.
Er gibt Wein für Wasser,
tauscht Gutes für Böses ein.

Als Milarepas Schwester wegen der Nacktheit des Bruders Scham empfindet, antwortet er, daß angesichts der Natur Scham unangebracht sei und man zur natürlichen Reinheit des Geistes zurückzukehren habe, denn:[27]

Gier, Haß und böse Taten,
Diebstahl, Betrug und Lüge,
auch Verrat der Freunde –
all dies sind Folgen falscher Erkenntnis
und wahrhaft Grund zur Scham.
Doch wenige vermeiden solche Laster.

Selbst die Gegner können sich Milarepas geistiger Ausstrahlung nicht entziehen, doch will ihn ein eifersüchtiger Gelehrter beseitigen. Die Gedanken des Mörders erkennend, trinkt er voll Mitleid mit ihm

26 W.Y. Evans-Wentz, Tibet's Great Yogi Milarepa, a.a.O., 217f.
27 Evans-Wentz, a.a.O., 226

schweigend das Gift. Der sterbende Milarepa vergibt dem Bösewicht und umarmt ihn sogar. Milarepa singt:[28]

In Meditation über meinen Lama
vergaß ich die Einflußreichen und Mächtigen.
In Meditation über geheime Weisheitslehren
vergaß ich Bücher, die nur den Verstand nähren.
In Meditation über Leben und zukünftiges Sein
vergaß ich die Furcht vor Geburt und Tod.

Als sein Leichnam verbrannt wird, sehen die Schüler einen feinstofflichen Leib gen Himmel fahren, aus dem eine Stimme ertönt, daß er lebendig sei und man ihn nicht bei den Toten suchen und vor allem nicht in Zwietracht um die Reliquien streiten solle. Reminiszenzen an die Buddha-Legende sind dabei offenkundig. Ob auch die christliche Himmelfahrtserzählung über Zentralasien in Tibet bekannt war und auf die Milarepa-Legende eingewirkt hat, ist ungewiß.

Milarepas wichtigster Schüler war *Gampopa* (sGam po pa, 1079-1153), der zunächst als Arzt wirkte und im Alter von 26 Jahren seinen Beruf aufgab, um sich ganz der Meditation zu widmen. Der frühe Tod seiner Frau hat ihn die Vergänglichkeit des menschlichen Daseins erfahren lassen und den Wunsch nach spiritueller Erkenntnis geweckt. Er verband die Übungen des Stufenweges *(Lam rim)* aus der Kadampa-Tradition mit den tantrischen Lehren des Mahāmudrā, wie sie in der Kagyüpa-Schule üblich wurden. Sein Hauptwerk, *Juwelenschmuck der geistigen Befreiung,*[29] ist ein Grundtext für die Kagyü-Tradition geworden, und sein knapper »Katechismus« *Kostbarer Rosenkranz für den höchsten Weg*[30] ordnet in 28 Kapiteln mit meist in Zehnergruppen angeordneten Merksätzen die buddhistische Lehre und Praxis in leicht nachvollziehbarer Form an. Darin heißt es zum Beispiel im achten Abschnitt über die Dinge, in denen man sich eifrig üben soll:

28 Evans-Wentz, a.a.O., 245ff.

29 Gampopa, Juwelenschmuck der geistigen Befreiung, München: Diederichs 1989

30 M.A. Colsman, Der Kostbare Rosenkranz für den höchsten Weg. Ratschläge des Meisters Gampopa, Opuscula Tibetana, Rikon-Zürich: Tibet-Institut 1995

Ein Anfänger sollte sich eifrig im Kennenlernen der Weisheitslehren und im sie verarbeitenden Denken üben...
Bei sehr großer geistiger Zerstreuung und Gedankenflatterhaftigkeit sollte man sich eifrig bemühen, seinen Geist unter seine Herrschaft zu bringen.
Sind das dösende Absinken in der Meditation und die geistige Mattheit sehr groß, sollte man sich darin üben, den Geist freier zu halten und zu öffnen.
Ist der Geist ohne innere Beständigkeit, sollte man sich beharrlich darin üben, ihn in Meditation gleichmäßig gesammelt zu halten...
Stellen sich zahlreiche widersächliche hemmende Umstände ein, sollte man sich beharrlich in den drei Arten der Geduld üben.

Zunächst wird also das philosophische Studium empfohlen, bevor man in die meditative Praxis eintreten kann. Letztere besteht in Einübung der Gleichförmigkeit (*śamatha*) des Geistes, der weder schläfrig noch erregt sein darf. Fällt er in das eine oder andere Extrem, muß das jeweilige Gegenmittel angewendet werden. Bei inneren oder äußeren Widerständen ist Geduld (*kśānti*) zu üben, und zwar in dreifachem Sinn: Böses darf nicht mit Bösem vergolten, sondern muß mit Gutem überwunden werden; Schwierigkeiten sollen nicht verdrängt, sondern angenommen werden; dem einmal gefaßten Entschluß zur Praxis soll man treu bleiben und ständig neu beginnen.

Aus den Kagyüpas gingen als Untergruppe mit der Gründung des bedeutenden Klosters *Tsurpu* (mtshur pu) 1185 die *Karmapas* hervor.[31] Sie bilden die älteste Linie von reinkarnierten Lamas in Tibet und gelten (neben den Dalai Lamas und den Panchen Lamas der Gelukpa-Schule) als eine der einflußreichsten Tulku-Linien des Tibetischen Buddhismus. Seit dem 15. Jahrhundert gelten die Karmapas (wie die Dalai Lamas) als Manifestationen des Bodhisattvas der Barmherzigkeit Avalokiteśvara. Der erste Karmapa war *Düsum Khyenpa* (Dus-gsum mkhyen-pa, 1110-1193), der als Schüler Gampopas die ersten drei Hauptklöster, darunter Tsurpu, gründete. Der

[31] N. Douglas/M. White, Karmapa: The Black Hat Lama of Tibet, London: Luzac&Company 1976; K. Thinley, The History of the Sixteen Karmapas of Tibet, Boulder: Prajna 1980

zweite Karmapa war *Karma Pakshi* (1204-1283), der den Einfluß der Kagyüpa-Schule auf die Mongolen ausdehnte und von Khubilai Khan eingeladen wurde, um später der Lehrer des Mongka Khan zu werden. Die nächsten Karmapas waren bedeutende Meditationsmeister und hinterließen wichtige Kommentarwerke. Der 16. Karmapa war *Rangjung Rigpe Dorje* (1923-1982), der den Buddhismus der Kagyüpa-Schule in Europa und Amerika verbreitet hat und zahlreiche Zentren gründete. Um seine Reinkarnation gab es Auseinandersetzungen zwischen verschiedenen Gruppierungen, weil, wie nicht selten in der tibetischen Geschichte, mehrere Anwärter geltend gemacht wurden. Der rechtmäßige, weil vom Dalai Lama anerkannte, junge Lama wird auf seine Aufgabe vorbereitet, als 17. Karmapa die Leitung des Ordens zu übernehmen.

An dieser Stelle ist es sinnvoll, noch einige Worte zu dem System von reinkarnierten Lamas zu sagen: Grundsätzlich gilt für den gesamten Mahāyāna-Buddhismus, daß geistig hochentwickelte Meister sich entsprechend ihrem Bodhisattva-Gelübde verpflichten, allen Wesen auf dem Wege zur Befreiung helfend beizustehen, das heißt sie können sich in Freiheit (nicht unter karmischer Notwendigkeit) dort wieder inkarnieren, wo sie sinnvoll wirken können. Sie gelten dann als ein Formkörper des Buddha-Bewußtseins (*nirmāṇakāya*, tib. *sprul sku* (Tulku)). In diesem Sinne wurden bereits die drei alten *dharmarājas* (»Religionskönige«) Songtsen Gampo, Trisong Detsen und Ralpachen als Inkarnationen Avalokiteśvaras, des Bodhisattvas der Barmherzigkeit, angesehen. Bei den Sakyapas galten bedeutende Lamas als Inkarnationen berühmter Lamas der Vergangenheit, und diese Praxis wurde von anderen Schulen übernommen. Solche Inkarnationen wurden zu Linien, das heißt regelmäßig und unmittelbar aufeinander folgenden Inkarnationsketten, die als Oberhäupter von Schulen und Klöstern die geistliche (und nicht selten auch weltliche) Macht ausübten. Diese politische Bedeutung der Tulkus findet sich erstmals bei den Karmapas in der Kagyüpa-Tradition, als die Nachfolge für den ersten Karmapa durch das Reinkarnationsprinzip geregelt wurde. Um eine Reinkarnation schon im Kindesalter zu finden, machte der sterbende Tulku meist Vorhersagen, hinterlegte einen Abschiedsbrief mit Hinweisen, erschien seinen engsten Schülern in Trancen oder im Traum. Weiterhin werden sodann Suchtrupps ausgesandt, um mögliche Kandidaten rigorosen Prüfungen zu unterziehen. Sie müssen zum Beispiel aus einer Anzahl von ähnlich aussehenden Gegenständen den richtigen wählen, der tatsächlich der vorigen Inkarnation gehört hat. Dieser Test wird mehrfach wiederholt. Außerdem spielt die Intelligenz des betreffenden Knaben eine Rolle. Die anderen Schulen übernahmen dieses Prinzip, und am bekanntesten (und politisch bedeutsamsten) sollten die Reinkarnationen der Dalai Lamas werden. Auf eine genaue Beschreibung kann hier verzichtet werden, denn das Ritual ist aus der Geschichte der Dalai Lamas gut bekannt;[32] es trifft analog (mit geringen Abweichungen) auch für die anderen wichtigen Tulku-Linien zu.

Gelukpa

Die Kadampa-Tradition wurde durch die Reformen des Meisters *Tsongkapa* (Tsong kha pa, 1357-1419) weiterentwickelt und ging schließlich in der von ihm begründeten *Gelukpa*-Schule (*dge lugs pa*, oft »Gelbmützen« genannt) auf. Tsongkapa, der als einer der bedeutendsten buddhistischen Meister Tibets überhaupt gelten kann, gründete im Jahre 1409 das Großkloster Gaden (*dga' ldan*), 1416 folgten Drepung (*'bras spungs*) und 1419 Sera, alle in unmittelbarer Nähe der Hauptstadt Lhasa gelegen. Diese Klöster, die bis zur Annexion Tibets durch die Chinesen insgesamt fast 15.000 Mönche beherbergten, entwickelten sich zu Zentren der buddhistischen Gelehrsamkeit, aber auch der politischen Macht. Dies um so mehr, als die Dalai Lamas aus dieser Schule stammen: Als der Neffe und Schüler Tsongkapas, *Gedün Drup* (dGe-'dun grub, 1391-1475), Oberhaupt der Gelukpas wurde, setzte sich nach seinem Tode das Inkarnationsprinzip der Nachfolge durch. Sein Vorgänger, er selbst und alle seine Nachfolger galten fortan als reinkarnierte Lamas einer Linie. Das dritte Oberhaupt der Gelukpa, *Sönam Gyatso* (bSod-nams rgya-mtsho, 1543-1588), begab sich 1578 an den Hof des mongoli-

32 Dalai Lama, Das Buch der Freiheit. Die Autobiographie des Friedensnobelpreisträgers, Bergisch-Gladbach: Lübbe 1990, 18ff.

schen Herrschers Altan Khan und bekam von diesem den mongolisch-tibetischen Titel *Dalai Lama* (»ozeangleicher spiritueller Meister«) verliehen, den seine beiden Vorgänger posthum ebenfalls erhielten. Der 5. Dalai Lama, Ngawang Losang Gyatso (Ngag-dbang blo-bzang rgya-mtsho, 1617-1682), der »Große Fünfte«, wurde vom mongolischen Herrscher Gushri Khan als höchste geistliche und weltliche Autorität des Landes eingesetzt, regierte vierzig Jahre und etablierte endgültig die weltliche Macht der Dalai Lamas bzw. der Gelukpas in Tibet. Er verlieh seinem Lehrer, dem Abt des Klosters Tashilhünpo (*bkra shis lhun po*), das von Gedün Drub gegründet worden war, den Titel »Panchen Lama« (»großer Gelehrter«). Außerdem ließ er den Potala in Lhasa erbauen, schrieb bedeutende Kommentarwerke und förderte ein medizinisches Versorgungssystem in Tibet. Um einem häufigen Mißverständnis zu begegnen, müssen wir klarstellen: Die Dalai Lamas werden als Inkarnationen Avalokiteśvaras betrachtet, der auch als Schutzpatron Tibets gilt. Für buddhistisches Verständnis ist dieser Bodhisattva *nicht* ein »Gott«, sondern die Verleiblichung der *barmherzigen Bewußtseinskraft* des einen universalen Buddha-Bewußtseins. Der 5. Dalai Lama begründete zwar die politische Herrschaft der Gelukpa in Tibet, betrachtete aber die anderen Schulen – vor allem auch die von manchen Gelukpa- und Kagyüpa-Anhängern verächtlich gemachten Nyingmapas – als gleichberechtigt und versuchte, diese anderen Schulen zu integrieren, indem er die philosophische Einheit des tibetischen Buddhismus betonte. Dies führte zu Kontroversen innerhalb der Gelukpa-Schule, die bis in den inneren Zirkel um den Dalai Lama ausgetragen wurden.[33]

Philosophisch und in der rituellen Praxis war die Entwicklung des tibetischen Buddhismus mit dem 5. Dalai Lama im wesentlichen abgeschlossen, und es gab in den folgenden Jahrhunderten kaum noch nennenswerte Einflüsse aus Indien oder China, die durch Neuübersetzungen oder -interpretationen die geistige Landkarte Tibets verändert haben würden. Die Gelehrsamkeit in den Klöstern bezog

33 Auch der Mord an dem Rivalen des 5. Dalai Lama, Tulku Drakpa Gyaltsen, im Jahr 1567, und die seit dem 19. Jahrhundert schwelende Kontroverse um die »Gottheit« Shugden stehen in diesem Zusammenhang. Vgl. M. v.Brück, Tulku and Deity. History and Phenomenology of the Tibetan Controversy on Shugden (im Druck).

sich auf immer neue Wiederholung und verfeinerte Systematisierung der Überlieferung. Die weitere Entwicklung des tibetischen Buddhismus ist deshalb vorwiegend politisch zu sehen. Wir hatten gesagt, daß bereits im 13./14. Jahrhunderte mehrere mongolische Khane durch die Sakyapas, nun im 16. Jahrhundert auch Altan Khan von den Gelukpas, zum Buddhismus konvertiert worden waren – es war Altan Khan, der 1578 mit Sönam Gyatso zusammengetroffen war und ihm den Titel »Dalai Lama« verliehen hatte. Der »zivilisierende Einfluß« des Buddhismus auf die Mongolen hat nachweislich die Kriegsführung der Mongolen beeinflußt und dazu geführt, daß Blutopfer (weitgehend) abgeschafft wurden. Außerdem nahmen die Mongolen unter dem Einfluß von Gelukpa-Lehrern das Tibetische als Kultsprache an. Im Gegenzug konnten die Gelukpa, gestützt auf die militärische Macht der Mongolen und dank der geschickten Politik des 5. Dalai Lama, im 16. Jahrhundert das alte Modell der Beziehung zwischen der geistlichen Macht der Mönche und der politischen Oberhoheit der Mongolen aus dem 13./14. Jahrhundert wieder aufleben lassen. Damals profitierten hauptächlich die Sakyapa von dieser Allianz, nun aber wurde auf diese Weise die Vormachtstellung der Gelukpa zementiert. Dies führte besonders im 17. und 18. Jahrhundert zu Spannungen mit den Großklöstern anderer Schulen (vor allem der Kagyüpa) – militärische Expeditionen enteigneten die Klöster der jeweiligen Gegner, eroberte Gebiete wurden als Pfründe von der einen auf die andere Schule übertragen usw. Obwohl es in Tibet *im Namen des Buddhismus* nie zu Gewalt kam, haben doch Machtkämpfe zwischen den einflußreichen Großklöstern nicht selten gewaltsame Formen angenommen.

In ihrer geistig-philosophischen Ausrichtung brachte die Gelukpa-Schule[34] ein höchst geschlossenes System von Meditations- und Lebenspraxis hervor, das bis ins Detail in philosophischen Erwägungen begründet wurde. Dabei knüpften die Gelukpa von Anbeginn an alle vorigen Traditionen an, legten aber *besonderes* Schwergewicht auf das intellektuelle Studium der Schriften, bevor

34 Zu den Spezifika der Gelukpa vgl. J. Hopkins (Hrsg.), Tantra in Tibet, Düsseldorf: Diederichs 1980; J. Hopkins, Meditation on Emptiness, London: Wisdom Publ. 1983; Lati Rinpoche/J. Hopkins, Stufen zur Unsterblichkeit, Köln: Diederichs 1983

kontemplatives Nachsinnen oder eine direkte meditative Erfahrung angestrebt werden durften. Demzufolge legen die Gelukpa Wert auf die Schulung in Logik, der Analytik des Prāsaṇgika-Mādhyamika-Systems im Gefolge Nāgārjunas und Candrakirtis, wie auch auf eine systematische klösterliche Schulung überhaupt. Die Anknüpfung erfolgt vor allem an die Kadampa-Tradition, die von Atīśa im 11. Jahrhundert begründet worden war. Ein Text, der sich bei den Gelukpa großer Beliebtheit erfreut, sind die *Acht Strophen über das Geistestraining* von *Langri tangpa* (gLang ri thang pa, 1054-1123).[35] Die Strophen sind nicht nur ein Ausdruck altruistischer Ethik, sondern Niederschlag der Erkenntnis, daß alle Wesen in dem einen Kontinuum des Geistes zutiefst verbunden, ja eins, sind. Im Kreislauf der Geburten sind alle Wesen miteinander verwandt und einander Mütter und Väter gewesen. Deshalb wird die Übung gepflegt, in jedem (auch dem gegenwärtigen Gegner) die eigene Mutter zu erblicken und dieses innere Bild durch Meditation zu stabilisieren. In den Acht Strophen heißt es:

Fest entschlossen, das höchste
Wohl für alle lebenden Wesen zu erlangen,
die großartiger sind als selbst ein wunscherfüllender Edelstein,
möchte ich lernen, sie zutiefst zu lieben.

In der Gemeinschaft mit anderen werde ich lernen,
von mir als dem niedrigsten von allen zu denken
und die anderen achtungsvoll hochzuschätzen
aus der Tiefe meines Herzens.
...
Behandeln mich andere aus Eifersucht schlecht, mit Beschimpfung,
Verleumdung und noch mehr, will ich lernen,
den Verlust zu ertragen
und ihnen den Sieg anzubieten.

35 XIV. Dalai Lama, Logik der Liebe, München: Goldmann 1989, 140ff. Einen guten Überblick über die wesentliche Praxis, vor allem der Gelukpa, gibt: R.Thurman, Essential Tibetan Buddhism, San Francisco: Harper 1995.

Wenn jemand, dem ich mit großer Hoffnung
Wohltaten erwiesen habe,
mich grundlos verletzt, so will ich lernen,
diesen Menschen als vortrefflichen geistigen Führer zu betrachten.

Die bis heute wohl am meisten verbreitete Übungsmethode ist der Stufenweg (*lam rim*) Tsongkapas, der wiederum auf einem Text und Übungssystem Atīśas aufbaut (*lam sgrom*, zu datieren um 1050). Die Ordnung der Praxis als Stufenweg erlaubte es Tsongkapa, verschiedene klassische Traditionen miteinander zu verbinden. Auch hier beginnt der Weg mit einer Zufluchtnahme zu *Buddha*, *dharma* und *saṃgha*. Wichtig ist sodann die Meditation über die Tatsache, daß es ein kostbares und seltenes Geschenk ist, als Mensch wiedergeboren zu sein, man müsse also die Gelegenheit zu intensiver Praxis nützen. Vor allem aber wird *bodhicitta* (tib. *byang chub kyi sems*, »Geist des Erwachens«) entwickelt, nämlich die Motivation, so schnell als möglich selbst zur Befreiung (*nirvāṇa*) zu gelangen, um anderen Lebewesen effektiv auf ihrem Weg zur Befreiung beistehen zu können. Dies geschieht über den Weg zur direkten Erkenntnis der Leerheit mit unterschiedlichen Methoden der analytischen Philosophie (*sūtra*) und der tantrisch-identifikatorischen Visualisations- und Meditationspraxis. Diese Leerheit ist eine reine Negation (*med dgag*) und wird von den Gelukpa – anders als in der Nyingma-Schule – nicht als die eigentlich immer gegebene ursprüngliche Buddha-*Natur* des Geistes verstanden, sondern als *Objekt* eines nichtdualistisch operierenden Bewußtseins, das allmählich von einem begrifflichen Denken zur direkten (völlig bild- und konzeptfreien) Erfahrung der Dinge, wie sie sind, aufgestiegen ist. Das wahrnehmende Bewußtsein bleibt dabei an seine Konditoniertheit, das heißt an seine Impermanenz, gebunden, insofern jede Wahrnehmung und jeder Denkvorgang entstehen und augenblicklich wieder vergehen.

Zusammenfassend wollen wir festhalten: Anders als die Schulen des indischen oder chinesischen Buddhismus unterscheiden sich die Schulen des tibetischen Buddhismus kaum hinsichtlich der Schriften, die sie als verbindlich betrachten (mit einer geringfügigen Differenz bei den Nyingmapa) und ebenso kaum in der Philosophie.

Ihre Unterschiede liegen in der Betonung bestimmter Aspekte der Praxis und in der Geschichte der Reinkarnationslinien sowie der politischen Machtstellung, die einzelne Klöster oder Gruppen von Klöstern in einer äußerst wechselvollen Geschichte erlangten.

11.4 Neuere Geschichte

Innere Machtkämpfe zwischen Adelsfamilien und den Klöstern, die vom Adel patronisiert wurden, schwächten Tibet außenpolitisch. 1720 wurde Lhasa von den Chinesen besetzt. Seitdem regierten die Dalai Lamas mehr oder weniger unter chinesischem Protektorat, was zu der nun beginnenden außenpolitischen Isolierung Tibets beitrug, während sich das Land aber innenpolitisch weitgehend Autonomie bewahren konnte. Nach Widerstand und Aufständen der Tibeter gegen die zeitweilige chinesische Besatzung im Jahre 1751 erkannte der chinesische Kaiser Ch'ien-lung den Dalai Lama als Oberhaupt Tibets an, verlegte aber die faktische Ausübung der politischen Macht auf ein Beratungsgremium (*kashag*), das mehr oder minder effektiv von zwei chinesischen Gesandten (*Ambane*) überwacht wurde.

Im 19. Jahrhundert geriet Tibet wegen seiner geographischen Lage (zwischen der britischen Einflußsphäre im Süden und den russischen Interessen in Zentralasien) ins Fadenkreuz europäischer Expansionspolitik. 1876 kam es zwischen England und Rußland wegen der Sicherung direkter Kontakte mit Tibet zum diplomatischen Konflikt, der mit der Beseitigung von Sonderrechten der einen oder der anderen Macht endete. Tibet versuchte, nicht zwischen die Fronten zu geraten, und wies 1904 den Versuch von Lord Curzon ab, eine britische Handelsmission in Lhasa einzurichten. Als daraufhin das britische Militär unter General Younghusband gewaltsam nach Lhasa vordrang, floh der *13. Dalai Lama, Thübten Gyatso,* (Thub-bstan rgya-mtsho, 1876-1933) in die Mongolei und kehrte erst 1909 nach Lhasa zurück. Der britische Einfluß schwand (Abkommen von Petersburg 1907), wodurch sich China im Jahre 1910 ermutigt fühlte, in Tibet zu intervenieren. Der13. Dalai Lama floh erneut, diesmal in die Hände der Engländer nach

Indien. Als 1911/12 in China die bürgerliche Revolution unter *Sun Yat-Sen* siegte, floh der letzte Manchu-Kaiser, und China wurde Republik. Tibet und die Mongolei erlangten ihre Selbständigkeit zurück. Ab 1912 regierte der Dalai Lama in voller Souveränität ohne jede chinesische Einmischung. Die Simla-Konferenz von 1913/14 mit britischen, tibetischen und chinesischen Zeichnungsbevollmächtigten schrieb Tibet den Status eines unabhängigen Staates zu, das Abkommen wurde aber von der chinesischen Delegation nicht unterschrieben.[36] Der 13. Dalai Lama war ein weitsichtiger Politiker und versuchte, die tibetische Gesellschaft – gegen den Widerstand einflußreicher Kreise des Adels und der Klöster – vorsichtig zu demokratisieren und mit westlicher Bildung vertraut zu machen. Kurz vor seinem Tode im Jahr 1933 sah der Dalai Lama angesichts der Machtübernahme der Kommunisten in der Mongolei und der Unterdrückung des Buddhismus ein ähnliches Schicksal für Tibet voraus. Am 6. Juli 1935 wurde der 14. Dalai Lama, *Tenzin Gyatso* (bsTan-'dzin rgya-mtsho), in Takster (Provinz Amdo) geboren.

Ende 1949, unmittelbar nach der kommunistischen Machtübernahme in China, näherten sich bereits chinesische Truppen dem östlichen Teil Tibets. Neujahr 1950 kündigt Radio Peking die »friedliche Befreiung« Tibets an. Am 7. Oktober desselben Jahres brach die Invasion los. Dem erst fünfzehnjährigen Dalai Lama wurde unter dem Druck der Ereignisse am 17. November 1950 die volle Staatsgewalt übertragen. Im September 1951 marschierte die »Volksbefreiungsarmee« in Lhasa ein. Als der Dalai Lama 1954 nach Peking reiste, um mit Mao Tse-tung ein Abkommen für Tibet auszuhandeln, gab es zunächst Hoffnung für die kulturelle und religiöse Autonomie Tibets. Doch China entwickelte in Tibet eine beispiellose Unterdrückungspolitik. Die Repressionen (Enteignungen, Zwangslaiisierung von Nonnen und Mönchen, Folter, Morde) nahmen so große Ausmaße an, daß es am 10. März 1959 zum Aufstand in Lhasa und ganz Tibet kam. Der Dalai Lama und mit ihm ca. 80.000 Tibeter flohen ins indische Exil. In Tibet wurden die meisten noch beste-

36 M.C. Goldstein, A History of Modern Tibet, 1913-1951, Berkeley: Univ. of California Press 1989

henden Klöster zerstört. Unzählige Mönche, Nonnen und Laien verloren in chinesischen Arbeitslagern ihr Leben. Während der »Kulturrevolution« in China (1966-1976) wurden erneut Zehntausende Tibeter ermordet. Seither ist die tibetisch-buddhistische Kultur in Tibet fast vollständig zerstört, und die religiösen Institutionen sind nahezu ausgelöscht worden. Hoffnungen auf eine Liberalisierung der chinesischen Tibet-Politik in den 80er Jahren haben sich nicht erfüllt. Beijing weist alle Gesprächs- und Kompromißangebote des Dalai Lama und der tibetischen Exilregierung beharrlich zurück. Stattdessen werden immer mehr Chinesen in Tibet angesiedelt, während tibetische Frauen zu Tausenden zwangssterilisiert werden. Das tibetische Volk ist vom kulturellen und physischen Genozid bedroht.

Der 14. Dalai Lama, der für den gewaltfreien Befreiungskampf des tibetischen Volkes und für sein weltweites Engagement um interreligiöse Verständigung 1989 den Friedensnobelpreis erhielt, lebt mit etwa hunderttausend Tibetern im indischen Exil, während in Europa, Nordamerika und Australien neu gegründete tibetische Zentren und Klöster eine ständig wachsende Anziehungskraft ausüben.

12. Buddhismus im Westen

Der Buddhismus übte im 19. Jahrhundert auf Intellektuelle in Europa (Schopenhauer, Nietzsche, Wagner, Rhys Davids) und Amerika (die Transzendentalisten, Ralph Waldo Emerson und Henry David Thoreau) eine erhebliche Anziehungskraft aus – als Alternative zu einer christlichen Religion und bürgerlichen Gesellschaft, derer man überdrüssig geworden war. Eugène Burnoufs Pāli-Grammatik, die bereits 1826 in Paris erschien, und seine Übersetzung des Lotos-Sūtra von 1844 waren Anfänge einer Erschließung der Texte, die mit der Gründung der Pāli Text Society 1881 in London durch Thomas Rhys Davids (1843-1922) und seine Frau Caroline wirklich in Gang kam. Sowohl die naive Begeisterung für »den Osten« (man denke an Blavatskys Theosophische Gesellschaft) als auch das Überlegenheitsgefühl Europas und Amerikas haben in dieser Zeit das Verstehen der buddhistischen Kulturen Asiens geprägt und erschwert. Der Zusammenbruch der bürgerlichen Werte im Ersten Weltkrieg führte westliche Intellektuelle ins geistige Exil nach Asien, wohin sie ihre Hoffnungen projizierten, so zum Beispiel Hermann Hesse (*Siddharta*, 1922) und Carl Gustav Jung. Jung meinte, in Indien eine archetypische Ganzheitlichkeit zu finden, die der Westen mit seinem einseitigen Rationalismus und Individualismus verloren hätte – die gravierenden Unterschiede zwischen dem Buddhismus und anderen indischen Traditionen wurden allerdings vernachlässigt. [1]

Diese Voreingenommenheit spiegelt sich auch in der europäischen Buddhismus-Forschung wider. Einer der ersten »Feldforscher« war der Ungar Csoma de Körös (1784-1842), der in Göttingen studiert hatte. 1819 reiste er nach Asien, um bei den Mongolen den Ursprung des ungarischen Volkes zu suchen. 1823/24 lebte er in einem tibetischen Kloster, um die Sprache zu erlernen, tibetisch-buddhistische Schriften zu studieren und schließlich 1834 eine Grammatik und ein Wörterbuch des Tibetischen zu veröffentlichen. Er

1 W. Halbfass, Indien und Europa, Basel-Stuttgart: Schwabe 1981

war ein Pionier, der deshalb in Japan als erster westlicher Bodhisattva verehrt werden konnte.[2] Auch der britische protestantische Missionar L.A. Waddell schrieb 1895 sein viel gelesenes Buch *The Buddhism of Tibet or Lamaism*, in dem er aber den tibetischen Ritualismus und die Ikonographie als Degeneration des Buddhismus bezeichnete, zumal er die Praxis der Tibeter – bewußt oder unbewußt – am Maßstab protestantischer Frömmigkeit maß. Französische Gelehrte studierten sowohl die Abhidhamma-Literatur in Pāli (Louis de La Vallée Poussin [1869-1938]) wie auch Mahāyāna-Texte des Yogācāra (Sylvain Lévi [1863-1935]). Während sich die *deutsche Forschung* im wesentlichen auf die Texte des Pāli-Buddhismus konzentrierte, sie rationalistisch interpretierte[3] und diesen Rationalismus einer als irrational empfundenen christlichen Theologie gegenüberstellte, waren die Forscher der *belgisch-französischen Schule* (Étienne Lamotte, 1903-1983, u.a.) meist Katholiken, die weltanschaulich neutral blieben. Die *Leningrader Schule* (Hermann Oldenberg [1854-1920], Theodor Stcherbatsky [1866-1942] und sein Schüler Eugène Obermiller [1901-1935]) war eines der wichtigsten Zentren europäischer Buddhismusforschung, da Oldenberg 1897 die Serie *Bibliotheca Buddhica* begründete. Aufgrund des marxistischen Interesses am »buddhistischen Materialismus« konnte die Arbeit auch nach 1917 fortgesetzt werden. Stcherbatsky konzentrierte sich auf die Dialektik und Logik der Buddhisten und klammerte die mystischen, trans-rationalen und magisch-okkulten Elemente aus. In den 30er Jahren freilich ließ Stalin auch den Buddhismus verfolgen: Stcherbatskys und Obermillers akademische Arbeit in Leningrad kam fast gänzlich zum Erliegen, dem lebendigen Buddhismus der mongolischen Burjaten und der Kalmücken wurde durch Deportationen und Verhaftungen das Wasser abgegraben. Edward Conze (1904-1979) in England erforschte das Mahāyāna als eigenständige authentische Tradition und erzielte damit einen Durchbruch in der *anglo-amerikanischen Diskussion*. Conze und der einflußreiche Vermittler des Zen-Buddhismus an den Westen, Suzuki

2 R. Fields, How the Swans Came to the Lake. A Narrative History of Buddhism in America, Boulder: Shambhala 1981, 285

3 Mit Ausnahme von Friedrich Heiler (1892-1967) und Rudolf Otto (1869-1937).

Daisetsu (1870-1966), verteidigten das »Mystische« und die transrationale Dimension im Mahāyāna-Buddhismus. Diese Tendenz beeinflußte die neuere Buddhologie in den Vereinigten Staaten, die heute von Gelehrten geprägt wird, die oft selbst zum Buddhismus konvertierten: Richard Robinson, Jeffrey Hopkins, Robert Thurman, Luis Gomez, Francis Cook, Rita Gross u.a. Diese Entwicklung in den USA bedeutet, daß das Studium der Texte nicht mehr allein nach westlichen akademischen Maßgaben des 19. Jahrhunderts erfolgt, sondern Traditionsbildungen nach Vorbild der asiatischen, vor allem der tibetischen Schulen, an amerikanischen Universitäten Einzug halten.

Bedingt durch die Unterschiede im religiösen Hintergrund der einzelnen Länder des Westens und durch politische Umstände (England als Kolonialmacht in Südasien, Amerika als aufkommende pazifische Macht im 20. Jahrhundert mit zahlreichen Immigranten aus China und Japan seit Ende des 19. Jahrhunderts) vollzog sich die Entwicklung des Buddhismus im Westen jeweils unterschiedlich. Gemeinsam ist allen Ländern, daß ein zunächst intellektuell-akademisches Interesse am Buddhismus abgelöst wurde von einer existentiell-meditativen Suche nach neuen Lebensformen, die durch die lebendige Begegnung mit japanischen Zen-Meistern und tibetischen Lamas unterstützt wurde. Nicht zu unterschätzen ist die Auswirkung der »Pilgerschaft« zehntausender Jugendlicher in den 60er Jahren nach Süd- und Südostasien, wo man auf dem »spirituellen Trip« – teils mit, teils ohne Drogenerfahrungen – Bewußtseinserweiterung und die Begegnung mit »Meistern« suchte. Nicht wenige von ihnen kehrten als sprachkundige Gelehrte zurück, die in Amerika Lehrstühle für »Buddhist Studies« besetzten, andere gründeten buddhistische Zentren, die sich mit Hingabe dem Studium der Schriften sowie der buddhistischen Meditation und der Einbürgerung des Buddhismus in den europäischen bzw. amerikanischen (auch australischen) Kulturraum widmen. Als Beispiel seien nur einige markante Entwicklungen des Buddhismus in den Vereinigten Staaten von Amerika und in Deutschland angeführt. [4]

4 Ausführlicher dazu: M.v. Brück/W. Lai, Buddhismus und Christentum, München: C.H. Beck 1997.

12.1 Buddhismus in den Vereinigten Staaten von Amerika

Seit Mitte des 19. Jahrhunderts erlebte Amerika eine beispiellose wirtschaftliche Expansion. Der kalifornische Goldrausch brachte eine rasante Industrialisierung der Westküste und die Öffnung Amerikas in den pazifischen Raum (besonders nach Japan) mit sich. Unter amerikanischen Intellektuellen kam es zu Reaktionen gegen Urbanisierung und Industrialisierung in Gestalt einer Natur-Romantik, die das Ideal eines nicht-zivilisierten Lebensstils pries. In diesem Zusammenhang kamen die ursprünglich amerikanischen Kulturen, aber auch die Religionen Asiens in den Blick. Der Dichter Ralph Waldo Emerson (1803-1882) und Henry David Thoreau (1817-1862) sind herausragende Gestalten dieser sogenannten New England-Transzendentalisten. Sie lernten hinduistische, buddhistische und taoistische Texte in Übersetzung kennen[5] und waren auch inspiriert von der deutschen Romantik.

Im allgemeinen aber wußte man in Amerika Mitte des 19. Jahrhunderts wenig vom Buddhismus. Selbst Emerson hielt noch 1845 die Bhagavadgītā für ein »sehr bekanntes Buch des Buddhismus«.[6] Thoreau hatte zwar Passagen aus Eugène Burnoufs (1801-1852) französischer Übersetzung des Lotos-Sūtra ins Englische übertragen, aber erst um 1860 rückte der Buddhismus stärker ins Blickfeld der Öffentlichkeit. Man interpretierte das buddhistische *nirvāṇa* als absolute Negation und wandte sich mit Schaudern von dieser »passiven und weltverneinenden Lebensphilosophie« ab.[7] Andere Interpreten sahen den Buddha als Moralisten und sozialen Reformer des korrupten Kastensystems in Indien an und zollten ihm dafür höchstes Lob:[8] Sie unterschieden beim Buddha eine negative Philosophie und eine bewundernswürdige Moral, ja der Buddhismus wurde zum »Protestantismus Indiens« erklärt.

5 Vgl. H. Welsh, Taoism: The Parting of the Way, Boston: Beacon 1957

6 Th. A. Tweed, The Seeming Anomaly of Buddhist Negation: American Encounters with Buddhist Distinctiveness 1858-1877, in: Harvard Theological Review 83,1, 1990, 66

7 Tweed, a.a.O., 68

8 Tweed, a.a.O., 71 u. 81

Das Bild ändert sich um 1870. Der Sozialreformer und Freireligiöse Thomas W. Higginson pries 1872 in einer Rede den Buddha für seine Toleranz. Er war berührt von der »Schönheit und tiefen Einsicht« des klassischen buddhistischen *Dhammapada*, das er in der Übersetzung Max Müllers kennengelernt hatte.[9] Das *nirvāṇa* wurde nun als ein Zustand der Seligkeit interpretiert.[10] Ein Buch aber war es, das besondere Aufmerksamkeit erregte und in seiner Zeit acht Auflagen (mit fast 1 Million verkauften Exemplaren in Amerika) erlebte, für die damalige Zeit eine Sensation sondergleichen: Sir Edwin Arnolds *The Light of Asia* von 1878. Der Erfolg hatte gewiß mit der positiven Interpretation des *nirvāṇa* zu tun, wohl aber auch damit, daß »es Arnold gelang, die Geschichte des Buddha so nachzuerzählen, daß sie victorianischem Geschmack entsprach«.[11]

Dies ist der Hintergrund für *das* Ereignis, das dem Buddhismus in Amerika zum Durchbruch verhalf: das »Weltparlament der Religionen« von 1893 in Chicago, das anläßlich der Weltausstellung zum Kolumbus-Jubiläum (1493 »Entdeckung« Amerikas) zusammentrat.[12] Die Buddhisten waren zahlreich vertreten, und ihre Hauptsprecher waren zwei herausragende – und ganz gegensätzliche – Persönlichkeiten: der Zen-Meister Shaku Sōen (1859-1919) aus Japan und der Laie Anagarika Dharmapala (1864-1933) aus Ceylon. Außerdem war auch ein Vertreter des Reinen-Land-Buddhismus zugegen. Das Parlament fand in der Presse Chicagos große Aufmerksamkeit, knüpfte andauernde Verbindungen zwischen Intellektuellen in ganz Amerika und löste eine religiöse Diskussion aus, die ganz Nordamerika erfaßte. Dharmapala, Shaku Sōen und andere reisten im Anschluß an das Parlament durch die USA, initiierten Amerikaner in den Buddhismus und gründeten erste buddhistische Gemeinschaften.[13] E.G.

9 Tweed, a.a.O., 87

10 Tweed, a.a.O., 89

11 R. Fields, How the Swans Came to the Lake, a.a.O., 68

12 J.H. Barrows, Words of Welcome, in: R.H. Seager (Ed.), The Dawn of Religious Pluralism. Voices from the World's Parliament of Religions 1893, LaSalle, Ill.: Open Court 1993, 23ff.

13 Ch. S. Prebish, American Buddhism, North Scituate, Mass.: Duxbury Press 1979; R. Fields, How the Swans Came to the Lake. A Narrative History of Buddhism in America, Boulder: Shambhala 1981. Th. A. Tweed, The American Encounter with Buddhism, 1844-1912: Victorian Culture and the Limits of Dissent, Bloomington: Indiana Univ. Press 1992. Zur Geschichte des Zen in den USA: Samu Sunim, A Brief

Hegeler, ein wichtiger Verleger, lud Suzuki Daisetsu (1870-1966) ein, der jahrelang Vorlesungsreisen unternahm und den Zen-Buddhismus in Amerika populär machte.

Shaku Sōen, der dem Geist der Meiji-Zeit entsprechend (Japan nach 1868) und als Reaktion auf die Modernisierung Japans den Buddhismus bereits lange vor Suzuki als *universalen* Glauben interpretiert hatte, war 1905-1906 erneut nach Amerika eingeladen worden, und zwar zunächst nach San Francisco, wo er im Anschluß an das Weltparlament 1893 die ersten Zen-Gemeinschaften Amerikas gegründet hatte, die inzwischen gewachsen waren. Ihm folgten drei seiner japanischen Schüler nach Amerika, um den Zen-Buddhismus an der Westküste weiter zu festigen. Neben Suzuki waren dies Senzaki Nyōgen (1876-1958), dessen Schüler Robert Aitken (geb. 1917), der den Diamond Sangha in Hawaii gründete, und Shaku Shokatsu, dessen Schüler Sasaki Sōkei-an (1882-1945) war. Sasakis amerikanische Frau, Ruth Fuller-Sasaki, nahm großen Einfluß auf die Entwicklung des amerikanischen Buddhismus. Ihr Haus in Japan wurde nach dem Krieg zum Treffpunkt der großen Wissenschaftler-Generation, die den Zen-Buddhismus erforschte – so unter anderen Yanagida Seizan, Heinrich Dumoulin, Philip Yampolsky. Diese Gelehrten prägten jahrzehntelang und noch heute die akademischen Zen-Studien in Amerika.

Der Buddhismus in Amerika ist aus wenigstens drei Gründen einer spürbaren »Amerikanisierung« ausgesetzt:

1. wegen der Verbindung zu den Protestbewegungen der 60er Jahre,
2. wegen der Entwicklung an den Universitäten und
3. wegen der verstärkten Einwanderung von Buddhisten aus Asien.

1. Im Zusammenhang der Protestbewegung in den 60er Jahren war Alan Watts (1915-1973) ein wichtiger Vermittler des Buddhismus, der Suzukis Philosophie popularisierte und als alternativen Lebensstil pries. Watts war Engländer und lebte zunächst in New

History of Zen Buddhism in North America, in: Zen Buddhism in North America, Toronto: The Zen Lotus Society 1986. Zum intellektuellen Einfluß des Buddhismus in Amerika: K.K. Inada/N.P. Jacobson (Eds.), Buddhism and American Thinkers, Albany: SUNY 1984, und Ch.H. Libby/P.W. Williams (Eds.), The Encyclopaedia of American Religious Experience, New York 1988

York, um dann als Studentenpfarrer an einem College im Mittleren Westen zu arbeiten, wo er das Zen in seine Arbeit einbeziehen wollte. Das trug ihm die Mißbilligung seiner Vorgesetzten ein, woraufhin er seinen kirchlichen Dienst quittierte und schließlich nach San Francisco kam. In Radiosendungen propagierte er die Weisheit des Zen. Die »Beat-Generation« des Protestes gegen den amerikanischen Wohlstandstraum in den 60er Jahren nahm diese Inspiration auf, allen voran die Dichter Allen Ginsberg (geb. 1926), Jack Kerouac (1922-1969) und Gary Snyder (geb. 1930). Snyder ging selbst nach Japan, um Zen zu studieren, und viele Jugendliche eiferten ihm nach. Diese Dichter repräsentierten eine intellektuelle Bewegung, welche die ästhetische Inspiration im Alltäglichen und Allerweltlichsten suchte, so wie es das Zen lehrt. Die »Beat-Zen«-Generation protestierte gegen die materialistische Kultur, die spießige Konformität der Mittelklassen und die puritanische Arbeitsethik, ohne politisch wirksam zu sein. Erst die 60er Jahre erzeugten im Zusammenhang mit dem Protest gegen den Vietnamkrieg eine neue sozio-politische Dynamik – die Gegenkultur wurde zu einer politischen Gegenbewegung. Die buddhistischen Werte (oder das, was man dafür hielt) erschienen vielen als Alternative. Dies hatte jedoch mit den ursprünglichen Sozialisationsformen des Zen in Asien nichts zu tun, und dementsprechend wandelte sich das Zen.

2. Die Amerikanisierung des Zen wurde auch durch die Entwicklung an den Universitäten gefördert. Vor allem aufgrund der kritischen Erforschung der Geschichte und Quellen des Zen durch Yanagida Seizan (in Japan), Heinrich Dumoulin und Philip Yampolsky wurde Zen in den USA zum akademischen Forschungsgegenstand, was es in Japan so nie war. Zur Initialzündung der Zen-Studien in Amerika wurde die akademische Auseinandersetzung zwischen dem chinesischen Philologen Hu Shih und Suzuki Daisetsu in einem der frühen Hefte der Zeitschrift *Philosophy East and West*:[14] Hu Shih behauptete, daß objektive historische Studien sowie Text-Philologie die Wahrheit der Texte hinter den Fakten erschließen könnten; Suzuki bezweifelte, daß man den tieferen

[14] Philosophy East and West, Vol. 3, Honolulu Univ. Press 1953

Sinn eines religiösen Textes nur durch textkritische Methoden und ohne innere Sympathie mit dem Inhalt der Texte verstehen könnte. Das erste umfassende Buddhismus-Programm, das sich auf alle Originalsprachen stützt, wurde 1981 an der Universität von Wisconsin in Madison mit Schwergewicht auf dem Mahāyāna-Buddhismus aufgebaut. Inzwischen haben alle großen (und viele kleinere) amerikanischen Universitäten »Buddhist Studies« eingerichtet, und Hunderte von Gelehrten (von denen nicht wenige Buddhisten geworden sind) arbeiten an Textausgaben, historischen Rekonstruktionen, Vergleichen usw. Dabei spielen auch tibetische Gelehrte und tibetische Lehrmethoden eine erhebliche Rolle: Spirituelle Lehrer (Lamas) arbeiten an Universitäten und leiten neben ihrer akademischen Arbeit spirituelle Zentren, die Ausstrahlungskraft weit über den akademischen Raum hinaus haben.

3. Liberalisierte Einwanderungsgesetze nach dem Zweiten Weltkrieg hatten einen Zustrom von Immigranten aus Asien zur Folge. Chinesische und japanische (später auch südostasiatische und koreanische) Einwanderer an der Westküste und auf Hawaii verpflanzten ihre buddhistischen Tempel-Traditionen nach Amerika – als Ort der sozialen Gemeinschaftsbildung und der Identitätspflege (allein in Honolulu gibt es mehr als 50 »ethnisch«-buddhistische Zentren). Durch den Vietnamkrieg (1959-1975) kam Amerika mit dem vietnamesischen Buddhismus in Kontakt. Zu nennen ist hier insbesondere Thich Nhat Hanh (geb. 1926), der vietnamesische Zen-Mönch und Friedensdichter, der viele Jahre in den USA gewirkt hat. Die vietnamesischen Einwanderer werden in der Regel von Mönchen aus ihrer Heimat religiös betreut, und die meisten von ihnen halten sich an ihre heimische buddhistische Volksreligion.

Heute ist folglich das Bild des Buddhismus außerordentlich vielschichtig: Alle auf Shaku Sōen zurückgehenden Zen-Zentren sind der japanischen Rinzai-Schule des Zen verpflichtet. Das Sōtō-Zen (teilweise kombiniert mit Rinzai) kam erst nach dem Zweiten Weltkrieg nach Amerika, und zwar durch drei Studenten des berühmten Zen-Meisters Harada Sōgaku (1870-1961): Maezumi Taizan (geb. 1931), Yasutani Hakuun (1885-1973) und Philip Kapleau (geb.

1912). Die reine Sōtō-Tradition wurde in Amerika durch Suzuki Shunryu (1904-1971) erneuert, der im Jahr 1959 in San Francisco eintraf und die bereits 1934 von Hosen Isobe gegründete Sokoji-Zen-Gemeinschaft als Zen-Meister übernahm (die meisten japanischen Mitglieder waren während des Krieges interniert und zerstreut worden). [15] Eine neue Form der Zen-Tradition hielt Einzug am Mt. Shasta in Kalifornien mit der Äbtissin Jiyu Kennett Roshi (geb. 1924), die vorher Organistin in der Anglikanischen Kirche gewesen war. Das Rinzai-Zen erblühte unter der Leitung von Sasaki Jōshu (geb. 1907) am Mt. Baldy in Kalifornien. Alle diese japanischen Zen-Linien haben nach dem Zweiten Weltkrieg und vor allem seit den 80er Jahren zahlreiche Zentren in ganz Nordamerika gegründet und seither auch amerikanische Zen-Meister ausgebildet. Die Zahl der Zentren und Sub-Zentren in den USA ist kaum übersehbar (gegenwärtig werden über 300 größere institutionalisierte Zen-Zentren aufgelistet), zumal neben diesen japanischen Linien viele koreanische existieren. [16]

Der Tibetische Buddhismus ist neben dem Zen die zweite große buddhistische Tradition, die sich in Amerika institutionalisieren und über das ganze Land verbreiten konnte. Geshe Wangyal, ein kalmückischer Mongole der Geluk-Schule, kam bereits 1955 nach New Jersey. Er gründete mit Unterstützung des 14. Dalai Lama das erste tibetisch-buddhistische Kloster in Amerika, das auch für Amerikaner offenstand, das »Lamaist Buddhist Monastery of America«. Robert Thurman (der erste vom Dalai Lama ordinierte Amerikaner) und Jeffrey Hopkins studierten hier. Beide wurden zu bahnbrechenden Übersetzern und bedeutenden Tibetologen in Amerika. Als der Dalai Lama 1959 vor den chinesischen Invasionstruppen ins indische Exil floh, folgten ihm viele buddhistische Meister, wovon einige nach Amerika gingen. [17] Einer von ihnen war Chögyam Trungpa Rinpoche aus der Karma-Kagyü-Schule, der 1963 zunächst nach England reiste und gemeinsam mit Akong Rinpoche das Kloster Samye-Ling in Schottland aufbaute, im Jahr 1970 aber nach Amerika kam,

15 Fields, a.a.O., 226

16 Vgl. D. Morreale (Ed.), Buddhist America. Centres, Retreats, Practices, Santa Fe: John Muir Publ. 1988.

17 Die folgenden Angaben entnehme ich Fields, a.a.O., 304 ff.

um schließlich 1974 das Naropa-Institut in Boulder, Colorado, zu gründen. Durch diese staatlich anerkannte Hochschule, die neben Buddhismusstudien (aller Traditionen) auch Graduiertenkurse in verschiedenen Künsten anbietet, sowie durch zahlreiche Publikationen konnte Chögyam Trungpa einen großen Schülerkreis aufbauen. 1973 entstand unter Chögyam Trungpas Leitung Vajradhatu, ein Netzwerk, das alle buddhistischen Karma-Kagyü-Zentren in Amerika koordiniert und anleitet. Auch die Nyingmapa konnten mit Tarthang Tulku in Amerika Fuß fassen. Er gründete nach 1969 Meditationsgruppen in Berkeley und San Francisco, und 1973 wurde das Nyingma-Institut in Berkeley eröffnet, das mit seinen Kursen tibetische Meditation für westliche psychotherapeutische Praxis fruchtbar machen will. Dies sind nur einige Namen und Gründungen. Inzwischen gehen die Gruppen und Zentren, die von tibetischen Lamas aller Schulrichtungen initiiert wurden und geleitet werden, in die Hunderte.

Auch der Theravāda-Buddhismus ist in Amerika vertreten, wenngleich längst nicht so stark wie Zen und Tibetischer Buddhismus. Das bekannteste Zentrum für Vipassana-Meditation ist das 1976 gegründete Insight Meditation Centre in Barre, Massachussetts. Dort lehren Joseph Goldstein und Jack Kornfield. Goldstein ist Schüler von Anagarika Munindra, der in der burmesischen Tradition erzogen wurde, während Kornfield in Thailand bei Achaan Cha studiert hat.

Von noch nicht abzusehender Bedeutung, weil stark im Wachstum begriffen, sind Japans buddhistische Laienbewegungen wie z.B. die Sōka Gakkai und Risshō-Kōseikai. Sie sind in den USA gut organisiert und waren zunächst auf Amerikaner mit japanischer Abstammung beschränkt, missionieren aber inzwischen erfolgreich auch unter anderen Bevölkerungsschichten. Sōka Gakkai verfügt über einen Tempel und eine Rundfunkstation in Los Angeles und konnte viele Afro-Amerikaner aus Südkalifornien für sich gewinnen.

Der Buddhismus in den Vereinigten Staaten setzt sich aus zwei sehr unterschiedlichen Gruppen zusammen:

- den ethnischen Buddhisten, die Einwanderer aus Asien sind und nach wie vor meist unter sich bleiben,

- den zum Buddhismus konvertierten ehemals christlichen Amerikanern, die eine amerikanisch-buddhistische Identität suchen und dabei den Buddhismus von seinen asiatischen kulturellen Wurzeln trennen wollen.

Unter den Konvertiten findet über das Problem der amerikanisch-buddhistischen Identität ein lebhafter Meinungsstreit statt. Ein wichtiger Faktor in diesem Streit ist die buddhistische feministische Bewegung. Sie entwickelt eine bemerkenswerte geistige Unabhängigkeit gegenüber buddhistischen (männlich dominierten) Institutionen. Viele amerikanische Buddhistinnen und Buddhisten waren und sind nicht willens, die traditionelle patriarchale Struktur des buddhistischen *saṃgha* zu akzeptieren. Dies bedeutet auch eine Demokratisierung der hierarchischen Strukturen überhaupt und eine Integration der Laien.[18] Erstmals in der Geschichte des Buddhismus nehmen Frauen in großer Zahl Führungspositionen im *saṃgha* ein.

Freilich wirft die Amerikanisierung des Buddhismus und die Sprachlosigkeit zwischen buddhistischen weißen Amerikanern und ethnisch-buddhistischen Einwanderern aus Asien einige grundsätzliche Probleme auf: Handelt es sich um eine »Amerikanisierung des Buddhismus« oder nicht viel eher um eine »Orientalisierung des Westernismus«, wobei amerikanische Wertemuster, Persönlichkeits- und Sozialvorstellungen mit einer buddhistisch klingenden Terminologie übertüncht und therapeutisch aufbereitet werden, so daß gerade eine Veränderung der Beziehung von Individuum und Gesellschaft verhindert wird?[19] Die »westliche unabhängige egozentrierte Persönlichkeit« stehe einem »östlichen korporativen Selbst« diametral gegenüber, und daran ändere sich auch in den buddhistischen *dharma*-Gruppen nichts. Das Problem werde durch die Rassenthematik noch verschärft: Afro-Amerikaner seien bezeichnenderweise kaum im neuen amerikanischen Buddhismus zu finden, und wenn doch, so in den Reihen des Nichiren-Buddhismus (Sōka Gakkai), den viele am Zen und Tibetischen

18 J. Kornfield, Is Buddhism Changing in North America?, in: D. Morreale (Ed.), Buddhist America, a.a.O., XI-XXVIII

19 Victor Sogen Hori, sweet-and-sour buddhism, in: trycycle. The Buddhist Review, Fall 1994, 52

Buddhismus orientierte Amerikaner als »nicht-ganz-buddhistisch« mit hochmütiger Skepsis ablehnen.[20]

Das Resultat dieser Entwicklungen ist ein puzzleartiges Netz von buddhistischen Zentren unterschiedlichster Traditionen, mit oder ohne Anbindung an traditionelle asiatisch-buddhistische Linien, das ganz Nordamerika überzieht, und neben diesem Netz existieren die asiatisch-buddhistischen Tempel der chinesischen, koreanischen, japanischen und vietnamesischen Einwanderer, für die ihre buddhistische Identität eine soziale Angelegenheit ist. Neben Akademikern, die sich intensiv mit Texten und der Geschichte des Buddhismus befassen, gibt es Menschen, die in der Zurückgezogenheit der Berge in kleinen buddhistischen Gemeinschaften ein alternatives Leben führen. Buddhistische Gruppen haben Land erworben und betätigen sich als Farmer. Und in allen größeren Städten sind buddhistische Zentren entstanden, in denen sich Konvertiten oder Außenseiter, die offiziell (noch) Christen sind, für Stunden, Tage oder Wochen in die Meditation zurückziehen.

12.2 Buddhismus in Deutschland

Eine knappe Skizze der Entwicklung des Buddhismus in Deutschland,[21] die sich auf wesentliche Tendenzen konzentriert, soll hier genügen. Man kann diese Entwicklung in drei Phasen einteilen:

a) die Auseinandersetzung mit den buddhistischen Quellentexten,
b) die Meditationsbewegung,
c) die Einkleidung des Buddhismus in eine europäische Form.[22]

1. Sowohl das frühe Interesse, buddhistische (Pāli)-Schriften ins Deutsche zu übersetzen, als auch die Begeisterung einiger Intellektueller, in Asien buddhistischen Mönchsorden beizutreten, geht

20 Addie Foye, buddhists in america: a short, biased view, in: trycycle. The Buddhist Review, Fall 1994, 57

21 Dazu vor allem: H. Hecker, Chronik des Buddhismus in Deutschland, Stuttgart: Deutsche Buddhistische Union ^{3}1985; M. Baumann, Buddhisten in Deutschland. Geschichte und Gemeinschaften, Marburg: Diagonal 1993.

22 M. Glashoff, Nachwort zur zweiten Auflage: H. Hecker, Chronik des Buddhismus in Deutschland, a.a.O., 119f.

im wesentlichen auf Arthur Schopenhauer und die Lektüre seiner Schriften zurück.[23] Schopenhauer glaubte, in der radikalen Weltverneinung und der pessimistischen Anthropologie eine Ähnlichkeit von Buddhismus und Christentum erkennen zu können, wobei ihm der Buddhismus die realistischere Antwort auf die Überwindung des Übels zu geben schien. Nietzsche übernahm dieses Urteil, um dann aber im Gegensatz zu Schopenhauer sowohl den Buddhismus als auch das Christentum anzugreifen, weil beide Religionen den Willen zur Selbstbejahung des Menschen unterdrücken würden. Wie auch immer, das Verdikt des Pessimismus und der Weltverneinung blieb am Buddhismus haften und verstellt teilweise bis heute den Blick.[24]

Der Wiener Gelehrte Karl Eugen Neumann (1865-1915) sowie Paul Carus (1852-1919) gelangten durch Schopenhauer in den 1880er Jahren zum Buddhismus. Neumann, der aus jüdischer Tradition stammte, gab 1892 eine erste Anthologie der Reden des Buddha in deutscher Übersetzung heraus. Er erwarb sich durch eine Indien- und Ceylonreise 1894 direkte Kenntnisse des Buddhismus. Kurz zuvor hatte im Jahr 1888 der vom Judentum zum Buddhismus konvertierte Mathematiker und Ingenieur Friedrich Zimmermann (1851-1917) bereits einen »*Buddhistischen Katechismus*« veröffentlicht, der eine breite akademisch gebildete Mittelschicht in Deutschland beeindruckte.[25] 1903 gründete der Arzt Karl Seidenstücker (1876-1936) in Leipzig den »*Buddhistischen Missionsverein in Deutschland*« und hielt von Oktober 1903 bis März 1904 eine öffentliche Vorlesungsreihe über Buddhismus, in der er den Buddhismus als »transzendentalen Idealismus«

23 Hecker, a.a.O., 12 und 17

24 Als Beispiel für diese Haltung sei hier nur Albert Schweitzer genannt, dessen Urteil großen Einfluß auf den deutschen Protestantismus hatte: Er bewundert zwar die reformerische menschliche Leistung des Buddha (Parallele zu Luther!) sowie seine ethisch hochstehende Persönlichkeit, glaubt aber im ursprünglichen Buddhismus nur Weltverneinung erkennen zu können, weshalb spätere Entwicklungen im japanischen Mahāyāna (bes. bei Shinran) prinzipielle Umdeutungen seien, weil man den Atheismus und Pessimismus des Buddha nicht mehr habe ertragen können. Vgl. A. Schweitzer, Die Weltanschauung der indischen Denker. Mystik und Ethik (1935), zit. nach der Ausgabe: Ausgewählte Werke in fünf Bänden, Berlin: Union 1971, Bd. 2, 508ff.

25 M. Baumann, Buddhismusrezeption in Deutschland – Kontinuität und Wandel, in: Buddhistische Monatsblätter 37,2, 1991, 55ff.

vorstellte und gegen das Mißverständnis als »Nihilismus« durch christliche Kritiker verteidigte. Der Name des Vereins war Programm, das nicht unumstritten blieb, denn es gab zahlreiche Buddhisten, die gerade nicht mit christlichen »Missionsstrategien« in Verbindung gebracht werden wollten. So erfolgte 1906 eine Umbenennung in »*Buddhistische Gesellschaft für Deutschland*«. 1905 gab man die erste Zeitschrift heraus, die ihren Namen häufig wechselte (»Der Buddhist«, »Buddhistische Warte«, »Mahabodhiblätter«).[26] Der Verein löste sich 1911 auf. Im gleichen Jahr konnte allerdings Seidenstücker seine Anthologie mit Texten aus der Kürzeren Sammlung der Lehrreden des Buddha unter dem Titel »Pali-Buddhismus in Übersetzungen« herausgeben, deren zweite Auflage (1923) weite Verbreitung fand. 1909 war die *Deutsche Pali-Gesellschaft* von dem Berliner Arzt Paul Dahlke (1865-1928), Seidenstücker, Markgraf und anderen gegründet worden. Bald kam es zu erheblichen Spannungen zwischen einer monastischen und Theravāda-orientierten Strömung (Markgraf) und einem auf Mahāyāna-Idealen aufbauenden Buddhismus für Laien (Seidenstücker). Daran zerbrach die Gesellschaft 1913.[27] 1921 gründeten der Jurist Georg Grimm (1868-1945) und Karl Seidenstücker in München die »Buddhistische Gemeinde für Deutschland«. Grimms Hauptwerk »*Die Lehre des Buddha, die Religion der Vernunft*« (1915) erschien in vielen Auflagen. Grimms Verständnis des Buddhismus vertiefte sich im Laufe der Jahre, und so kam er zu einem »religiös-gemütsmäßigen« Erfassen des Buddhismus,[28] weshalb er der 15. Auflage seines Buches von 1957 den Untertitel »*Die Religion der Vernunft und der Meditation*« gab – die Betonung der *Meditation* entsprach dem Zeitgeist. Demgegenüber vertrat Paul Dahlke weiterhin die empirisch-rationalistische Richtung innerhalb des deutschen Buddhismus, und zwischen beiden Tenden-

26 Hecker, a.a.O., 41. Eine Bibliographie der buddhistischen Zeitschriften in Deutschland, die regional zersplittert erschienen sind und oft schnell wieder eingingen, hat H. Hecker zusammengestellt in: H. Bechert, Buddhismus, Staat und Gesellschaft in den Ländern des Theravada-Buddhismus, Bd. 3, Wiesbaden: Harrassowitz 1973, 325-332.

27 Hecker, Chronik, a.a.O., 41f.

28 Hecker, a.a.O., 52

zen ist es immer wieder zu Spannungen gekommen.[29] Dahlke hatte 1924 das »Buddhistische Haus« in Berlin-Frohnau gegründet, Texte aus dem Pāli-Kanon übersetzt und ein Buddhismus-Buch aus der Sicht europäisch-analytischen Denkens geschrieben. Die Nationalsozialisten verboten 1942 die buddhistischen Zusammenkünfte in Frohnau (wie auch sonst in Deutschland), und 1957 ging das Haus in ceylonesische Hand über. Es ist in den 70er und 80er Jahren wieder verstärkt Zentrum der wachsenden Zahl von Buddhisten in Berlin geworden und öffnete sich auch für Mahāyāna-Buddhisten.

Nach 1945 kam es in Deutschland zu zahlreichen Neugründungen von buddhistischen Basisgruppen und Zentren, die sich 1955 zur »*Deutsche Buddhistischen Gesellschaft*« zusammenschlossen. Aus ihr ging 1958 die »*Deutsche Buddhistische Union*« als »Dachverband«[30] für die vielen einzelnen Gruppen hervor, der den regionalen Zentren größte Selbständigkeit läßt, gleichzeitig aber auch die Zusammenarbeit fördern will. Die einzelnen Lehrtraditionen wurden nicht angetastet. 1985 konstituierte sich in Hamburg die »*Buddhistische Religionsgemeinschaft in Deutschland*« mit eigenem Bekenntnis als Körperschaft öffentlichen Rechts, die sich aber wegen der Unterschiede zwischen deutschen und ethnisch-vietnamesischen Buddhisten sowie wegen der den christlichen Kirchen entsprechenden, dem Buddhismus aber eher fremden Rechtsform nicht halten konnte.

Die Aufsplitterung der buddhistischen Bewegung in Deutschland (wie auch in anderen westlichen Ländern) hat mehrere Gründe:

- *Erstens* waren die Zentren von Anfang an auf die Initiative einzelner Gründer angewiesen, deren Wirkungsmöglichkeit regional begrenzt war.
- *Zweitens* verstand man den Buddhismus als Alternative zum organisierten Kirchenchristentum, also vor allem als Persönlichkeits- und Geistesschulung des einzelnen, weshalb jede Institutionalisierung mit Mißtrauen betrachtet wurde.

29 Die ältere Kontroverse zwischen den »Altbuddhisten« um Grimm und einem »Neubuddhismus« um Dahlke betraf das Verständnis der *anatta*-Lehre. Vgl. Baumann, a.a.O., 56.

30 Hecker, a.a.O., 45

- *Drittens* hatten die Gründer den Buddhismus auf verschiedene Weise kennengelernt. Sie folgten verschiedenen Traditionen oder Lehrmeistern – der offensichtliche Unterschied von Theravāda und Mahāyāna ist dabei nur die allgemeinste Trennung.
- *Viertens* projizierte man auch (individuell sehr verschiedene) Erwartungen auf den Buddhismus, die sich vor allem aus der Suche nach einer rational begründeten Religion und der Ablehnung des Christentums nährten.

2. Für die frühe Phase der Meditationsbewegung bis etwa 1960 stehen vor allem die drei Namen der gebürtigen Deutschen Nyanatiloka, Nyanaponika und Lama Anagarika Govinda. Alle drei sind Meditationsmeister und Gelehrte in einem gewesen, und sie üben deshalb weit über die buddhistischen Kreise hinweg, bis mitten hinein in die christlichen Kirchen, keinen geringen Einfluß aus.

Nyanatiloka[31] (Anton Gueth, 1878-1957) war 1903 in Colombo mit dem Buddhismus in Berührung gekommen. Er gab sein bürgerliches Leben auf, ging nach Birma und wurde 1904 zum buddhistischen Mönch (*bhikkhu*) geweiht. Bereits 1905 erschienen erste Übersetzungen aus seiner Feder. 1911 gründete er im Süden Ceylons die »*Island Hermitage*«. Während des Zweiten Weltkrieges war er in Dehra Dun (Indien) interniert, wo er mit Nyanaponika, Lama Govinda, Heinrich Harrer und anderen zusammentraf. Nyanatiloka starb 1957 als ceylonesischer Bürger, nachdem er am 6. Buddhistischen Konzil in Rangun (1954-1956) teilgenommen hatte. Neben seinen Textausgaben hat Nyanatiloka vor allem europäische Mönche ordiniert und in Meditation unterwiesen.[32]

31 Hecker, a.a.O., 17ff.

32 Nur einige der wichtigsten Textausgaben seien genannt: *Anguttara-nikaya*. Die Reden des Buddha aus der »Angereihten Sammlung«, Leipzig: Max Altmann 1907 (Neuausgabe Köln: Du Mont Schauberg 1969); *Buddhaghosa: Visuddhi-magga* oder der Weg zur Reinheit, Konstanz: Christiani ^{2}1952; *Milinda-Panha*. Die Fragen des Milinda. Ein historischer Roman, Breslau 1914 (Neuausgabe: *Milindapanha*. Die Fragen des Königs Milinda (bearbeitet von Nyanaponika), Interlaken 1985; *Tripitaka*. Das Wort des Buddha, München 1921; *Tripitaka, Suttapitaka*. Der Weg zur Erlösung. In den Worten der buddhistischen Urschriften, Konstanz: Christiani 1956; *Dhammapada* und Kommentar (von Buddhaghosa), Uttenbühl: Jhana Verlag 1992.

Nyanaponika (Siegmund Feniger, 1901-1994) stammte aus jüdischem Elternhaus und gelangte durch das intellektuelle Studium klassischer buddhistischer Texte zum Buddhismus. Nach seiner Konversion engagierte er sich, buddhistisch motiviert, von 1933 bis 1936 im »Zentralausschuß der Juden für Aufbau und Hilfe« in Berlin. Nach der Auswanderung lebte er als Schüler seit seinem Noviziat 1936 (Weihe zum Bhikkhu 1937) bei Nyanatiloka, bis er 1952 seine eigene Waldeinsiedelei bei Kandy in den Bergen Ceylons/Sri Lankas eröffnete. Seit 1968 kam er zeitweise wieder nach Deutschland, um Meditationskurse zu leiten. Neben Textausgaben (vor allem eine Neuausgabe des Aṅguttara-Nikāya von Nyanatiloka, Freiburg: Aurum 1984) ist hauptsächlich seine Schrift über die Achtsamkeit bekannt geworden.[33]

Lama Anagarika Govinda[34] (Ernst Lothar Hoffmann, 1898-1985) veröffentlichte nach dem Studium der Philosophie, Kunstgeschichte und Archäologie 1920 sein erstes Buch über den Buddhismus und trat verschiedenen buddhistischen Vereinen bei. 1928 ging er nach Ceylon, um in der Einsiedelei Nyanatilokas zu leben. 1931 reiste er zu einer buddhistischen Konferenz ins nordindische Darjeeling, wo er im alten Kloster in Ghoom mit dem tibetischen Buddhismus bekannt und in die tibetische Kagyüpa-Tradition initiiert wurde. 1933 gründete Anagarika Govinda auf der »Allindischen Buddhistischen Konferenz« in Darjeeling den von seinem tibetischen Lehrer inspirierten Orden »*Arya Maitreya Mandala*«, der sich nach dem Zweiten Weltkrieg über die ganze Welt (seit 1952 auch in Deutschland) ausbreiten sollte. Er verkündete und lebte darin einen Buddhismus, der die Schulunterschiede transzendiert und an den Problemen der modernen Welt orientiert ist. 1957 erschien Govindas berühmtes Buch »Grundlagen tibetischer Mystik«, das eine weltweite Leserschaft mit der Geisteswelt des tibetischen Buddhismus hinreichend bekannt machte und den Anfang des Siegeszuges des tibetischen Buddhismus im Westen bedeutete. Govinda hatte als Generalsekretär der International Buddhist University Association bereits in den 20er Jahren eine

33 Nyanaponika, Geistestraining durch Achtsamkeit. Die buddhistische Satipatthana-Methode, Konstanz: Christiani 1950 (3. Aufl. 1984)

34 Hecker, a.a.O., 93ff.

Schrift »*Warum ich Buddhist bin*« verfaßt, die dann von der Mahabodhi-Gesellschaft verbreitet wurde (2. Auflage 1958).[35] Darin verteidigt er die Konversion zum Buddhismus als den vernünftigen Schritt eines rational denkenden Europäers, der die übernatürlichen Glaubenssätze des Christentums nicht mehr akzeptieren konnte: Der Buddha habe nie behauptet, übermenschlich zu sein. Er habe nichts gelehrt, was nicht den Naturgesetzen entspreche, und lade zur rationalen Kritik auch der buddhistischen Aussagen ein. Jede philosophische Interpretation sei im Buddhismus relativ, was von Intoleranz und Engstirnigkeit befreie. Die buddhistische Ethik habe zwar Ähnlichkeiten mit dem Christentum, sie begnüge sich aber nicht mit der Mitmenschlichkeit, sondern beziehe *alle* Lebewesen ein, was eine notwendige Ergänzung für die westliche Weltsicht sei.

Der Zen-Buddhismus war in Deutschland bereits 1923 durch den Theologen und Religionswissenschaftler Rudolf Otto (1869-1937) bekannt geworden, erlebte seinen Durchbruch aber erst mit dem Buch des Philosophen Eugen Herrigel »*Zen in der Kunst des Bogenschießens*« (1948). Es ist die meistverbreitete Schrift über den Buddhismus im deutschen Sprachraum geworden. Inzwischen sind Erfahrungsberichte und philosophische Studien durch beinahe jeden Taschenbuch-Verlag unter den Rubriken von Religion und Esoterik zu Hunderttausenden vertrieben worden. Viele Menschen sind dadurch zu eigener Zen-Praxis angeregt worden. Vor allem aber der Jesuitenpater *Hugo Makibi Enomiya-Lassalle* (1898-1990) hat das Zen in Deutschland bekannt gemacht, Zen-Kreise inspiriert und Zen-Zentren mitbegründet, ist dabei aber immer Christ geblieben. Viele christliche Klöster, Zentren und Zirkel praktizieren inzwischen Zen. Dabei gibt es nicht nur von christlicher, sondern auch von buddhistischer Seite Einspruch gegen solche Tendenzen: Man befürchtet christliche Vereinnahmung und eine Verwässerung der buddhistischen Identität sowie der Reinheit des Zen.[36] Zen hat sich auch durch *Karlfried Graf Dürckheim* (1896-1988) und seine existential-therapeutische Begeg-

35 A. Govinda, Why I am a Buddhist, Sarnath: Mahabodhi Society 1958

36 R. Meyer, Christen und buddhistische Praktiken, in: Lotusblätter 3/1994, München: Deutsche Buddhistische Union 1994, 67f.

nungsstätte in Rütte/Schwarzwald verbreitet. Dürckheim war, wie Lassalle, angesichts des Elends der beiden Weltkriege zu der Überzeugung gelangt, daß die europäische Kultur zu ihren spirituellen Wurzeln zurückkehren müsse und daß dafür die Entwicklung eines meditativen Bewußtseins, wie man es im Buddhismus lernen könne, notwendig sei.

Vor allem durch die Exil-Tibeter wurden seit den 70er Jahren zahlreiche neue buddhistische Zentren in Deutschland (wie auch der Schweiz und Österreich) aufgebaut. Das klösterliche »*Tibet Institut*« in Rikon (Schweiz) machte 1968 den Anfang. 1977 wurde das »*Tibetische Zentrum Hamburg*« unter der Leitung des Gelukpa-Lamas *Geshe Thubten Ngawang* gegründet. Inzwischen bietet dieses Zentrum ein Fernstudium des Buddhismus an und konnte 1996 das Meditationshaus *Semkye Ling* in der Lüneburger Heide eröffnen. Das *Aryatara-Institut* in Jägerndorf (Bayern) wurde 1980 gegründet, und als der 16. Karmapa, Rangjung Dorje (1923-1981), das Oberhaupt des tibetischen Karma-Kagyü-Ordens, 1974 und 1977 Deutschland besuchte, häuften sich die Neugründungen von Kagyü-Zentren in ganz Deutschland (hier ist vor allem das *Kamalashila-Institut* in Wachendorf bei Bonn zu erwähnen).

Auch Theravāda hat in Anknüpfung an das Erbe Nyanaponikas in Deutschland eine Heimat gefunden: Die Berliner Jüdin Ayya Khema (1923-1997) hat seit 1979 Studien bei Nyanaponika in Sri Lanka getrieben, dort eine Einsiedelei für Nonnen eingerichtet und im Allgäu das »*Buddha-Haus*« gegründet, das 1994 durch ein Stadtzentrum in München und 1995 durch ein Kloster im Allgäu ergänzt wurde.

Insgesamt gab es Ende der 80er Jahre in Deutschland rund 120 buddhistische Zentren, von denen viele eine kleine monastische Gemeinschaft beherbergen, um die sich Laien aus der Umgebung in mehr oder minder intensiver Form scharen.

3. Seit Ende der 70er Jahre gibt es bewußte Bestrebungen, die buddhistische Bewegung den europäischen Gegebenheiten anzupassen. Das bedeutet vor allem: [37]

[37] Vgl. den Bericht in: Publik Forum, 21. Jhg. Nr. 21, 6. Nov. 1992, 26.

- die gleichwertige Bedeutung von Laien und Mönchen (Nonnen),
- die Gleichberechtigung der Frauen,
- die Rückbesinnung auf die ursprüngliche Lehre Śākyamuni Buddhas jenseits von kulturellen Besonderheiten, die der Buddhismus in verschiedenen asiatischen Ländern angenommen hat,
- verstärktes soziales und politisches Engagement im Sinne des Bodhisattva-Ideals.

12.3 Neue Synthese: Engagierter Buddhismus in Asien, Amerika und Europa[38]

Im Zuge der sozialen Probleme angesichts der Urbanisierung und Industrialisierung entwickelten Laien und Mönche in Japan bereits zu Beginn dieses Jahrhunderts unter dem Stichwort eines »buddhistischen Sozialismus«[39] und in Thailand etwa seit ca. 1935 ein soziales Engagement, das, von buddhistischer Ethik getragen, auf die sozialen Verwerfungen der Modernisierung antworten sollte. Bekannt geworden sind die »Entwicklungsmönche« in Thailand, die Vorläufer des Mönchs *Buddhadasa* (1906-1993) und des Laien *Sulak Sivaraksa* (geb. 1933) bei der Suche nach alternativen Entwicklungsmodellen für buddhistische Gesellschaften waren, wobei Buddhadasa und sein Schüler Phra Rajavaramuni sowie vor allem der Mönch Bodhiraksa eine neue buddhistische Arbeitsethik formulierten und den *saṃgha* entsprechend umgestalten wollten.[40] Nicht wenige dieser Aktivisten in Thailand oder auch Sri Lanka waren auf christlichen Missionsschulen erzogen worden oder zumindest in der einen oder anderen Form mit dem britischen Bildungssystem in Berührung gekommen (der Inder B.R. Ambedkar in den USA und England, A.T. Ariyaratne aus Sri Lanka auf den Philippinen, Sulak Sivaraksa in England, Thich Nhat Hanh in den

38 Ausführlich dazu M.v. Brück/W. Lai, Buddhismus und Christentum, a.a.O., 556-578.
39 v. Brück/ Lai, a.a.O., 162ff.
40 v. Brück/Lai, a.a.O., 403ff., 568ff.

USA).[41] Außerdem spielte das Vorbild Gandhis eine Rolle, besonders bei der *Sarvodaya-Shramadana* Bewegung, die *A.T. Ariyaratne* (geb. 1931) Ende der 50er Jahre in Sri Lanka ins Leben rief. Bezeichnenderweise ist der Name Programm, und Ariyaratne deutet »Sarvodaya« nicht wie Gandhi als »Wohlstand für alle«, sondern – philologisch fragwürdig, aber buddhistisch uminterpretiert – als »Erwachen aller« durch gegenseitige Teilhabe an Zeit, Denken und Lebensressourcen.[42] Es geht hierbei um Bildung, wirtschaftliche Entwicklung in ländlichen Gebieten und das Erwachen der Armen zu Persönlichkeiten im buddhistischen Sinn sowie um nationale Integration der Singhalesen und Tamilen. Ariyaratnes Bewegung konnte an buddhistische Reformprogramme und soziale Entwicklungen in Ceylon/Sri Lanka anknüpfen, die mit dem Namen Anagarika Dharmapala (1864-1933) verbunden sind und bis in die letzten Jahrzehnte des vorigen Jahrhunderts zurückreichen.[43]

Die heutige Bewegung »*Engagierter Buddhismus*« hat Wurzeln in den eben genannten Entwicklungen, der Anstoß für eine weltweite Vernetzung derartiger buddhistischer Initiativen kam aber im wesentlichen von der Friedensbewegung vietnamesischer buddhistischer Mönche und amerikanischer Aktivisten gegen den Vietnamkrieg seit den 60er Jahren. Einer der Initiatoren ist der 1926 in Vietnam geborene Zen-Mönch *Thich Nhat Hanh*, der auch von der Philosophie der Gewaltfreiheit Gandhis und der afro-amerikanischen Bürgerrechtsbewegung inspiriert ist. Im Jahr 1964 konnte er mit Freunden die verstreuten buddhistischen Widerstandsgruppen und Erneuerungsbewegungen gegen den Vietnam-Krieg in der *Unified Buddhist Church of Vietnam* sammeln und 1965 die *School of Youth for Social Service* gründen. Die von Thich Nhat Hanh maßgeblich geprägte *Fellowship of Reconciliation* organisierte 1966 eine Vortragsreise ihres buddhistischen Friedensaktivisten durch die USA und Europa, wo es zu Begegnungen mit Martin Luther King, US-Verteidigungsminister Robert McNamara und Papst Paul

41 M. Perkounigg, Engagierter Buddhismus: Eine buddhistische Antwort auf die Krisen unserer Zeit, Magisterschrift Univ. Würzburg 1997 (unveröff.), 40f.

42 R. Gombrich/G. Obeyesekere, Buddhism Transformed. Religious Change in Sri Lanka, Princeton: Princeton Univ. Press 1988, 245

43 v. Brück/Lai, a.a.O., 84ff.

VI. kam. Martin Luther King schlug Thich Nhat Hanh 1966 für den Friedensnobelpreis vor.

Das soziale Engagement wird von Thich Nhat Hanh, Ariyaratne und anderen Aktivisten mit je nach Kontext variierenden Argumenten buddhistisch wie folgt begründet:[44]

- mit der Leidensanalyse, nach der Unwissenheit, Gier und Haß die grundlegenden Übel sind, die überwunden werden müssen;
- mit den fünf grundlegenden Tugenden (*pañcaśīla*), bei denen Enthaltung von Töten, Enthaltung von Diebstahl usw. gefordert werden;
- mit der Lehre von der wechselseitigen Abhängigkeit aller Wesen (*pratītyasamutpāda*);
- mit der Lehre von der Nicht-Dualität, nach der man selbst und jedes andere Wesen nicht-zwei (*advaita*) sind, weshalb Sorge um sich selbst und Fürsorge für andere zwei Seiten einer Sache sind;
- mit der Lehre von der Nicht-Form (*arūpa*), nach der alle Dinge substanzlos sind und in gegenseitiger Durchdringung entstehen und vergehen;
- mit den buddhistischen Tugenden der Barmherzigkeit (*karuṇā*) und liebenden Güte (*maitrī*).

Im Jahre 1978 wurde in Berkeley, Kalifornien, unter maßgeblicher Beteiligung Thich Nhat Hanhs die *Buddhist Peace Fellowship* gegründet, ein weltweites Netz von Individuen und lokalen Zentren, die sich der Friedensarbeit sowie ökologischen Themen auf der Basis buddhistischer Spiritualität verpflichtet wissen. Thich Nhat Hanh gründete des weiteren in Südfrankreich das Zentrum »*Pflaumendorf*«, das als »spirituelles Heim für Sozialarbeiter«[45] gedacht war, inzwischen aber auf der Grundlage der buddhistischen Achtsamkeitsmeditation ein Zusammenleben von Erwachsenen, Jugendlichen und Kindern aus aller Welt im Geist auch der Ideen Gandhis und E.F. Schumachers (Autor des Buches »Small is beautiful«, 1973) ermöglichen soll, auf keine Ideologie festgelegt ist und im Geist der

44 Perkounigg, a.a.O., 70ff.; M.H. Petrich, Vietnamese Buddhism Towards Change and Development of Society, München 1995 (Manuskript des Autors), 19

45 Thich Nhat Hanh, Das Wunder wach zu sein, Buddhistische Gesellschaft Hamburg o.J., 21 (engl. Original Kandy 1976)

achtsamen Solidarität füreinander Buddhisten und Menschen aus allen Religionen sowie Religionslose zusammenführt. Dabei spielt die Entwicklung einer buddhistischen Begründung der Menschenrechte eine besondere Rolle: Wegen der gleichen Würde und der »universalen Geschwisterschaft« aller Wesen müsse der Buddhismus »wieder zum Weg des Friedens und der Gewaltlosigkeit« werden, und zwar »nicht nur im individuellen Verhalten, sondern auch in der kollektiven Praxis und Theorie«.[46]

In vielen Ländern hat sich der von Thich Nhat Hanh bereits 1964 in Vietnam gegründete *Tiep-Hien-Orden* (»in ständigem Kontakt sein – hier und jetzt verwirklichen«) verbreitet. Ziel der Gemeinschaft ist es, »den Buddhismus zu studieren, zu experimentieren und in intelligenter und wirksamer Weise auf das moderne individuelle wie soziale Leben anzuwenden«.[47] Die Herausbildung eines »westlichen Buddhismus« könne nur durch den Dialog mit den geistigen Grundlagen Europas und Amerikas, also auch des Christentums, möglich werden.[48] Der Orden steht Menschen aller Religionen offen. Der Laien-Buddhist Sulak Sivaraksa (geb. 1933) aus Thailand fordert eine totale Veränderung der modernen Wirtschafts- und Lebensmuster auf der Basis der Lebensphilosophie Gandhis und im Geist des Buddhismus. Wegen seines Widerstandes gegen verschiedene Militärdiktaturen in Thailand wurde er mehrmals wegen »Majestätsbeleidigung« zu Gefängnisstrafen verurteilt und lebte mehrere Jahre im Exil. 1973 gründete er mit Hilfe der christlichen Organisation Sodepax das *Asian Cultural Forum on Development* mit Sitz in Bangkok, das Konferenzen organisierte und buddhistische Mönche aus Thailand zum Studium sozialer Theorien und Praxis nach Sri Lanka schickte, um von den Erfahrungen der Sarvodaya-Bewegung Ariyaratnes zu lernen. Seit 1980 bietet die *Thailändische Interreligiöse Kommission für Entwicklung* Gelegenheit zum Austausch für sozial engagierte religiöse Menschen, allen voran Buddhisten und Christen. Sulak Sivaraksa sucht einen Mittelweg zwischen der mit der Industriali-

46 Aufruf des INEB zum Vesakh-Fest 2542/1998 vom 5. Mai 1998, Internet: Buddha-Netz, INEB Bangkok E-mail: ineb@loxinfo.co.th

47 Thich Nhat Hanh, a.a.O., 16

48 Thich Nhat Hanh, Being Peace, Berkeley: Parallax 1987, 83ff.

sierung sich unaufhaltsam ausbreitenden westlichen Kultur und den traditionellen südostasiatischen buddhistischen Kulturen, wobei auch ein asiatisches und partiell buddhistisches Land wie Japan nicht nur an der ausbeuterischen Wirtschaftsordnung partizipiere, sondern dieses Modell auch in andere asiatische Länder exportiere.[49] Dem westlichen, japanischen und generell kapitalistischen unkontrollierten Konsumerismus müsse Einhalt geboten werden. In buddhistischer Analyse sei diese Fehlhaltung des Menschen ein Resultat der drei Gifte (Gier, Haß, Verblendung), wie es in traditioneller buddhistischer Sprache heißt. Sulak Sivaraksa fordert zudem den traditionellen Buddhismus heraus, wenn er beklagt, daß die »buddhistischen Gesellschaften« durch einen Mangel an Umsetzung buddhistischer Werte in den Alltag gekennzeichnet seien. So habe sich zum Beispiel in Sri Lanka ein auf rassistischen Prämissen beruhender Nationalismus durchgesetzt, der den buddhistischen Tugenden von Barmherzigkeit und Gewaltlosigkeit direkt widerspreche.[50]

1987 gründeten buddhistische Nonnen in Bodh Gaya/Indien die *Sakyadhita-Bewegung* (»Töchter des Buddha«). Sie hat sich zu einem internationalen Zusammenschluß buddhistischer Frauen aus über 26 Ländern entwickelt. Es geht der Bewegung vornehmlich darum, das buddhistische Engagement für Frieden und Gerechtigkeit mit dem Bewußtsein für die Gleichberechtigung der Frauen zu verbinden, das heißt patriarchale Strukturen auch in den buddhistischen Institutionen zu überwinden.

Das Thema einer buddhistisch begründeten *Tiefenökologie* wird von dem *Internationalen Netzwerk Engagierter Buddhisten* (INEB) vorangetrieben, das 1989 von Laien, Mönchen und Nonnen aus elf Ländern gegründet wurde. Bis 1992 waren über 250 Gruppen und Einzelmitglieder aus 33 Ländern dem Netzwerk angeschlossen.[51]

49 S. Sivaraksa, Suche nach neuem Lebensstil – geeignete Technologie für eine gerechte und lebenserhaltende sozial-ökonomische Ordnung, in: M.v. Brück (Hrsg.), Dialog der Religionen. Bewußtseinswandel der Menschheit, München: Goldmann 1987, 112ff.

50 S. Sivaraksa, Religion and Development, Bangkok: TICD ^{3}1987, 16ff.

51 Vgl. Society for Buddhist-Christian Studies Newsletter No. 4, Herbst 1989, 4f.; Gaia-Sangha-Forum Nr. 1, Berlin Sept. 1992, 20.

Das Netzwerk organisiert Hilfs- und Entwicklungsprogramme, wobei sich die meisten Gruppen auf »spirituelle und informelle« Unterstützung der Bewußtseinsbildung in den Ländern Asiens konzentrieren, ökologische Seminare in den Dörfern organisieren und eine Reform des *saṃgha* anstreben, der zu einem Modell für die gesamte Gesellschaft werden solle. Einige amerikanische Buddhisten um die ökologische Publizistin Joanna Macy knüpfen an der Gaia-Hypothese von Jim Lovelock an (die Vorstellung vom »Organismus Erde«), und vereinen damit die Buddhisten unterschiedlichster Schulrichtungen unter einer aktualisierten Deutung der buddhistischen Theorie des Entstehens in gegenseitiger Abhängigkeit (*pratītyasamutpāda*), wodurch die »Umwelt« nicht als anderes, sondern als ein Aspekt des eigenen Lebens, das heißt als Mitwelt erscheint. Diese spirituelle Begründung ökologischer Verantwortung wird als Tiefenökologie verstanden.

Die Synthese von buddhistischer Spiritualität und verantwortungsethischem Engagement sowie von buddhistischer Philosophie und europäisch-amerikanischer Sozialethik hat dem Buddhismus im Westen ein spezifisches Gepräge gegeben. Dabei hat sich das soziale Gewicht von der traditionellen Dominanz der Mönche auf die Laien, immer mehr auch auf die Frauen, verlagert. Neben Bewußtseinsschulung durch Meditation und Studium der Lehrinhalte sind soziale Aufgaben getreten, die Buddhisten in verschiedenen Ländern das Verhältnis zur Ökonomie und Politik in neuer Weise bestimmen lassen. Der Buddhismus ist damit weltweit in eine neue Phase seiner Entwicklung eingetreten.

Schlußbemerkung

Die historische und geographisch gegliederte Darstellung der sozialen und philosophischen Entwicklungen des Buddhismus hat gezeigt, daß es »den« Buddhismus nur in einer großen Fülle unterschiedlicher Erscheinungsformen gibt. Dabei haben wir bei weitem nicht alle Schulen und Entwicklungen berücksichtigen können. Historische und geographische, sprachliche und mentalitätsgeschichtliche Unterschiede sind oft so groß, daß man fragen kann, ob eine vereinheitlichende Klammer gerechtfertigt ist. Immerhin umschließt der Buddhismus sprachliche und kulturelle Gegensätze, wie sie kontrastreicher kaum vorstellbar sind: Allein die Übertragung des Buddhismus aus der indischen Geisteswelt nach China ist eine Neugestaltung gewesen, die einander völlig fremde Sprachen, Gesellschaftsformen und ästhetische Traditionen überbrückt hat. Die Kunst, die der Buddhismus in unerschöpflichen Variationen hervorgebracht hat, ist so vielgestaltig, daß wir sie kaum überblicken, geschweige denn in einem beschränkten Rahmen darstellen können. Man sollte also nicht meinen, man habe »den« Buddhismus verstanden, wenn einige historische und geistige Zusammenhänge erfaßt sind.

Was uns als »Buddhismus« erscheint, ist auch abhängig davon, was wir als Buddhismus betrachten wollen, und solche Sichtweisen ändern sich im Laufe der Geschichte. Der Buddhismus ist in seinem Kern Geistesschulung, aber die Methoden für die Übungspraxis sind jeweils wieder neu gefunden und verändert worden, ohne daß der Buddhismus dabei seine unverwechselbare Grundhaltung verloren hätte. Immer noch (und wohl auch in diesem Buch) überwiegt das Augenmerk auf die Texte und kognitiven Elemente sowie auf die meditativen Übungsformen des Buddhismus. Der Buddhismus ist über Jahrhunderte hinweg aber auch zu Volkstraditionen gewachsen, die einfachen Menschen auf den Dörfern kulturelle Identität gegeben haben. Dabei hat der Buddhismus Elemente in sich aufgenommen, die zunächst keineswegs mit buddhistischen »Prinzipien« in Übereinstimmung standen, und nicht selten sind dabei auch Widersprüche stehengeblieben. Der Buddhismus als Religion ist nicht nur ein rational entworfenes System, sondern eine komplexe Lebenswelt, in die seit alters und auch heute noch Menschen hineinwachsen, wobei ihr jeweiliges Lebensgefühl mit den traditionellen Werten konfrontiert und damit der Buddhismus neu gestaltet wird. Dieser Volksbuddhismus des Dorfes und der nicht-verschriftlichten Überlieferungen wird zwar zunehmend studiert und beschrieben, aber es gibt bisher kaum zusammenhängende sozialwissenschaftliche Darstellungen, die solche Entwicklungen über den lokalen Zusammenhang hinaus für eine grundsätzliche Deutung des Buddhismus fruchtbar machen würden.

Während in der Vergangenheit die Mönche und Nonnen im Zentrum buddhistischen Selbstverständnisses standen und bei der Überlieferung von Lehre und Praxis die Verantwortung trugen, hat bereits mit der Entstehung des Mahāyāna eine Veränderung eingesetzt, die heute weltweit den Buddhismus in eine neue Phase seiner Geschichte eintreten läßt: Männer und Frauen, die in der alltäglichen Lebens- und Arbeitswelt stehen, gehen den buddhistischen Weg der Achtsamkeit in allen seinen Aspekten von Ethik, Erkenntnis und Meditation, und sie werden dabei zu Trägern der Überlieferung, die das Bodhisattva-Ideal der barmherzigen Hinwendung zu allen Lebewesen in der modernen Kultur verwirklichen wollen.

Auch unsere Übersetzungen sind historisch bedingt – fast alle Wörterbücher sind im 19. Jahrhundert entstanden, und auch wenn sie seither revidiert und durch neue Studien teilweise erheblich verändert worden sind, ist die lexikalische Tradition auch heute noch wesentlich von der Philosophie und dem Zeitgeist des 19. Jahrhunderts geprägt. So wie die Geschichte des Buddhismus, ist auch die Wahrnehmung und Interpretation des Buddhismus (wie jeder Religion) ein offenes Abenteuer, eine kreative Bewegung, bei der sich das Subjekt und das Objekt der Interpretation verändern. Folglich kann es nicht die ein und für allemal gültige Deutung »des« Buddhismus geben, denn Wissen ist historisch, und alles Historische unterliegt der Veränderung in gegenseitiger Abhängigkeit von Text, Kontext und interpretierendem Geist.

Schautafeln Buddhismus

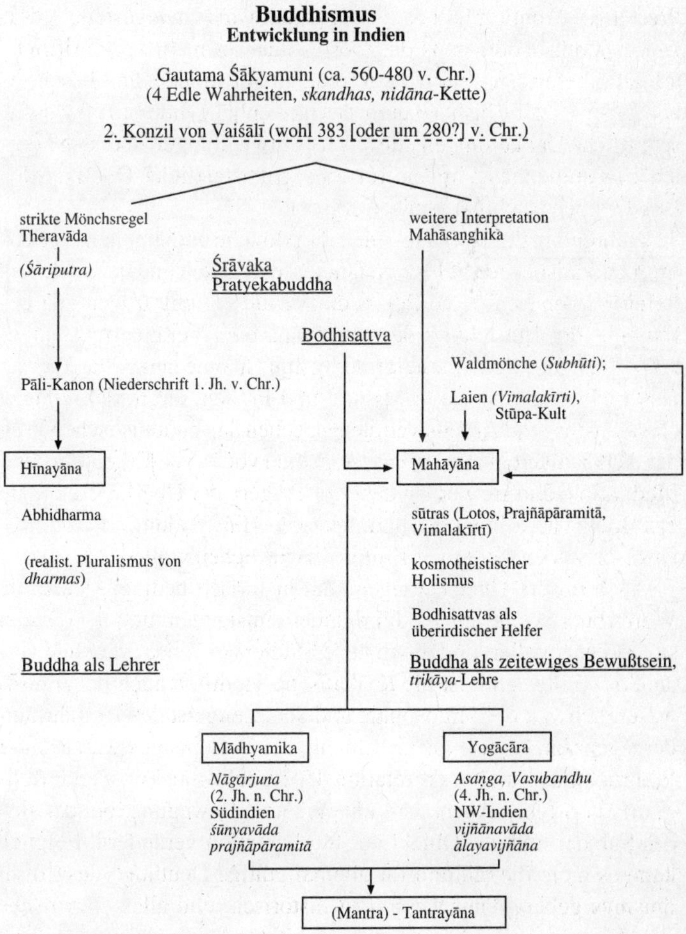
Buddhismus
Entwicklung in Indien
Gautama Śākyamuni (ca. 560-480 v. Chr.)
(4 Edle Wahrheiten, *skandhas, nidāna*-Kette)
2. Konzil von Vaiśālī (wohl 383 [oder um 280?] v. Chr.)
strikte Mönchsregel
Theravāda
(*Śāriputra*)
Śrāvaka
Pratyekabuddha
weitere Interpretation
Mahāsaṇghika
Bodhisattva
Waldmönche (*Subhūti*);
Laien (*Vimalakīrti*),
Stūpa-Kult
Pāli-Kanon (Niederschrift 1. Jh. v. Chr.)
Hīnayāna
Mahāyāna
Abhidharma
(realist. Pluralismus von *dharmas*)
sūtras (Lotos, Prajñāpāramitā, Vimalakīrtī)
kosmotheistischer Holismus
Bodhisattvas als überirdischer Helfer
Buddha als Lehrer
Buddha als zeitewiges Bewußtsein, *trikāya*-Lehre
Mādhyamika
Nāgārjuna
(2. Jh. n. Chr.)
Südindien
śūnyavāda
prajñāpāramitā
Yogācāra
Asaṇga, Vasubandhu
(4. Jh. n. Chr.)
NW-Indien
vijñānavāda
ālayavijñāna
(Mantra) - Tantrayāna

Tibetischer Buddhismus

eingeführt durch: Songtsen Gampo (7. Jh. n. Chr.)
Padmasambhava / Śāntirakṣita

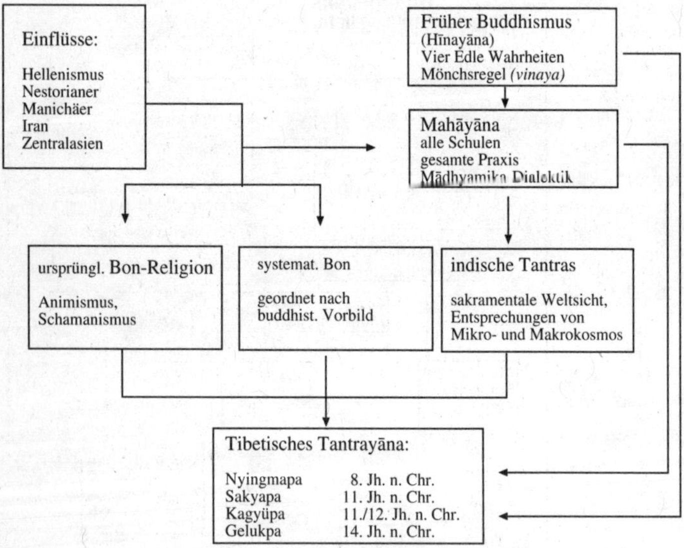

Buddhismus in China

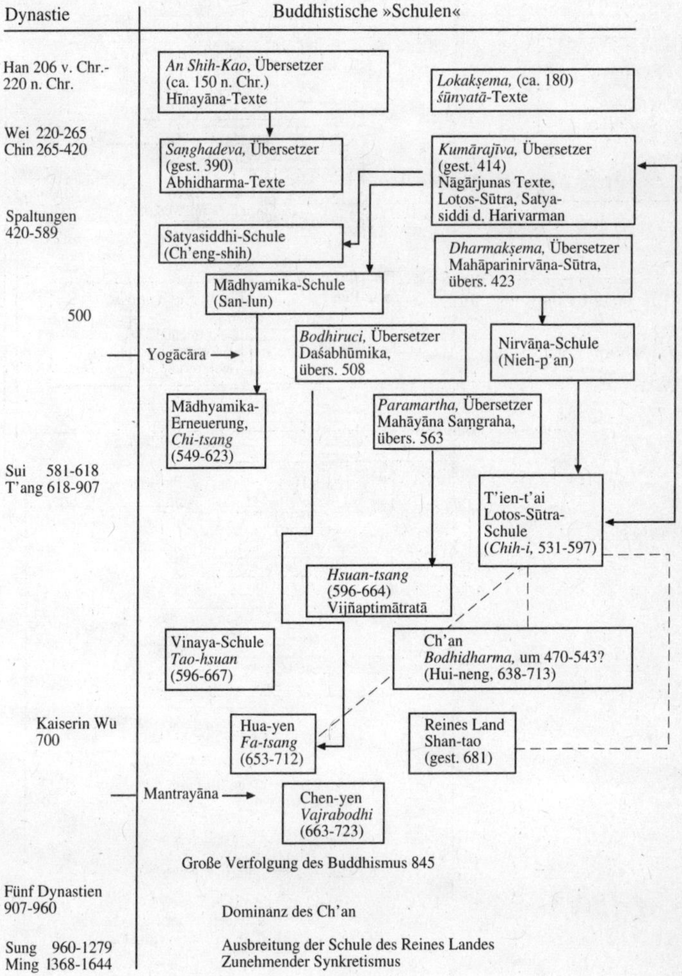
Dynastie
Buddhistische »Schulen«
Han 206 v. Chr.-220 n. Chr.
An Shih-Kao, Übersetzer (ca. 150 n. Chr.) Hīnayāna-Texte
Lokakṣema, (ca. 180) śūnyatā-Texte
Wei 220-265
Chin 265-420
Saṅghadeva, Übersetzer (gest. 390) Abhidharma-Texte
Kumārajīva, Übersetzer (gest. 414) Nāgārjunas Texte, Lotos-Sūtra, Satya-siddi d. Harivarman
Spaltungen 420-589
Satyasiddhi-Schule (Ch'eng-shih)
Dharmakṣema, Übersetzer Mahāparinirvāṇa-Sūtra, übers. 423
Mādhyamika-Schule (San-lun)
500
Yogācāra
Bodhiruci, Übersetzer Daśabhūmika, übers. 508
Nirvāṇa-Schule (Nieh-p'an)
Mādhyamika-Erneuerung, Chi-tsang (549-623)
Paramartha, Übersetzer Mahāyāna Saṃgraha, übers. 563
Sui 581-618
T'ang 618-907
T'ien-t'ai Lotos-Sūtra-Schule (Chih-i, 531-597)
Hsuan-tsang (596-664) Vijñaptimātratā
Vinaya-Schule Tao-hsuan (596-667)
Ch'an Bodhidharma, um 470-543? (Hui-neng, 638-713)
Kaiserin Wu 700
Hua-yen Fa-tsang (653-712)
Reines Land Shan-tao (gest. 681)
Mantrayāna
Chen-yen Vajrabodhi (663-723)
Große Verfolgung des Buddhismus 845
Fünf Dynastien 907-960
Dominanz des Ch'an
Sung 960-1279
Ming 1368-1644
Ausbreitung der Schule des Reines Landes
Zunehmender Synkretismus

Buddhismus in Japan

Periode	Buddhistische »Schulen«
Asuka (500-710)	538 Korean.-buddhist. Delegation in Japan 604 Prinz Shōtoku: Buddhismus und Konfuzianismus als Grundlage des Staates
— Ekan →	625 Jōjitsu (Satyasiddhi)
	Sanron (Mādhyamika)
(Hsuan-tsang) — Dōshō →	661 Hossō (Yogācāra)
	Kusha (Abhidharma)
Nara (710-794)	(6 klass. Schulen von Nara)
— chines./korean. Mönche →	736/40 Kegon (Hua-yen) (Tōdaiji, national. Netz v. Tempeln)
— Ganjin →	754 Ritsu (Vinaya), Kontrolle aller Ordinationen
Heian (794-1160)	
— Saichō →	805 Tendai (T'ien-t'ai)
— Kūkai →	806 Shingon (Chen-yen, tantrisch)
Taira (1160-1185)	1175 Hōnen bricht mit Tendai (Berg Hiei), gründet Jōdo (Reines Land)-Schule
Kamakura (1185-1333)	
— Eisai →	1191 führt aus China Rinzai-Zen ein (Lin-chi)
	1224 Shinran gründet Jōdo Shin-shū
— Dōgen →	1227 führt aus China Sōtō-Zen ein (Ts'ao-t'ung)
	1253 Nichiren erneuert Tendai (Lotos-Sūtra), gründet Nichiren-shū
Muromachi (1336-1573)	1549 Christentum eingeführt durch Jesuiten (Franz Xavier)
Tokugawa (1603-1868)	Parochialsystem, alte (Tendai, Shingon) und reformierte (Rinzai/Sōtō-Zen, Jōdo/Jōdo-shin, Nichiren) Schulen
Moderne (seit 1868) (Meiji, 1868-1912)	1869/71 anti-buddhistische Gesetze Laienbewegungen in der Nichiren-Shū (1930 Sōka Gakkai, 1938 Risshō Kōseikai)

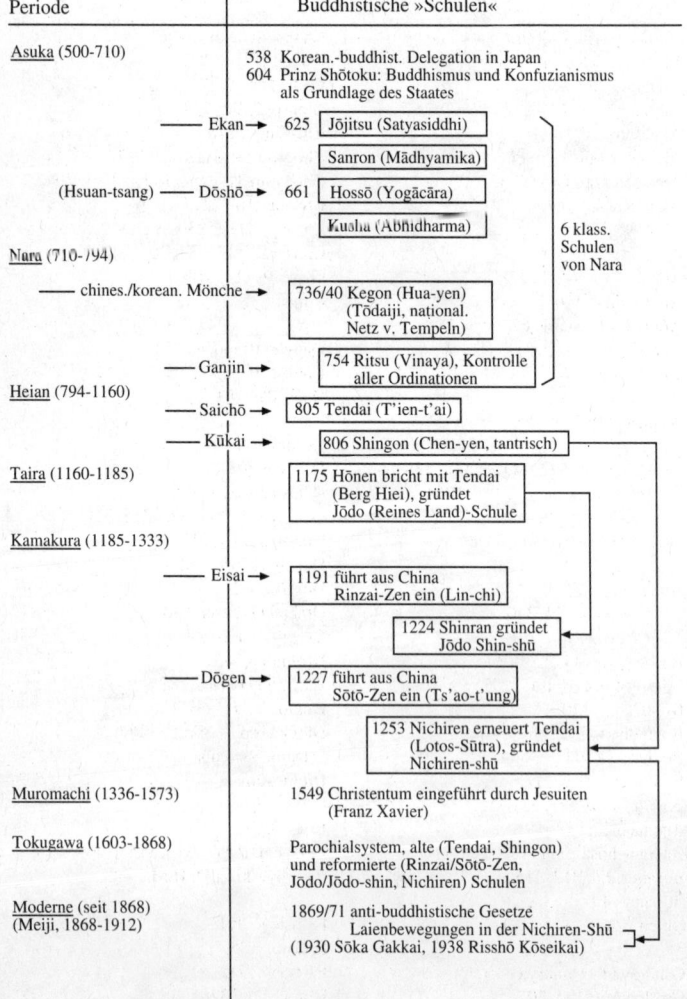

Personenregister

Glossar

(für die Einträge aus indischen Sprachen steht die Sanskrit-Form, wo nötig, erscheint die Pāli-Form in Klammern)

abhidharma (abhidhamma)	buddhistische Lehren in systematischer Weise dargestellt; »dritter Korb« des Pāli-Kanon (neben *sūtra* und *vinaya*)
ācārya	geistlicher Lehrer
acintya	unbegreiflich
adhiṣṭhāna	wörtl.: Fundament, Gnade, die Kraft, mit der Buddhas den Bodhisattvas bei dem Bemühen beistehen, alle Lebewesen zur Befreiung zu führen
advaita	Nicht-Dualität
ākāśa	Raum, Äther, das fünfte Element
Āgamas	Sammlungen der (mahāyānistischen) Texte, auch Lebensgeschichten der früheren Buddhas
Ājivikas	rigorose indische Asketen im 6. Jh.v.Chr.
Akṣobhya	Buddha der Unerschütterlichkeit des Gelübdes, einer der fünf Tathāgatas
Amitābha (jap. Amida)	Buddha unendlichen Lichtes und des Reinen Landes, einer der fünf Tathāgatas im tantrischen Buddhismus
Amoghasiddhi	Buddha, der sein Ziel furchtlos und unbeirrt verwirklicht, einer der fünf Tathāgatas
anātman (anatta)	Nicht-Selbst
arhat	Höchste Stufe der Vollkommenheit im frühen Buddhismus
arūpa	formlos
arūpaloka	formloser Bereich, eine der drei Welten der buddhistischen Kosmologie (vgl. *trikola*)
Asaṇga	um 350 v.Chr., systematisierte die Prajñāpāramitā-Texte, bedeutender Meditationsmeister und Mitbegründer der Vijñānavāda-(Nur-Bewußtsein)-Schule
aṣṭāṇgika-mārga	der Achtfache Pfad der buddhistichen Praxis: ganzheitliche Anschauung (*samyag-dṛṣ i*), ungeteilter Entschluß (*samyak-samkalpa*), untadelige Rede (*samyag-vāk*), vollkommenes Handeln (*samyak-karmānta*), gleichgewichtige Anstrengung (*samyagvyāyāma*), ganzheitliche Lebensführung (*samyag-ājīva*), unablässige Achtsamkeit (*samyak-smṛti*), ganzheitliche Einswerdung (*samyak-samādhi*)
asura	Wesen, die auf Ebenen zwischen Göttern und Menschen angesiedelt sind, Halbgötter, Dämonen oder Titanen
Avalokiteśvara	Bodhisattva, Inkarnation der barmherzigen Bewußtsenskraft des universalen Buddha-Bewußtseins
avidyā	Unwissenheit
bhūmi	Stufe, Ebene, die Zehn Stufen der Bodhisattvaschaft: Ebene der Freude (*pramuditā*), der Reinheit (*vimalā*), des Leuchtens (*prabhākārī*), des Strahlens (*arcismatī*), der Unüberwindbarkeit (*sudurjayā*), des Widerstehens (*abhimukhī*), des Weitreichens (*dūraṃ-*

	gamā), der Unerschütterlichkeit (*acalā*), der heilsamen Intelligenz (*sādhumatī*) und der Dharmawolke (*dharmameghā*)
Bodh Gayā	Ort des Erwachens Gautama Śakyamunis, im heutigen nordindischen Bundesstaat Bihar
bodhi	Erwachen
bodhicitta	altruistisch motiviertes Trachten nach Erwachen
bodhisattva	Wesen auf dem Weg zum Erwachen; erwachtes Wesen, das anderen auf dem Weg beisteht und darum auf den Eingang ins endgültige *nirvāṇa* zeitweilig verzichtet (Höchstes Ideal des Mahāyāna)
Buddhagotra	Buddhalinie oder »-familie«
cakravartin	ein Weltenherrscher in der indischen Kosmologie (»dessen Rad ungehindert überall hin rollen kann«)
Ch'an (jap. *Zen*)	Meditationssschule des chinesischen Buddhismus (etwa seit dem 6./7. Kh.), von dort nach Korea, Japan und Vietnam übertragen, seit dem 19. Jh. in Amerika und Europa
citta	Geist, Bewußtseinskontinuum
deva	göttliches Wesen, das aber noch im Bereich des Kreislaufs der Geburten angesiedelt ist, auch Symbol für bestimmte Aspekte des Bewußtseinskontinuums
devī	Göttin
dhāraṇī	kurzer Spruch, oft nur eine Silbe, die den spirituellen Gehalt kondensiert, ausdrückt, auch für magische Zwecke gebraucht
dharma	Weltgesetz, Einsicht in das Wesen der Wirklichkeit, allgemein auch: buddhistische Praxis
dharma-kāya	tranzendenter Geist-Körper, absoluter Wahrheitskörper
Dharmakīrti	buddhistischer Logiker, 600-660 n.Chr.
dharmas	Bezeichnung für die Daseinselemente im Abhidharma
dhātu	Element, Bereich
dhūta	Einsiedler, Asket
dhyāna	meditation, Versenkungsmethode
dṛṣṭi	Anschauung, philosophische Lehrmeinung
duḥkha (dukkha)	Leiden daran, daß die ichhaften Projektionen unwirklich sind
dveṣa	Haß
ekayāna	das eine Fahrzeug
gāthā	Vers, Gesang
Geluk-pa (tib.)	reformierte Schule, die systematisches Studium der Schriften, Logik und ethische Disziplin betont, von Tsongkhapa (14./15. Jh.) begründet, aus ihr gehen die Dalai Lamas hervor
guru	Lehrer, spiritueller Meister
Hīnayāna	kleines Fahrzeug
Hua-yen (jap. *Kegon*)	chines. Schule, die auf dem Avataṃsaka-Sūtra basiert und einen kosmotheistischen Totalismus lehrt
indriya	Fähigkeit der sinnlichen Wahrnehmung
jambudvīpa	die irdische Welt
Jātaka	insgesamt 547 Geburtsgeschichten, die von den früheren Leben des Buddha erzählen, Teil des Khuddaka-Nikāya
jñāna	Erkenntnis
jiriki (jap.)	aus eigener Kraft und Anstrengung zur Befreiung gelangen (im Gegensatz zu *tariki*)

Jōdo-shū (jap.)	Buddhismus des Reines Landes, in China seit dem 7. Jh., in Japan durch Hōnen und Shinran (*Jōdo-shin-shū)* zu Massenbewegungen entfaltet, beruht auf Vertrauen in das gnadenhafte Gelübde Amidas, alle Gläubigen zur Wiedergeburt im Reinen Land zu führen, von dort aus Eingang in *nirvāṇa* problemlos möglich
Kagyü-pa (tib.)	Schule, die von Marpa im 11. Jh. von Indien nach Tibet gebracht wurde, mit dem Asketen-Sänger Milarepa verbunden ist und die Mahāmudrā-Überlieferung (ein Meditationssystem) pflegt
kalpa	Weltzeitalter, in dem ein Universum entsteht und vergeht
kāma	Liebe, Begierde
kāraṇa	Ursache
karman	umfassender und reziproker Zusammenhang von Ursache und Wirkung, schließt moralische Taten und Gedanken ein
karuṇā	heilende Hinwendung zu allen Wesen
kleśa	Verunreinigung (des Bewußtseins), vor allem die »drei Gifte« *moha* (Unwissenheit), *rāga* (Begierde) und *dveṣa* (Haß)
kung-an (jap. *kōan*)	paradoxes Problem, zu dem sich der Schüler *spontan verhalten* muß, um dadurch eine Einsicht in die Nicht-Dualität der Wirklichkeit zu erlanen und dieselbe dem Lehrer zu demonstrieren, in Sammlungen (Pi-yen-lu [jap. Hekiganroku], Wu.men-kuan [jap. Mumonkan] u.a.) überliefert
Kusînagar	Ort, an dem der Buddhạ starb (ins *parinirvāṇa* einging)
lakṣanā	Merkmal, Zeichen
lama (tib.)	spiritueller Lehrer (skt. *guru*)
Māḍhyamika	eine der wichtigsten Schulen des Mahāyāna, begründet von Nāgārjuna, basiert auf der Lehre des Mittleren Weges (mādyamaka) in Erkenntnistheorie und Ethik
mahākaruṇā	große heilende Hinwendung zu allen Wesen
Mahāsaṇghika bzw. Mahāsaṃghika	eine der beiden Schulrichtungen, in die sich der *saṃgha* wohl bereits beim 2. buddhist. Konzil von Vaiśālī (383 oder um 280 v.Chr.) spaltete; den Umständen angepaßte Auslegung der Mönchsregel
Mahāyāna	großes Fahrzeug
Maitreya	Boddhisattva, der im *tuṣita*-Himmel darauf wartet, als zukünftiger Buddha wiederzukommen
maitrī	Liebe
maṇḍala	zwei. oder dreidimensionale Anordnung von Symbolen für Bewußtseinskräfte
mantra	Klänge oder rezitierte Strophen, die Bewußtseinskräfte symbolisieren und aktivieren
Mañjuśrī	Boddhisattva der Weisheit
Māra	Personifikation des Bösen und der Hindernisse (auf dem buddhist. Pfad)
māyā	die Illusion, die die Welt der Erscheinungen für die Soheit der Wirklichkeit hält
moha	Unwissenheit
mokṣa	Befreiung, Eintritt ins *nirvāṇa*
mudrā	Siegel, Zeichen, meist symbolische Handgeste, der psycho-physische Wirkungen zugeschrieben werden

muni	schweigender Asket
Nāgārjuna	bedeutendster buddhist. Mahāyāna-Philosoph in Indien (2. Jh.n.Chr.), Begründer der Mādhyamika-Schule und der *śūnyatā*-Lehre
nāgas	Schlangengottheiten
nairātmyā	ohne Selbst, d.h. ohne inhärente Existenz
nembutsu (jap.)	Rezitation des Namens Amida Buddhas, Praxis im Jōdo-Buddhismus
nidāna	die zwölf Glieder des Entstehens in gegenseitiger Abhängigkeit: Unwissenheit (*avidyā*), karmische Bildungen (*saṃskāra*), Bewußtsein (*vijñāna*), Name-Form (*nāmarūpa*), sechs Sinneskräfte (*ṣadāyatana*), Berührung (*sparśa*), Empfindung (*vedanā*), Anhaften (*tṛṣṇa*), begierdehaftes Greifen (*upādanā*), Existenz (*bhava*), Geburt (*jāti*), Alter und Tod (*jarāmaraṇa*)
nirmāṇa-kāya	körperliche Manifestation oder Inkarnation
nirodha	Aufhören, das Zur-Ruhe-Bringen
nirvāṇa	Verlöschen des Ich-Wahns, letztgültiger Zustand des Friedens
Nyingma-pa	»Schule der Alten«, begründet von Padmasaṃbhava (Guru Rinpoche)
Pāli-Kanon	kanonische Schriftensammlung der Theravādins, seit dem 1. Jh.v.Chr. verschriftlicht, abgeschlossen in »drei Körben« (*tipitaka*) im 5. Jh.n.Chr., nämlich *vinaya-pitaka* (Ordensregeln), *sutta-pitaka* (Lehrreden des Buddha), *abhidhamma-pitaka* (philosophische Abhandlungen
paramārtha	letztgültige, absolute Wahrheit
pāramitā	Vollkommenheit; Die Sechs Vollkommenheiten des Mahāyāna sind: selbstloses Geben (*dāna*), tugendhaftes Verhalten (*śīla*), Geduld (*kṣānti*), Tatkraft (*vīrya*), Meditation (*dhyāna*), Weisheit (*prajñā*).
pariṇāma	wörtl.: Entwicklung, Übertragung von *puṇya* (positive karmische Bewußtseinsformungen bzw. »Verdienst« auf andere
parinirvāṇa	endgültiger Eintritt ins *nirvāṇa* jenseits der Körperlichkeit, Tod
prajñā	Weisheit, Erkenntnis der Leere
pratītyasamutpāda (paticcasamuppāda)	Entstehen in gegenseitiger Abhängigkeit
pratyeka-buddha	einer, der für sich allein den *dharma* verwirklicht, ohne in der *saṃgha*-Tradition zu stehen und sein Erwachen anderen vermitteln zu können (im Gegensatz zum *samyaksaṃbuddha*, dem vollkommen Erwachten)
preta	Hungergeist
pudgala	Person, Ich-Zentrum
puṇya	positive Bewußtseinsformung (oft mit »Verdienst« übersetzt), die dadurch zustande kommt, daß heilsame Gedanken und Taten Eindrücke im Bewußtseinskontinuum hinterlassen, die dieses fortan prägen und reifen lassen
putra	Sohn
rāga	Begierde, Neid
Ratnasaṃbhava	der im Juwel geborene transzendente Buddha, einer der fünf Tathāgatas, der Wünsche gewährt

Rinpoche (tib.)	»Kostbarer«, Ehrentitel für spirituelle Lehrer
rūpa	Form, Gestalt
rūpaloka	Bereich der Form, *eine der drei Welten* der buddhistischen Kosmologie (*triloka*)
Sakya-pa (tib.)	Schule, die nach dem Kloster Sakya benannt ist, von Atīśa 1073 gegründet, politischen Einfluß besonders im 13./14. Jh. (Verbindung zu mongol. Khanen)
samādhi	meditative Stabilisierung und Equilibrium der Bewußtseinskräfte, Versenkungszustand
Samantabhadra	»Der allumfassend Gute«, bedeutender Bodhisattva, Schützer derer, die den *dharma* lehren, verkörpert die Nicht-Dualität von Gleichheit und Verschiedenheit, im tantrischen Buddhismus identifiziert mit dem Ursprungs-Buddha, der den *dharma-kāya* symbolisiert
śsamatha	Ruhen des Geistes auf einem Punkt
saṃbhoga-kāya	Seligkeitskörper im feindstofflichen Bereich
saṃgha	Gemeinschaft all derer, die den Dharma praktizieren, oft auch nur den Mönchsorden bezeichnend
saṃsāra	Kreislauf der Wiedergeburten
saṃvṛti	konventionelle, relative Wahrheit
śānti	Frieden
Śāriputra	einer der Hauptschüler des Buddha, wegen seiner intellektuellen Begabung berühmt
sarva	alle
satya-dyaya	zwei Wahrheitsebenen: die konventionelle (relative) und die absolute Wahrheit
sesshin (jap.)	»Begegnung mit der Bewußtseinstiefe«, strenge Übungsperiode im Ch'an(Zen)-Buddhismus
siddha	einer, der *siddhi* vollkommen beherrscht
siddhi	übernatürliche bzw. parapsychische Fähigkeit, auch: vollkommene Kontrolle über die physischen und psychischen Kräfte
skandha	Daseinsaggregat oder -gruppe: Form, Körper (*rūpa*), Gefühl (*vedanā*), Wahrnehmung (*saṃjñā*), Willensimpuls (*saṃskāra*), Bewußtsein (*vijñāna*)
smṛti	Gedächtnis, Achtsamkeit
śraddhā	Glaube, Vertrauen (in die Wahrhaftigkeit des Meisters)
śramaṇa (samanna)	Wanderasket
śrāvaka	Hörer, Schüler des Buddha im frühen Buddhismus
Subhūti	bedeutender Schüler des Buddha, in den Prajñāpāramitā-Sūtras Hauptvertreter der *śūnyatā*-Lehre, vertritt vielleicht die Waldeinsiedler-Tradition, die eine der Wurzeln für die Entstehung des Mahāyāna ist
sukha	Glück, Seligkeit
śūnyatā	Leerheit in bezug auf inhärente Existenz
sūtra (sutta)	wörtl. Faden, aneinandergereihte Texte, Textsammlung mit Lehrreden des Buddha
Sūtrayāna	Buddhismus, der sich auf die Sutras beruft
svabhāva	Wesen, Natur, inhärente Existenz
Tantra	eine Hauptströmung der indischen Religionen, die Hinduismus und

	Buddhismus durchdrungen hat und sich durch eine sakramentale Sicht der gesamten Wirklichkeit auszeichnet: *alles* kann zum Symbol für das Heilige werden
Tantrayāna	Buddhismus, der die tantrische Praxis als zusätzliche Methode zu den Sūtras lehrt
Tārā	die weibliche Entsprechung Avalokiteśvaras, des Bodhisattvas der Barmherzigkeit
tariki (jap.)	aus anderer Kraft (nämlich der Gnade Amidas) zur Befreiung gelangen (im Gegensatz zu *jiriki*)
tathāgata	der »So-Gegangene« (oder -Gekommene), der in die Wahrheit oder vollkommene Erleuchtung Eingegangene, Titel der Buddhas
tathatā	Soheit, das wahre Wesen der Wirklichkeit
Theravāda	eine der Schulen des frühen Buddhismus, die zur Gruppe der Sthaviras (»die Ältesten«) gehört, heute die Form des Buddhismus in Sri Lanka und Südost-Asien
Theravādin	Anhänger des Theravāda
T'ien-t'ai (jap. *Tandai)*	chinesische Schule, die auf dem Lotos-Sūtra basiert, die Lehren des Buddha chronologisch ordnet und umfassend systematisiert
trikāya	die »drei Körper« des Buddha in der Mahāyāna-Buddhologie: *dharma-kāya, saṃbhoga-kāya, nirmāna-kāya*
triloka	die »drei Welten« innerhalb des *saṃsāra:* 1. *kāmaloka,* die Welt der Begierde (Höllenbereich, *--pretas,* Tiere, Menschen, *āsuras, devas*); 2. *rūpaloka,* Welt der begierdelosen Körperlichkeit, die von verschiedenen Klassen von Göttern bevölkert wird; 3. *arūpaloka,* die Welt der Körperlosigkeit, d.h. die Wesen sind reine Bewußtseinskontinua
Tripiṭaka (tipitaka)	die »drei Körbe« das Pāli-Kanon
tṛṣṇā (tanha)	Durst nach Dasein, Begierde
tulku (tib.)	Formkörper (skt. *nirmāṇa-kāya*) des Buddhabewußtseins, Bez. für Lamas, die als Reinkarnationen spezifizierter Vorgänger gelten
tuṣita	Himmel der »stillen Zufriedenheit«, in dem Wesen wohnen, die nur noch einmal wiedergeboren werden (müssen); hier hält sich der zukünftige Buddha Maitreya gegenwärtig auf
udāna	Teil des Khuddaka-Nikāya, »erhebende Verse«; Aussprüche des Buddha
upāya	geschicktes Mittel
Vajrayāna	»Fahrzeug des Diamantszepters« der *vajra* (Diamantszepter) ist Symbol der Unzerstörbarkeit; tantrischer Buddhismus, wie er vor allem in Tibet gepflegt wird
Vairicana	höchster der transzendenten Buddhas, dem absoluten *dharma-kāya* gleich
vijñānavāda	s.: Yogācāra (= »Nur-Bewußtseinsschule«)
vinaya	Sammlung der Verhaltensregeln, vor allem die Mönchsregel
vipaśyanā (vipassanā)	tiefe Einsicht in das Wesen der Wirklichkeit, bes. in deren Leere
Yogācāra	Schule des Mahāyāna (»Nur-Bewußtseinsschule«), begründet von Maitreya, Vasubandhu und Asaṇga (4. Jh.n.Chr.), lehrt, daß die Wirklichkeit nur in Wahrnehmungen, d.h. in Bewußtseinsvorgängen erscheint, analysiert das Bewußtsein und seine Funktionsweisen
zazen	Sitz-Meditation im Ch'an bzw. Zen